LE PAYSAN

DES

FJORDS DE NORVÈGE

ÉTUDE DE SCIENCE SOCIALE

PAR

Paul BUREAU

A LA MÉMOIRE

DE

HENRI DE TOURVILLE

Hommage du premier missionnaire de la
SOCIÉTÉ INTERNATIONALE DE SCIENCE SOCIALE

SOMMAIRE

Illustrations [1]. — L'entrée du Sognefjord. P. 27. — Massif de montagnes. P. 31. — Un Fjorddal. P. 32. — Nœröfjord. P. 35. — Un Gaard. P. 41. — Le Sæter. P. 45. — La construction d'un chalet. P. 73. — Lofthus. P. 175. — Lac Sandvenvang. P. 177. — Lofthus. P. 178. — Strandsfos. P. 179.

1. M. Charles Fournier, qui a fait pendant l'été 1904 une excursion en Norvège, a bien voulu mettre à ma disposition les gravures de plusieurs clichés photographiques obtenus au cours de son voyage : je le remercie très vivement de ce précieux concours. Les gravures ont été exécutées par M. Dumaine, photographe, à Paris.

AVANT-PROPOS

La Société internationale de Science sociale, fondée en 1903, au lendemain de la mort d'Henri de Tourville, par les amis et principaux disciples de ce grand savant, décida, dès le printemps de l'année 1904, qu'une mission d'études sociales serait envoyée dans la région des fjords de la Norvège occidentale. Elle m'a fait l'honneur de me confier cette première mission : le but du présent ouvrage est de rendre compte des résultats obtenus au cours d'une enquête qui a duré quarante-cinq jours, et pendant laquelle j'ai visité successivement un certain nombre de familles paysannes vivant dans les différents fjords qui séparent Stavanger de Trondhjem.

Au début de ces pages, je suis heureux d'exprimer ma vive et très sincère reconnaissance à tous ceux qui m'ont aidé à m'acquitter moins imparfaitement de la tâche difficile que j'avais assumée : d'abord à tous les paysans, propriétaires ou petits usagers, qui ont répondu avec tant de bienveillance aux questions, parfois indiscrètes et souvent fastidieuses, que je leur posais, m'ont logé sous leur toit et reçu à leur table ; ensuite à toutes les personnes qui m'ont assisté de leur entremise ou de leur appui, ou se sont prêtées bénévolement à mes *interviews*. J'adresse aussi mes remerciements à M. Greve, consul de France à Bergen, et à son fils, à M. Harald Schnelle, négociant, à M. K. Knudsen, avocat à Bergen, à M. Finn.-B. Henrikssen, rédacteur en chef du *Bergens Tidende,* au Dr Brunchorst, directeur du musée de Bergen, à M. Lars Eskeland, de Vossevangen.

Je dois surtout témoigner une gratitude spéciale à M. Wollert Konow, ancien président du Storthing, à Sten ; à M. Mawinckle, ancien attaché à la légation de Suède-Norvège à Paris, et à Mme Mawinckle, sa mère, à Sandene Gloppen (Nordfjord) ; à M. le pasteur Pryts, curé de Gloppen ; enfin à MM. les abbés Reinold, Wang, Riesterer et Ugen, prêtres du clergé catholique, qui, avec l'autorisation gracieuse de Mgr Fallize, évêque de Kristiania, ont bien voulu m'accompagner sur les *gaards* et traduire dans la langue norvégienne, que j'ignore entièrement, les questions innombrables qu'un enquêteur incorrigible est forcé d'adresser. Grâce à eux, j'ai pu faire dans le Jæderen, le Stavangerfjord, le pays de Voss, le Masfjord, le Nordfjord et le Trondhjemfjord des enquêtes minutieuses qui, je l'espère, ne seront pas sans profit pour ceux qui s'adonnent à l'étude des sociétés humaines par la méthode d'observation.

PREMIÈRE PARTIE

LE LIEU NORVÉGIEN

Avant de commencer la relation des observations qui ont été faites en Norvège par l'auteur du présent ouvrage, il importe de rappeler en quelques lignes quel intérèt très spécial les membres de la Société internationale de Science sociale attachent à l'étude de ce pays, et sous quel aspect particulier ils envisagent, depuis trente ans, « la question des fjords norvégiens ».

Vers la fin de sa vie, Frédéric Le Play, reprenant ses études des sociétés humaines par la méthode d'observation et préparant une seconde édition des monographies des *Ouvriers européens*, fut conduit à une conclusion d'une souveraine importance : il affirma que les fjords de la Norvège occidentale avaient été un lieu privilégié où s'étaient accomplies, dans les institutions sociales de la race qui était venue s'y établir, spécialement dans ses institutions de famille, diverses transformations profondes dont les conséquences avaient été incalculables pour l'avenir de l'humanité. A maintes reprises, Le Play invita ses disciples à diriger de ce côté leurs recherches et leurs investigations, les assurant que, dans ce lieu, la race anglo-saxonne et sa robuste famille-souche avaient reçu les premiers et essentiels éléments de leur formation.

Malheureusement, cette découverte scientifique demeura presque ignorée des savants ; en 1876, on ne s'occupait guère d'études sociales, ni de lois sociales; les économistes croyaient encore qu'il suffisait de rechercher les lois qui président à la production, à la distribution et à la consommation des richesses, et les historiens, peu habitués à appuyer leurs travaux sur la connaissance, pourtant indispensable, des rapports qui relient entre eux les phénomènes sociaux, ne tirèrent aucun parti du riche trésor d'idées nouvelles que le génial auteur des *Ouvriers européens* leur signalait. Au surplus, le nom de Frédéric Le Play était, depuis plusieurs années, associé à un ensemble de réformes sociales à tendances rétrogrades qui éveillaient à juste titre la suspicion et, cruelle ironie, ceux-là mêmes, qui, par tempérament, étaient le mieux disposés à adopter la méthode de cet ingénieur et à soumettre leurs pensées au contrôle rigoureux de l'expérience et de l'observation, étaient justement enclins à la défiance. Enfin, il faut ajouter que l'interprétation donnée par Le Play des phénomènes sociaux qui se seraient produits en Norvège, aux environs du premier siècle de l'ère chrétienne, était à ce point rudimentaire et simpliste qu'elle justifiait les méfiances, et on était autorisé à rejeter une explication qui attribuait au saumon un rôle social que ce poisson n'a jamais tenu [1].

Pourtant, si erronée que fût l'interprétation du fait social signalé, il semble que l'affirmation, réduite à la réalité même du fait, était juste : c'est du moins ce que pensa, après vingt années de recherches nouvelles, poursuivies suivant la méthode d'observation, le plus qualifié des continuateurs de l'œuvre scientifique de Le Play. En effet, au début de l'année 1900, Henri de Tourville répétait en ces termes l'affirmation de son ancien maître :

« Il se révèle, dit-il, dans la marche historique du monde, certaines circonstances précises qui en changent décidément la direction, et qu'on appelle « les tournants de l'histoire. »

---

1. Sur cette interprétation, voir *infra* p. 24 et 35. M. Edmond Demolins a raconté, dans un article de la *Science sociale* (« Origine des trois races agricoles », *Science sociale*, t. 1er, p. 116), comment « un jour, au cours d'une conversation, Le Play dit à ses amis, avec l'expression d'un homme qui a fait une découverte : « Je viens de déterminer l'importance sociale du saumon pour les populations du nord de l'Europe. »

« Parfois, les causes qui agissent alors appartiennent à un ordre de choses qui n'est perceptible qu'à l'esprit. D'autres fois, et plus souvent, elles sont matériellement tangibles.

« Lorsque, longeant en barque le rivage norvégien au sud-ouest, on contourne longuement, au fond du fjord de Stavanger, les derniers contreforts des superbes monts Lang-Fielde et qu'on en frôle les immenses parois presque verticales, on peut dire en propres termes, et au sens le plus littéral, qu'on voit là de ses yeux et touche de ses mains l'un des plus extraordinaires « tournants de l'histoire ». C'est en passant, par ce même rivage, d'un versant à l'autre de la grande chaîne occidentale des montagnes scandinaves, que les fils émigrants des Goths ont amené le plus profond changement qu'ait connu le monde dans l'ordre naturel de la société, la transformation de la famille patriarcale en famille particulariste.

« Le versant occidental de la Scandinavie présente, à partir du point que je viens de dire jusqu'au plateau de Trondhjem, et du nord du plateau de Trondhjem jusqu'à l'extrême nord, une constitution physique absolument unique au monde. Il n'est pas surprenant qu'il se soit fait là quelque chose qui ne s'est fait nulle part ailleurs. Deux points sont acquis par tout ce qu'on sait du passé et par tout ce qu'on connaît dans l'étendue du monde : d'une part, l'émigration gothique n'a produit que là la formation particulariste; et, d'autre part, entre toutes les populations particularistes répandues aujourd'hui jusqu'aux antipodes, il ne s'en trouve pas une qui ne remonte, par ses origines, à la Scandinavie occidentale.

« C'est là un très grand fait, dont la connaissance est uniquement due à la Science sociale. Il a d'abord été soupçonné et signalé par Le Play. Plus tard j'ai pu l'étudier, et le fait s'est vérifié. Je l'exposerai ici sommairement[1]. »

Voilà une déclaration scientifique dont on ne contestera ni l'importance, ni la netteté; et il faut avouer que les preuves qu'on produisait pour l'appuyer n'étaient pas aussi démons-

1. Henri de Tourville, *Histoire de la Formation particulariste* (*Science sociale*, année 1900, t. XXIX, p. 121).

tratives qu'on pouvait le souhaiter. Heureusement cette déclaration était de celles que la Science sociale devait pouvoir con-
trôler par l'usage attentif de sa propre méthode : en effet, la
Norvège est, au premier chef, ce que cette science appelle un
lieu intransformable, puisque l'eau et le granit en sont les
deux seuls éléments : dès lors, on avait la certitude, en allant,
sur ce lieu même, se livrer à une analyse méthodique des
groupements de la vie sociale, de retrouver les institutions
de famille, de travail, de propriété, qui avaient prévalu dans
le plus lointain passé, et la nature si caractérisée du lieu devait,
en tous cas, permettre de faire aisément le départ des éléments sociaux adventices.

Aussi lorsque la Société internationale de Science sociale,
grâce au concours généreux de quelques-uns de ses membres,
put envoyer à l'étranger une première mission d'études, le
pays vers lequel devait se diriger cette mission se trouva désigné d'avance, et personne ne pensa que ce pays pût être autre
que les fjords de Norvège.

Il s'agit maintenant de rendre compte de cette enquête, si
longtemps souhaitée par Frédéric Le Play et par Henri de Tourville ; mais, puisque la question qui est liée à ses résultats est
d'un si haut intérêt, le lecteur voudra bien excuser les minutieux détails dans lesquels j'entrerai ; je ne puis avoir ici le
souci de composer une œuvre littéraire ; il faut avant toute chose
pousser aussi loin que possible l'analyse des phénomènes
observés, afin, s'il est possible, de jeter quelque lumière sur
l'obscur et passionnant problème des origines des races particularistes.

Quand on visite les fjords de la Norvège occidentale, avec la
préoccupation d'y saisir et d'y comprendre l'agencement des
éléments naturels qui ont conditionné, dans ce lieu, la formation et le développement des organismes sociaux, il semble
qu'on éprouve une double et contradictoire impression : d'une
part, on se prend à penser que ce lieu, situé à une telle lati-

tude, ne peut être que l'habitat d'une race inférieure et déchue. De tous côtés, on n'aperçoit que des collines et des montagnes granitiques dont la roche, *que ne recouvre aucune couche, si mince soit-elle, de terre végétale,* est taillée à pic sur le fjord, ou sur le *skjœrgaard.* A peine de maigres bouleaux et de petits sapins peuvent-ils insérer leurs racines dans les fentes de ces murailles qui semblent être la citadelle avancée du pôle nord, comme si la nature avait voulu lancer un éternel défi à l'action conquérante de l'homme et l'obliger à confesser sa petitesse. Au milieu de ces sites grandioses, le mugissement des cascades, des torrents et des rivières, affolées en leurs bonds énormes, semble être la seule résonnance harmonique que puisse admettre la magnificence des choses.

Et pourtant, dans ce lieu qui paraît si déshérité, on découvre bientôt des combinaisons étrangement accueillantes d'éléments naturels et de forces : peu à peu on s'aperçoit que des prévenances de choix, je dirais presque des coquetteries, ont été multipliées, pour attirer l'homme jusque dans ces parages éloignés. Si ces terres ne doivent jamais être habitées, pourquoi cet afflux incessant d'eau chaude qui, venu de l'Equateur, immerge ce pays dans une atmosphère délicieusement tiède et fait reculer de 40 degrés la ligne des glaces? Pourquoi ce poisson, surabondant en ses variétés nombreuses et si apte à fournir, avec un minimum de labeur, une nourriture saine et succulente? Pourquoi ces eaux si délicieusement calmes du skjœrgaard et des fjords? Pourquoi ces milliers de petits recoins abrités, avec leurs tertres aux formes bizarres, qui semblent disposés pour recevoir une maisonnette dont le bois voisin fournirait sur place les matériaux?

Tout cela n'est-il pas une invitation adressée à l'homme? et pourquoi celui-ci n'essaierait-il pas de venir s'établir en ces lieux où, malgré tout, il ne doit pas être impossible de trouver de-ci de-là la petite provision d'herbe nécessaire pour la nourriture de quelques animaux? Sous un climat humide et tempéré l'herbe pousse facilement, et, puisque la surface est immense, les troupeaux iraient paître au hasard pendant la belle saison; il suffirait d'avoir amassé une petite quantité de foin pour la période hivernale !

Telle est la double impression contradictoire que les premiers contacts avec les fjords norvégiens développent dans l'esprit du voyageur préoccupé d'études sociales. Essayons d'en préciser mieux les éléments, en dressant l'inventaire actif et passif de ce lieu dont personne ne peut contester l'originalité très accentuée.

Comme il convient, parlons d'abord du *Gulf-Stream,* puisqu'il est incontestablement le premier des éléments naturels dont ce pays soit tributaire. On a maintes fois décrit la marche de ce courant : je ne rappellerai ici que l'essentiel.

Le Gulf-Stream se forme dans l'Atlantique, des deux côtés de la ligne équatoriale, sous l'action des vents alizés qui, soufflant constamment vers l'ouest, poussent vers la côte septentrionale du Brésil, vers la Guyane et dans la mer des Antilles, une énorme masse d'eau longtemps chauffée par le soleil tropical. Puis, pour se surchauffer encore, ce courant fait un long détour dans le golfe du Mexique, où il entre par le canal de Yucatan, et dont il sort par le canal de Bahama. Il contourne la presqu'île de la Floride et marche parallèlement à la côte de l'Amérique du Nord, — dont il est séparé par un courant d'eau froide, large de 50 à 100 kilomètres — jusqu'au point où, infléchi par la forte courbure du continent, par l'île et le banc de Terre-Neuve, il se rejette vers l'est dans la direction de l'Irlande, de l'Ecosse et de la Norvège. On peut considérer le Gulf-Stream comme un fleuve puissant, ayant une largeur moyenne de 100 kilomètres, une profondeur de 500 mètres, une vitesse de 5 kilomètres à l'heure et une température de 30° centigrades.

L'afflux d'une pareille masse d'eau chaude, *qu'accompagne un courant d'air également chaud,* produit en Norvège des effets extraordinaires. Ainsi, tandis que les glaces flottantes détachées du pôle descendent sur la côte américaine jusqu'au 35° degré de latitude (latitude du sud algérien), jusqu'au cap Hatteras dans la Caroline du Nord, elles arrêtent au contraire, dans l'Europe septentrionale, leur ligne de parcours au delà du cap Nord, un peu au delà du Spitzberg, vers le 75ᵉ degré de latitude, ce qui donne un recul énorme de 40 degrés! Les rivages de la Norvège sont ainsi préservés de la congélation : la navigation et la pêche y sont possibles en toutes saisons jusqu'au cap Nord. A ce point le plus septentrional de l'Europe, la température de la mer, en janvier, s'élève en moyenne à 3°,27, c'est-à-dire à 3° de plus qu'à Vevey sur le lac Léman, 2° de plus qu'à Venise [1].

L'eau est si chaude qu'il arrive souvent que l'excédant de sa température sur celle de l'air dépasse en Norvège 25°, écart qui ne se rencontre que là et qui est d'autant plus remarquable que l'atmosphère en ces parages est aussi réchauffée par le courant d'air tiède que le Gulf-stream traîne à sa remorque.

Cet afflux énorme d'eau et d'air chauds produit des effets extraordinaires sur la végétation des plantes. Les nombreux touristes qui, chaque année, visitent Molde, la ville des roses, ont pu voir comment, par une latitude de 62°44′, s'entassent les végétations luxuriantes des hêtres, des sycomores, des frênes, des bouleaux, des châtaigniers, des tilleuls et des cerisiers. Là-bas, les chèvrefeuilles grimpent jusqu'au faîte des maisons. Sans doute Molde est « un coin de terre vraiment béni du Seigneur » et il n'y a qu'un Molde en Norvège, parce que nulle part ne se rencontrent un abri aussi favorable contre les vents du nord et une si belle exposition au midi, mais que de fois, dans mes excursions sociales, j'ai pu constater à l'état fragmentaire des manifestations du concours très actif que la chaleur du Gulf donne à la végétation des plantes. A Molde qui est un lieu de plaisance à la mode, le Gulf fait pousser les *roses* et les arbres de *fantaisie;* mais sur les gaards des paysans il fait pousser avec non moins d'efficacité l'herbe et les pommes de terre, et son action se fait sentir si loin vers le nord qu'il existe à Hammerfest un ruisseau qui ne gèle jamais.

Après le Gulf-Stream les deux éléments naturels qu'il convient

1. La mer de Baffin, qui est sous le même parallèle que le cap Nord, est soumise à un froid de 25°.

de signaler sont : le *Skjœrgaard* (prononcez *chergórde* [1]) et le
fjord. Sans ces deux éléments, les effets bienfaisants du Gulf seraient perdus pour l'homme, et voici pourquoi : dans la Norvège
occidentale, l'homme ne peut habiter que le bas des parois verticales de la roche granitique qui se dresse à pic sur le rivage ;
l'absence complète de terre végétale sur les sommets ne permet
la constitution d'aucun établissement cultural sur les hauteurs.
Mais comment fixer sa demeure, près des flots déchaînés, sur
des rivages exposés aux assauts violents des grands vents du
large qui, venus de l'Atlantique, soufflent en ces régions pendant
la plus grande partie de l'année ? La rafale eût ravagé le peu de
culture que permet l'état du sol et, du même coup, la pêche eût
été rendue très dangereuse, souvent même impossible, dans la
plupart des parages. Le skjœrgaard et le fjord viennent donner
une solution aussi élégante que radicale à cette double difficulté.

On appelle *skjœrgaard* la ceinture d'îles, d'îlots, de « cailloux »
et de rochers qui, en nombre prodigieux, protègent le continent
contre la mer et établissent le long de la côte un chenal de circumnavigation ; dans ce chenal, le calme des eaux est si grand
que la pêche et la navigation sont possibles en tout temps,
même dans les plus petits canots. Ce chemin de ronde entoure,
presque sans discontinuité, toute la Norvège, depuis Goteborg,
au sud de la Suède, jusqu'au cap Nord, et les rares intervalles
pendant lesquels on ne bénéficie plus de son intervention pro-
tectrice [2] permettent d'apprécier l'importance singulière du ser-

---

1. *aa* se prononce *ó* long ; *sk* se prononce *ch*, *y* se prononce *u*.

2. Les touristes qui vont en Norvège par la ligne Newcastle-Stavanger-Bergen
peuvent témoigner de la joie qu'on éprouve à Stavanger à sentir que l'on jouit désormais de la protection du skjœrgaard, pour les huit heures de traversée qui restent
encore après qu'on a touché Stavanger. On peut aussi rappeler qu'à deux endroits
spéciaux, sur les côtes de Norvège, cette protection fait défaut : aux environs du
cap Stadt, au nord de Molde, et au sud de Stavanger. Or ces parages ont acquis une
funèbre renommée par le nombre des naufrages dont ils ont été le théâtre, et certes
le témoignage des estomacs des touristes — auquel je suis hélas ! obligé de joindre
le mien — n'est que trop disposé à confirmer cette renommée. Aussi bien on construit en ce moment une voie ferrée pour relier Bergen et Kristiania. Ce chemin de
fer, dont le coût est hors de proportion avec les services qu'il peut rendre, n'a été
décidé que parce que le voyage par mer de Bergen à Kristiania est toujours pénible
et parfois dangereux.

vice qu'il rend. Voici comment M. Rabot décrit cette particularité norvégienne : « Une fois sortis du fjord, le spectacle devient tout à fait étrange. Nous retrouvons l'énigmatique archipel côtier, le skjœrgaard. Nulle part un bouquet d'arbres, à peine quelques bouts de gazon maladif entre des monticules de pierres. De tous côtés, des chaussées de cailloux bizarres, et dans toutes les directions des tas d'îles et des rondeurs de rochers pareilles à des têtes de vis colossales enfoncées au milieu de la mer. A la surface de l'Océan semble être tombée une pluie d'aérolithes dont les extrémités seules émergent au-dessus des flots.

« Partout et toujours le spectacle reste pareil : cependant, des heures et des heures on demeure absorbé dans sa contemplation, tant il est étrange et fantastique. Sur la côte, le paysage ne charme jamais, mais toujours il ébahit.

« Autour de Smölen, le nombre des îles s'élève à 2.600, et dans ce chiffre ne sont pas compris 355 « cailloux » qui dressent à fleur d'eau leurs têtes perfides. D'après le professeur Helland, le département de Romsdal compterait plus de 8.000 îles, et, en ligne droite, du nord au sud, le développement des côtes de cette circonscription ne dépasse guère 160 kilomètres[1]. »

Si précieuse que soit la protection des skjœr, le chenal qu'elles abritent n'est pourtant pas la grand'route maritime le long de laquelle se sont établis les domaines norvégiens, les gaards ; ce chenal n'est que la voie de circumnavigation qui relie entre eux les différents districts du continent et le fjord est par excellence le lieu de l'habitat du paysan norvégien de l'ouest. J'essaierai de dire plus loin l'aspect physique que présentent les collines et les montagnes des fjords ; je veux seulement noter ici le calme délicieux de leurs eaux qui, miroir immobile, renvoient sur les parois sombres de la muraille rocheuse la belle lumière qui est le privilège des pays septentrionaux. Il faut une grande tempête et soufflant dans la direction même de l'axe du fjord pour que l'eau devienne un peu houleuse, mais cet accident est rare

---

1. Rabot, *Aux fjords de Norvège et aux forêts de Suède*, Paris, Hachette, 1898, p. 87. — On a compté le long de la côte de Norvège 150.000 îles et îlots avec une superficie de 22.000 kilomètres carrés.

et presque en tout temps, les *petits* canots à rames ou à voile
circulent à l'aise, comme ils le feraient sur un lac bien abrité.

Cet abri est d'autant plus sûr que le fjord allie deux qualités
dont la réunion est sinon contradictoire, du moins inattendue :
il est étroit et démesurément long. Sa largeur, si l'on excepte le
point où il rejoint le skjœrgaard, n'est souvent que de 800 à
2.500 mètres, et quand on s'engage pour la première fois dans
ce chenal étroit, on s'attend à trouver bientôt l'extrémité de
cette entame de l'eau salée sur la montagne. Mais indéfiniment
la route liquide se poursuit et s'allonge : *par le fjord la mer
traverse presque de part en part le continent norvégien* et l'entaille en longues bandes aux circonvolutions tourmentées. Le
Sognefjord ouvre à la mer une voie de 185 kilomètres, qui
s'arrête à 7 kilomètres seulement, en droite ligne, du massif
des Harunger, un des points culminants du versant occidental;
le Hardangerfjord est long de 145 kilomètres, le Nordfjord
de 80, le Sundalsfjord de 55, etc. Et ces défilés marins se ramifient à droite et à gauche en étroits goulets, semblables à un
« étoilement de crevasses envahies par la mer [1] ».

Cette extrême longueur, unie à une largeur réduite, serait en
d'autres régions la source d'un grave péril : en effet, le niveau
des mers ouvertes n'est pas constant et deux fois par jour le flux
et le reflux viennent exhausser ou abaisser les eaux. On peut
imaginer l'effet de ce double mouvement diurne sur un canal
d'une grande longueur : il en transformerait l'embouchure en
un fleuve impétueux à double courant alternatif. En Norvège, rien
de pareil n'est à craindre : le flux n'est guère en moyenne que
de $1^m,50$, c'est-à-dire insensible à chaque moment, puisque le
dénivellement n'est au plus que de 25 centimètres par heure.

Voilà certes déjà une rencontre heureuse des éléments naturels et pourtant le fjord réserve à l'observateur attentif une surprise plus grande encore, celle de son extraordinaire profondeur.
« Tous ces fjords qui échancrent la côte de Norvège, écrit
M. Rabot, sont de véritables abîmes ouverts au milieu des mon-

---

1. Rabot, *op. cit.*, p. 174.

tagnes. Dans celui de Trondhjem la sonde descend à 540 mètres, dans le Romdalsfjord à 439 mètres, dans le Söndmöre à 721. Enfin le Sognefjord contient des fosses de 1.244 mètres, un chiffre absolument effrayant pour d'aussi étroits bras de mer [1]. »

Au point de vue social, cette grande profondeur est de souveraine importance; grâce à elle, le poisson approche jusqu'aux parois les plus reculées de la muraille fjordienne. « Le poisson, dit Henri de Tourville, vogue pour ainsi dire en pleine terre. Comme les hauts vaisseaux norvégiens, il accoste le bord, jusqu'à une longue distance dans l'intérieur du pays. Si le plateau sous-marin, voisin de la côte, lui était relié par un plan incliné, par une soudure déclive, comme le fond élevé de la Manche est rattaché en pente douce à ses deux rivages, le poisson s'arrêterait sur la terrasse sous-marine, il n'approcherait pas des terres; il ne trouverait pas sur les bords une hauteur d'eau suffisante. Il faudrait que l'homme allât au-devant du poisson pour le capturer, se transportât au large sur le banc, se mît au péril de la mer. »

Le poisson vient donc au-devant de l'homme et en quelle quantité! Depuis douze cents ans, la richesse des pêcheries norvégiennes est réputée dans l'Europe occidentale. Cette surabondance du poisson a, sans nul doute, grandement concouru au peuplement de cette région; aussi convient-il d'en analyser, avec quelques détails, les causes, propres à ce lieu.

Il faut d'abord rappeler une circonstance spéciale de la structure géologique de la Norvège occidentale. Des sondages ont en effet démontré que la rocheuse Norvège repose sur le même plateau sous-marin, demi-circulaire, qui sert de support à l'Europe occidentale et qui apparaît dans l'angle du golfe de Gascogne, déborde de 40 à 100 kilomètres, environ, la côte ouest de la France, englobe la mer de la Manche, enveloppe les iles britanniques au large et s'étend sous la mer du Nord et sous toute la Baltique. Seulement, tandis que ce plateau sous-marin est surélevé sous la mer du Nord, où son niveau n'est guère que

1. *Op. cit.*, p. 79.

20 à 25 mètres au-dessous des eaux superficielles, au contraire la terrasse sous-marine norvégienne qui entoure la côte sur une largeur de 100 kilomètres s'enfonce au nord du cap Stadt, jusqu'à une profondeur de 300 ou 400 mètres. Au delà de ce plateau, le fond tombe subitement pour atteindre les grandes profondeurs de l'Atlantique septentrional, 2.000 à 4.000 mètres.

Ces particularités ont une importance considérable : d'une part, cette banquette norvégienne multiplie les effets thermiques du Gulf-Stream, elle barre la route aux courants glacés qui viennent du pôle et assure une plus large dispersion des eaux tièdes; d'autre part, les parois rocheuses du double talus occidental et oriental — n'oublions pas qu'aux embouchures des fjords et dans les fjords eux-mêmes la sonde descend souvent à 800 ou 1.000 mètres et plus — de ce banc surélevé conditionnent la nature des poissons. Faute de plages sablonneuses, on ne rencontre pas dans les eaux norvégiennes les poissons plats[1] (pleuronectes, carrelets, soles, turbots et barbues) qui trouvent dans les sables de la mer du Nord leur asile préféré; en revanche, les poissons ronds et surtout les gadoïdes (morue, colin ou morue charbonnière, églefin, etc.), y pullulent à l'infini, heureux de trouver dans les anfractuosités des parois granitiques leur habitat de prédilection.

Le plus important, au point de vue comestible, des poissons norvégiens, la morue, est en effet le produit spécifique du lieu même. « La morue n'est pas, dit M. Rabot, comme on l'a longtemps cru, un fin nageur parcourant les immensités océaniques. D'après les recherches de Sars, c'est au contraire une espèce relativement sédentaire, séjournant toute l'année *sur la pente occidentale du plateau sous-marin qui entoure la Norvège*. Le talus de cette plate-forme constitue un milieu très favorable pour ce poisson; les couches d'eau y atteignent une température relativement élevée (de + 5 à + 7°), et dans les pierres et le sable

---

1. Parmi les poissons plats, il n'y a en quantité notable dans les eaux norvégiennes que quelques types appartenant aux grands fonds comme l'énorme helbot, *hypoglossus vulgaris*, vulgairement appelé flétan, en norvégien *Kveite*.

coquillier qui constituent *la surface* des bancs, il trouve une nourriture abondante. Cette région, les morues la quittent seulement en hiver, de la fin de décembre au commencement de février, pour venir frayer dans les petits fonds situés *entre le rebord du plateau et les abîmes des fjords*. Probablement à cette époque les morues arrivent en masses considérables *sur toute l'étendue de la côte*, mais jusqu'ici ces migrations n'ont donné lieu à d'importantes pêcheries que dans les deux régions, entre le cap Stadt et Trondhjem, sur les bases du Romsdal, du Söndmöre et du Nordmöre, et aux Loffoten[1]. »

Les migrations de reproduction ont lieu de janvier à avril, époque où des masses considérables de morues se rapprochent de la côte pour frayer, c'est-à-dire déverser leurs œufs qui flottent à la surface. Ainsi, près des côtes, la morue trouve des eaux ayant une température de + 5° qui lui sont nécessaires pour la ponte. Comme tous les poissons ne frayent pas en même temps, cette migration a une longue durée et ce n'est qu'à partir du 15 mars que les morues commencent à s'acheminer de nouveau vers la mer.

C'est aussi pour profiter de ce « bouillon de culture » privilégié qu'un autre poisson, doué comme la morue d'une prolificité qui dépasse toute supputation, recherche, à certaines périodes de l'année, le voisinage des côtes norvégiennes : ce poisson, c'est le hareng.

D'après le professeur Sars, « le hareng, loin d'être, comme on l'a supposé, indigène des grandes profondeurs océaniques, vit dans les eaux superficielles du large. Là seulement il trouve en abondance le *plankton,* c'est-à-dire les animaux inférieurs et les végétaux microscopiques flottant à la surface de la mer (*aat* en norvégien) qui constitue sa nourriture. Suivant toute vraisemblance, l'habitat du hareng qui fréquente au printemps la côte ouest de la Norvège méridionale est le large océan compris entre l'Écosse, l'Islande et la Norvège. Les bancs constitués par ces poissons viennent en effet tous du nord-ouest : à 50

1. Rabot, *op. cit.*, p. 146.

milles de terre, des navigateurs en ont observé des troupes
filant constamment dans cette direction. Au milieu de l'hiver,
les harengs, éparpillés au large dans la mer de Norvège, se réunissent et avancent en masses énormes vers la côte pour y déposer leur frai. De là, les pêches du printemps (*vaarsildfiskeri*)
dans la Norvège méridionale et du *storsild* (gros hareng) sur la
côte du département de Tromsö dans le Nord[1] ».

« Soudainement, comme par un coup de baguette, la mer
peut s'emplir de hareng, et se retrouver vide au bout d'un certain laps de temps. La navigation du printemps (février-avril)
est consacrée au frai que le hareng dépose au fond de l'eau
entre les milliers d'îles et dans les milliers de détroits de notre
ceinture côtière. Comme pour la morue, cette invasion se produit tout le long de la côte, quoique, en certains endroits, elle
ne se manifeste que sur une échelle assez réduite. Les essaims
se concentrent spécialement autour de certains centres fixes, notamment autour de Stavanger, de Haugesund et des îles qui les
avoisinent[2] ».

Au surplus, les eaux norvégiennes ne se contentent pas de fournir à ces cohortes innombrables de morues et de harengs un lieu
spécialement favorable à l'éclosion de leurs œufs : elles les
attirent encore par la surabondance extraordinaire de la nourriture qu'elles leur offrent.

« Les migrations de la morue, dit le Dr Hjort, ont lieu soit pour
la reproduction, soit à la recherche de la proie... Au cours de
ses razzias ayant pour but la recherche de la proie, la morue
chasse, surtout dans les régions septentrionales, des bandes de
poissons plus petits dont elle fait sa nourriture. A ce point de
vue la place principale revient au *lodde* (capelan, *mallotus villosus*)[3]. »

Grâce à ce moyen supérieur de séduction, la Norvège n'est
pas seulement un admirable laboratoire d'éclosion des œufs,

---

1. *Idem*, p. 152.
2. Dr Johan Hjort, dans *la Norvège*, ouvrage officiel publié à l'occasion de l'Exposition universelle de Paris, 1900, Kristiania, Imprimerie centrale, 1900, p. 381.
3. Dr Hjort, *op. cit.*, p. 369.

elle devient le lieu de rendez-vous de prédilection des poissons adultes des mers septentrionales.

« Après leur éclosion, les alevins restent sur la côte pendant un an environ, puis se dirigent peu à peu vers la pleine mer. Finalement les harengs déserteraient complètement l'archipel, si certaines circonstances ne les y retenaient et même n'y attiraient d'autres bancs du large. Par les temps calmes, les courants poussent vers la Norvège une masse énorme de *plankton* dont ces poissons se nourrissent. L'arrivée de cette manne maintient alors dans ces parages les jeunes harengs qui allaient partir pour la haute mer et en même temps ramène du large ceux qui avaient déjà émigré. De là la pêche du hareng d'été [1]. »

Suivant l'expression du Dr Hjort, le hareng vient ainsi sur la côte pour « s'y gorger de nourriture au détriment des petits crustacés qui se développent dans les eaux littorales au courant de l'automne ». Cette alimentation surabondante est l'effet combiné de la végétation sous-marine luxuriante, que favorise la haute température de l'eau, et du nombre des animalcules que charrie le Gulf-Stream [2].

Cette nourriture primaire est utilisée de deux manières différentes : tantôt elle est consommée directement par les diverses

1. Rabot. *op. cit.*, p. 154.

2. « Au-dessous du niveau des basses eaux se montrent des espèces diverses de plantes sous-marines et d'abord les grandes laminaires brunes (*lanis nova digilala, L. Cloustoni, L. saccharina*). Les deux premières ont l'aspect d'arbres ayant pour cimes de larges feuilles déchiquetées. *Elles forment des forêts sous-marines le long de la côte extérieure.* A leur ombre et sur leurs troncs mêmes vivent des formes plus petites, de brillantes floridées purpurines, appartenant surtout aux genres *delesseria* et *plilota*. Les laminaires se trouvent en quantité si grande, qu'elles en acquièrent de l'importance au point de vue économique. La tempête les déracine et les jette à la côte où on les recueille soit pour les utiliser comme engrais, soit pour en extraire l'iode que contiennent leurs cendres.

« D'autres algues servent beaucoup comme fourrages, entre autres l'*alaria esculenta.*

« La période de végétation des algues dure toute l'année; certaines d'entre elles, comme les laminaires, forment même leurs organes de reproduction en plein hiver. Il en est de même des organismes flottant en suspension dans les eaux de la mer, auxquels on a donné le nom de *plankton;* tout le long de l'année, on retrouve dans les eaux norvégiennes des masses énormes d'algues unicellulaires, qui sont le jouet des courants, surtout au printemps et à l'automne. Ces organismes ont une grande importance, en ce qu'ils constituent la nourriture primaire des mers. » (LA NORVÈGE, *les Plantes,* par H. H. Gran, p. 74).

espèces de poissons que l'homme pêche et utilise pour sa nourriture, et tel est le cas des diatomées, organismes microscopiques à carapace siliceuse, particulièrement recherchés par les harengs, tantôt elle sert d'aliment à de minuscules espèces animales inférieures, les petites crevettes (copépodes), les petits annélides et quelques mollusques, qui se trouvent en quantité énorme sur la banquette sous-marine et, sous le nom d'*aat*, forment à leur tour une nourriture de premier choix pour les poissons comestibles [1].

Le Play avait déjà, il y a trente ans, signalé en ces termes ce merveilleux arrangement : « Les poissons, écrivait-il, ne se nourrissent pas seulement d'espèces plus petites : ils sont organisés pour s'assimiler les animalcules infiniment petits qui abondent dans toutes les eaux marines, et qui y sont en quelque sorte à l'état de dissolution. Ces animalcules marins se développent avec une abondance prodigieuse dans les eaux chaudes des tropiques. Le Gulf-Stream qui les charrie est une eau essentiellement alimentaire; elle apporte donc la fécondité aux bancs de Terre-Neuve et de la mer du Nord [2]. »

Depuis le moment où ces lignes ont été écrites, les progrès de l'océanographie ont donné plus de précision à nos connaissances : notamment il est démontré que la couche superficielle de toutes les mers est fort habitée, que les petites algues, les animaux inférieurs, les œufs et les larves s'y entassent à profusion. « Et sans cesse, de la surface aquatique sur le fond des

1. L'extraordinaire surabondance de cet *aat* est due au Gulf-Stream qui les apporte des tropiques et dont les eaux chaudes lui fournissent un bouillon de culture spécialement favorable; il les charrie à l'endroit où la végétation sous-marine assurera leur développement, en vue de leur consommation par les espèces de poissons si prodigieusement prolifiques des eaux septentrionales. Aussi cet *aat* n'est pas toujours consommé directement par les poissons qui alimentent l'homme : il nourrit aussi les espèces de poissons secondaires, qui doivent à leur tour être dévorés par les poissons comestibles; notamment il alimente le capelan (*mallotus villosus*), poisson de la famille des salmonidés qui s'emploie aussi comme appât. « Il est rare que le capelan se présente en masses au sud du 65° degré, mais il se rassemble en quantités énormes aux mois d'avril et de mai, le long des côtes du Finmarken, pour y frayer. C'est alors qu'arrivent à sa poursuite les essaims de morues accompagnés de cétacés et d'oiseaux de mer, qui tous se livrent à une curée monstrueuse. »

2. Le Play, *Ouvriers européens*, t. III, p. XLIX.

mers, il pleut du cadavre. Cadavres de diatomées, algues sili-
ceuses infinitésimales dont il faut plus d'un million pour faire le
poids d'un gramme, mais très nombreuses et d'une fécondité
telle qu'une seule d'entre elles donne, en quatre jours, directement ou indirectement, naissance à 70 millions d'individus [1]. »

Ainsi se trouve constatée et expliquée l'extraordinaire fécondité des mers norvégiennes, et cette fécondité est entretenue pendant tous les mois de l'année et dans toutes les eaux. Sans doute,
pour la pêche à grand appareil, pour la pêche industriellement
organisée, il y a des saisons, mais, outre que ces saisons
se tiennent de si près qu'il n'y a, en réalité, aucune discontinuité entre la fin de l'une et le commencement de l'autre, à tel
point que la pêche du hareng d'hiver est appelée pêche de printemps et que la pêche d'été est continuée par une pêche d'automne, il faut savoir qu'à peu près en toute saison, des morues, des maquereaux, des saumons ou des truites visitent les
fjords : il y a des époques plus ou moins favorables à la pêche,
mais il n'y en a guère où l'on ne soit assuré de quelque capture.

A maintes reprises, pendant mon voyage, j'ai vu les gars norvégiens, soit dans les fjords, soit dans les bassins de Stavanger, de
Bergen ou de Trondhjem, jeter, au cours de leurs jeux en canot
et sans aucun art, de misérables lignes qu'ils ne surveillaient que
par intermittence ; pourtant, au bout de quelques instants, le
gamin abandonnait ses avirons pour haler à bord un poisson
qui avait mordu. Moi-même, en diverses occurrences, j'ai voulu
éprouver ma chance en lançant une ligne de fond et l'abondance du poisson n'a jamais manqué de me procurer l'émouvant
plaisir d'une récompense que ni mes efforts, ni mon habileté
n'avaient certes méritée.

Au surplus, si la morue et le hareng méritent, à raison de
leur prolificité, une place à part parmi les poissons norvégiens, ils sont loin d'être les seuls [2], et, si l'on peut se borner à

1. *Le fond des mers*, par H. de Varigny (*le Temps*, 5 juillet 1905).
2. Les touristes qui ont visité le *Fisketorvet*, le curieux marché au poisson *vivant*
de Bergen, ont pu voir les beaux grondins que les petits pêcheurs côtiers viennent
offrir aux acheteurs, dans des citerneaux remplis d'eau de mer. Ils ont admiré aussi

mentionner le maquereau qui visite les fjords du sud en été pour frayer, il importe de donner quelques explications spéciales sur le saumon et sur son congénère la truite saumonée.

Nous savons que les fjords sont à la fois extrêmement longs et étroits : or, au delà d'une certaine distance, les poissons sont moins portés à s'engager dans ces longs couloirs resserrés, d'autant plus que la salinité des eaux, dans lesquelles se déversent d'innombrables cascades et torrents, diminue et ne leur suffit plus. Le saumon intervient alors et, grâce à la souplesse de son organisme, vient remplir la place vide.

« Parvenus à l'âge adulte, dit Le Play, les saumons quittent la mer où s'est effectuée la majeure partie de leur développement. Ils remontent les rivières au printemps, à l'époque où le courant est grossi par la fonte des neiges. Ils sont alors disposés en deux lignes, qui, partant du saumon conducteur placé au centre du fleuve, forment entre elles un angle aigu et reçoivent obliquement l'action du courant. Ils cheminent avec un bruit particulier et une vitesse comparable à celle d'un chemin de fer. Ils se reposent la nuit et recommencent le voyage en reformant promptement leur ligne angulaire, les forts en tête, les faibles en queue, et ils continuent ainsi jusqu'à ce que chacun ait atteint le lieu où doit se faire la reproduction. Celle-ci ne peut s'opérer que dans l'eau douce, sous une succession d'influences rigoureusement déterminées. Le petit saumon se nourrit, en partie, comme les autres poissons du fleuve ; mais il prospère surtout dans la saison chaude en chassant les insectes qui volent près de la surface de l'eau, et qu'il happe au moyen de sauts rapides et multipliés. Après deux ans, le saumon ne trouve plus, dans le fleuve où il est né, une nourriture suffisante. Il descend alors vers l'embouchure, s'habitue à vivre dans une eau de plus en plus salée, et il disparaît enfin dans les profondeurs de la mer. Il y grossit rapidement, en subissant une grande transformation. Âgé de quatre ans, il est apte

l'énorme flétan, sorte d'immense barbue, longue de 1^m,30 et plus, épaisse à proportion, et que les matelots découpent en quartiers et en tranches, comme on le fait en France pour les morceaux de bœuf.

à la reproduction, et il commence à remonter les fleuves (et il en franchit les chutes, grâce à sa faculté de bondir hors de l'eau). Quand la ponte est opérée, les gros saumons, qui ne peuvent se procurer dans le fleuve une nourriture suffisante, retournent à la mer [1]. »

Le Play, qui n'avait pas visité la Norvège, attribuait d'ailleurs au saumon une influence prépondérante sur la formation sociale des populations du nord de l'Europe [2]. Depuis vingt années, une étude plus attentive du phénomène social a conduit à abandonner cette hypothèse, et les conclusions de la présente étude ne sont pas certes de nature à faire regretter cet abandon, mais néanmoins les migrations qui viennent d'être décrites ne sont point dénuées d'importance, puisqu'elles ont pour résultat de mettre à la disposition des habitants des parties les plus reculées du fjord, fût-ce à 180 kilomètres du skjœrgaard, une nourriture succulente substantielle et abondante.

Tel est, en son premier aspect, le *lieu* norvégien. Encore une fois, et j'y veux insister fortement, il semble que la nature ait voulu donner, en ce lieu bizarre et étrange, comme un témoignage des ressources infinies dont elle dispose pour résoudre, en se jouant, toutes les difficultés, et, quand on réfléchit à ce subtil mélange de Gulf-Stream et de banquette sous-marine, de skjœrgaard et de fjord, de fosses profondes et de niveau constant, de morue, de hareng et de saumon, on éprouve je ne sais quelle impression d'écrasement admiratif en face de tant d'art joint à tant de force ; à chaque instant on côtoie la merveille et elle est poussée si loin que parfois on se prendrait à dire qu'elle avoisine le « truquage », l'artificiel du roman des Mille

---

1. Le Play, *Ouvriers européens*, t. III, p. 97.

2. « Le saumon, écrivait le Play, est probablement la production spontanée qui a le plus contribué à multiplier et à rendre stables les populations du Nord. Considéré comme ressource alimentaire d'une population continentale, le saumon l'emporte sur tous les autres poissons. Chez une race sédentaire, le saumon est une production plus précieuse que les poissons de mer, parce qu'il remonte les cours d'eau et va se livrer lui même au pêcheur jusque dans les montagnes les plus abruptes » (*Ouvriers européens*, t. III, p. 96).

et une Nuits, si la majesté souveraine de ce paysage incomparablement beau ne venait interdire un semblable blasphème.
Non certes, il n'y a pas de truc, mais simplement une harmonie
supérieure des choses en vue d'un grand dessein à réaliser.

Mais j'ai dit que l'observateur social éprouve en Norvège une
deuxième impression, nettement contradictoire et radicalement
antinomique à la première. Au demeurant, le poisson, si abon-
dant soit-il et quelque variées qu'en soient les espèces, ne
peut être à lui seul un élément capable de subvenir à tous les
besoins d'une population sédentaire; non seulement il ne fournit ni l'habitation, ni le vêtement [1], mais encore il est très loin
d'être un aliment complet, et pouvant à ce titre être la seule
nourriture de l'homme. A cette infériorité manifeste, l'industrie
moderne, avec ses transports perfectionnés et son régime de
spécialisation des professions, n'est pas embarrassée de porter
remède, et elle aime au contraire à faire vivre une population,
même très nombreuse, de la vente d'un produit unique dont le
prix servira à acheter tous les autres qui peuvent être nécessaires.
Mais cet aménagement du travail est un procédé tout moderne
et, bien que les Sagas attestent que, dès le ix° siècle, le poisson
était transporté de Norvège en Angleterre dans « des navires
rehaussés de peintures et portant des voiles de couleurs variées »,
il est impossible de penser que ces exportations aient été dans
les temps reculés assez importantes pour permettre l'acquisition
de toutes les autres denrées indispensables. Bien plus, nous
savons de manière certaine, qu'avant 1416, avant que le Hol-
landais Benckel eût inventé la salaison du hareng, « ce poisson
s'employait uniquement frais ou séché et se consommait exclusivement dans le pays même [2] ».

Sans doute encore, on peut signaler que l'abondance du bois
fournissait du moins les matériaux nécessaires à la construction des barques et des habitations et donnait un combustible
d'excellente qualité. Mais cette ressource supplémentaire, pour

---

1. Le phoque à fourrure fournit pourtant le vêtement aux Esquimaux ; mais, dans
ce cas, le fournisseur et le client sont chacun, dans leur genre, des types anormaux.
2. *La Norvège*, p. 378.

importante qu'elle soit, est encore très insuffisante, et il

faut de toute nécessité trouver, dans le lieu même, un autre moyen de subvenir aux besoins de vêtement et de nourriture.

Or cet autre moyen ne peut être que d'une sorte, la culture, l'exploitation agricole de la terre, et c'est précisément celui-là que la nature du sol semble sinon interdire absolument, du moins n'autoriser qu'avec une parcimonie déconcertante, en un lieu que tant d'autres circonstances semblaient prédestiner à être le séjour d'agglomérations nombreuses d'hommes.

On a décrit maintes fois la côte et le fjord norvégiens; il est pourtant nécessaire d'en relever ici les traits essentiels, parce que la nature du sol conditionne toute la vie sociale.

« Comparée à la Suède, dit le Dr O. J. Broch, la Norvège, et principalement sa partie ouest, est un haut pays rocheux, sauvage, inculte et nu, à vallées étroites, à rivières torrentielles et à rochers qui, jetés pêle-mêle, prennent en certains endroits les formes hardies et pittoresques des Alpes...

« L'Ouest est la partie la plus rocheuse de la rocheuse Norvège. A l'exception de Jæderen avec ses environs immédiats et les petites bandes disséminées qui, depuis les embouchures des rivières, montent entre les parois des vallées dont elles forment le fond, *presque tout le relief présente des pentes escarpées ou plutôt de noirs précipices* qui s'élèvent souvent de la profondeur des golfes ou du fond étroit des vallées à des hauteurs vertigineuses environnées de couches de nuages superposées. Lorsque les flancs des montagnes sont moins abrupts et moins nus, on voit dans l'intérieur des golfes ou sur le penchant et au fond des vallées, une bande de terrain cultivé, interrompue par des rochers. Immédiatement au-dessus de cette bande, commence une zone forestière, souvent aussi interrompue par des éboulements de pierres, qui s'appuient contre le flanc des montagnes. Tout en haut, se dresse la cime nue, à brèches profondes, où s'engouffrent les tourbillons d'air froid des plateaux. Il arrive aux brebis et aux chèvres de se prendre dans les escarpements des montagnes de l'Ouest, de façon à n'en pouvoir plus sortir[1]. »

Il faut insister sur la nature de ces pentes escarpées, sur le

---

1. Broch, *Le Royaume de Norvège et le Peuple norvégien*, Kristiania, P. T. Malling, 1878, p. 4-6.

caractère inabordable de ces collines granitiques taillées à pic sur l'eau dormante. Au moment où le bateau quitte le skjœrgaard, on ne se rend pas toujours compte de cet escarpement, car d'ordinaire l'ouverture du fjord mesure une grande largeur et l'action des vagues et des glaciers a limé et arrondi les arêtes de la roche. Mais à mesure que le bateau pénètre dans le fjord, « ce golfe en abîme », on constate que les deux murailles se rapprochent en même temps que les parois rocheuses atteignent des hauteurs de plus en plus vertigineuses : « on croirait, en vérité, avoir devant soi une fissure traversant de part en part l'écorce terrestre ». Les parois à pic, dont l'œil s'exagère encore la hauteur et l'escarpement, semblent devoir conduire à des profondeurs inouïes : parfois la roche est si sombre et sa masse dénudée, sur laquelle ne poussent aucun arbrisseau ni aucune herbe, est si menaçante qu'on se demande avec quelque effroi si on ne va pas arriver à quelque trou du diable; on se sent l'esprit envahi par des songes de démons et de géants, de cataclysmes et de scènes horribles, et on est tout heureux de reporter ses yeux vers la bonne figure du capitaine du bateau à vapeur ou du brave paysan qui rame vigoureusement dans le petit canot qui vous entraîne [1].

1. Comme il faut insister sur cet élément essentiel du lieu social norvégien, je relève ici quelques citations :

« Vers l'ouest (de la Norvège) le sol est disloqué, craquelé dans tous les sens ; un hérissement fissuré de gouffres effrayants remplis par la mer ; partout, des murs formidables de rochers, dressés entre les abîmes des fjords, et partout, des vallées très courtes, si même il en existe : en un mot, un massif de montagnes abruptes ; inondé par l'Océan, jusqu'au pied des cimes culminantes. » (Rabot, *op. cit.*, p. 53.)

« Quand on arrive de l'est, dit un voyageur, la première découverte d'un paquebot est une stupéfaction. Depuis des lieues on n'a pas rencontré un toit ; on n'aperçoit au pied de la montagne aucun village, rien qui annonce un groupement d'hommes. Pourtant là, tout au fond, un navire sous vapeur a l'air d'un insecte tombé dans un puits. On approche : la coque grossit, la mâture s'élance ; c'est un vrai steamer, presque aussi important que ceux qui font la traversée entre Douvres et Calais. A certains jours de la semaine ou du mois, ce paquebot vient renouer un instant le fil interrompu de la vie. Il apporte les lettres, les provisions, les marchandises ; il vient prendre quelque voyageur. Tout le transit se fait à Gudvangen dans une baraque de cantonnier. A bord du steamer, l'étonnement redouble. On comprend mal qu'un navire ait pu se risquer jusque-là. Par où va-t-il sortir ? Par où est-il entré dans ce cirque de rochers, qui semble hermétiquement clos ? Quelques tours d'hélice, et la passe se découvre. Entre deux éperons de montagnes qui marchent

Sans doute, le fjord n'a pas toujours cet aspect austère, mais du moins la terre arable y est toujours mesurée avec la plus extrême parcimonie. Les statistiques témoignent que, dans la Norvège occidentale, les cultures n'occupent qu'un deux-centième de la superficie totale, et encore cette évaluation est-elle, pour beaucoup d'endroits, très au-dessus de la réalité. Grâce aux éboulements de rochers, quelques terre-pleins, étroits, bizarres, encombrés eux-mêmes de masses granitiques, se sont formés de-ci de-là, où se sont accumulées les poussières organiques ou inorganiques, mais ils sont si disséminés et si minuscules que du milieu de l'eau on les aperçoit à peine : souvent la vue même d'un chalet est le seul indice de la présence de l'homme dans un entassement de rochers.

A mesure que l'on avance dans le fjord, la hauteur des montagnes s'accroît et la pente devient plus escarpée encore : à peine, au fond du fjord ou d'un de ses bras, là où s'arrêtent les eaux de la mer, trouve-t-on une étroite vallée, qui est sur terre le prolongement du fjord. Mais ce *fjorddal*, vallée du fjord, n'est guère formé que par l'estuaire du cours d'eau torrentueux qui se précipite de la montagne ; au delà de cet estuaire, dont la longueur ne mesure, au rebord circulaire de son éventail, que quelques centaines de mètres, et qu'encombrent d'ailleurs d'innombrables rochers, on ne trouve ni vallée, ni vallon ; dans une gorge étroite un cours d'eau tombe en cascades ; encaissé, précipité, accidenté de chutes, il bondit parfois en des sauts

l'un vers l'autre, sombres, comme pour s'aborder, s'ouvre une encoche claire. La lumière entre par là ainsi que par un soupirail ; elle se répand en éventail sur l'eau. Un besoin impérieux prend au cœur de s'évader par cette brèche de lumière. Qu'y a-t-il au delà ? Un autre lac, d'autres escarpements, d'autres nuages réfléchis dans l'eau pure, d'autres tournants mystérieux , qui soudain découvrent d'infinies perspectives. » Hugues Le Roux, *Notes sur la Norvège*, p. 23.

Enfin, voici une histoire que raconte la légende norvégienne : Un jour, un paysan avait perdu ses brebis sur la montagne. Après de longues recherches infructueuses, il rentre dans sa *roystue*, s'assied sous l'ouverture ménagée au milieu du toit pour livrer passage à la fumée du foyer et demande à sa femme de la bière. Au bout de quelques instants, quelle n'est pas sa surprise de voir l'image du troupeau égaré se refléter dans son écuelle de bois. Le brave homme lève la tête et aperçoit, par le trou du toit, ses moutons juchés sur les rochers à pic qui dominaient la cabane.

énormes, mais ses eaux n'arrosent aucune prairie : il coule là

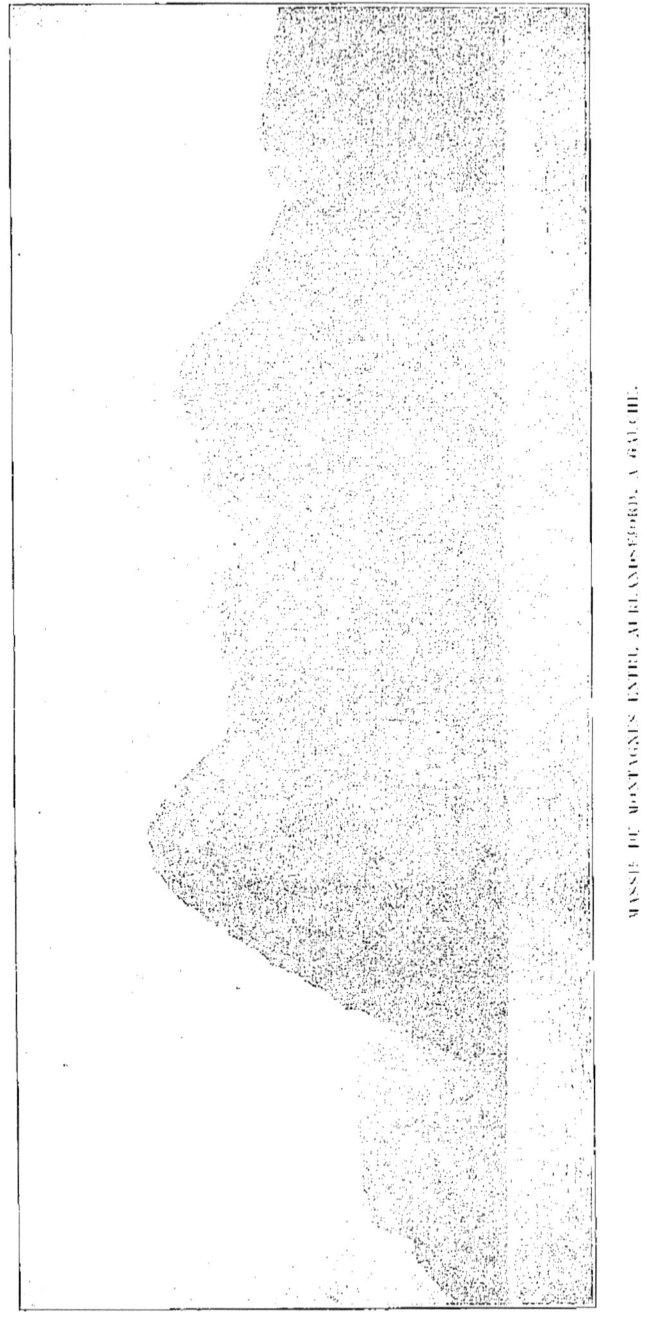

comme dans une fente. Pourtant, à certains niveaux, il arrive

parfois que son lit s'évase en un petit lac que suivent et que
précèdent des rapides ; les Norvégiens, habitués à se contenter
de minuscules lopins de terre arable, établiront d'ordinaire un
gaard, près du rivage de ce lac, mais ce sont les seules habitations qui avoisinent le torrent. Et, à mesure que l'on s'élève, on
ne rencontre même plus ces rares oasis ; puis on arrive au
field, à ces larges ondulations de montagnes solitaires et dé-
solées, désert de granit qui sépare de la Norvège des fjords

UN FJORDDAL : ODDE, A L'EXTRÉMITÉ DU HARDANGERFJORD

l'autre Norvège, celle des vallées fertiles du versant oriental.
A cette hauteur, on ne rencontre plus que le bouleau nain, le
saule, la bruyère et les lichens.

Tel est le fjord norvégien ; en le voyant, on ne peut s'empêcher de se demander : « Où donc est ici la place d'une maison,
d'un foyer pour l'homme ? Le roc et l'eau tiennent tout. » Certes
les beautés naturelles sont incomparables, et le touriste ne se
lasse pas d'admirer ces belles eaux des fjords et des lacs ; mais
l'observateur social est obligé de se dire que le site le plus capable de ravir les yeux ne vaut pas pour un paysan les épais-

ses couches d'humus de la Beauce ou du Dakota, et ici, aucune couche de terre végétale, si mince soit-elle, nerecouvre la roche limée jadis par les glaces de l'époque glaciaire. Des pins chétifs et de menus bouleaux réussissent à insérer leurs racines dans les fentes de ces roches; ils y poussent comme poussent chez nous les arbustes sur les murs délabrés de nos anciens donjons ou au sommet des tours de nos églises, et il est probable qu'ils n'y pousseraient guère mieux, si un phénomène spécial sur lequel il faut insister ne venait favoriser leur végétation : je veux parler de la grande abondance des pluies et de l'humidité continue.

On n'est pas surpris d'apprendre qu'il pleut beaucoup dans la Norvège occidentale. Comment en pourrait-il être autrement, puisque sans cesse les vents d'ouest poussent sur les côtes des nuages que leur longue course à travers le nord atlantique a saturés d'eau et que la haute muraille de granit arrête brusquement ces nuées, sans leur permettre de se décharger progressivement en avançant dans l'intérieur du continent. Aussi l'abondance et le nombre des « précipitations » sont tels que, suivant toute vraisemblance, la Norvège détient en cette matière le record de l'Europe occidentale. A Bergen, le pluviomètre marque 1^m,835 par an et, en dépit de la renommée[1], cette mesure indiquerait plutôt que ce joli port est favorisé du ciel, puisque, à l'embouchure du *Sognefjord,* le niveau du pluviomètre monte encore 63 millimètres plus haut!

---

1. D'innombrables plaisanteries circulent en Norvège sur le climat pluvieux de Bergen; en voici quelques-unes que l'on m'a rapportées : Un jour, un capitaine, ayant constaté qu'il ne pleuvait pas lorsqu'il était en vue de Bergen, en conclut qu'il s'était trompé de route et vira de bord. (On sait que nous faisons sur Marseille une plaisanterie du même genre, et d'un goût plus douteux.) — Dans les rues de Bergen, lorsque les chevaux voient un homme sans parapluie, ils se cabrent et prennent peur à la vue d'un être aussi anormal. — Dans les prés aux environs de Bergen, lorsqu'un paysan va chercher son cheval pour l'atteler, il doit toujours porter un parapluie, au moins sous son bras, autrement l'animal ne reconnaîtrait pas son maître et s'enfuirait au galop. — Plus sérieusement, notons que l'abondance des précipitations diminue rapidement à mesure que l'on s'enfonce dans le fjord; ainsi, dans le même Sognefjord, à 91 kilomètres des côtes, dans le bas du Fjærlandsfjord, elle n'est plus que de 1250 millimètres; dans le bas du Nœröfjord, à 112 kilomètres, elle n'est plus que de 750 millimètres; elle s'abaisse à 480 dans le bras du Systerfjord, à 128 kilomètres, pour tomber enfin à 400, à Sœrdal, à 140 kilomètres.

Cette abondance des pluies, jointe à l'humidité même de l'air, est extrêmement importante; elle supplée, pour une grande part, à l'absence d'humus ou du moins au défaut d'épaisseur de la couche de terre arable, là où poussent l'herbe, les pommes de terre et les céréales; sans elle la chaleur du soleil de printemps et d'été serait perdue et même funeste pour la végétation, puisque les racines seraient vite desséchées[1]. Grâce à elle, au contraire, les plantes retirent pendant ces deux saisons tout le bénéfice du doux soleil norvégien, de ce beau soleil qui est le vrai roi de la Norvège et qu'il y aurait ingratitude à ne pas célébrer en terminant : n'est-ce pas lui, en effet, qui donne à ses fjords grandioses ces tonalités étranges qui ravissent les artistes et qui, non content de l'éclairer et de l'échauffer sans intermittence pendant les longs mois d'été, amasse encore pour elle dans les régions torrides de l'Équateur les provisions de chaleur que lui apportera le Gulf-Stream[2]?

Tels sont les éléments du *lieu* norvégien et tel est spécialement le fjord. Or ce fjord a été dans le passé et est encore dans le présent le centre d'une vie sociale intense. Quelle est cette vie sociale, quels en sont les forces organisatrices, les éléments, les caractères spécifiques?

Les Norvégiens racontent qu'il advint que Dieu oublia la Norvège, au moment où il distribuait sur la surface du sol la bonne terre à blé. Pour réparer cette erreur, il ramassa soigneusement les miettes de terre qui restaient au fond du sac. Il les jeta à la volée. Puis, pour consoler ceux qu'il avait déshérités sans le vouloir, il leur mit au cœur l'amour du sol.

Cette légende est intéressante, mais comme toutes les légendes elle constate, et n'explique pas; elle ne fournit aucune réponse au problème psychologique et social que se sont posé tous les voya-

---

1. Cette humidité ne risque pas de faire pourrir les plantes, parce que le sol est incliné et que l'écoulement des eaux est assuré.

2. A Bergen, les nuits claires durent du 22 avril au 22 août; à Trondhjem du 11 avril au 31 août, et dans cette ville il fait plein jour à minuit même du 23 mai au 20 juillet. En revanche, l'hiver, le soleil se lève à 10 heures à Trondhjem et se couche à 2 h.1/2; à Bergen, il reste au-dessus de l'horizon pendant 5 h. 1/2 à 6 heures.

geurs qui ont visité la Norvège : « Quel est l'état d'âme des gens
qui tentent de vivre entre ces menaces de rochers et ces précipices sans fond ? »

NOERÖFJORD, UN DES BRAS DU SOGNEFJORD

Efforçons-nous de répondre à cette question [1] et comme la

1. Comme il est toujours très attachant de suivre le développement des explications, des théories et des lois que les savants, chacun dans leur domaine propre,
donnent des phénomènes qu'ils soumettent à leur analyse, il me paraît utile de résumer
en quelques mots les grandes lignes de l'interprétation que Le Play donnait, il y a
vingt-cinq ans, de la vie sociale norvégienne. Il partait de cette donnée que les pasteurs
immigrants en ces régions s'étaient transformés en pêcheurs et, grâce aux conditions
du lieu, la pêche se faisait en *petites barques non pontées montées par trois ou
quatre hommes seulement*. Cette possibilité de se servir de *petites barques* avait,
aux yeux de Le Play, une importance souveraine : elle avait déterminé toute l'évolution de la famille et de la société. En effet, elle avait fractionné la famille patriarcale en simples ménages : autant de chefs de métier que de barques et autant de chefs
de famille que de chefs de métier. Elle avait séparé l'atelier du foyer et aussi les
hommes des femmes. Ainsi s'était constituée la célèbre *famille souche*, un des trois
types de familles que Le Play reconnaissait — on sait que les deux autres étaient la
famille patriarcale et la famille instable — et qu'il caractérisait par la transmission
intégrale de l'héritage à l'un des enfants; la propriété de l'habitation suivait naturellement le sort de la propriété de la barque et était impartageable comme elle. Grâce à
cette pratique salutaire de la transmission intégrale, la stabilité de la famille était

Science sociale professe que l'état d'âme d'un peuple est le résultat de toute la série des phénomènes sociaux, essayons de connaître ces phénomènes en dressant plusieurs monographies de la vie familiale des paysans norvégiens. Plusieurs monographies seront nécessaires, parce que les fjords ne sont pas en tous points semblables les uns aux autres. Sur ce fond premier et commun du lieu que je viens de décrire, s'épandent comme en une broderie finement nuancée des variétés d'un même type, et, de même qu'aucun fjord ne ressemble exactement aux autres, de même la vie sociale, dans chacun d'eux, se différencie par quelques nuances de la vie sociale des autres fjords.

Au cours de ma mission, j'ai pu déterminer deux variétés principales de type social dans le fjord norvégien proprement dit, sans compter le type du Jæderen et celui de la région de Trondhjem. Chacune de ces variétés se subdivise à son tour en plusieurs autres qu'il sera intéressant de déterminer.

assurée et l'esprit de tradition, maintenu par l'*héritier associé*, s'alliait naturellement à l'esprit de nouveauté que représentaient les autres enfants, obligés d'aller chercher au dehors un établissement personnel.

La forte constitution du foyer familial garantissait aussi la société contre le développement anormal des pouvoirs publics. Enfin la puissance d'expansion des peuples du Nord était expliquée, non moins que la forme même de cette expansion, si différente de celle des peuples communautaires; à ces émigrants individuels, rendus capables par l'éducation de « se tailler » un domaine au dehors, la barque ne fournissait-elle pas en effet un moyen de transport d'une incomparable puissance et d'une merveilleuse souplesse? Ainsi tout l'agencement de la vie sociale dérivait de la pêche en petite barque non pontée montée par trois ou quatre hommes.

Telle est la première explication proposée par Le Play. Les belles études d'Henri de Tourville ont déjà gravement modifié la représentation que la Science sociale se fait aujourd'hui des transformations opérées dans les fjords norvégiens : on verra que les conclusions de la présente étude ne sont pas de nature à faire regretter cette évolution doctrinale.

DEUXIÈME PARTIE

LA VIE PRIVÉE

I

LES RÉGIONS DES GAARDS ISOLÉS

I. — LE MASFJORD.

Le Masfjord est un fjord de modeste étendue, situé au nord de Bergen, à une distance peu considérable, mais que l'on met néanmoins plus de sept heures à franchir, parce que le petit bateau à vapeur qui le dessert fait, au préalable, d'innombrables évolutions dans les îles et à l'embouchure des baies que dessine la côte.

Ce fjord est inconnu des touristes, Bœdeker ne le mentionne pas et même un grand nombre des habitants de Bergen en ignorent l'existence ; tout au plus, ceux qui en connaissent le nom, l'associent-ils à des idées peu avantageuses de malpropreté, de vie misérable et de population arriérée. Pourtant, au dire de M. l'abbé Wang, qui veut bien être mon guide dans cette excursion, cette visite est indispensable à qui veut connaître l'état social de la Norvège ancienne, de celle qui a le plus conservé le mode d'existence d'autrefois.

Aussi, nous prenons le petit bateau à vapeur en partance pour le Masfjord et les environs ; la dimension du bateau, son aménagement rudimentaire, surtout l'accoutrement des passagers suffisent à nous avertir que nous ne sommes plus ici à bord d'un ces navires, favoris des touristes, qui desservent le Hardangerfjord et le Sognefjord : ici les passagers sont pauvres et demandent surtout un moyen de transport économique.

Partis à midi, nous arrivons à 7 h. 10 du soir à l'embouchure du Masfjord, après de très nombreuses stations dans les îles du Skjœrgaard et nous débarquons, bien que nous soyons encore loin de l'endroit où nous devons nous rendre et que le tableau itinéraire de notre steamer mentionne cet endroit parmi ses stations obligatoires. Avant de s'engager dans le fjord, le steamer doit en effet visiter dans tous les sens les baies environnantes jusqu'à minuit et demi, et il ne nous déposerait à destination que vers deux heures du matin. Il est donc plus prudent de faire avec un canot à rames la dernière partie du chemin.

A Sandnœs le débarcadère est déjà toute une leçon de choses : il est si incommode, si impraticable, les pierres ou les blocs de granit qui le composent forment un sol si mal nivelé qu'il faut de grands efforts pour y rouler un baril de poisson ou de farine ou y traîner une caisse. Tel qu'il est, avec ses 30 mètres carrés de superficie, il suffit cependant au service qu'il doit rendre ; il n'est en effet qu'un point d'attente pour les paysans qui, arrivés en canot, attendent le bateau à vapeur ou qui, arrivés en bateau à vapeur, se disposent à monter en canot. Sandnœs n'est pas un village, mais uniquement une station de bateaux ; à côté du débarcadère, il y a juste un petit *landhandler* (épicier de campagne).

A 8 heures, un canot nous emmène : nous profitons de la barque d'un paysan qui s'en retourne avec sa fille. Il demeure à 1.500 mètres en deçà du gaard où nous allons ; il lui faudra donc allonger sa course de 3 kilomètres ; dans tous les pays, les paysans acceptent volontiers ces détours pour rendre service à un voisin : ici ce sont les bras qui rament et non les jambes qui arpentent la route.

Le père et la fille, celle-ci robuste, blonde, proprette et avenante, rament vigoureusement, et pendant sept quarts d'heure défilent sous nos yeux les hautes collines granitiques de Masfjord. Leur hauteur n'est pas très considérable et pourtant on est tenté de les appeler des montagnes, parce que leurs parois à pic et l'étroitesse du fjord accroissent l'impression de hauteur qu'elles donnent. *Le flanc de ces collines est absolument nu;* parfois, sur les roches basses, de maigres pins garnissent un peu cette nudité, mais partout ailleurs la roche est si râpée et si limée qu'aucun arbre n'y peut végéter, et, au sommet, la colline s'arrondit en rotondités stériles et si lissées par les glaces de la période glaciaire qu'on les compare volontiers aux luisants crânes chauves des maîtres d'école de nos comédies.

Quelle solitude austère, quel silence et quel isolement! On n'entend aucun cri d'oiseau, et on en est presque heureux, car il semble que le piaillement d'un moineau ou le chant d'une poule romprait l'harmonie silencieuse de ce lieu majestueux.

De place en place, on aperçoit les maisonnettes des *bruger* et des *husmænd*. Il paraît que le nombre de ces habitations augmente : le paysan qui nous conduit nous signale au passage une ferme nouvelle; une partie d'un gaard a été vendue pour constituer une exploitation séparée. Plus loin on a détaché de l'udmark d'un autre gaard une portion que l'acquéreur croit pouvoir défricher suffisamment pour y nourrir un petit troupeau bigarré de vaches, de moutons et de chèvres.

Ainsi l'œuvre de défrichement se poursuit sur toute la Norvège des fjords : dans un département voisin de celui que nous visitons en ce moment, dans le département de Bergen Méridional, on a, depuis dix ans, défriché 11.000 maals, c'est-à-dire 1.100 hectares. C'est beaucoup, quand on mesure la difficulté de la tâche accomplie, et pourtant ce n'est rien en comparaison des immenses superficies rocheuses qui défient à tout jamais l'effort cultural de l'homme.

Vers 10 heures du soir — il fait beau jour encore quoique nous soyons au 13 août, — nous arrivons au gaard de Kristen Thorsen Bersvik.

Il est très difficile de décrire, à qui ne l'a pas vu, l'aspect d'une ferme norvégienne. Comment dépeindre celle-ci? Qu'on imagine une cavité laissée par une légère courbure de la colline granitique, dans laquelle se seraient éboulés et entassés pêle-mêle d'énormes masses de rochers. Au milieu de ce chaos, la nature et le travail de l'homme, en collaboration avec le temps, sont parvenus à former en quatre endroits rapprochés, mais doublement séparés et par des rochers et par une notable différence de niveau, quatre petits champs dont le plus grand mesure environ 75 ares, et dont les autres mesurent à peu près 50 ou 30 ares : une seule de ces pièces de terre arable, celle qui est au niveau le plus bas, présente une surface horizontale, les autres sont en pente relativement douce. Ces quatre petits champs forment le premier élément de la culture ; en y joignant beaucoup d'autres petits lopins de formes bizarres, plaqués sur les pentes les plus déconcertantes ou situés en d'innombrables recoins qu'enferment d'énormes « cailloux », on arrive à une superficie totale de terre cultivable de 6 hectares (60 *maals*). L'étendue est immense, et ce résultat de l'effort cultural paraît minime ; et cependant on ressent de la joie à le constater. En débarquant, on n'apercevait du ponton que des parois de rochers et la cabane du husmand dressée sur une petite plate-forme en promontoire : on éprouve je ne sais quelle fierté à se dire qu'en dépit des apparences premières une famille peut vivre de son travail au milieu de ce chaos.

A 150 mètres, à vol d'oiseau, du bord de l'eau, la colline granitique dresse définitivement ses parois abruptes, accessibles seulement aux chèvres ; de maigres sapins et quelques bouleaux se sont glissés dans les fentes verticales des rochers et tapissent ces parois ; au sommet, les surfaces polies de la roche sont plus dénudées encore : c'est le field, le désert granitique sur lequel ne poussent que des lichens et quelques herbes.

Ce field, cet udmark, fait partie du gaard de Bersvik, mais celui-ci en ignore la superficie ; aussi bien est-elle sans importance, car en Norvège on évalue les fermes par l'étendue de leurs terres cultivées, de l'*indmark*, ou mieux encore, par le nombre de vaches qu'elles peuvent nourrir [1].

____

1. Il importe de préciser ici la terminologie dont nous nous servirons : *Gaard* vient du vieux mot *Gjærde*, enclos, ordinairement par des pierres, et désigne un domaine agricole complet ; lorsqu'au cours des âges, celui-ci a été l'objet de partages ou de morcellements, chaque exploitation séparée est appelée *brug* ; celui qui exploite un gaard ou un brug porte le nom de gaardbruger. Chaque exploitation comprend

Sur ce gaard vivent actuellement dix personnes : le vieux grand-
père, âgé de soixante-douze ans, son fils aîné et la femme de celui-ci, enfin les enfants de ce ménage au nombre de sept. De tout
ce monde, le plus intéressant et le plus attachant est de beaucoup
le vieux Bersvik. Avec sa bonne figure intelligente et miséricor-
dieuse, son collier de barbe gris blanc qui entoure le visage,

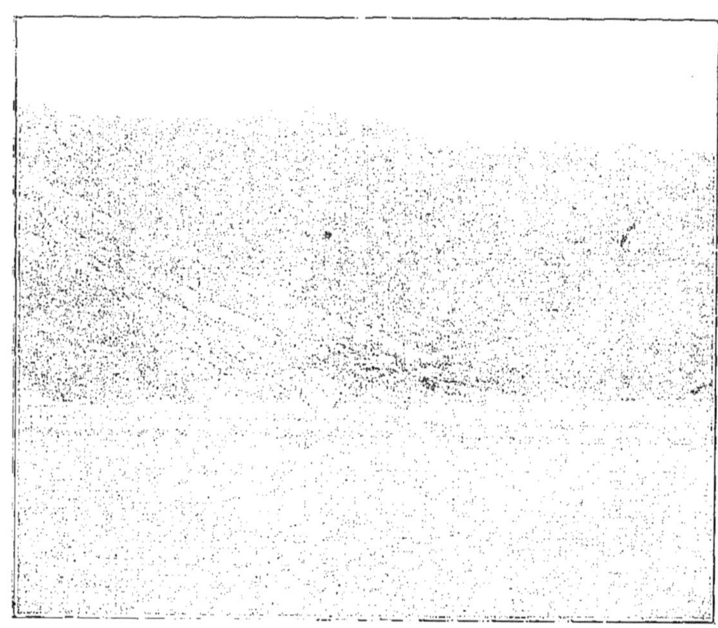

UN GAARD A L'EMBOUCHURE DU SOGNEFJORD.

ce vigoureux vieillard est bien représentatif du type norvégien
par excellence, de cette vieille race solide et forte qui a fait la
puissance sociale de la Norvège historique, comme elle fait encore celle de la Norvège actuelle : bref, pour tout dire d'un
mot, c'est un *Bonde*. Qu'est-ce donc qu'un Bonde? Un Bonde
(pluriel *bönder*) est un paysan de race et de tradition qui vit
et travaille sur la terre où ont vécu et travaillé ses ancêtres. Il
faut, pour être un Bonde, succéder à son père et à son grand-père :

deux parties, la partie qui a été l'objet d'un travail cultural, si rudimentaire soit-il,
appelée *indmark*, et la partie abandonnée à sa seule production naturelle, l'*udmark*,
composée des pentes abruptes et du field des sommets. L'indmark se divise lui-même
en deux sections : la terre cultivée, *dyrket jord*, et le terrain où l'on s'est borné à
épierrer sommairement et où l'herbe croît sans travail spécial : *naturlig eng* ou *udbeite*.

celui qui achète un gaard peut bien être un paysan, un exploitant, un gaardbruger, ce n'est pas un Bonde. On comparerait volontiers le Bonde à notre vieille race de paysans français auxquels il ressemble par tant de côtés, s'il n'en différait par deux traits essentiels : le sentiment de la fierté personnelle et de l'indépendance, le sentiment très net et très fort que l'homme, en toutes circonstances, trouve toujours en soi-même les ressources suffisantes pour subvenir à ses besoins et à ceux d'une famille.

Solidement fixé sur le sol, chef d'une famille ordinairement nombreuse, le Bonde ne reconnaît aucun supérieur, aucun individu qui ait le droit de lui commander, à moins qu'il ne lui en ait lui-même délégué le pouvoir ; il ne s'appuie ni sur un homme, ni sur un clan, mais sur la terre. Sa démarche est pesante et sa prestance massive ; quand il va en ville, il y vient avec ses bons habits nationaux et s'il rencontre le roi dans les rues de Kristiania, il lui serre cordialement la main en lui disant : « bonjour[1] ». Il est une sorte de noble et fait partie d'une aristocratie démocratique dont tous les membres ressemblent à des rois. Chacun est fier de son indépendance et chacun sait qu'il peut en toute occurrence se suffire à soi-même et surmonter toutes les difficultés.

Le vieux Bersvik vit là depuis son enfance. Depuis 1750, au moins, la ferme est dans sa famille et la transmission s'en est toujours faite de père à fils aîné, sauf dans la seconde moitié du XVIIIe siècle où, à une génération, une fille recueillit le gaard. Bersvik n'aurait garde de violer cette tradition : aussi a-t-il transmis à son fils aîné lequel, à son tour, transmettra à son fils aîné. Les parents de Bersvik eurent le malheur de perdre trois

---

1. Cette habitude de traiter le roi comme un membre de la famille est traditionnelle parmi les paysans norvégiens. Ainsi l'usage veut qu'on le tutoie et qu'on le reçoive sans façon. Dans une histoire norvégienne, un paysan s'écrie : « Vous dites que le roi va nous visiter dans notre maison? Eh bien, qu'il vienne, il se contentera de ce qu'on lui offre. Ce n'est pas un gouverneur! » — M. Hugues Le Roux rapporte que l'empereur d'Allemagne, voyageant dans le Telemarken, désira visiter un chalet de paysan. Dans la maison, il n'y avait qu'une vieille femme, presque incapable de se remuer. Guillaume II était entré seul dans la chambre. Il se nomma. La vieille répondit sans s'émouvoir : « Ah! tu es l'empereur?... Assieds-toi là... Je suis contente de voir un empereur avant de mourir. »

ou quatre enfants en bas âge ; aussi Thorsen n'a-t-il qu'une sœur mariée dans le même fjord à un paysan des environs. Lui-même eut sept enfants, six fils et une fille ; nous dirons plus loin quelle est leur condition ; bornons-nous en ce moment à considérer le fils aîné, celui-là même qui a succédé à son père dans l'exploitation du gaard. Le visage amaigri décèle la souffrance et contraste avec la bonne figure calme de son père ; il paraît en effet qu'une affection des voies respiratoires a longtemps mis sa vie en danger et diminué ses forces. Ce fut une crise pour la famille, car les enfants en bas âge ne pouvaient aider au travail et la ferme était négligée ; mais aujourd'hui cette mauvaise période est passée ; les enfants, les filles surtout, dont les âges s'échelonnent entre dix-sept et vingt-deux ans, aident leurs parents aux divers travaux du gaard, en attendant le jour où, à leur tour, elles iront ailleurs chercher un établissement et un mari, puisque le gaard doit revenir à leur frère aîné.

Observons méthodiquement la vie de cette famille et, puisque le travail conditionne tous les autres éléments, efforçons-nous de connaître la série des travaux successifs auxquels ce gaard sert d'atelier.

Au printemps, c'est-à-dire vers le 15 avril, on commence à porter sur la terre le fumier, avec une charrette étroite que traîne le petit cheval norvégien ; à ce moment, le soin du bétail passe aux femmes, et celles-ci, les années où la provision de foin a été insuffisante, s'en vont sur la montagne ramasser la bruyère. En deux semaines, les labours et les semis d'avoine et de pommes de terre sont achevés.

On peut alors réparer les murs de pierres sèches et aller chercher dans le bois les arbres qu'on n'a pas eu le temps de descendre pendant l'hiver.

Vers la fin du mois de juin, la coupe du foin (*hö*) commence, *c'est la grande opération culturale de l'année, celle qui est le centre de toute l'exploitation agricole,* puisque le nombre des animaux que chaque ferme peut entretenir est déterminé par la quantité de foin dont on peut faire provision pour l'hiver. La

fenaison dure jusqu'au 25 août, et cette longue durée atteste non
la quantité de foin récolté, mais la difficulté de l'entreprise. La
coupe est en effet fort laborieuse, puisque si l'on excepte les quatre
champs dont j'ai parlé et quelques lopins semblablement situés,
une grande partie du foin est récoltée sur des pentes très
inclinées et raboteuses. J'ai vu moi-même, au milieu d'août,
comment les enfants de la famille Bersvik coupaient avec leur
père jusqu'aux plus petites touffes d'herbes, j'allais dire jusqu'aux brins qu'ils pouvaient recueillir : pour cette fauchaison,
la faulx, telle que nos paysans l'employaient avant l'invention
de la faucheuse mécanique, n'est pas l'instrument qui sert le
plus ; en beaucoup d'endroits, on est obligé de lui substituer
une petite faulx rectiligne, emmanchée à un manche court,
et que l'on manie facilement de la main droite, pendant que,
de la main gauche, on enserre la touffe d'herbe que l'on doit
couper.

Une fois coupée, l'herbe ne sécherait point, si on se contentait
de la laisser sur le sol : le soleil n'est pas assez chaud et l'humidité est trop grande ; aussi on tend sur des piquets quatre ou
cinq cordes ou fils de fer parallèles sur lesquels on place, en
autant d'étages, le foin à mesure qu'on le coupe. Ainsi, la pluie
glisse sans entraîner la pourriture et l'herbe peut prendre pour
se faner tout le temps qui lui est nécessaire.

Pour ces fauchaisons, on réquisitionne tous les membres de la
famille et personne n'épargne sa peine : aussi bien c'est la seule
saison de l'année où le paysan norvégien soit soumis à un travail
un peu pénible.

A la fin d'août, il reste juste une semaine pour couper l'avoine,
et le 1er septembre, on commence la seconde coupe de l'herbe, la
coupe des regains (*haa*), foin de moindre qualité nutritive, mais
provision indispensable néanmoins. Après cette seconde coupe,
on arrache les pommes de terre et, au 15 octobre, l'hiver commence, longue période d'humidité et de ténèbres prolongées
pendant laquelle les hommes s'emploient à soigner les animaux,
à réparer le matériel, à couper et à transporter le bois d'œuvre
et surtout le bois à brûler.

LE SÆTER, d'après le tableau de M. Borgen.

A Noël, il y a un repos de huit à dix jours [1]; vers le 3 janvier, on reprend le travail dans le bois, jusqu'à la fin de l'hiver, c'est-à-dire jusqu'aux premiers jours d'avril.

Tel est le cycle annuel des travaux agricoles; on y remarquera la très petite importance des labours : en effet, le fils Bersvik ne cultive ni seigle, ni orge [2].

Et si on ne laboure que très peu avec la charrue, on ne bine pas du tout avec la bêche, car les fermes norvégiennes n'ont jamais de jardin potager : les poireaux, les carottes, les oignons, les choux, les salsifis, à plus forte raison les haricots et les fèves sont inconnus en ces régions : la pomme de terre tient lieu de tous ces légumes : à peine, devant sa maison, Bersvik a-t-il quelques pruniers, des pommiers et des groseilliers, et cela même est presque une exception.

Puisque l'herbe n'est pas un produit directement utilisable par l'homme, l'exploitation du gaard aboutit en réalité à l'élevage du bétail, et en effet Bersvik possède 1 cheval, 60 chèvres [3], 9 ou 10 vaches, 3 veaux, 30 à 40 moutons. La grosse affaire est d'avoir le plus d'animaux qu'on le peut et, les ayant, de les nourrir. Pendant l'hiver et le printemps, on les nourrit à l'étable, et j'ai déjà dit que les femmes s'en vont sur la montagne ramasser la bruyère, lorsque la provision de foin se trouve épuisée hâtivement. Vers le milieu de mai, on fait sortir les animaux et ils pâturent sur l'herbe des parties limitrophes, entre l'*indmark* et l'*udmark* où ils peuvent grapiller à peu près leur nourriture, sans nuire à la récolte prochaine du

---

1. Dans les fjords où les habitations ne sont pas trop éloignées les unes des autres, ces journées sont remplies par des réunions entre voisins; lorsque la distance qui sépare les gaards est trop grande, comme c'est le cas dans le Masfjord, de semblables réunions ne sont guère possibles, surtout à une époque où la brièveté des jours et la pluie rendent les communications plus difficiles : aussi se borne-t-on à suspendre le travail, à fumer plus de pipes, en buvant de la bière.

2. Je ne mentionne pas le froment, car on n'en cultive nulle part dans la région des fjords : l'été n'est pas assez chaud pour que le froment arrive à maturité.

3. Le nombre de chèvres est notablement supérieur à la moyenne : Bersvik avait été porté à l'accroître parce que la vente du fromage de chèvre, *mysost*, est avantageuse et que cela lui permettait d'utiliser le travail de ses fillettes : en effet, à dix ans, une fillette peut traire une chèvre. La quantité de moutons est aussi sensiblement supérieure à la moyenne, mais la ferme est relativement grande.

foin [1]. Vers le 25 juin, on mène les vaches et les moutons au *sæter*, sous la garde de l'une des filles et les troupeaux y restent jusqu'au milieu de septembre.

Le *sæter* n'est autre chose que le field de la montagne, avec ses immenses espaces stériles entrecoupés de lacs, aux eaux pures et de dimensions variables, qui s'égrènent comme des chapelets en toutes directions. Les lichens, les mousses, les bruyères, réussissent à végéter sur la roche, sous la double action de l'humidité et de la température tiède que le soleil d'été entretient constamment. Comme l'étendue est sans limites et qu'on lâche en toute liberté les animaux, ceux-ci trouvent une abondante nourriture, et le « sæter » est l'auxiliaire indispensable d'une ferme norvégienne : c'est là que les animaux « se refont » après les privations de l'hiver et, quand ils en descendent, le paysan contemple avec joie les formes rotondes de ses vaches et de ses moutons [2]. Ces animaux sont, là-haut, sous la garde d'une des filles de Bersvik : chacune, à son tour, fait une saison au « sæter » et elle vit là-haut, seule de la famille, pendant onze à douze semaines, dans la petite cabane de bois que chaque ferme possède. Ces cabanes carrées ont à peu près 3 mètres de côté ; une cloison sépare l'intérieur en deux. La première partie est consacrée à la laiterie-beurrerie : elle renferme les vases en bois pour le lait, un petit fourneau et une écrémeuse centrifuge à main ; chaque jour la sæterspige fait elle-même le beurre et le fromage. Le matin et le soir elle appelle les vaches qui, au surplus, viennent spontanément pour la traite ; l'opération terminée, celles-ci s'en retournent dans la lande granitique.

Le « sæter » est toujours établi près d'un ruisseau et au même point se réunissent d'ordinaire trois ou quatre de ces cabanes.

---

1. A partir du 15 mars, les vaches vont un peu dans l'indmark ; de même elles y séjournent encore quatre semaines à l'automne, après le retour du sæter.

Pendant l'hiver, la nourriture du bétail se compose de *hö*, de *han*, de paille et de bruyère ; on ne leur donne guère de feuilles ; pas de navets, ni de pommes de terre, à moins d'extrême nécessité.

2. Les chèvres ne vont pas au sæter : chaque matin, vers 7 ou 8 heures, après la première traite, on leur ouvre la porte de l'étable et elles escaladent en liberté les pentes abruptes ; le soir, vers 5 heures, elles reviennent d'elles-mêmes à l'étable pour la seconde traite.

Ainsi les filles qui gardent les animaux vivent ensemble et se tiennent compagnie. Une fois par semaine, le poney vient avec son bât apporter quelques menues provisions de poisson, de pommes de terre, de pain d'avoine pour la *pige*, de sel et d'arêtes de poisson pour les animaux, afin de suppléer à l'insuffisance en phosphore et en calcium de l'herbe de la montagne. A la descente, le poney ne s'en retourne pas à vide, il remporte le petit-lait, le beurre et le fromage. Aucune règle fixe ne détermine les jours de ces visites au sæter : la pige doit savoir « se débrouiller » seule ; en tout cas, ces visites n'ont jamais lieu plus d'une fois par semaine. Les filles, qui sont là-haut, habituées à la solitude de la ferme, ne souffrent pas de la solitude du sæter.

Telles sont les ressources que le lieu met à la disposition de la famille Bersvik, et ce sont les seules : point de chasse, ni de pêche ; à peine à l'automne Bersvik tue-t-il quelques gelinottes. Quant au poisson, le fjord est toujours prêt à le fournir et on ne jette jamais une ligne en vain ; mais à raison du bas prix des morues ou harengs salés ou séchés, on a meilleur emploi de son temps à soigner les bestiaux et à ramasser du foin ou du bois. Les morues ou les petits cabillauds égarés qui poussent des pointes jusqu'ici sont trop peu nombreux pour que la pêche en soit rémunératrice : quelques gaards en aval sont pourtant mieux placés et pêchent un peu de petit hareng. Quant au saumon, depuis cinquante ans, il ne remonte plus guère dans les fjords et est arrêté dans les îles. Quelques propriétaires voisins ont essayé de tendre des filets, ils ont pris deux ou trois saumons et n'ont pas même récupéré leurs frais. Aussi la pêche n'est, comme la chasse, qu'une distraction intermittente ; de temps à autre, Bersvik va, dans son canot, lancer une ligne de fond, mais, en Norvège, cela ne compte pas. La grande abondance du poisson en certains parages rend les gens difficiles et, à l'exception du saumon et de la truite, les poissons ne se pêchent que sur les bancs et en quantités énormes.

Au surplus, puisque les travaux de Le Play et d'Henri de Tourville ont habitué leurs disciples à attacher une grande importance à cette question de la pêche, le lecteur me permettra de raconter un incident qui est venu, par un heureux hasard, donner une grande précision aux renseignements que j'ai pu recueillir. Le lendemain même de notre arrivée, nous vîmes accoster au ponton du gaard une barque montée par deux hommes et deux femmes, tous proprement habillés : c'étaient des pêcheurs des îles qui venaient faire la tournée de leurs clients habituels et leur offrir leur marchandise : la barque était remplie de poisson séché, arrimé sous les bancs des rameurs, et un baril contenait de la petite morue dont on avait mouillé quelques échantillons pour en faire mieux apprécier la qualité. Ces matelots cherchaient soit à vendre leur poisson, soit à l'échanger contre des produits utiles à leur consommation, notamment des pommes de terre ou de la peau de bouleau dont on se sert beaucoup en Norvège pour couvrir les toits. Bersvik acheta pour 2 kr. un baril de petite morue salée dont je puis évaluer la contenance à 125 litres environ : à ce prix dérisoire, j'ai compris pourquoi le vieux Bersvik m'avait dit, le matin même, que les paysans de la contrée estimaient qu'on perdait son temps à pêcher du poisson.

Plusieurs fois par an, le même matelot revient ainsi, et comme je demande pourquoi il se fait accompagner de sa femme et de sa belle-sœur, on me répond qu'il profite du beau temps pour se donner à lui-même et aux siens une petite vacance, « sans compter, ajoute-t-il, avec un petit clignement d'yeux qui me rappelle ma Normandie, que ces deux femmes sont habiles à faire l'article ».

Cette constatation importante permet de rectifier une erreur grave commise par Frédéric Le Play et ses premiers disciples : ce n'est pas, comme ceux-ci le pensaient, la pêche en petites barques qui a amené le sectionnement de la famille patriarcale en ménages distincts, et, si Le Play avait visité les fjords de Norvège, il aurait vu que les conditions de la pêche qu'il décrivait étaient purement imaginaires : j'ai pu, au cours de mon enquête, saisir encore, dans un des fjords du Nord [1] quelques vestiges

1. Voir *infra*, p. 152.

de l'ancienne pêche directement organisée par les paysans propriétaires, mais cette pêche, très différente de celle qu'on supposait, aurait contribué plutôt à maintenir la famille patriarcale qu'à la dissocier. Il ne faut pas oublier que, dans tous les milieux où un produit, *insuffisant pour assurer à lui seul la subsistance*, se rencontre en très grande abondance, la vie sociale s'aménage, non pas en vue de la conquête de ce produit surabondant, mais en vue de la conquête des autres produits complémentaires indispensables, *qui sont rares*. De là, en Norvège, l'importance attachée à la possession du sol, l'importance du domaine qu'Henri de Tourville a si bien discernée et aussi haut que nous pouvons remonter dans l'histoire de ce pays, nous savons que le manque de terres cultivables a toujours tourmenté les habitants de cette contrée. Est-ce à dire qu'il ne faille attacher aucune importance à la surabondance du poisson? Je crois, au contraire, que cette surabondance a seule permis le peuplement des fjords et seule permet encore l'entretien de la population norvégienne. Même aujourd'hui aucun gaard ne pourrait être habité, dans la région des fjords, si les familles qui y vivent ne trouvaient dans le poisson à vil prix un appoint très considérable pour leur alimentation. Or, il ne faut garder aucune illusion, en ce pays de rochers et de granit, *l'homme a fait la terre cultivable autant et plus que la nature :* il est donc certain que ces parages n'eussent pas pu recevoir l'homme, si le poisson ne lui avait garanti, à lui seul, la presque totalité de sa nourriture.

Même avec l'appoint du poisson, le produit d'un gaard est fort modeste, et Bersvik ne parviendrait pas à élever ses sept enfants s'il lui fallait acheter au dehors les divers effets d'habillement nécessaires aux membres de la famille ; mais un gaard norvégien n'est pas seulement un atelier de travail agricole, c'est encore un atelier de fabrication domestique, dans lequel on fabrique et on produit les divers objets de vêtement, d'ameublement et d'outillage agricole nécessaires. Un gaard norvégien est, en toute réalité, ce qu'on appelle, en Science sociale, un domaine plein. Avec la laine des moutons, on file et on tisse ; aussi ne reste-t-il à acheter que quelques menues étoffes de coton : plusieurs pièces de drap sont même toujours en réserve, attendant leur emploi, et, de ce côté, il y a plutôt avance de la production sur la consommation. Parfois, lorsqu'on ne prévoit pas l'usage d'une pièce de drap, on la vend, mais cela arrive rarement. Il est inutile de dire que les produits de ce tissage domestique soutiendraient mal la comparaison avec ceux des grandes manufactures d'Angleterre ou de France; mais ce drap, d'une souplesse insuffisante, est du moins d'excellente qualité; comme il n'y entre pas de coton, il est très chaud et fournit un très bon service.

Cette fabrication du drap et des vêtements est l'œuvre des femmes; les hommes réparent les meubles, ou en fabriquent de nouveaux, réparent les instruments de culture, râteaux, charrettes, etc. Tout Norvégien est toujours plus ou moins expérimenté dans le travail du bois. On emploie à ces divers travaux les longues soirées d'hiver qui commencent à 3 heures de l'après-midi !

Telle est la série des travaux sur le gaard de Bersvik : les membres de la famille y suffisent, si l'on excepte quelques journées d'un journalier que l'on prend au moment de la fauchaison ou un peu pendant l'hiver pour la coupe du bois. Il y a bien aussi un husmand qui doit nominalement six journées de travail, mais comme il est pauvre et que le vieux père Bersvik est très bon, on a pris l'habitude de ne pas exiger sa prestation : je n'en parle donc que pour mémoire.

De même que presque tout est fabriqué sur place, presque tout est consommé sur place, et la vente est très réduite.

Voici le tableau des ventes annuelles réalisées par le fils Bersvik :

Planches..	100 kr.[1]
Beurre..	200 —
Fromage...	125 —
Deux vaches............................ 140 à	150 —
Huit moutons...................................	80 —
Total...................................	655 kr.

1. Le krone vaut 1 fr. 38 ; il se divise en 100 öre.

En face de cette recette[1], il y a lieu de chiffrer en dépenses 177 kr. pour impôts, une centaine de kroner pour achat de sel, d'avoine, d'orge, de sucre, de café, de pétrole, de poisson, de petites faulx en acier, d'ustensiles de cuisine en fer, de poêles, etc.; 40 kr. pour frais de journées, etc.; 40 kr. pour maladies et dépenses diverses. L'excédent des recettes sur la dépense serait donc de 300 kr. environ.

Cet excédent, qui paraît au premier abord satisfaisant, est au contraire extrêmement réduit si l'on réfléchit que Bersvik père avait sept enfants et que le fils aîné n'a droit qu'à un septième de l'héritage paternel; or le gaard peut être estimé à 6.000 kr. au moins, et avec un boni annuel de 300 kr. on peut juste payer l'intérêt à 5 % de cette somme, mais on est loin de pouvoir l'amortir pendant le court laps de temps, vingt-huit à trente ans environ, pendant lequel chaque génération exploite à son tour.

La difficulté est grave et, quand on serre de près, au contact du fait, la réalité de la vie des familles paysannes, on comprend pourquoi Le Play a attaché naguère tant d'importance au mode de transmission du domaine ou de l'atelier. Il se peut que Le Play ait eu tort de faire de ce mode le critère du classement suivant lequel il convient de répartir les sociétés humaines, mais du moins est-il indéniable que la famille ouvrière est ici mise en demeure de résoudre un problème d'une souveraine importance et que sa prospérité ou sa déchéance découlent de la solution que ce problème reçoit. Voici comment Thorsen Bersvik l'a résolu pour son compte. Sa méthode est, d'ailleurs, celle qu'emploiera son fils à son tour et qu'emploient tous les paysans norvégiens.

Lorsque son fils aîné fut près d'avoir 30 ans, il lui vendit sa ferme avec ses dépendances et sa garniture de bestiaux et de matériel pour un prix de 2.800 kr., ce qui, d'après divers rapprochements que je puis faire, équivaut à peu près à 35 ou 40 p. 100 de la valeur marchande effective[2].

---

1. Autrefois on vendait un peu de bois à brûler ; mais, depuis plusieurs années, ces ventes ont été suspendues.

2. Aussi bien cette valeur est-elle difficile à connaître, car le vieux Thorsen Bersvik

Sur ces 2.800 kr., 1.200 ont été payés avec la dot de la bru, qui possédait une petite terre qu'elle a vendue au moment de son mariage ; le père est donc resté créancier de 1.600 kr. Depuis quelques années, les enfants, en âge de travailler et d'aider leurs parents, ont accru un peu le produit de la ferme, et le fils Bersvik a légèrement amorti la dette. Si, au moment de la mort du père, la part *égale* d'héritage du fils aîné dans la succession paternelle, c'est-à-dire un septième, ne suffit pas à compenser sa dette, celui-ci sera contraint d'emprunter sur hypothèque à la banque locale au taux de 5 p. 100. C'est là une pratique dangereuse ; en y recourant, on risquerait souvent de s'acheminer d'un pas plus rapide vers la déroute finale : aussi, suivant les circonstances, les autres cohéritiers, constatant eux-mêmes que leur frère aîné est dans l'impossibilité de s'acquitter vis-à-vis d'eux, et que la prime, pourtant considérable, qu'il a reçue au moment de l'achat, est encore insuffisante, consentent à une réduction de leur créance ou mieux en donnent bénévo-lement quittance totale. Ils savent que l'honneur et la dignité de la famille sont engagés et qu'il faut à tout prix assurer la con-servation du gaard des aïeux aux mains d'un des enfants, et ils savent aussi que si leur frère aîné est aux prises avec les difficultés matérielles, celles-ci seraient les mêmes pour tout autre frère : dès lors, il vaut mieux que le gaard reste aux mains du fils aîné.

Si pourtant, dans des circonstances extrêmes, il apparaissait que le fils aîné est, pour raisons personnelles, véritablement in-capable de garder le domaine paternel, on ne ferait rien pour éviter la liquidation finale ; au moment où le gaard deviendrait vacant, un autre des enfants, s'il s'en trouve un qui soit apte à l'exploiter et désireux de le faire, se porterait acquéreur et ce n'est qu'à la dernière extrémité qu'on laisserait le domaine tomber aux mains d'un étranger.

est le premier à déclarer qu'il ne la connaît pas lui-même, n'ayant jamais songé à évaluer sa ferme ; la pensée que son gaard, sur lequel sa famille est établie depuis près de deux siècles, pourrait être vendue à un étranger, lui paraît si bizarre, si étrange et si inadmissible, qu'il se refuse à y arrêter un instant son esprit.

Ainsi, transmission intégrale et entre vifs du gaard au fils aîné, moyennant un prix fixé approximativement à 35 ou 40 p. 100 de la valeur marchande, telle est la solution que les paysans norvégiens trouvent la plus efficace pour assurer la continuité du foyer du travail à travers l'instabilité des générations successives. Cette solution est bien connue de ceux qui se sont occupés d'études sociales : elle s'appelle le droit d'aînesse. Mais comme, sur ce droit d'aînesse (et la transmission intégrale), on a trop souvent répandu dans le public des assertions inexactes qui indiquaient chez les auteurs une méconnaissance totale des conditions de son fonctionnement, il importe de demander aux Norvégiens des renseignements détaillés sur le mécanisme de l'institution familiale qu'ils ont adoptée.

La transmission du gaard intéresse la situation de trois catégories de personnes : le fils aîné, le père et la mère, les autres enfants. Sur la situation du fils aîné, je n'ai rien à ajouter à ce qui vient d'être dit et, au premier abord, sa condition paraît plutôt digne d'envie et en tous cas satisfaisante : nous verrons plus loin si ce jugement est fondé.

Que deviennent les parents? A cette question, l'exemple même du vieux Bersvik fournit une réponse.

Lorsque Thorsen vendit son gaard à son fils aîné, il fut convenu qu'un intérêt de 4 % serait servi sur la portion du prix qui restait impayée. Si Bersvik avait été riche, chose extrêmement rare parmi les paysans des fjords, c'eût été la seule charge imposée à l'acheteur. Mais bien que Bersvik eût quelque aisance, son gaard n'en constituait pas moins le principal élément de son patrimoine; en l'aliénant, il perdait tout moyen de subsistance. Aussi il stipula, dans le contrat même de vente, l'obligation pour son fils de lui fournir gratuitement une certaine quantité de pommes de terre et de farine d'orge et d'avoine, et d'entretenir, à son usage, une vache et quatre moutons. Ainsi sa nourriture et son vêtement sont assurés : seul le chauffage demeure à sa charge, car il n'a conservé aucun droit sur le bois. Restait la question de l'habitation : Bersvik l'a résolue en se réservant le droit de prendre sur les arbres du gaard la quantité de bois nécessaire à la construction d'un chalet et en effet, au bout de quelques mois, il est venu habiter avec sa femme, dans la maisonnette qu'il s'est construite. Cette manière d'agir est usuelle parmi les Norvégiens, au moment où ils transmettent leur gaard à leur fils aîné ; elle s'explique à la fois et par le désir de garantir leur propre indépendance et par le respect de l'indépendance d'autrui. Dans ces solitudes des fjords, l'homme est si habitué à vivre seul, à ne sentir aucun autre contact que celui de sa femme, de ses enfants, ou de ses domestiques, qu'il redoute un peu la situation nouvelle que lui ferait la vie au foyer de son fils marié et devenu chef de l'exploitation du gaard. Puisque le fils a la direction et la responsabilité, il est juste que son autonomie soit pleinement reconnue, et on ne veut pas davantage donner aux parents une situation dépendante ; on évite tous les inconvénients d'une cohabitation féconde en froissements — chaque jour, en France, on constate combien cette cohabitation est difficile — en séparant la maison des parents de celle du fils.

Au surplus, on aurait tort de conclure de la séparation des habitations et de la précision donnée aux obligations alimentaires de l'acheteur que les rapports entre les parents et le jeune ménage sont souvent tendus ou même mauvais : ceux-ci sont au contraire excellents, et, bien que j'aie visité un grand nombre de fermes, je n'ai pas rencontré un seul exemple de brouille entre le fils ou la bru et les parents. Jamais en fait le contrat de *fœderaat* n'est suivi à la lettre ; jamais par exemple le lait de la vache réservée n'est mis à part, comme il devrait l'être théoriquement, du lait des autres vaches et, comme nous le dit le père Bersvik, quand on exige à peu près la quantité de beurre et de fromage à laquelle on a droit, c'est bien plutôt afin d'avoir l'occasion d'en vendre un peu et de pouvoir avec l'argent acheter quelques petits cadeaux pour sa belle-fille ou ses petits-enfants.

Pratique et théorie, tout est donc ici, en bonne règle : l'une inspirée par le mutuel respect et l'affection, l'autre demeurant comme une ressource ultime au cas improbable de mésintelligence et·surtout au cas où le fils inhabile ou paralysé par la maladie serait obligé de vendre le gaard : dans cette hypothèse, le *fœderaat* demeure une charge *réelle*, au sens précis que les jurisconsultes attachent à ce terme, sur la propriété, et l'acquéreur est également tenu de fournir au *gaardmand* les prestations stipulées [1].

La situation des parents étant sauvegard'e, que deviennent les autres enfants, frères et sœurs du fils aîné? En cette matière, aucune phrase ne vaut l'exposé simple des faits, et c'est ici le seul genre de réponse qui se puisse admettre. Voici la condition des six enfants de Bersvik, qui ont dû quitter le gaard pour aller chercher au dehors un établissement.

Le deuxième fils s'embarqua de bonne heure sur un navire marchand, en qualité de matelot, ce qui ne l'empêcha pas de suivre pendant trois hivers le cours de l'école des pilotes et d'obtenir son diplôme de pilote. A vingt-six ans, il vint demander à son père de lui prêter quelque argent, et, joignant à cette avance le produit de ses économies, il partit pour les États-Unis, où il continua son métier à bord d'un bateau de pêche. Peu après, il entra chez un entrepreneur de construction de maisons en bois : une crise sévit sur l'industrie du bâtiment pendant laquelle notre émigrant, profitant du bas prix des *farms*, résolut d'en acheter une dans l'Orégon. Ce fut une fâcheuse résolution, car il ne put s'accommoder à ce métier trop sédentaire ; aussi il a vendu sa *farm* et s'est remis à construire des maisons en bois et des

---

1. On appelle *gaarmand* ou *folgemand* le parent à qui le gaard doit des prestations en nature. — En fait, dans la famille Bersvik, les choses ne se sont pas tout à fait passées ainsi qu'il est indiqué au texte : comme le fils aîné de Thorsen Bersvik était asthmatique et qu'il semblait, d'après les apparences, que le père survivrait à son fils, Thorsen Bersvik, voyant que les relations entre lui et son fils et sa bru étaient excellentes, s'est contenté d'une pure convention verbale, sans aucun écrit : au cas de mort du fils, on eût ainsi évité les frais de mutation d'un double transfert, sans parler des complications résultant de la présence des mineurs, et Thorsen eût transmis directement le gaard à son petit-fils aîné. Mais l'année qui précéda ma visite, le vieux Thorsen se sentit pris d'un catarrhe et il se crut arrivé au terme de sa vie : comme la santé de son fils n'avait au contraire cessé de s'améliorer, il s'est empressé de mettre définitivement en ordre le transfert de propriété, ce qui d'ailleurs est toujours facile, puisque l'on suit la coutume du pays.

granges ; il est entrepreneur à Portland (Orégon). Il est marié
et a quatre enfants [1].

Le troisième fils n'est allé à aucune école spéciale ; en revanche
il a fait un long apprentissage du métier d'horloger. A vingt-
huit ans, il émigra aux États-Unis où il travailla pendant quelque temps dans une fabrique d'horlogerie, un peu surpris de
voir que la machine faisait là-bas toutes les opérations pour
lesquelles il avait eu tant de mal à acquérir une habileté manuelle suffisante. Lorsque sa formation technique fut achevée, il
s'établit horloger et orfèvre dans le Dakota du Sud où il est encore actuellement : ses affaires sont prospères, il a trois enfants
et a eu le malheur de perdre récemment sa femme.

Le quatrième fils, après avoir passé quatre années à l'école des
sous-officiers d'artillerie de Kristiania, rejoignit ses deux frères
aux États-Unis. A vingt-trois ans, il débuta comme auxiliaire chez un ingénieur chargé de la construction d'un chemin de fer ; il est maintenant ingénieur-constructeur, construit des ponts et des aqueducs en diverses villes de l'Ouest ;
pendant ces dernières années, il résidait l'été dans l'Alaska et
passait l'hiver à Portland (Orégon). Il vient de se marier et a
un enfant.

Le cinquième et le sixième fils sont restés en Norvège : après-
avoir passé l'un et l'autre deux hivers à l'école supérieure populaire de Voss, ils sont allés au séminaire (école normale) de
Stordoen. Le premier est actuellement instituteur et chantre d'é-
glise (*Kirkesang*) dans un district du Masfjord ; le premier de ces
deux emplois lui rapporte 18 kr. par semaine et l'école dure
38 semaines par an ; avec les appointements qu'il reçoit de la
paroisse et les revenus du petit gaard attaché à sa fonction

---

1. Dans la suite de ces pages, j'indiquerai toujours avec soin, autant que je le
pourrai, la situation familiale des personnes visées ; puisque les sociétés humaines
ne s'entretiennent et ne se développent que par la constitution de nouveaux foyers,
il est toujours important de connaître la double capacité morale et économique de
chacun à cet égard. Notamment, la situation économique d'un homme adulte n'est
vraiment bonne et saine qu'autant qu'elle lui permet de subvenir non seulement à ses
propres besoins, mais encore à ceux d'une famille. Souvent des études sociales sont
viciées par l'oubli de cette vérité primordiale.

scolaire il jouit d'une aisance assez large et élève facilement
les quatre enfants issus de son mariage avec la fille d'un gaardbruger. Le sixième et dernier fils est professeur à l'école
départementale (*Amtsskole*) de Time ; il n'est pas encore marié
et est satisfait de sa situation.

Enfin la fille de Bersvik s'est mariée récemment au fils aîné du
gaardbruger voisin qui nous a justement amenés en barque avec
sa fille et dont nous avions remarqué la bonne tenue et la mise
confortable ; il est donc certain qu'elle aussi a réussi à se tirer
d'affaire.

Ainsi, chacun de ces six enfants, grâce à la bonne formation
reçue, au modeste subside pécuniaire que le père a pu tempo-
rairement lui fournir, et surtout à son énergie personnelle, a
pu trouver, hors du gaard, un établissement si satisfaisant que
chaque enfant, à l'exception du deuxième fils[1] que l'instabilité
de son caractère a engagé, à plusieurs reprises, en de grosses
dépenses, a pu dans un court délai rembourser à son père les
avances pécuniaires qu'il en avait reçues. Aucun des trois fils qui
ont émigré aux États-Unis ne songe à revenir à demeure au pays
natal ; ils apprécient beaucoup la vie large et confortable dont
ils jouissent en Amérique et il est certain qu'ils refuseraient
avec empressement l'offre qui leur serait faite de remplacer le
fils aîné sur le gaard familial.

Non seulement la situation d'aucun enfant n'a été sacrifiée,
mais, parmi les sept enfants, c'est probablement l'aîné dont la
situation financière est la moins bonne et, en tous cas, il y en a
plusieurs dont la vie est singulièrement plus large et plus facile
que la sienne. Pour comprendre comment cela se peut faire, il
suffit de se rappeler, ce que les Français oublient trop volontiers,
que le patrimoine petit ou grand qu'un fils reçoit de ses parents,
ou recueille comme dot de sa femme, n'est pas, tant s'en faut, le
moyen unique, ni même le plus sûr qu'il ait de se tirer d'affaire.
Il en est un autre plus efficace, plus durable et aussi plus favo-

---

1. A la mort de Thorsen Bersvik, la somme dont ce fils se trouvera encore débiteur sera imputée sur sa part héréditaire.

rable au maintien de la dignité humaine : je veux parler de l'aptitude personnelle à subvenir par le travail à ses propres besoins, à surmonter toutes les difficultés et à n'être troublé par aucune ; en un mot, comme le dit une formule anglaise que je croirais volontiers d'origine norvégienne, à reposer sur ses propres avirons. Or, s'il est vrai, comme nous le verrons, que la famille norvégienne est spécialement capable de développer cette aptitude chez ses enfants, il n'y a plus rien d'étonnant à ce que les frères et sœurs du fils aîné soient dans une condition pécuniaire meilleure que celui que la coutume et la volonté du père ont désigné pour être le continuateur de la tradition des ancêtres et le représentant de cette austérité de mœurs, de cette probité morale et de cette foi religieuse dont les parents lointains ont donné l'exemple et dont ils ont voulu que la leçon fût indéfiniment transmise aux générations successives.

Certes il est grand et noble, ce rôle que les pères les plus fidèles au vieil esprit norvégien donnent à leur fils aîné, et en ce sens on peut dire que sa condition est privilégiée, car le gain d'une grosse fortune ne saurait être un avantage équivalent. Mais, à ne considérer que l'intérêt financier, aucune hésitation n'est possible : quand on a de bons muscles, il vaut mieux être cadet et aller se tailler une *farm* dans les fertiles prairies du Dakota ou du Minnesota que d'être l'aîné, avec l'ingrate mission de cultiver 6 hectares d'une maigre terre.

Envisagé de ce point de vue norvégien — lequel, on l'avouera, est assez différent du point de vue aristocratique où se placent assez malencontreusement ceux qui défendent chez nous le droit d'aînesse — le droit d'aînesse ne suscite aucune critique, parce qu'il n'implique aucune injustice au détriment d'aucun enfant. Comme je l'ai dit, les autres enfants, habitués dans la famille à considérer que le gaard *doit*, à moins d'impossibilité absolue, rester entre les mains de leur frère aîné, n'éprouvent aucun sentiment d'animosité contre celui-ci et se montrent même disposés, lorsque les circonstances l'exigent, à lui faire remise de leur part dans la créance du prix de vente. Leur capacité propre, le succès avec lequel ils ont su se procurer des ressources suffisantes, parfois même très larges, les disposent, plus encore que le respect qu'ils peuvent avoir pour la tradition et la volonté paternelle, à collaborer de leur mieux à un dessein dont la réalisation intéresse au plus haut point la prospérité de la société même [1].

Un théoricien pourrait seulement se demander si le choix automatique, par le seul hasard de la date de naissance, du fils qui doit recevoir le gaard ne risque pas de compromettre à la fois l'intérêt de la famille et celui de la société, en mettant à la tête de l'exploitation agricole celui-là même des enfants qui est peut-être le moins apte à la bien conduire. A maintes reprises, j'ai posé cette question aux paysans norvégiens, plusieurs fois je me suis risqué à suggérer que le choix éclairé du père de famille pourrait être préférable et toujours il m'a été répondu que la dévolution à l'aîné paraissait préférable : le père évite ainsi le soupçon de partialité et, d'autre part, le fils aîné, sachant, dès son jeune âge, que la coutume le désigne pour perpétuer sur le gaard la souche paternelle, incline naturellement vers cette fonction ses goûts et ses desseins; en revanche, ses frères, qui savent au contraire qu'ils sont appelés à vivre au dehors, même à émigrer au loin, développent davantage leurs aptitudes en vue d'un établissement séparé.

Dans le règlement patrimonial qui vient d'être rapporté, on a examiné une espèce simple, qui est à la vérité la plus usuelle;

---

1. On voit ici combien est étrange l'illusion de ceux qui, chez nous, estiment que le droit d'aînesse contribue par lui-même à stimuler l'énergie et l'esprit d'entreprise des cadets, et l'empressement qu'on a mis à répéter à tous les échos cette assertion n'empêche pas qu'elle ne soit inexacte. Pour s'en convaincre, il eût d'ailleurs suffi d'observer les fils des rares familles nombreuses que compte notre pays; le plus souvent, ceux-ci ne se montrent ni plus désireux, ni plus capables de se conquérir une situation indépendante que les fils qui peuvent escompter un riche héritage. Il ne suffit pas que l'esprit d'initiative soit nécessaire pour qu'on le possède, et il serait beaucoup plus vrai de dire que les familles qui sont capables de développer cet esprit et cette initiative sont aussi les seules à pouvoir pratiquer sans inconvénient le droit d'aînesse. Dans un pays comme le nôtre, où la dégénérescence de la race conduit les enfants à s'appuyer principalement sur le patrimoine des parents pour aménager leur propre vie, le droit d'aînesse serait une iniquité et un non-sens, puisque fort heureusement la nature donne aux parents normaux une égale affection pour tous leurs enfants.

mais il se peut présenter des cas plus complexes, qu'il importe d'étudier, ne fût-ce que pour affiner notre connaissance de la nature du droit reconnu à l'aîné et de la conception *familiale* de la propriété foncière chez les paysans norvégiens.

Il est d'abord possible que le père de famille meure prématurément, avant l'époque où il aurait, par contrat entre vifs, transmis le gaard à son fils aîné; dans ce cas, le fils aîné a le droit, en vertu de l'*aasædesret*, de réclamer le gaard au prix fixé par le père dans le testament, s'il en existe un, ou au prix fixé à dire d'expert, si le père est mort intestat. Dans l'un et l'autre cas, ce prix serait, pour les raisons essentielles qui ont été indiquées précédemment, très inférieur à la valeur marchande du bien, et en outre le fils qui se porte preneur *n'est pas obligé de payer comptant le prix;* il lui suffit de constituer une hypothèque au profit de ses cohéritiers [1].

Ainsi s'affirme le droit de l'aîné sur le gaard familial; mais cette primauté est strictement limitée à ce gaard même. Si le père de famille possède des biens mobiliers, ceux-ci se partagent également entre *tous* les enfants. A la mort du père, chaque enfant doit déclarer ce qu'il a reçu de celui-ci, à un titre quelconque, en argent ou en valeur, et la somme est imputée sur sa part héréditaire.

Bien plus, il peut arriver que le père soit propriétaire de deux gaards, soit que, se trouvant lui-même l'aîné d'un gaardbruger, il ait épousé la fille unique d'un autre gaardbruger, ou encore ait acheté un autre gaard du voisinage, soit surtout que les progrès du défrichement aient permis de constituer le long du

1. Lorsqu'au décès du père, le fils aîné est trop jeune pour être placé à la tête de l'exploitation, la veuve continue, comme elle peut, la gestion, en se procurant l'aide de domestiques. Diverses mesures sont prises pour sauvegarder les droits des mineurs, mais comme le régime matrimonial ordinaire est celui de la communauté de tous les biens entre époux, la veuve est considérée comme propriétaire de la moitié du gaard et se trouve ainsi dans l'indivision avec ses enfants. En pratique, dès que le fils aîné a atteint l'âge où il peut prendre utilement la direction de la ferme, la mère s'empresse de lui transmettre le tout, à charge par lui de subvenir à l'entretien de la veuve et des autres enfants mineurs.

Dans le cas où la veuve remariée aurait des enfants du second conjoint, ceux-ci concourraient avec leurs frères et sœurs utérins sur la moitié de la propriété du gaard à elle reconnu au décès de son premier mari.

fjord, en un recoin de la ferme, un autre petit gaard dont les dimensions s'étendront ensuite à mesure que le travail de l'homme aura écarté les rochers et dressé quelques emplacements en forme de champ. Dans le premier de ces cas, le fils aîné ne pourra réclamer qu'un seul gaard, et, dans le second, il n'aura même pas le droit de s'opposer au sectionnement du gaard paternel en deux gaards distincts dont l'un sera dévolu à son frère cadet. On se tromperait beaucoup si l'on pensait qu'en Norvège il n'y a jamais partage en nature de la propriété foncière, et au cours de mes visites sur les gaards, j'ai, au contraire, rencontré de très nombreux exemples de semblable partage. Tout ce que la loi et les mœurs garantissent à l'aîné, c'est une exploitation agricole de dimension suffisante pour répondre aux capacités de travail et de consommation d'une famille; mais dès qu'il est possible de distraire du gaard une étendue suffisante pour constituer une seconde ferme séparée, sans nuire à l'exploitation normale de la première, le morcellement survient infailliblement et le fils aîné ne peut rien opposer à la volonté de son père [1]. Le droit d'aînesse est reconnu pour assurer la continuité du *travail* agricole dans les conditions normales : il n'a pas pour mission de procurer à un enfant une vie plus large ou moins laborieuse.

Le seul privilège de l'aîné en ces hypothèses consiste dans le droit, *aasædesret,* à lui reconnu, de choisir le gaard qu'il préfère, et notamment, en cas de morcellement, de retenir le gaard principal en laissant à ses frères le gaard nouvellement constitué.

De ce droit d'aasæde, les Norvégiens rapprochent toujours le droit d'odel, l'*odelsret*, d'après lequel la parenté d'un vendeur peut, dans les trois ans qui suivent l'aliénation, racheter la terre vendue, lorsque celle-ci était, depuis vingt ans, au moins la pro

---

1. La décision du père est d'ailleurs soumise ici à un contrôle : dans le cas de morcellement par partage ou par aliénation, une commission communale, présidée par un fonctionnaire du cadastre (*udskiftningsformand*), examine si la ferme principale reste assez grande pour permettre une exploitation rationnelle; dans le cas d'affirmative, elle procède au bornage et fixe la valeur cadastrale de chaque partie, en vue de la répartition de l'impôt foncier.

priété de la famille. Ce droit d'*odel* appartient en premier lieu au fils aîné, mais, à son défaut, il peut être exercé par les autres fils, même par les filles, même par des parents très éloignés; chaque membre de la famille vient à son rang, et dans un ordre déterminé avec précision par la loi. Ce droit d'odel atteste vigoureusement le caractère familial et traditionaliste de la propriété des gaards norvégiens.

Vu l'importance de ces deux droits d'aasæde et d'odel [1], il m'a paru utile de donner ici la traduction de la loi norvégienne, fondamentale en la matière, du 26 juin 1821, qui réglemente l'un et l'autre. Ce texte est si clair et entre dans de si minutieux détails qu'il suffira à lui seul, après les explications qui ont été fournies, pour élucider complètement le sujet.

LOI DU 26 JUIN 1821, RELATIVE A L'ODELSRET ET A L'AASÆDESRET [2]

Art. 1er. — La terre qui a appartenu pendant dix années consécutives ou plus longtemps en pleine propriété à un individu ou à ses descendants s'appelle terre d'odel (*Odelsjord*).

Aucune personne ne peut avoir le droit de l'acheter, malgré la volonté du propriétaire, et il importe peu que le prétendant droit ait été mineur ou majeur, absent ou présent, ou que la terre ait été vendue pendant sa minorité, par ses parents ou par d'autres; la terre demeurera, dans toutes ces hypothèses, et sans aucune restriction, la propriété de celui qui a sur elle droit d'odel (*odelsret*) ou de ses descendants.

Art. 2. — La personne, pendant la vie de laquelle ce droit d'odel est acquis s'appelle *Odels-Erhværver* (acquéreur d'odel) et les personnes qui descendent d'elle en ligne directe, ou, à défaut de descendants, ceux qui auraient le droit d'hériter d'elle *ab intestat*, ont seuls ce droit héréditaire d'odel.

Personne ne sera considéré comme né avec ce droit d'odel, s'il n'est né et baptisé avant que la propriété soit sortie de la famille, par vente ou autrement.

L'enfant naturel a le droit d'odel sur la terre d'odel de sa mère.

Les enfants que le père reconnaît comme siens par rapport à ce droit d'odel sont placés sur la même ligne que les enfants légitimes, en ce qui concerne ce droit d'odel.

Art. 3. — Le droit d'odel s'étend *in infinitum* dans la ligne descendante, aussi longtemps qu'il existe un descendant de l'un ou l'autre sexe de l'acquéreur d'odel, sous la réserve cependant de l'observation des règles suivantes : *a)* s'il existe un héri-

---

1. On pourrait établir une comparaison intéressante entre l'odelsret norvégien et le retrait lignager de notre ancien droit.

2. Cette loi modifie un statut danois de Christian V de 1687. Cette traduction est due à la très obligeante collaboration de M. l'abbé Ugen que j'ai à remercier doublement, car il m'a donné aussi son gracieux concours pour la traduction d'une seconde loi dont le texte se trouve reproduit plus loin.

tier plus proche du sexe masculin ou féminin, le droit d'odel ne peut appartenir à un héritier d'un degré ultérieur : ainsi la fille du fils ainé primera le second fils et ceux qui descendent de lui; *b*) dans l'ordre des frères et sœurs, les garçons ont le pas sur les filles; *c*) entre frères ou sœurs, les plus âgés ont le pas sur les plus jeunes du même sexe.

ART. 4. — Le droit d'odel ne peut être acquis sur des mines métalliques, ni sur des fabriques ou manufactures, y compris les terres qui en sont les accessoires ; mais, au contraire, d'autres établissements, comme des moulins à farine, des scieries ou des tuileries, ne mettent pas obstacle à ce que le droit d'odel existe sur les terres sur lesquelles ils se trouvent.

Une propriété que l'Etat a vendue sous la condition que le droit d'odel n'y soit pas établi sera également exclue pour l'avenir du droit d'odel, jusqu'au moment où l'acheteur aurait déclaré, sur papier timbré et devant les autorités régulières, qu'il entend désormais avoir droit d'odel sur la terre; dans ce cas, le droit d'odel commencerait au jour de la déclaration.

ART. 5. — Pendant le mariage, et tant que les époux vivent ensemble, un conjoint ne peut acquérir le droit d'odel sur la propriété de l'autre, ni sur la terre de son conjoint qui a été soumise au droit d'odel avant la célébration du mariage.

Mais s'ils ont acquis le droit d'odel ensemble, ou que l'un d'eux ait une terre sans odel au moment du mariage, ils acquièrent ensemble le droit d'odel pour eux-mêmes et pour leurs descendants communs, et il suffit pour cela que l'un d'eux et n'importe lequel vive le temps nécessaire pour l'acquisition du droit d'odel.

Si l'un des deux conjoints est mort pendant le délai nécessaire à l'acquisition du droit d'odel et que le survivant ait ensuite possédé la terre en commun avec un autre conjoint, le droit d'odel appartient seulement aux enfants nés de l'époux vivant au moment où la possession de la terre a commencé, alors même que le délai nécessaire à l'acquisition du droit d'odel n'a été achevé qu'après la célébration du second mariage.

ART. 6. — Dans le cas où un propriétaire acquiert de nouvelles terres, le droit d'odel existe à compter de l'enregistrement de ces acquisitions; si cet enregistrement n'était pas fait, lesidtes acquisitions ne seraient soumises à odel qu'après l'écoulement du délai ordinaire.

ART. 7. — En cas d'échange sans soulte de deux terres soumises à odel, chacun des deux échangistes jouit du droit d'odel sur la terre acquise. S'il y a soulte, les descendants de l'un ou l'autre échangiste ont le droit de revendiquer, en vertu de l'odel, la terre transmise en échange.

ART. 8. — Le droit d'odel peut être acheté aussi bien d'un étranger que d'une personne née avec ce droit dans une ligne plus éloignée, mais toute personne investie du droit d'odel ne peut le transmettre que dans la mesure de son droit personnel. Pourtant le chef de famille peut transmettre son droit d'odel et celui de sa femme, avec laquelle il vit, s'ils possèdent ensemble.

ART. 9. — Si la terre d'odel a été aliénée et est restée en dehors de la famille, pendant cinq ans ou plus, sans que, pendant ce temps, aucun membre de la famille ait racheté, aux conditions indiquées à l'article 29, le droit d'odel est éteint.

De même les parents plus proches perdent leur droit d'odel, s'ils laissent un parent d'un degré plus éloigné posséder pendant ce même temps.

ART. 10. — L'*aasædesret* est le droit qui appartient au plus proche descendant du dernier possesseur de revendiquer la propriété sur la terre entière et non partagée que le propriétaire défunt a laissée à sa mort : l'aasædesret est aussi le droit, dans le cas où le défunt possédait plusieurs fermes, de prendre pour soi la ferme principale (*hoved-böllet*); mais l'héritier qui exerce ce droit doit donner à ses cohéritiers une indemnité égale à leur part héréditaire.

L aasædesret existe aussi bien à l'égard des terres soumises à odel qu'à l'égard de celles que le défunt possédait sans odel.

Art. 11. — L'aasædesret appartient aux descendants du défunt dans l'ordre suivant : 1° au fils aîné, et s'il est mort : 2° au fils aîné de celui-ci qui sera le petit-fils du défunt, et ainsi de suite, tant qu'il y aura des descendants du sexe masculin du fils aîné, et s'il n'y en a pas : 3° au fils cadet ou autre du défunt, et s'il est mort aussi : 4° au fils aîné de celui-ci, et ainsi de suite ; s'il n'y a pas de petit-fils : 5° à la fille aînée du fils aîné ; si elle est morte : 6° au fils aîné de celle-ci et aux descendants de ce dernier ; ou s'il n'y en a pas : 7° à la fille aînée de celle-ci ou à ses descendants ; s'il n'y en a pas : 8° à la fille cadette du fils aîné du défunt et à leurs descendants ; si le fils aîné n'a pas de descendants : 9° à la fille aînée du fils cadet du défunt, ou, si elle est morte : 10° à ses descendants, et ainsi de suite, comme il est prescrit pour les filles du fils aîné : si les fils n'ont pas de filles, ou s'il n'y a pas de descendants de celles-ci, alors 11° à la fille aînée du défunt ; si elle est morte : 12° au fils aîné de celle-ci, ou aux descendants de ce fils ; mais s'il n'y a pas de fils : 13° à la fille de cette fille ou à ses descendants ; s'il n'y a pas non plus de descendants de la fille aînée du défunt : 14° à la fille cadette du défunt et à ses descendants, et ainsi de suite.

S'il se rencontre des cas qui n'aient pas été visés ici, on devra suivre les mêmes principes, et s'il existe plusieurs parents du même degré, l'homme l'emporte sur la femme et le plus âgé sur le plus jeune.

Art. 12. — Si le défunt a plusieurs fermes, le descendant qui est investi de l'aasædesret n'en pourra prendre qu'une seule pour soi-même et pour sa ligne ; les autres enfants, dans la mesure où ils peuvent être pourvus, prendront chacun pour eux-mêmes et pour leur ligne, une ferme dans l'ordre dans lequel s'exerce l'aasædesret aux termes de l'article 11 ; ce droit s'exercera de telle manière que les enfants d'un fils ou d'une fille prédécédés n'aient pas plus de droits, au regard des frères ou sœurs de ces fils ou filles prédécédés, que ces derniers n'auraient eu eux-mêmes, s'ils avaient vécu.

Si l'un des ayants droit prétend qu'un gaard doit nécessairement être remis à un autre, le litige est tranché, s'il y a lieu, par l'autorité judiciaire.

Art. 13. — Si la terre choisie, aux termes de l'article 12, est la terre d'odel acquise ou héritée du défunt, alors le droit d'odel sur cette terre demeure dans la ligne de celui qui l'a choisie, sans que les autres titulaires du droit d'odel, même plus proches parents, puissent le faire valoir tant qu'il existe encore des descendants de celui qui a fait le choix ; mais s'il n'existe plus de descendants de celui-ci, alors le droit d'odel est dévolu au plus proche parent de la ligne qui, lors du partage, n'a pas reçu de terre et, à défaut de parent dans cette ligne, au plus proche parent des lignes qui ont reçu de la terre.

Art. 14. — Si le possesseur d'une terre d'odel ou d'une autre trouve que son domaine principal (*hovedbøllet*), lequel devait après sa mort passer à son fils aîné et à la fille du fils aîné, d'après l'article 11 — et il importe peu de savoir si ledit domaine principal a été ou non partagé auparavant, — est de grandeur et de qualité telles que plusieurs familles puissent y trouver leur moyen de vivre en l'exploitant, il a le droit de le partager entre ses enfants en deux ou plusieurs parties, et le droit d'odel ou le droit d'aasæde qui compètent au fils aîné ou à sa fille ne peuvent empêcher ce partage ; pourtant cette division ne peut être faite qu'en observant les conditions suivantes :

a, le fils aîné ou sa fille ne doivent pas recevoir moins de la moitié de la terre comprise dans le domaine principal ; *b*, les autres parties sont attribuées aux enfants dans l'ordre où ils pourraient exercer leur droit au domaine principal, suivant les termes de l'article 11 ; *c*, on doit déterminer avec précision les limites de chaque section, les droits fonciers qui lui sont afférents et la part dans la dette commune qui serait mise à sa charge ; *d*, le partage peut se faire tant du vivant qu'après la mort du possesseur, pourvu qu'il soit en tout cas dressé un acte écrit, dans lequel on indique clairement comment et en combien de parcelles il faut diviser le domaine principal. Cet acte doit être dressé sur papier timbré et, pour avoir valeur légale, il doit être lu devant l'assemblée du *herred* avant la mort de celui qui l'a fait ; *e*, si après la mort de quelqu'un, on trouve une disposition testamentaire semblable, il incombe aux commissaires publics préposés au lotissement de faire ce qui est indiqué au § *c* relativement à la répartition de la dette (*Skyldsætningforretning*) ; *f*, si le défunt possédait plusieurs fermes en sus du hovedböllet partagé comme il vient d'être dit, le fils ainé ou la fille du fils ainé qui reçoit ledit domaine principal ainsi diminué, a le droit de prendre, à la place, une des fermes non partagées et le domaine principal serait attribué aux autres enfants, comme il est dit aux articles précédents.

Art. 15. — Si une terre divisée a été donnée à quelqu'un qui avait le droit d'*odel* ou d'*aasæde*, et qui, de cette manière, est devenu propriétaire, les cohéritiers et les créanciers qui n'auront pas reçu, sur les biens mobiliers, payement de ce qui leur est dû, n'auront pas pour cela de droit réel sur la terre même, mais seulement une garantie dont la valeur sera égale au prix équitablement fixé de ladite terre, et cette créance, qui sera garantie par une hypothèque sur la terre, portera intérêt au taux légal jusqu'à ce que le capital en soit réclamé, ce qui ne pourra d'ailleurs être fait qu'à charge de prévenir six mois à l'avance.

. . . .

Art. 16. — Personne ne peut, en exerçant le droit d'odel, chasser de la ferme son père ou sa mère, qui ne se sont pas remariés ; s'il y a eu second mariage, celui qui est investi du droit d'odel peut prendre possession de la ferme, lorsque cette terre vient du premier conjoint prédécédé, pourvu que, si c'est un fils, il ait atteint vingt-cinq ans révolus et que, si c'est une fille, elle se marie. Les beau-père et belle-mère peuvent rester en possession de la ferme, jusqu'à ce que le fils ait atteint dix-huit ans révolus, si le droit d'odel réside sur sa tête ; jusqu'à ce que la fille se marie, si au contraire c'est une fille qui est titulaire du droit d'odel. Pendant la durée de leur possession, les beau-père et belle-mère ont le devoir de subvenir sans indemnité à l'éducation et à l'entretien de celui qui a le droit d'odel et de ses frères et sœurs, jusqu'à ce que ceux-ci aient atteint leur seizième année.

Le tuteur de celui qui a le droit d'odel doit veiller à l'exécution de cette obligation et à ce que les beau-père et belle-mère conservent la ferme sans l'amoindrir ; si les beau-père ou belle-mère sont convaincus d'avoir diminué la valeur de la terre, ils perdent le droit d'usufruit.

Lorsque l'enfant, parvenu à l'âge où le droit d'odel peut être exercé contre les parents ou les beaux-parents, voudrait user de cette faculté, et que ceux-ci vont être contraints de se retirer, l'enfant doit leur donner un *föderaad* dont le montant sera arbitré par le *sorenskriver* et ses assistants, d'après l'étendue du gaard, les besoins des parents et les facultés de l'enfant.

Art. 17. — Lorsqu'une terre d'odel ou autre est transmise par succession, et que les héritiers sont majeurs, les copartageants peuvent déterminer eux-mêmes et par convention le prix à payer par celui qui exerce le droit d'odel ou d'aasæde. En cas de désaccord, le prix est fixé par une évaluation judiciaire, et si cette évaluation est contredite par un des ayants droit, il est procédé à une nouvelle évaluation dont les frais sont couverts, comme ceux de la première, par le patrimoine commun.

Art. 18. — Quand le partage de l'hérédité est fait par le *skifteret* ou par des amis, la terre doit au préalable être évaluée par le *sorenskriver* ou par des délégués nommés par lui ; si l'un des héritiers ou son tuteur n'accepte pas cette évaluation, il est procédé à une seconde ventilation par l'autorité supérieure. Cette dernière évaluation doit être demandée au plus tard dans les six semaines qui suivent la première.

Aʀᴛ. 19. — Les personnes, qui procèdent à l'évaluation de la terre, doivent s'attacher à la valeur marchande dans la circonscription, sans qu'elles aient le droit de faire aucune réduction en faveur de celui qui possède le droit d'odel ou d'aasæde [1]. — (L'article 20 et suivants règlent des points de procédure.)

Aʀᴛ. 23. — Aussitôt que l'évaluation finale est terminée, celui qui veut exercer le droit d'odel doit déposer entre les mains du tribunal la somme à laquelle s'élève le montant de l'évaluation, sous déduction des dettes qui grèvent l'immeuble; s'il ne le fait pas, il est déchu de son droit.

Aʀᴛ. 24. — Si quelqu'un a hypothéqué sa terre avant qu'elle fût terre d'odel, ou si le titulaire d'un droit d'odel l'a lui-même hypothéquée pour une somme supérieure à l'évaluation, il ne pourra exercer le droit d'odel qu'en remboursant la dette hypothécaire intégrale.

Aʀᴛ. 30. — Si celui qui a exercé le droit d'odel transmet la propriété de la terre ainsi acquise, par don, legs, vente ou de quelque manière que ce soit, ou en transfère la détention par louage ou *bygsel*, pour un temps plus ou moins long, à un étranger ou à un parent plus éloigné; le parent le plus rapproché peut prendre le bien ainsi vendu, en remboursant la somme à laquelle la terre a été évaluée [2].

Nous connaissons les procédés de travail par lesquels la famille Bersvik tire parti des ressources du lieu, nous savons comment, solidement établie sur le sol, elle résoud le difficile problème de la transmission du gaard : le moment est venu de rechercher comment ces ressources sont utilisées pour l'aménagement de la vie matérielle, économique et morale.

En ce qui concerne la vie matérielle, l'aménagement est simple, car il est des plus rudimentaires et assez peu respectueux des lois d'une hygiène attentive et de la propreté.

Tout le long de l'année, le lever a lieu à 5 heures et demie, sauf pour les hommes qui se lèvent beaucoup plus tard (à 7 heures) pendant l'hiver et un peu plus tôt pendant la belle saison. Aussitôt le lever, on prend un premier repas, très sommaire pendant l'hiver, mais plus complet pendant le reste de l'année, et composé de *flatbröd*, de beurre, de fromage et de petit lait. Le *flatbröd*, mot à mot, pain plat, est le pain des paysans norvégiens [3] : il se compose de farine d'avoine, cuite en un disque très

1. En pratique, cette disposition n'est jamais observée, et ce qui a été énoncé au texte indique pourquoi elle ne peut pas l'être.

2. Une loi du 28 septembre 1857 a modifié légèrement et sur trois points la loi de 1821 : 1° le temps exigé pour l'acquisition du droit d'odel est porté de dix à vingt ans; 2° un acquéreur qui désire ne pas être investi du droit d'odel peut, *avant que le délai ne soit écoulé*, faire une déclaration en ce sens; 3° le délai pendant lequel le droit d'odel peut être exercé est réduit de cinq ans à trois ans. Ces trois modifications tendent donc à la restriction du droit d'odel.

3. Parfois, quand Bersvik va à Sandnæs, acheter quelques provisions d'épicerie chez

mince, presque transparent, et mesurant environ 45 centimètres de diamètre. On peut ne préparer ce pain que deux fois par an : les disques entassés en hautes piles dans un endroit frais se conservent indéfiniment. Depuis quelques années, les paysans tendent à ne cuire que de moindres quantités à la fois et à préparer le flatbröd huit ou dix fois l'an, mais cette modification ne suffit pas à changer son goût, qui reste médiocre.

A 8 heures et demie, on prend un second repas, plus substantiel, où figurent le *gröte* à la farine d'avoine, accompagné de lait écrémé, et le flatbröd. Au dîner, à midi, on mange du hareng ou de la morue, des pommes de terre et du laitage. Ce repas est suivi d'une sieste et, vers 1 heure et demie ou 2 heures, on reprend le travail. Vers 5 heures on sert un peu de gröte avec du petit-lait. Enfin, à 9 heures, on prend un dernier repas, composé de poisson, de viande et de pommes de terre. Le gröte est une bouillie très épaisse de farine d'avoine ou de seigle ; il se consomme avec du petit-lait et constitue un élément important de la nourriture des paysans norvégiens ; il accompagne d'ordinaire un plat de poisson ou de viande de mouton ou de bœuf. Il est probable que les paysans de Norvège doivent être rangés parmi ceux qui consomment le plus de viande : en effet on sait que le gaard norvégien aboutit essentiellement à l'élevage du mouton et des vaches et d'autre part la ferme est aménagée en vue de la consommation sur place et non en vue de la vente ; s'il reste un excédent de la production sur la consommation, on envoie cet excédent au marché urbain, mais le Norvégien, peu économe par nature, ne cherche pas directement à constituer une réserve. Aussi, en principe, chaque famille consomme-t-elle à peu près le nombre de moutons ou de vaches qui, d'après le roulement, doivent être prélevés sur le troupeau. Au surplus, la viande norvégienne est de médiocre qualité et la préparation qu'on lui fait subir pour la sécher et la fumer accroît encore sa dureté et son caractère fibreux. Chez Bersvik, on mange en moyenne 7 à 8 moutons chaque année, et ce nombre est réduit

le landhandler, il prend en même temps un pain de froment, mais cela arrive rarement.

à 4 lorsqu'on a tué une vache, ce qui n'arrive pas tous les ans : de plus, le ménage tue chaque année 4 veaux, en moyenne[1].

Le samedi et chaque veille de fête, on mange, au repas du soir, du beurre et du poisson; le dimanche, le repas du matin se compose de café, de pain beurré et de lait caillé, le repas de midi de viande et d'une soupe au lait; enfin, le soir, on sert derechef de la viande et on apporte quelques litres de bière de ménage dans la grande tasse en bois, qui est, en Norvège, l'accompagnement nécessaire de toutes les réunions de famille.

Quoi qu'il en soit de ces détails, il faut surtout retenir que la famille Bersvik prépare sa nourriture de manière fort peu appétissante et peu favorable au développement de la gourmandise. Jamais, pour mon compte, je n'oublierai l'impression pénible que j'éprouvai en entrant dans la pièce où, juste au moment de notre arrivée sur le gaard, la famille Bersvik était en train de prendre son repas du soir. L'odeur était loin d'être alléchante et l'aspect des choses était en harmonie avec leur odeur : sur la table, un grand plat, contenant des pommes de terre bouillies et non épluchées, était à côté de deux fromages de *gammelost* et de *prim*[2]; un morceau de viande peu appétissante et coriace côtoyait des harengs, à peine plus gros qu'une sardine, et qui baignaient dans une eau saumâtre; enfin une grande écuelle, remplie de petit-lait, un plat de gröte et deux disques en bois de 20 centimètres de diamètre, noircis par l'usure et dont l'un était même percé d'un trou, complétaient la garniture de la table. Deux couteaux passaient de main en main suivant les

1. Si l'on veut apprécier la quantité de viande que représentent ces quatre veaux, il ne faut pas oublier que la race des vaches norvégiennes, comme celle de tous les animaux domestiques de ce pays, est petite, et que le veau est tué à huit jours, afin de ne pas diminuer la production du lait.

2. On fabrique spécialement en Norvège quatre sortes de fromages : le premier assez semblable au gruyère et fait avec du lait de vache, est consommé dans les villes norvégiennes ou exporté en Angleterre. Avec le lait de chèvre, on fait un fromage cuit, appelé *mysost*, de couleur brunâtre et qui, à raison de son goût agréable, trouve un débouché avantageux dans les villes. Avec le lait écrémé de chèvre, on fait un troisième fromage de couleur blanche, appelé *gammelost*. Enfin, en faisant bouillir le petit-lait de vache ou de chèvre qui reste après la fabrication du beurre ou du fromage, on obtient un résidu auquel on donne le nom de *prim*. Le gammelost et le prim sont consommés par les paysans.

besoins et chaque convive avait une cuiller, mais aucun n'avait
de fourchette. Chacun puisait au tas de gröte, avec sa cuiller
qu'il immergeait au passage dans le petit-lait, et on mangeait en
même temps les poissons et les pommes de terre, pendant que
les arêtes des uns et les pelures des autres se promenaient pêle-
mêle sur les disques en bois, et plus volontiers sur la table. Je
pus apprécier alors la prévoyance de mon compagnon, M. l'abbé
Wang qui, sachant qu'un chrétien civilisé est condamné à
mourir de faim dans le Masfjord, avait emporté des aliments
et emmené sa servante. Une demi-heure plus tard, nous aurions soupé confortablement avec nos saucisses, notre pain
de froment et du thé, si le manque de fourchettes n'était venu
nous rappeler à cette grande loi sociale de l'influence des milieux. Nous demandâmes en vain qu'on voulût bien nous fournir
ces utiles instruments; il nous fut répondu par la femme
Bersvik qu'elle possédait en effet quelques fourchettes, mais
qu'elle les avait prêtées, deux mois auparavant, à l'occasion
d'une noce, à un gaardbruger du voisinage ; « comme on ne s'en
servait jamais et que la besogne pressait en ce moment sur le
gaard, on n'avait pas eu le temps d'aller les chercher ».

Malheureusement nous ne tardâmes pas à découvrir que la
nourriture n'était pas le seul compartiment du « mode d'existence » qui fût victime de la malpropreté des paysans du Masfjord. Le moment vint, hélas! de nous mettre au lit, et ce fut le
plus pénible. Les habitants du Masfjord ne font pas usage de
draps de coton ou de lin : par dessus la paille, entassée sur les bois
du lit, en guise de sommier, ils étendent une couverture de laine
qui remplace le drap inférieur, comme une autre couverture de
laine remplace le drap supérieur; un épais oreiller en plumes
soutient la tête. En aucun pays, la laine n'affronte le lavage avec
autant de vaillance que le lin ou le coton, et cet inconvénient
est spécialement grave en un milieu peu initié aux exigences
de la propreté. Comme en ces matières on apprécie peu les
détails précis, je me bornerai à dire que ce fut là une des
deux circonstances où je me demandai si la Science sociale
n'imposait pas à ses missionnaires un sacrifice qui fût au-

dessus de la bonne volonté, même la plus loyale : heureusement l'abbé Wang, qui est un prévoyant autant qu'un fort, avait eu la précaution de me donner quelques pincées de poudre insecticide dont je saupoudrai ma chemise : après quelques hésitations, je me couchai et je dois déclarer que la nuit fut excellente. Le lendemain matin, aucun symptôme ne me permit de supposer qu'un autre animal fût venu cohabiter avec l'animal raisonnable que je m'efforçai d'être ce soir-là.

Les lits des membres de la famille Bersvik ressemblent en pis à celui que je viens de décrire : suivant une coutume que j'ai retrouvée dans tous les fjords, deux frères, ou deux sœurs, couchent ensemble, ce qui ne laisse pas de frapper d'étonnement l'étranger qui, visitant les chambres pendant le jour, constate que les lits n'ont que la largeur requise pour une personne. Les couches sont à glissière et, le soir, il suffit de tirer le devant pour obtenir une plus grande largeur : comme il n'y a pas de sommier, la paille se prête bénévolement à l'extension souhaitée.

Il n'y a point de remarque spéciale à présenter sur l'ensemble du mobilier de la famille Bersvik et il suffit de dire que ce mobilier est fruste et rudimentaire; pourtant, même sur ce gaard qui est un des plus pauvres que j'aie visités, une pièce, mieux tenue et où ne se trouve aucun lit, est ornée de petits rideaux aux fenêtres : c'est l'embryon du petit salon que l'on retrouve dans toutes les maisons norvégiennes.

Un des traits caractéristiques du gaard norvégien est la multiplicité des petits bâtiments séparés, affectés chacun à un service particulier : ainsi l'habitation de Bersvik est distincte de la buanderie et de même le hangar, qui abrite la forge et l'atelier de menuiserie, est séparé de l'étable à vaches, comme celle-ci l'est à son tour de l'étable des chèvres. Ce qui détermine dans nos fermes la division de l'habitation en pièces détermine ici la division par chalets. Les raisons de cette collection de chalets isolés sont multiples : on peut signaler notamment la facilité plus grande du sauvetage, en cas d'incendie, et aussi la facilité de la construction, puisqu'il est toujours plus difficile de construire un bâtiment de grandes dimensions; mais il semble qu'on doit surtout signaler la déclivité extrême du terrain et la difficulté de trouver les pièces de bois de grande dimension que suppose la construction d'un bâtiment étendu. Les sapins des fjords sont de petits arbres incapables de fournir de longues poutres et, d'autre part, un vaste bâtiment supposerait à l'entour une surface plane d'une étendue suffisante pour en assurer le service. Une pareille surface n'existe pas sur le gaard norvégien, ou plutôt, s'il en existe quelqu'une au milieu du chaos des éboulements, on s'empresse de l'utiliser pour la culture.

On édifie, au contraire, les bâtiments le long des pentes, aux endroits où une plate-forme de quelques mètres carrés peut y donner accès : sur trois côtés le soubassement en blocs de granit équarris et posés à sec forme naturellement une cave à laquelle on accède de plain-pied sur un côté, pendant que sur un autre, on accède également de plain-pied à l'étage qui correspond à ce que nous appellerions le rez-de-chaussée. Il va sans dire que toute la construction, à l'exception du soubassement, est en bois : les services du maçon et du plâtrier ne sont pas même utilisés pour la construction des cheminées, car les paysans ne se servent que de poêles en fonte dont il suffit d'encadrer le tuyau dans une plaque de tôle à l'endroit où il traverse le plafond.

Les différences de niveau du terrain sont même utilisées avec avantage pour le service des étables : dans le soubassement, on entasse le fumier; au-dessus est l'étable; enfin au-dessus de l'étable est le grenier à foin. A ces trois étages on accède de plain-pied par une porte qu'il a suffi de placer sur un côté différent du bâtiment et tout au plus a-t-on besoin, pour rejoindre en pente douce le grenier à foin, de lancer une passerelle dont le poney gravit facilement la déclivité.

Quand on parle des bâtiments d'un gaard norvégien, on manquerait à tous ses devoirs, si on ne faisait une mention spéciale du *stabbur,* sorte de grenier sur pilots où l'on conserve le grain, les pommes de terre et les diverses provisions du ménage (farine, salaisons de viande ou de poisson, *flatbröd,* beurre, fromage, etc.). Afin d'empêcher les rongeurs d'y pénétrer, ce bâtiment est maintenu à un mètre au-dessus du sol par des pilots bizarres formés en partie de cylindres de bois massif, en partie au contraire de morceaux plats de bois ou de granit de *surface très inégale*, afin de rendre l'ascension des rongeurs complètement impossible. Le *stabbur* est par excellence le bâtiment national : parfois on en décore l'entrée de sculptures artistiques.

Au surplus, tous ces bâtiments jouissent d'une qualité précieuse dont nous verrons plus loin l'utilisation : ils sont très aisément démontables. En effet, le soubassement est formé de blocs de granit taillés et posés à sec, et au-dessus les murs sont formés de madriers posés « à champ » et recouverts de « clin » pour les protéger contre la pluie ; des mortaises et des chevilles en bois verticales suffisent à relier ensemble ces madriers.

Ainsi s'aménage sur le gaard de Bersvik la vie matérielle des membres de la famille. Essayons de voir, tâche à la fois plus délicate et plus intéressante, comment se disposent la vie économique et la vie morale.

En ce qui concerne la première, tout ce que j'ai constaté tend à me faire croire qu'elle est bonne et satisfait les désirs des intéressés. Sans doute la vie n'est point large et les ressources ne sont pas abondantes, mais, telle qu'elle est, elle répond aux besoins de la famille et celle-ci, appuyée sur des éléments très stables, puisque les variations des cours des denrées la laissent indifférente, vit dans une douce quiétude et une demi-nonchalance, exempte d'ambition et satisfaite de sa destinée.

Quand on essaie de pénétrer plus avant dans les dispositions psychologiques de ces paysans, lents et lourds, naturellement sérieux et capables de supporter sans effort le grand silence de leur indicible solitude, il me semble qu'on trouve surtout que deux sentiments profonds, puissants, toujours agissants, forment à eux seuls toute la structure de leur âme et suffisent à lui communiquer la paix sereine et le contentement : le sentiment religieux, sentiment de la relation avec l'Être Infini, et le sentiment de l'indépendance absolue, au regard de tous les éléments extérieurs, qu'assure à tout homme valide l'aptitude à résoudre seul, en toute circonstance, les difficultés de la vie.

On aperçoit sans peine comment le gaard norvégien exige impérieusement de ceux qui l'habitent une aptitude éminente à subvenir soi-même à tous ses besoins et à se tirer seul d'affaire en toute occurrence. Non seulement, on doit fabriquer ou réparer sur le gaard les différents objets usuels de travail ou d'habillement, mais encore on doit être capable de répondre seul aux exigences des événements plus fortuits ou plus rares, tels qu'un accouchement, une blessure, une maladie, un enterrement, un incendie, etc. Dans la solitude du fjord, les habitations sont très distantes les unes des autres, et le canot à rames est le seul moyen, assez lent d'ailleurs, de communication quotidienne. En quoi les autres gaards seraient-ils mieux en état de fournir un secours qu'on ne puisse se donner soi-même? Puisque l'homme de l'art, le technicien, fait défaut, le plus sûr est de se rendre soi-même capable de résoudre toute difficulté, et même on doit dire que, si cette capacité n'existait pas, la vie serait intolérable, ou tout au moins fort pénible au milieu de cette solitude : *manifestement un individu habitué à s'appuyer sur des institutions collectives ou sur d'autres hommes ne peut vivre dans le Masfjord*. Pour y demeurer à l'état prospère, et s'y plaire, il faut être ce que la Science sociale appelle un particulariste. De là l'effort constant de la famille norvégienne en vue du développement de la capacité chez les enfants, d'une extension de leurs connaissances, de leur culture intellectuelle et morale, des énergies de leur volonté. Voici, à ce propos, un trait significatif.

Un jour, dans un district du Nord, l'abbé X... rencontra huit jeunes filles qui marchaient assez rapidement sur la route. Il leur demanda où elles allaient : « Nous allons au sæter, répondit l'une d'elles. — Et qu'allez-vous faire au sæter? reprit l'abbé, ce n'est pas jour de fête aujourd'hui pour se promener ainsi. — Oh! nous n'allons pas nous promener, répliqua celle qui avait déjà pris la parole ; on vient de nous dire que là-haut une femme va accoucher, et nous allons voir comment une femme peut se tirer d'affaire toute seule en un pareil moment, afin de savoir ce que nous aurions à faire nous-mêmes en semblable circonstance. » Ainsi ces jeunes filles allaient au sæter, non pour porter secours à une personne qu'on estimait n'en pas avoir besoin, mais pour accroître éventuellement leurs moyens d'action [1].

Par une heureuse rencontre, il se trouve que cet effort constant en vue d'une éducation plus complète est également adapté aux besoins des divers enfants, des cadets comme de l'aîné, des filles comme des fils. Souvent, quand on parle du droit d'aînesse, on remarque que l'aîné reçoit une éducation différente de celle qui est donnée à ses frères et sœurs. Cette différence est souvent fort exagérée, et on ne la signale que parce qu'on se fait une idée fausse du fonctionnement *normal* du droit d'aînesse.

---

1. Un jeune homme que j'ai connu à Bergen, et qui était récemment marié, m'a dit que sa femme, dès avant son mariage, était au courant de tout ce qui concernait les soins de la femme ; elle avait assisté à quatre accouchements, soit pour s'instruire elle-même, soit pour donner assistance.

Une famille n'a guère la possibilité de donner à ses enfants deux éducations inspirées par deux esprits différents et son action doit être cohérente avec elle-même [1]. En Norvège, tous les enfants ont, en effet, le même besoin d'une capacité étendue et adéquate à toutes les « émergences », le fils aîné pour les raisons mêmes qui viennent d'être dites, ses frères parce qu'il leur faudra, par le seul moyen de leur effort personnel et de leurs aptitudes, trouver un établissement au dehors.

Comme, sur ce point, les filles se trouvent dans une situation toute semblable à celle de leurs frères, puisque leur père ne peut pas plus les retenir auprès de lui qu'il n'a pu y retenir ses fils, elles reçoivent, elles aussi, une éducation tournée vers le développement de la capacité et de l'énergie. Tous les voyageurs, même les touristes, sont frappés en Norvège du développement de la personnalité chez la femme, considérée en beaucoup de circonstances comme l'égale de l'homme : et, de fait, lorsque je débarquai à Bergen, l'impression que j'éprouvai sur ce point fut si nette et si forte que je ne pouvais que la comparer à celles ressenties naguère en Angleterre ou aux États-Unis : je retrouvais la même allure décidée, le même pas ferme, la même indépendance [2], la même aptitude à remplir

1. Ce qui ne l'empêche pas d'ailleurs d'être parfois incohérente, auquel cas on constate l'application suivie et continue d'une méthode incohérente.

2. Dans toutes les villes norvégiennes, grand est le nombre des jeunes filles et des femmes qui ont su trouver, dans un emploi, un métier ou une fonction publique, la garantie de leur indépendance. A Bergen, j'étais précisément descendu dans un hôtel de famille où chaque jour je pouvais observer l'autonomie de ces existences féminines se développant à l'aise et sans effort au milieu des jeunes gens de l'entourage. Pendant la belle saison, on voit souvent trois ou quatre jeunes filles faire ensemble une partie de canot : elles vont dans le skjœrgaard et rament vigoureusement. — L'indépendance des domestiques rappelle tout à fait celle de leurs émules des États-Unis. A Bergen, une dame me rapporte que sa servante a droit à deux sorties chaque quinzaine, le mercredi à partir de 10 heures du matin, et le dimanche, après le dîner, c'est-à-dire à 3 heures et demie. Il va sans dire que souvent, le soir, elle sort sans consulter « celle qu'elle aide ». Parfois les domestiques organisent pour leur plaisir des bals, après la journée de travail, et se reçoivent entre eux. Une Française installée à Kristiania disait à M. Hugues Le Roux qu'elle avait trouvé sa servante en robe décolletée et bras nus dans la cuisine. Elle lui a demandé :
— Où allez-vous?
— Au bal.
— Dans ce costume-là? je vous le défends.
— Cela ne vous regarde pas.

des emplois ou à se livrer à des exercices réservés ailleurs aux hommes, le tout accentué par le mépris souverain de tout ce qui, dans la toilette ou l'attitude, pourrait être considéré comme un moyen de plaire à un jeune homme.

Les besoins de la vie sur les gaards expliquent ce mouvement féministe norvégien : soit qu'elle épouse un gaardbruger, soit qu'elle s'en aille au loin chercher un établissement, la jeune fille doit, elle aussi, ne pas être à court de ressources de travail. Elle aide, de sa coopération directe, l'homme dans la plupart de ses travaux; comme lui, elle doit savoir ramer, soigner les bestiaux, retourner les foins et, s'il est quelques besognes, comme le labour et le travail du bois, qui restent propres à l'homme, il y a plus qu'ample compensation dans les soins du ménage et des jeunes enfants, le travail de la laine et le tissage.

Si le gaard exige que chaque famille prépare ses enfants à l'énergie et à la capacité, la famille réduite à ses seules forces ne pourrait suffire à cette tâche et on verra plus loin quel concours d'écoles diverses vient efficacement appuyer et compléter l'action du foyer. Ce que je veux seulement noter ici, c'est l'empressement que la famille met à user de ces moyens complémentaires.

Ainsi, sur les sept enfants du vieux Bersvik, il n'en est aucun qui n'eût reçu une éducation soignée : six d'entre eux étaient allés à une école supérieure ou professionnelle, et le septième avait consacré plusieurs années à apprendre le métier d'horloger. Les enfants de Bersvik fils sont encore trop jeunes pour qu'on ait pu les envoyer aux mêmes écoles, mais il est certain que, dans la mesure où il le pourra, Bersvik fils fera pour eux ce qui a été fait pour lui-même, pour ses frères et pour sa sœur; déjà, il a envoyé son fils aîné à l'école des sous-officiers d'artillerie « afin de développer son instruction et de lui faire connaître une autre vie que celle du gaard ».

L'exemple des enfants de Thorsen Bersvik atteste l'efficacité de la méthode suivie par la famille norvégienne pour assurer ce développement de l'énergie et de la capacité. Or cet exemple est conforme à tout ce que nous connaissons, depuis plus de douze siècles, de l'histoire de la race, et à tout ce qui fait encore aujourd'hui la force d'expansion singulière de ce petit peuple.

Si on pousse plus loin son analyse, je crois qu'on aperçoit, en observant le Norvégien, en quoi ces précieuses qualités diffèrent de l'initiative et de l'esprit d'entreprise : trop souvent on a fait, à ce propos, une confusion qu'il importe d'éviter. On ne peut pas, lorsqu'on voyage en Norvège, ne pas être frappé de l'air indolent, indifférent, des habitants des fjords : spécialement les filles de Bersvik donnaient une impression de nonchalance, j'oserais presque dire de mollesse; la lenteur du Norvégien est proverbiale. Manifestement ce n'est pas un audacieux, un homme rempli de « plück ». D'autre part, l'esprit d'entreprise et d'initiative suppose toujours à quelque degré la dissatisfaction de la destinée actuelle, le désir du mieux, au moins un peu d'ambition. Or le Norvégien n'a point vraiment d'ambition : il est satisfait de sa destinée et en jouit dans la paix. Aussi, comme je l'ai dit, et il est bon, je crois, d'y insister, ce qui caractérise son tempérament, c'est avant tout le sentiment profond, *paisible* de son indépendance vis-à-vis des hommes et des choses, la notion *vécue* qu'on peut toujours se tirer d'embarras et qu'il est facile, avec le calme, l'énergie et la persévérance, de triompher des obstacles que les circonstances peuvent dresser au travers du grand chemin de la vie.

Je montrerai tout à l'heure en quoi cette disposition morale est proche parente de l'esprit d'initiative et même en quoi elle le rejoint; et pour se convaincre de ce voisinage de nature, il suffit de se rappeler que, chaque année, des milliers de jeunes Norvégiens émigrent aux États-Unis et se sentent à l'aise, « se sentent confortables, comme chez eux » (*they feel comfortable, they feel at home*), dans ce pays qui est par excellence la terre de la hardiesse, de l'audace et de l'initiative endiablée ; pourtant, il faut les distinguer et celui qui s'y refuserait, violerait à la fois le témoignage très net de l'observation et le principe de cohérence dans l'éducation des enfants d'une même famille, que je rappelais plus haut[1].

En revanche, cette disposition morale, en collaboration avec la solitude du gaard, excelle à développer le sentiment de l'indépendance, de la fierté, de la dignité personnelle, et ce sentiment est un des traits dominants du tempérament norvégien. Dans l'isolement du fjord, l'homme est sans appui extérieur et ne se peut fier qu'aux ressources de ses aptitudes, mais aussi aucune intervention arbitraire, factice, tracassière, ne vient gêner le développement de sa robuste nature : si une autorité extérieure formule un ordre, celui-ci n'a de chance d'être accepté et obéi qu'autant que celui qui le reçoit peut en apprécier la justesse ou au moins connaître les titres réels qui donnent à cette autorité le droit de lui commander ; autrement le Norvégien n'obéit pas, et s'il aime les lois, c'est seulement lorsqu'il les a lui-même promulguées : *Normand elsker selvgjort lov.* Le lion est l'emblème national et aucun Norvégien n'ignore le double sens individuel et collectif de ce blason.

Chose curieuse, c'est par ce détour, si j'ose ainsi m'exprimer, que le tempérament norvégien rejoint l'esprit d'entreprise et d'initiative. En effet, à l'exception des aînés, les enfants des familles paysannes n'ont d'autre moyen de donner satisfaction à ce sentiment profond d'indépendance, d'hostilité contre toute contrainte extérieure, que de quitter le gaard et de s'en aller soit en terre norvégienne, soit à l'étranger, chercher un emploi, un métier ou mieux encore un domaine qui leur assure cette indépendance de la vie matérielle qui est la condition et le support commun de toutes les autres. Si on interrogeait les innombrables émigrants qui chaque année quittent les rivages scandinaves pour aller aux États-Unis, on trouverait, à n'en pas douter, que c'est bien là le sentiment qui les pousse dans leur exode ; ils ne s'en vont ni chercher fortune, ni jouir des plaisirs

---

1. Il ne faut pas oublier qu'aux États-Unis, *on ne trouve nulle part*, ce qu'on trouve partout en Norvège, à savoir des domaines agricoles transmis de père à fils aîné pendant cinq, six ou huit générations. Voir *infra* le témoignage de Michel Chevalier.

des grandes villes américaines, ni participer aux bienfaits d'une société plus riche et plus cultivée ; rien de tout cela ne les séduit, ils s'en vont simplement en un pays où ils savent que les occasions de vivre dans l'autonomie de son travail sont plus nombreuses qu'en aucun pays du monde ; ils s'en vont surtout au pays des belles terres et des larges homesteads, des domaines agricoles où l'on vit, exempt de toute dépendance, dans « le splendide isolement » de la prairie sans limites.

Un trait que m'a raconté un instituteur de Stavanger qui se prêtait avec bienveillance à une interview dans laquelle j'essayais de mieux analyser le tempérament norvégien, met bien en lumière cette disposition. Mon interlocuteur, voulant me faire comprendre en quoi la conception norvégienne de la vie diffère de celle des nègres, — et elles sont en effet fort différentes — employa cette comparaison : « Lorsqu'un nègre entre dans une demeure confortable et s'asseoit à une bonne table, il dit aussitôt au maître de la maison : « Oh! comme j'aimerais à vivre chez vous! comme je serais bien auprès de vous! » Au contraire le Norvégien, en semblable circonstance, dira : « Comme vous êtes confortablement installé : combien j'aimerais pouvoir me procurer pour moi-même semblable installation! »

Ainsi, *pour être indépendant,* le Norvégien *devient entreprenant* et on le voit, tant que cette indépendance n'est pas assurée, affronter toutes les difficultés, se soumettre aux tâches les plus rudes, et au contraire l'intensité de son effort s'atténue lorsque cette autonomie est sauvegardée.

On conçoit aisément comment cette dignité consciente d'elle-même, combinée avec l'extrême pauvreté du sol qui ne permettait pas le développement de la richesse, aboutit en Norvège à l'instauration d'un régime démocratique et égalitaire. Ici encore je voudrais pouvoir transcrire de manière sensible l'impression pénétrante que j'ai ressentie pendant les quarante-cinq jours de mon séjour dans les fjords : certes j'ai vu des gaard-bruger dont les ressources pécuniaires étaient sensiblement dissemblables, l'aisance dont jouissent le sieur Furre dans le Stavangerfjord ou le sieur Hegre, dans le Tronhjemfjord, est sin-

gulièrement plus grande que la vie indigente du ménage Bersvik. Pourtant à tout moment, et j'oserais dire à chaque minute,
il m'était démontré que, pour ces paysans que je visitais, l'extension de leurs ressources n'était pas un acquit durable,
quelque chose sur quoi ils s'appuyaient. Tout attestait au contraire que des circonstances fortuites — parfois de fructueuses
opérations faites aux colonies anglaises ou aux États-Unis, plus
souvent l'effet d'une disposition physiologique ou d'une mort
prématurée d'un des parents qui n'avait permis au ménage
qu'un seul enfant — avaient concouru à cet enrichissement; ce
n'était là qu'un résultat temporaire dont l'heureux bénéficiaire
jouissait sans ladrerie et sans prodigalité, mais il était évident
à première vue que cet avantage passager allait disparaître à la
prochaine génération, et on voyait clairement se dessiner l'a-
venir : le fils aîné achetant un peu plus cher le gaard paternel,
et ses nombreux frères et sœurs bénéficiant à peine du supplément de fortune acquis par leur père, puisque chaque part
héréditaire restait toujours fort petite et que la nécessité de
pourvoir par son propre labeur à ses besoins restait non moins
pressante pour chaque enfant. Ainsi, pour chaque famille, l'exiguïté des ressources reste toujours la force agissante qui oblige
à ne se fier qu'à la capacité et à l'énergie individuelles, et, asso-
ciée au sentiment de la dignité et de l'indépendance personnelles,
elle fait de la nation norvégienne le peuple qui, avec la grande
nation américaine, a poussé le plus loin les conséquences de
l'esprit démocratique et républicain [1].

1. Voir *infra* l'organisation des pouvoirs publics. — J'emprunte à un voyageur qui,
en dépit de quelques interprétations inexactes, a bien noté certains traits du caractère norvégien, une page qui dépeint heureusement cet état d'esprit :

« Le cocher qui est venu vous chercher au chemin de fer ou au bateau, afin de
vous conduire à l'hôtel, vous offre spontanément une poignée de mains, s'il est satisfait de son pourboire. Le petit dialogue de poche où vous avez appris, pour vous tirer
d'affaire, des éléments de causeries familières, vous avertit qu'il ne vous faudra
jamais commander directement et par voie impérative, si vous voulez qu'on vienne à
votre secours. Un monsieur qui ordonnerait à un garçon d'hôtel : « Montez ma malle »
courrait le risque de rester au bas des marches, en tête à tête avec son colis. Il faut
dire :

— Voulez-vous avoir la bonté de monter ma malle?

Vœer saa god, voilà la formule qui, en une seconde, fait du Norvégien irréductible
un homme obligeant.

Ici personne ne sert personne : on s'aide. Le patron de l'hôtel lui-même ne donnera

Cette autonomie de la personne humaine, ce développement de la volonté exposeraient la société à un grave danger, s'ils n'étaient contenus et dirigés par une règle intérieure et par les préceptes de la loi morale ; notre pays fait trop chèrement, depuis bientôt deux siècles, l'expérience de cette vérité sociale, pour qu'il soit utile de la rappeler longuement aux téméraires qui seraient tentés de la méconnaître.

Quel est donc, au regard de la loi morale, le bilan de la Norvège fjordienne ? Il est toujours délicat de répondre à une question de ce genre. Essayons, par des travaux d'approche, de serrer la réalité en interrogeant les paysans du Masfjord.

D'abord on constate sans surprise que le caractère même du Norvégien le préserve *naturellement, de plano*, du mensonge et de tous les succédanés du mensonge, tels que les tromperies, les fraudes, tricheries et manœuvres diverses qui sont, si je puis ainsi parler, le cortège commercial de ce très grave défaut. La sincérité et la loyauté sont des vertus si harmoniques avec le tempérament norvégien, tel que le gaard le conditionne et l'informe, qu'on peut dire qu'elles sont pratiquées là-bas sans effort et cessent presque d'être signalées comme des vertus [1].

pas raison à ses clients contre le garçon qu'on n'aura pas traité avec tous les égards qui lui sont dus. J'ai assisté à cette petite scène un dimanche soir dans un des hôtels principaux de Kristiania. Des voyageurs un peu gais demandent du champagne.

Le garçon répond :

— Non, monsieur, vous avez assez bu comme cela pour un dimanche.

Les soupeurs regimbent. L'un d'eux dit :

— Qu'est-ce qui vous prend, vous ! vous êtes ivre ?

Le garçon devient pourpre, mais il se contient et répond avec dignité :

— Messieurs, c'est chose désagréable que d'être servi par un homme ivre. Je ne vous servirai pas, ni personne ici.

Il poussa les trois soupeurs dehors et le patron n'osa point intervenir. Il savait par expérience qu'on l'eût mis en quarantaine s'il avait donné tort à son employé. » Hugues Le Roux, *op. cit.*, p. 223.

1. On devine qu'elles sont spécialement appréciées des touristes, et je livre cette remarque aux hôteliers et aux commerçants de nos plages : j'ai constaté maintes fois que la probité norvégienne contribuait presque autant que la splendeur incomparable des sites à attirer les voyageurs et à les faire revenir après un premier voyage. Maintes fois, quand je causais avec un Anglais, sur un steamer, du caractère norvégien, cette phrase revenait comme un *leitmotiv* : « *They are such nice people, so honest, so straight* : Ce sont de si charmantes gens, si honnêtes, si droits. » On ne saurait croire combien il est agréable, dans un pays où les touristes ont souvent l'occasion de prendre des kariols pour parcourir les pittoresques chemins taillés dans

De même le vol est un délit inconnu parmi les paysans norvégiens, soit que ce méfait apparaisse comme inconciliable avec
ce même sentiment de dignité et de fierté qui exclut le mensonge
— car le vol est souvent le compagnon d'une dissimulation ou
d'une tromperie, — soit que la maîtrise totale que chacun exerce
sur son gaard développe au maximum le sentiment de la propriété et incite au respect d'un droit si précis, si ferme et si
exclusif [1].

Par son caractère, le Norvégien est spécialement exposé à tous
les défauts qui ont leur racine dans l'orgueil et le culte du moi,
ou dans l'exubérance incontrôlée d'un tempérament robuste,
facilement exposé à la brutalité, aux rixes et aux excès de tous
genres. Nous verrons en effet que les déviations morales de cette
seconde catégorie sont parmi les défauts norvégiens; pourtant
il est notoire que le Norvégien aime et recherche la discipline,
non pas certes cette discipline venue de l'extérieur et que l'on
impose avec le knout ou le sabre, mais cette discipline interne de
l'homme libre qui sait par l'expérience que la liberté ne peut être
trouvée que dans le respect de la loi morale et qu'il n'y a point de
servitude pire que celle des passions. Nous retrouvons ici la for-

le granit à leur intention, combien il est agréable, dis-je, de n'avoir jamais, absolument
jamais, la moindre discussion ni sur le tarif kilométrique, ni sur le nombre de kilomètres. — Cette remarque d'ailleurs ne s'applique pas aux cochers urbains dont il faut au
contraire se méfier. De même dans un hôtel — j'en ai fait moi-même l'expérience, — si
par hasard un compte paraît exagéré, il suffit de dire au caissier : « Pardon, il me
semble que telle dépense portée sur ma note n'a pas été réglée selon la justice », et
aussitôt, si la réclamation est fondée, on obtient la rectification souhaitée. — Une
autre manifestation curieuse de cet esprit de loyauté se retrouve dans les magasins :
les vendeurs ne font pas l'article et une dame m'assure que telle assertion, que j'é-
tais enclin à interpréter comme je l'eusse fait dans un magasin de Paris ou de Lon-
dres, était au contraire absolument conforme à la vérité.

1. Voici une histoire authentique que m'a racontée une des personnes qui y ont
été mêlées. Il y a quelque quarante ans, un Anglais, original comme le sont souvent
les représentants de sa race, avait fait le voyage au pays du soleil de minuit : c'était
alors le début de ces excursions et le voyageur, très satisfait des belles choses qu'il avait
vues, vient féliciter l'organisateur de cette expédition. « Je n'ai eu qu'un ennui, dit
il, c'est que j'ai perdu un *sovereign* dans ma cabine, et je n'ai pu le retrouver. —
Oh ! ce n'est rien, repartit le directeur, à la fin de la saison nos employés lèvent
tous les tapis du navire, et si votre *sovereign* a été vraiment perdu à l'endroit que
vous indiquez, vous êtes assuré de le recevoir ; nous vous l'enverrons. Donnez-nous
votre adresse. » De fait, deux mois après, l'excursionniste apprenait que son *sovereign* était retrouvé.

mule norvégienne que je demande la permission de citer encore :
Normand elsker selvgjort lov, le Norvégien aime la loi qu'il a
faite lui-même. « Dans ce pays, me dit le curé Wang, il y a
beaucoup de discipline, de réglementation : ainsi, dès que plusieurs hommes sont ensemble dans une barque, dans une entreprise quelconque de travail ou de plaisir, ils choisissent un chef
et édictent un règlement ; seulement, il faut que le Norvégien
ait édicté lui-même ce règlement, cette loi ; autrement, il ne
l'accepte pas. »

Que le lecteur ne croie pas que je me laisse ici entraîner par
cette sympathie universelle que ressentent pour le caractère
norvégien tous ceux qui ont pu lier connaissance avec lui, —
encore que cette sympathie devrait elle-même être expliquée ; —
un fait certain, sur la valeur duquel ne peut discuter aucun observateur des phénomènes sociaux, atteste péremptoirement la réalité et la vigueur de cette discipline intérieure que le paysan sait
s'imposer à soi-même, je veux parler *de la forte constitution de
la famille norvégienne*. Sur ce point, le témoignage de Thorsen
Bersvik se joint à beaucoup d'autres qu'il est inutile de rapporter ici, puisque aucun doute n'est possible. L'adultère est inconnu
des ménages des paysans des fjords. Il en est de même du
divorce. En pratique et en théorie, le divorce est ignoré, et en
cela les mœurs sont meilleures que la religion luthérienne,
puisque celle-ci, on le sait, admet le divorce en certaines hypothèses. Enfin on ne constate aucune pratique tendant à limiter
le nombre des enfants : les familles qui comptent 5, 6, 7 ou
8 enfants forment la moyenne et il n'est pas rare de rencontrer à un même foyer 10, 12 et même parfois 15 enfants. Cette
triple constatation a une haute portée aux yeux de tous ceux
qui savent que la discipline familiale est la plus lourde de
toutes, qu'elle est celle que l'homme rejette la première,
comme aussi elle est la condition essentielle du maintien
de toutes les autres, puisque la famille est, pour tous les peuples,
le grand atelier de la formation morale.

Ainsi la condition morale des paysans de la Norvège fjordienne
nous apparaît dans l'ensemble comme excellente et elle est in-

contestablement bien supérieure à celle de la plupart des pays de
l'Europe et des États-Unis. On ne peut douter que l'influence du
fjord ne soit ici très perceptible. Suivant un adage français, les
grandes intelligences et les grandes âmes sont seules capables de
supporter la solitude : personne ne songe à soutenir que tous les
Norvégiens de l'Ouest sont nécessairement des génies ou des hé-
ros, mais du moins peut-on remarquer que l'isolement du fjord
ne peut convenir à celui qui veut mener une vie de débauche
ou de luxure, ni même à celui qui recherche la vie joyeuse, le
plaisir et le divertissement. On ne peut se plaire dans ces nids
solitaires suspendus, sur un éboulement de granit, entre le ciel
et l'eau, que si l'on a une âme de philosophe, c'est-à-dire si on
aime la sagesse; le fjord élimine nécessairement les êtres inférieurs, soucieux de l'amusement, car on peut employer à son
sujet bien des qualificatifs élogieux, mais il est du moins interdit de le trouver « divertissant » [1].

Arrivé à ce point, il nous faut monter plus haut encore : on
n'aurait en effet qu'une intelligence très incomplète de cette vie
morale développée, si on ne discernait qu'elle se rattache à une
croyance religieuse très ferme, qui l'appuie et la fonde.

Nous essaierons plus loin de déterminer, avec quelque précision, le contenu du dogme luthérien ; je voudrais seulement
analyser ici les dispositions religieuses de ces paysans du Masfjord et signaler les actes extérieurs qui, au foyer même, expriment et entretiennent ces dispositions.

La croyance dogmatique des membres de la famille Bersvik
est essentiellement liée à une pensée principale autour de
laquelle s'agglutine tout le reste, et cette pensée est celle-ci : par
le moyen de Jésus-Christ, qui a apporté sur la terre le message
d'amour, les hommes sont en relation directe avec Dieu, c'est-à-
dire avec un père infiniment bon et miséricordieux qui aime ses
enfants malgré leur misère et les attend, à la fin de leur vie ter-

---

1. A ce point de vue, on pourrait très justement comparer le gaardbruger norvégien
aux gardiens de nos phares, et l'on sait que les hommes qui recherchent « la rigolade »
n'ont pas l'habitude de poser leur candidature aux fonctions de gardien de phare.

restre, pour les recevoir au céleste séjour. Ces paysans sentent
profondément que cette pensée est vraie; *ils la réalisent, la
vivent,* elle devient comme une modalité inhérente à leur nature; elle infléchit en une certaine direction tous leurs actes,
même les plus petits, toutes leurs pensées, même les plus fugi-
tives. En fonction de cette croyance ils règlent leur vie morale
et elle leur est toujours présente; ainsi la religion est pour
ces hommes un état, une attitude permanente de l'âme qui sait
qu'elle est en relation avec le Père céleste par le Christ; elle
n'est point un rite, ni une technique de gestes ou de formules.

Aussi avec quelle piété sincère et profonde les prières sont
dites, et comme on sent au recueillement du visage et à l'in-
flexion de la voix que l'esprit est vraiment concentré sur les
paroles prononcées! On sait que le luthéranisme ne formule
aucune prescription spéciale relativement au lieu et au temps
de la prière, et chacun reste libre de choisir la forme et le moment des exercices religieux qui lui agréent. Pourtant, dans les
fjords où la foi est restée très vive, comme le Masfjord, il m'a
paru que d'ordinaire, sauf quelques jeunes gens peu nombreux,
personne ne manquait à dire une prière le matin et le soir.
Bersvik avait même coutume, lorsque ses enfants étaient petits,
de faire les deux prières quotidiennes en commun; depuis
que les enfants ont grandi, chacun les dit séparément. De
même, au commencement et à la fin du repas, chacun incline
la tête et en silence élève son esprit vers le Créateur pour le
remercier de ses bienfaits et implorer sa bénédiction.

Le dimanche, on va d'ordinaire à l'église à l'heure du prêche,
les longues théories de paysans, habillés de vêtements *soignés,*
défilent sur l'eau tranquille du fjord : aussi bien est-ce l'unique
occasion pour eux de se fréquenter et d'échanger leurs pensées.
Quand on ne va pas à l'église, ce qui arrive assez souvent, soit
parce qu'on ne désire point y aller, soit parce que le mauvais
temps ne l'a pas permis, soit enfin parce que le service divin
n'est pas célébré ce dimanche-là, le pasteur se trouvant retenu
dans une autre « chapelle », le père de famille lit un passage
du Nouveau Testament, suivi d'un commentaire que lui donne

un recueil *ad hoc*. Cette lecture est précédée et suivie du chant d'une hymne.

Il est assez difficile de dire si la foi religieuse a décliné ou, au contraire, s'est maintenue dans cette circonscription. Thorsen Bersvik pense qu'il y a eu déclin et, à l'inverse, à quelques kilomètres du fjord, un autre gaardbruger, Nils Klaussen, beaucoup moins âgé il est vrai, estime qu'il n'y a point de changement. Il est probable que la première opinion est plus exacte et Thorsen Bersvik fait remarquer que son fils a abandonné l'exercice religieux du samedi soir et du dimanche soir auquel lui-même n'avait garde de manquer autrefois; il signale aussi que naguère on avait l'habitude, pendant les longues soirées de l'hiver, de lire à haute voix, devant toute la famille assemblée, plusieurs pages de la Bible. « Maintenant les journaux hebdomadaires, que l'on ne connaissait pas autrefois, font concurrence à la Bible pour les lectures du soir et trop souvent la remplacent. »

Pourtant ce fléchissement de la foi chrétienne — que Bersvik attribue aux polémiques exégétiques entre pasteurs luthériens et à la surabondance des prédicateurs improvisés qui excitent une sorte de folie religieuse sans consistance réelle — est encore peu considérable [1], et il ne faut pas oublier que ces journaux mêmes auxquels il vient d'être fait allusion sont précisément des feuilles hebdomadaires dont le caractère confessionnel et apologétique est très accentué et qui trouvent dans leur mission religieuse le meilleur titre à la confiance de leurs lecteurs.

Quoi qu'il en soit de ce point spécial, il ne peut être mis en doute que l'âme de ces paysans soit profondément religieuse; ils adhèrent fermement aux dogmes principaux de la foi luthérienne, peu enclins, cela va s'en dire, à les considérer par leur caractère intellectuel ou abstrait, mais y cherchant surtout la

---

1. Thorsen Bersvik indiquait aussi que beaucoup de paysans vont aujourd'hui à l'église autant pour rechercher l'occasion de rencontrer une personne qu'ils doivent voir que pour satisfaire leur piété, et il donnait de son affirmation une preuve assez curieuse, à savoir que dans les parages où l'on a pu faire des chemins et où par conséquent les relations entre paysans sont plus fréquentes, on va moins à l'église, alors que pourtant il est devenu plus facile de s'y rendre.

force vitale qui élève leurs pensées et soutient leur volonté
dans le bien. Conformément à leur méthode particulariste, cette
adhésion de leur foi s'appuie sur le témoignage direct de la Bible
dont ils font personnellement une lecture fréquente et dans
laquelle ils croient trouver clairement énoncés les divers articles
de leur croyance dogmatique ; aussi ne considèrent-ils le pasteur qui dessert leur paroisse, et pour lequel d'ordinaire ils
ont beaucoup d'estime et de respect, ni comme le ministre nécessaire des sacrements, ni comme le représentant d'une autorité
dogmatique, mais uniquement comme celui d'entre eux que ses
études antérieures, sa piété plus grande, sa valeur morale plus
haute ont investi de la mission de donner un enseignement dont
chaque fidèle reste, en dernier ressort, le juge suprême.

Un gaardbruger du Trondhjemfjord avait une fille qui avait
épousé contre son gré un instituteur, et, à la suite de ce mariage,
toute relation avait été rompue entre le père et le jeune ménage.
A son lit de mort, le prêtre demanda au père s'il pardonnait à sa
fille. La réponse fut affirmative. Aussitôt la fille vint embrasser
le moribond, et son mari la suivit ; mais le vieux refusa de le
voir. « Alors, lui dit le prêtre, vous ne lui pardonnez pas ! —
Oui, je lui pardonne, mais je ne veux pas le voir. »

Cette anecdote, où l'autonomie du moribond *traite* avec la loi
morale qu'il respecte, me sera une transition naturelle pour indiquer en quelques mots, après cette longue étude sur la vie
norvégienne, comment meurent les Norvégiens. De l'aveu de
tous les étrangers qui en ont été témoins, la mort d'un Norvégien est une scène inoubliable, d'une beauté incomparable où
se révèlent à la fois et la maîtrise que ces hommes exercent
sur eux-mêmes et la filiale confiance qu'ils ont dans le grand
amour du Père céleste pour ses enfants.

Lorsqu'une personne est atteinte d'une maladie grave, le
plus souvent elle constate elle-même son état et elle se prépare
à la mort par la prière et la lecture de la Bible ou de médita-
tions pieuses ; si elle se fait illusion sur la gravité de la maladie,
les parents l'avertissent, *sans attendre le dernier moment*, afin

que le malade, possédant toute la lucidité de son intelligence,
puisse au contraire penser à la mort. Suivant les circonstances,
notamment suivant la distance, on va ou on ne va pas chercher
le pasteur. Le plus souvent le malade accepte avec simplicité et
sans frayeur la pensée de sa fin prochaine ; il s'en entretient
avec ceux qui l'entourent et spécialement, s'il est vieux, il leur
montre comment la mort est pour lui un gain, puisqu'il ne
pouvait plus travailler sur la terre et qu'il va vivre dans un
monde meilleur [1].

A ce moment, le sentiment qui domine son âme est bien
plutôt celui de l'attachement au Christ et de son amour que
celui du repentir de ses fautes : « Christ, je vais à vous, vous
êtes mon Sauveur, et par vous je suis vraiment l'enfant de
Dieu ». En effet, d'après la doctrine luthérienne, l'homme est
essentiellement pécheur et reste tel, et ce n'est que par les
mérites de Notre-Seigneur Jésus-Christ que ses péchés sont
effacés et voilés aux yeux de Dieu qui a adopté tous les
hommes en la personne de son divin Fils.

Lorsque la mort est survenue, les parents ne s'abandon-
nent pas à un désespoir exalté, « comme ceux qui n'ont point
d'espérance » ; chacun trouve dans sa foi chrétienne une con-
solation à sa douleur et aime à répéter doucement : « Il est
maintenant auprès du Père céleste ». Pour ces hommes, la mort
n'est ni une catastrophe, ni un écroulement, mais la fin naturelle et bonne vers laquelle progressait la vie.

On habille le cadavre d'un vêtement fait d'une étoffe spéciale
que l'on se procure à la ville et *que les personnes âgées ont
toujours soin d'acheter elles-mêmes,* et, le premier soir après le
décès, on ensevelit le corps dans la bière en chantant des
hymnes [2]. Parfois on ferme aussitôt le cercueil, mais le plus

1. Cette préparation à la mort est si belle, si sereine, si admirable de force et de
douceur, qu'un prêtre catholique norvégien m'avouait un jour qu'à plusieurs reprises des religieuses gardes-malades avaient été déconcertées et troublées au spectacle d'une telle sérénité confiante : avant de venir en Norvège, elles ne croyaient
pas qu'un hérétique pût mourir ainsi et donner à tant d'autres, demeurés ortho-
doxes, un exemple qu'ils étaient incapables de suivre.

2. Lorsque la personne morte se trouve au *sæter* ou habite une ferme un peu

souvent on se contente de rabattre les deux coins du drap sur le visage et de poser le couvercle sans le visser, de manière qu'en soulevant l'un et l'autre, on puisse voir le visage.

En tous cas, on conserve le corps, sous un des hangars qui avoisinent la maison, pendant trois jours en été, et pendant sept ou huit jours en hiver ; personne ne veille à côté du cercueil, mais de temps à autre, pendant la journée, les membres de la famille, voire des paysans du voisinage, viennent s'asseoir à côté du défunt et en quelque manière s'entretenir avec lui de la pensée de la mort et du bonheur qu'il goûte au sein du Père.

Le jour des funérailles, l'instituteur vient, le plus souvent, à la maison mortuaire et prononce quelques paroles d'adieu ; puis le cortège funèbre se dirige en canot vers le cimetière, qui naturellement avoisine l'église. Lorsque ce cimetière est celui de l'église principale de la paroisse, le pasteur, dont le presbytère est tout proche, vient prononcer une homélie pieuse — qui dure de vingt à trente minutes — et présider au chant des hymnes. Si, au contraire, la résidence du pasteur est très éloignée, on ne croit pas d'ordinaire qu'il soit utile de le faire venir ; on se contente du chant de quelques cantiques. Un morceau de bois, piqué en terre, indique au pasteur le lieu de la fosse ; à son premier passage, celui-ci récite sur la tombe les prières liturgiques.

Le culte des morts est spécialement sympathique à l'âme norvégienne et, même dans les villes, où la foi religieuse a presque disparu, chaque sépulture occupe un carré de 2 ou 3 mètres de côté, entouré d'un grillage, et à l'intérieur duquel se trouve un banc sur lequel deux ou trois personnes peuvent s'asseoir. Aux jours de grande fête religieuse, tels que Noël et Pâques, ou de réjouissance familiale, on ne manque pas de se rendre au cimetière, afin d'associer le défunt à la solennité des vivants. Pendant une heure et demie ou deux heures, on reste ainsi à converser avec lui dans la pensée que celui qui

éloignée du fjord, on doit, avant d'ensevelir le défunt, transporter le cadavre, simplement enveloppé d'un drap, sur le bât d'un poney : le sentier de la montagne est trop escarpé et trop glissant pour qu'il soit possible de transporter un cercueil.

a quitté la terre communie à toutes les joies et à toutes les douleurs de la famille.

Telle est la vie sociale des différentes personnes qui habitent la ferme de Bersvik, dans le Masfjord. Pourtant j'ai omis à dessein de mentionner la famille du husmand, Klaus Eriksen.

Klaus Eriksen est husmand sur la terre de Bersvik, en vertu d'un contrat conclu avec le vieux Thorsen, il y a vingt-quatre ans : par ce contrat, Bersvik lui cédait pour toute sa vie et celle de sa femme la jouissance de quelques ares de terre situés au bord du fjord et partiellement défrichés; en échange, celui-ci s'engageait à fournir chaque année six journées de travail. Comme le husmandplads était déjà partiellement défriché et avantageusement situé, Bersvik aurait pu exiger, au moment de la signature du contrat, un droit d'entrée de 100 kr. (*Fæstesummen*), mais Klaus était très pauvre et Bersvik très bon ; aussi il ne stipula aucune indemnité et, de fait, il n'exigea pas davantage, dans la suite, les six journées de travail promises au contrat.

Cette convention était au demeurant fort avantageuse pour Klaus Eriksen, qui se mit aussitôt à quêter de droite ou de gauche, parmi les gaardbruger voisins, quelques planches et quelques poutres pour construire sa petite maison ; celle-ci lui appartient d'ailleurs et, s'il quittait le husmandplads, ce qui ne peut se faire sans sa volonté, puisque son droit est viager, il aurait le droit de l'emporter; après sa mort et celle de sa femme, ses héritiers auront le même droit.

J'ai dit que Klaus Eriksen était pauvre. Son père, qui était petit husmand et charpentier maréchal, eut sept enfants, quatre fils et trois filles, dont voici la position actuelle. L'aîné vit avec le père et fait le même métier que lui; à la mort du père, il est probable que le contrat de husmand sera renouvelé avec le gaardbruger, et ainsi jusqu'à la fin de ses jours le fils sera assuré de la possession d'une petite maison. Ce fils aîné a lui-même quatre enfants. Le second est devenu boucher, puis a gagné quelque argent dans l'achat et la vente du bétail; ainsi il a pu acheter un gaard qu'il exploite maintenant, tout en continuant ses opérations sur les bestiaux. Il a un enfant. Le troisième est locataire à prix d'argent, pour cinq ans, d'un gaard dont le propriétaire est parti aux États-Unis pour essayer sa chance : cet émigrant a neuf enfants, jeunes encore, et il s'en est allé aux États-Unis afin de procurer à ses enfants des facilités plus grandes d'établissement. Le quatrième est précisément Klaus Eriksen.

L'aînée des filles se plaça quelque temps comme servante : après avoir économisé quelque argent, elle a épousé un gaardbruger : elle a cinq enfants. La seconde fille vit dans le Finmark oriental ; elle est mariée à un Finnois qui a une petite terre et se livre à la pêche : elle a deux enfants. Enfin la troisième a épousé, il y a vingt-cinq ans bientôt, un gaardbruger : le ménage n'a pas d'enfants.

Klaus Eriksen est, on le voit, en moins bonne situation que ses frères et sœurs ; il est maintenant âgé de cinquante-huit ans. Sur son *pladsel,* il élève quelques moutons et récolte des pommes de terre pour sa consommation personnelle ; de plus, il est cordonnier, et cette profession lui rapporte à peu près 100 kr. par an. Naguère il allait parfois travailler comme journalier sur les fermes du voisinage, et le salaire qu'il gagnait lui permettait de boucler à peu près son petit budget. La pénurie de ses ressources ne l'a pas empêché d'élever sept enfants, trois fils et quatre filles. L'aîné des fils est husmand ; le second est contremaître dans une fabrique d'huile de foie de morue et gagne 22 kr. par semaine ; le troisième est ouvrier peintre à Bergen ; les quatre filles sont servantes, deux chez des gaardbruger, la troisième chez un ministre protestant à la campagne, la quatrième chez un ingénieur qui dirige une grande fabrique aux environs de Bergen. Après la mort de sa première femme, Klaus Eriksen a d'ailleurs épousé en secondes noces une veuve, mère de deux fils, qui s'en sont allés aux États-Unis.

Aujourd'hui, Klaus est donc seul avec sa femme, et son petit métier de cordonnier lui fournit à peu près les ressources dont se contente son tempérament peu exigeant, mou et indolent ; évidemment il restera sur son husmandplads jusqu'à la fin de ses jours.

La méthode d'observation monographique est à la fois si puissante et si précise dans ses moyens d'investigation et dans son analyse qu'il suffirait d'une étude complète et détaillée d'une famille ouvrière pour connaître parfaitement tout le mécanisme de la vie sociale d'un milieu déterminé. Malheureusement des motifs nombreux ne permettaient pas au missionnaire de la *Société internationale de Science sociale* de pousser son analyse aussi loin qu'il l'eût souhaité : il s'est donc vu obligé de compenser par l'extension de la superficie étudiée les lacunes de son observation. Voici le résumé des autres monographies de familles paysannes qu'il a dressées : dans ce résumé il ne relèvera que ce qui peut présenter un intérêt scientifique, ne soumettant le lecteur à l'ennui des répétitions que là où il peut être utile d'affermir davantage certaines conclusions, parce qu'elles modifient plus sensiblement la représentation qu'on se faisait jusqu'ici de la vie sociale dans les fjords norvégiens.

Quittons donc le gaard de Bersvik et *enfonçons-nous dans la montagne* pour aller visiter une autre ferme qui est à cinq heures de marche, je ferais mieux de dire d'escalades invraisemblables. De cette étape même je ne dirai rien, si ce n'est qu'elle fut la seconde et dernière occasion que j'eus, au cours de mon séjour en Norvège, de me demander si la Science sociale ne m'imposait pas des épreuves au-dessus de mes forces. En tout temps, la marche eût été pénible sur ces pentes abruptes, dans ces chemins où le pied ne pose que sur le granit rocailleux, sans qu'on puisse jamais trouver une surface plane d'une superficie égale à celle des semelles, où, à chaque pas, on monte ou on descend une marche haute parfois de 20 à 25 centimètres ; une pluie diluvienne vint en aggraver singulièrement le caractère pénible, et les flaques d'eau allongeaient beaucoup l'étape, ne fût-ce que par l'obligation où elles nous mettaient de nous servir trois ou quatre fois de suite du même pied pour faire la seule enjambée, tantôt à droite, tantôt à gauche, que comportait la position des pierres qui affleuraient la surface liquide.

Notons seulement qu'il n'y a ni chemin, ni même de sentier dans les montagnes ; le tracé du moindre sentier, dans ce granit si dur, entraînerait une dépense tout à fait disproportionnée aux services à en attendre et aux ressources des habitants.

A mi-chemin, nous nous arrêtons un instant au gaard de Fordal : au milieu des rochers et du désert de granit, il s'est trouvé quelques acres de terre arable, semés de-ci de-là, et une famille norvégienne vit ici dans la solitude et l'indépendance. J'étais en train de réfléchir sur les conditions sociales de la vie en un pareil lieu, lorsque nous frappons à la porte de la maison, et quelle n'est pas ma surprise de voir tout à coup une réunion imposante de treize personnes adultes dont les âges varient de vingt-huit à soixante-dix ans et dont la plupart, fortement musclées et jeunes, ne paraissent certes pas manquer de vigueur physique. La famille se compose d'une grand'mère, du père et de la mère et de sept enfants : trois hommes se sont arrêtés au passage pendant que la pluie fait rage. Les hommes fument et tout le monde cause : une des filles file au rouet la laine que la grand'mère prépare à côté d'elle ; la mère de famille verse dans l'eau bouillante la farine de seigle pour le plat de gröte qu'on servira tout à l'heure. Je me borne à demander depuis combien de temps le gaard est dans la famille ; on me répond qu'on ne peut le dire exactement, mais on sait de manière certaine qu'il y est depuis sept générations.

Nous reprenons notre chemin, et, au bout d'une heure et demie, nous arrivons au *sæter* de la ferme que nous devons visiter : trois grandes cabanes en bois sont là auprès d'un ruisseau qui ne tarit jamais : chacune est séparée en deux par une cloison et sert à la fois de laiterie-beurrerie et de logement pour la sæters- pige. C'est précisément le jour où un des bruger vient au sæter. Nous l'accompagnons à la descente, et je puis ainsi me rendre compte de l'adresse inouïe du petit cheval norvégien ; cela tient vraiment du prodige, et il faut avoir vu la déclivité et le poli de ces pentes escarpées pour savoir quels tours de force un cheval de montagne, ferré d'une manière spéciale, peut accomplir.

Enfin, vers 4 heures, après une longue descente qui n'est guère moins pénible que l'a été la montée, nous arrivons au bord du lac d'Ynnesdal. A notre droite se trouve, sur le rivage, le gaard que nous cherchons ; mais bien que le lac soit petit, nous n'aper- cevons aucune habitation, car un promontoire de granit taillé à pic masque la vue. Aussi ne pourrions-nous franchir à pied, sans une peine extrême, la petite distance qui nous reste à parcourir. Heureusement le bruger que nous avons rencontré au *sæter* vient à notre secours : il installe sa bête sur un grand canot à fond plat semblable à ceux des passeurs de nos fleuves ; nous prenons place à côté de lui et, en une demi-heure, nous arrivons à destination.

Ynnesdal est une sorte d'oasis au milieu de la montagne, située à moitié route environ entre le Masfjord et le Sognefjord. Il est le centre d'une dépression aux bords irréguliers et tour- mentés que forme en cet endroit la roche granitique ; un lac aux eaux délicieusement pures et transparentes remplit le fond de la cuvette ; sa longueur est de 2 kilomètres environ et sur ses bords, les murailles à pic de la roche alternent avec les pentes douces sur lesquelles poussent les sapins et les bouleaux ; pourtant, à une des extrémités du lac, le rivage s'infléchit en une courbe gracieuse dont les pentes verdoyantes peuvent fournir un pacage à des bestiaux : là est le gaard d'Ynnesdal.

On saisit bien, sur ce gaard, le phénomène de partage et de morcellement qui, au cours du temps, finit par diviser et subdi- viser même les fermes norvégiennes. Autrefois il n'y avait là qu'une ferme, qu'une exploitation qui fut divisée un jour en qua- tre exploitations séparées, *brug*. On ne sait à quelle époque, ni dans quelles conditions fut opérée cette division, mais seulement qu'elle est très ancienne. Les traces de cette origine commune sont au surplus très apparentes; ainsi, il y a sur le gaard entier deux *husmandplads* dont les tenanciers paient 20 kr. par an à chacun des bruger; de même l'*udbeite* est la copropriété des quatre bruger qui le possèdent dans l'indivision[1]; de même encore, le *sæter* est commun aux différents bruger ou plutôt un des deux sæter que possédait autrefois le gaard est resté la copropriété indivise de trois fermes, tandis que la quatrième jouit seule du second sæter.

Les *brug* sont contigus les uns aux autres et les quatre maisonnettes, avec les étables et les fenils adjacents, s'alignent sur un arc de cercle, à une distance respective de 60 mètres environ. Nils Klaussen Ynnesdal[2] est propriétaire d'un de ces *brug*. Essayons d'analyser le mécanisme de sa vie familiale.

L'indmark de la ferme de Nils est de 90 maals (9 hectares) et le cheptel comprend 11 vaches, 4 ou 5 veaux, suivant les périodes, 30 moutons, 1 ou 2 cochons et 1 cheval. Nils ne possède ni chèvres, ni poules.

Le travail est ordonné dela même manière que dans le gaard de Bersvik : le 1er avril, on commence à transporter les fumiers et à les étendre; le 15, après les labours, on sème l'avoine, car Nils non plus ne cultive ni orge, ni seigle; au 1er mai, on sème les pommes de terre et on s'emploie ensuite à réparer les murs de pierres sèches ou les grands canots plats qui servent au transport des foins. Au commencement de juin les bestiaux, qui, depuis trois semaines déjà, pâturaient dans l'*udbeite*, partent pour le *sæter*.

---

1. D'ailleurs cette situation ne semble pas devoir durer longtemps, car à mesure que l'udbeite est défriché et cultivé, le besoin et le désir de la propriété individuelle apparait. Au moment de ma visite, un des quatre copropriétaires se disposait à demander le partage de l'udbeite.

2. Le mécanisme des noms patronymiques des paysans norvégiens mérite d'être signalé. D'abord la famille prend le nom du gaard qu'elle habite; ce nom est précédé de deux autres dont l'un est le nom de baptême et dont l'autre indique que l'on est fils de tel individu, grâce au suffixe *sen* : ainsi Nils Klaussen Ynnesdal veut dire Nils Ynnesdal, fils de Klaus; son fils s'appelle Kristoffer Nilsen Ynnesdal. Comme un gaard peut comprendre plusieurs brug, ce mode de formation des noms est peu satisfaisant et, depuis plusieurs années, le gouvernement s'efforce de porter remède aux confusions qui en résultent.

Comme Nils n'a pas de fille qui puisse aller garder là-haut les bestiaux, il loue pour le temps du sæter, c'est-à-dire pour les trois mois qui séparent le 30 juin du 30 septembre, une servante qu'il paie 60 kr., et à laquelle il fournit, cela va sans dire, la nourriture. Dans les premiers jours de juillet, on commence la coupe des foins dans l'indmark et ensuite on se met à faucher l'herbe de l'udmark, ce qui emploie encore trois personnes pendant quatre semaines. A la fin du mois d'août on coupe l'avoine, puis on coupe le regain (*haa*), et on arrache les pommes de terre. Dans la dernière semaine de septembre, les bestiaux rentrent du sæter et ils pâturent encore quelques jours sur l'indmark ; on a juste le temps de retourner la terre, avant le 15 octobre. Puis l'hiver commence ; c'est la saison des pluies abondantes et même de la neige, car le climat est plus froid dans la montagne que sur le bord du fjord.

Pendant l'hiver, Nils s'emploie au soin des animaux et à la coupe du bois de chauffage et du bois d'œuvre : de l'un et de l'autre il prend juste ce qui lui est nécessaire pour ses besoins personnels. La situation de la ferme ne permet aucune vente de bois, puisque les frais de transport absorberaient à eux seuls la totalité du prix. Aussi Nils s'efforce-t-il plutôt d'arracher les arbres et de faire reculer un peu chaque année la limite de l'udmark. Mais ce travail de défrichement et de nivellement approximatif ne progresse que très lentement ; il arrive souvent que les masses rocheuses sont de telle dimension qu'il faut renoncer à les déplacer. Dans ce cas, si la nature du sol le permet, Nils creuse à côté de la pierre un grand trou dont le cube est un peu supérieur à celui du bloc granitique ; le creusement achevé, on fait rouler le bloc dans la cavité et avec un revêtement de terre on dispose le sol au niveau convenable.

Ce sont là de longs travaux qu'on ne peut entreprendre que l'hiver. Pendant ce temps, la femme de Nils et sa servante filent et tissent, et on nous fait admirer une couverture de lit qu'elles ont ainsi confectionnée et deux grosses pièces d'étoffe de laine dont la solidité paraît plus appréciable que la souplesse. Appuyé sur ces ressources du lieu, Nils Klaussen vit sur son gaard avec sa femme et ses deux enfants, deux garçons de onze ans et de trois ans[1]. Il ne peut dire depuis combien de temps le domaine est dans la famille, mais il affirme avec certitude que ce droit familial remonte au delà de son bisaïeul. En qualité de fils aîné, Nils a acheté le gaard à son père moyennant 4.000 kr., ce qui signifie qu'il recevait du même coup donation d'une somme égale, puisque le gaard pourrait être vendu environ 8.000 kr. à un acheteur étranger. Sur son prix, il a payé comptant 2.000 kr. qui lui venaient de l'apport dotal de sa femme et de diverses économies qu'il avait faites sur les salaires de son travail. Plus tard, pour se libérer complètement, il a emprunté 2.000 kr. à la banque au taux de 5 1/2 p. 100. Nils ne veut pas me dire dans quelle mesure cet emprunt a été amorti, mais à son sourire de paysan entendu aux affaires, je devine qu'un amortissement important a été fait, et même d'autres réponses me permettent d'augurer que le reliquat dû à la banque n'est plus que de 800 kr. Au surplus, « on aurait pu faire mieux encore, déclare Nils, si les salaires des domestiques n'étaient pas si élevés et si on pouvait façonner mieux la terre ».

L'entente des affaires semble d'ailleurs être ici une tradition de famille, car le père de Nils était un bon travailleur qui améliora beaucoup la valeur culturale du gaard, pendant qu'il l'exploitait et son second fils — il n'eut que deux enfants — sut aussi se tirer d'affaire. Celui-ci débuta comme charpentier de campagne : lorsqu'il eut fait quelques économies, « il ne fut pas aveugle pour découvrir une fiancée qui eût un modeste pécule »; en joignant les deux sommes et en complétant le tout par un emprunt à la banque, il a pu acheter, près de la ligne de chemin de fer qui relie Bergen à Vossevangen, le gaard d'un individu qui désirait changer sa terre contre une autre plus rapprochée de Bergen. Sur ce gaard, qui est d'ailleurs un peu moins étendu que celui de Nils, puisqu'on n'y peut entretenir que 8 à 10 vaches, ce frère cadet a réussi à se maintenir et à prospérer.

---

1. Une fille est morte en bas âge.

Ainsi, chaque nouvelle information atteste que les cadets, grâce à l'éducation progressive qu'ils ont reçue, réussissent aussi bien que leur frère aîné à s'assurer une situation indépendante.

D'innombrables moyens d'établissement s'offrent à eux. La femme de Nils était fille d'un gaardbruger; son frère aîné acheta, selon la coutume, le gaard paternel. Trois frères et une sœur sont en Amérique : la sœur est mariée et les frères sont ouvriers d'industrie. Tous sont satisfaits de leur condition.

Dans un des trois autres brug de ce même gaard d'Ynnesdal, un ménage n'eut pas de garçon, mais seulement trois filles; l'aînée de celles-ci a épousé le fils *cadet* d'un gaardbruger des environs.

Souvent aussi, quand ils ne vont pas en Amérique, et qu'ils sont les fils d'un petit paysan peu fortuné, les frères cadets prennent un *husmandplads,* soit sur la ferme même du père, soit ailleurs. « Sans doute, déclare Nils, il peut s'établir ainsi une différence de rang social entre le frère aîné, qui a reçu le gaard paternel, et le frère cadet devenu husmand, mais cette différence, minime en elle-même, n'a point de conséquences fâcheuses et ne nuit pas au maintien des bonnes relations entre les deux frères. » L'établissement du suffrage universel a même contribué à diminuer encore la distance, puisque aujourd'hui gaardbruger et husmand participent également aux mêmes scrutins. Il n'est pas rare d'ailleurs que le husmand s'élève à une condition meilleure que le gaard-bruger; il a le double avantage de l'impôt foncier qu'il ne paie pas — le propriétaire seul le paie tout entier — et du petit métier accessoire qu'il exerce presque toujours. Lorsque l'aisance est venue, le husmand achète un gaard, comme cela est arrivé à Ynnesdal.

J'ai déjà mentionné la présence de deux husmænd sur le gaard d'Ynnesdal; ceux-ci jouissent d'une tenure spécialement avantageuse. Ils n'ont d'autre obligation que de payer une redevance annuelle de 80 kr. chacun et sont en réalité de simples locataires à vie, avec clause de déguerpissement *à leur profit.* Pourtant l'un d'eux peut nourrir quatorze vaches, c'est-à-dire autant que le bruger qui en élève le plus, et l'autre en a douze. Il est vrai que c'est là une situation exceptionnellement favorable qui ne se peut expliquer que par l'ancienneté de la concession [1] et l'activité laborieuse avec laquelle on a poussé le défrichement. A la mort de ces husmænd, les quatre bruger ne renouvelleront pas à si bon compte un droit de jouissance si lucratif. En tous cas, tirant parti de cette bonne fortune, un des deux husmænd a récemment acheté un des quatre brug du gaard d'Ynnesdal dont le propriétaire est parti pour l'Amérique. Il continue d'ailleurs à habiter sur son husmandplads pendant que le fils aîné exploite, *pour le compte de son père*, le brug récemment acheté. Quand ce fils aura travaillé pendant quelque temps encore, au profit du patrimoine familial, il achètera à son tour le brug aux conditions très douces habituelles en cette circonstance et les autres enfants — le husmand a deux fils et deux filles — trouveront sans doute aussi le moyen de s'établir avantageusement.

Revenons à Nils Klaussen et essayons de voir quelles sont ses recettes et ses dépenses.

Il vend en moyenne chaque année :

2 vaches....................................	150 kr.
7 ou 8 moutons..............................	80 »
Environ 180 kilogrammes de beurre à 1ᵏ,60 öre le kilo....................................	300 »
Du gammelost pour...........................	80 »
Soit....................	610 kr.

Les autres produits de son gaard sont consommés directement par lui, pour ses besoins personnels: notamment il tue chaque année 1 vache, 4 ou 5 moutons, 2 porcs. Comme il calcule qu'une vache rapporte en moyenne 70 kilogrammes de beurre par an, on voit qu'il est loin de vendre tout le beurre produit sur sa ferme, mais il préfère ne point acheter de margarine « dont il connaît l'origine suspecte » et consommer

---

1. Un des deux husmænd est établi sur son pladsel depuis cinquante années, l'autre depuis trente ans.

les produits de son gaard; nous savons déjà qu'un gaard nor-végien est d'abord aménagé en vue de la consommation directe de la famille qui l'exploite.

Sur ce produit brut, Nils doit payer 100 kr. pour l'impôt foncier, 30 kr. pour l'impôt communal sur le revenu, 9 kr. pour l'impôt d'État sur le revenu, 4 kr. pour l'assurance sur l'incendie, 100 kr. pour le salaire d'un domestique de ferme et 15 kr. pour gratification supplémentaire de souliers et de vêtements à ce domestique; enfin 150 kr. de dépenses diverses, sembla-bles à celles qui ont été signalées précédemment dans le budget de Thorsen Bersvik. La situation est bonne, on le voit, et Nils peut aisément payer l'intérêt de sa dette vis-à-vis de la Banque, et même l'amortir. Pourtant il se plaint de la hausse du salaire des domestiques. Il y a cinquante ans, un domestique de ferme gagnait 8 à 12 kr. par an et recevait en outre quelques grati-fications en nature, pour son vêtement. Dans ces dernières années, la hausse a été spécialement rapide, parce que l'at-traction des salaires plus élevés que paient certaines industries des villes s'est jointe à l'émigration aux États-Unis pour raréfier la main-d'œuvre dans les campagnes. Au surplus, cet inconvé-nient est loin d'être sans avantage, et on peut même trouver qu'il y a plus que compensation : attirés par ces hauts salaires, des fils de petits bruger s'engagent volontiers comme domes-tiques, et même ce sont eux qui fournissent les meilleurs ser-vices : en quelques années, ils économisent une partie de la somme nécessaire à leur établissement.

L'engagement des domestiques se fait à l'année; il est renou-velé, en cas de satisfaction réciproque, et il arrive parfois que le domestique reste ainsi huit ou dix ans; mais en aucune circonstance, je n'ai vu en Norvège le type du vieux domes-tique, du vieux serviteur qui termine ses jours au service de la même famille qu'il a servie dans sa jeunesse. Cette pratique, avantageuse pour les « maîtres » et dont on a coutume dans certains milieux de déplorer chez nous la disparition, est incom-patible avec les mœurs norvégiennes qui n'admettent pas qu'un individu soit jamais au service d'une personne; la Science sociale ne peut que constater avec satisfaction cette incompatibilité qui est ici le signe du sentiment plus profond de la dignité individuelle et de l'aptitude personnelle à conduire ses propres affaires.

Quant au mode d'existence, ce qui a été dit à propos de Bersvik devrait être répété à propos de Nils. Pour lui, comme pour son voisin, le poisson (hareng salé), acheté à très bas prix, est un élément important de l'alimentation, et nous pouvons vérifier sur lui ce qui a été dit à propos de Bersvik, à savoir que la pêche *directe* ne tenait aucune place ni dans le travail, ni dans l'alimentation du paysan des fjords. Nils ne se trouve pas au bord du fjord, et pourtant, sur ces deux points, sa vie ressemble parfaitement à celle de son voisin. Au printemps et vers la fin de l'été, Nils pêche un peu le poisson du lac, la truite, mais cette pêche est beaucoup plutôt une distraction qu'un mode de travail.

Hélas ! Nils ressemble aussi à son voisin par la malpropreté de ses vêtements, de sa table et de son habitation, et l'activité avec laquelle sa femme s'emploie au nettoyage des tables et du rebord des fenêtres, au moment de notre arrivée, ne suffit pas à combler toutes les lacunes, ni surtout à nous convaincre de la possibilité de remplacer les draps de lin ou de coton par les couvertures de laine.

Heureusement la vie morale et religieuse de ce ménage, très supérieure à ses notions d'hygiène et de propreté, est excellente. Chaque jour, chacun fait sa prière du matin et du soir séparément, et s'il n'y avait pas les nécessités du travail, on la ferait en commun. Le dimanche, jour de repos absolu, toute la famille, y compris le domestique, accomplit en commun cet exercice religieux. Un dimanche sur trois, un service religieux est célébré à l'église de Brække qui est à trois heures de marche — dont une heure trois quarts sur un sentier de montagne qui serait jugé impraticable par tout autre que ces paysans des fjords habitués à n'en pas avoir de meilleur ; — Nils s'y rend, à moins d'empêchement très sérieux, et tous ceux de la maison, qui le peuvent, s'y rendent avec lui. Les deux autres dimanches, à 11 heures, la famille se réunit pour prier ; on chante un cantique, puis Nils lui-même lit l'évangile du jour qu'il fait suivre de la lecture d'une homélie appropriée ; une hymne termine cet exercice religieux, qui dure une heure.

Ainsi, dans la solitude de la montagne infertile, Nils vit heureux, sans autres voisins que les trois bruger du gaard d'Ynnesdal ; une fois, au cours de chaque période de trois semaines, il rencontre quelques personnes, à l'église de Brække, et c'est là une diversion très suffisante à sa solitude. Les deux journaux auxquels il est abonné, l'un bihebdomadaire, l'autre hebdomadaire, lui apportent les nouvelles qui peuvent l'intéresser : comme il n'y a pas de facteur, les quatre bruger s'entendent entre eux pour que, deux fois la semaine en moyenne, l'un ou l'autre aille à Brække chercher le courrier. Ces communications sommaires avec le monde extérieur, accompagnées de trois ou quatre visites à Bergen, pour vendre une vache ou acheter de la farine de seigle, satisfont amplement ses besoins de sociabilité. Il lui suffit de savoir qu'il est solidement établi sur le gaard qu'il a reçu de ses arrière-grands-parents et qu'il compte transmettre à son fils aîné.

Ne le quittons pas sans remarquer la présence à son foyer d'une personne étrangère, une pauvresse âgée de soixante-dix ans environ, que la commission des pauvres (*fattigstyre*) a placée ici comme pensionnaire. Nils pourvoit à son vêtement et à sa nourriture et reçoit 60 kr. par an seulement, parce que la pauvre vieille est encore capable de rendre quelques services par son travail. Si la pauvresse était complètement impotente, la rétribution payée à Nils serait portée à 100 kr.

Tandis que le gaard de Nils n'était qu'à quelques kilomètres de celui de Bersvik ; il faut, pour aller au pays de Voss, reprendre le bateau postal et descendre à Bergen.

Le pays de Voss et le bourg de Vossevangen présentent dans la Norvège occidentale une particularité remarquable : on peut s'y rendre en chemin de fer ! Une ligne longue de 104 kilomètres relie en effet Bergen à Vossevangen ; sans doute cette ligne ne ressemble guère aux voies ferrées de France et d'Angleterre : outre les cinquante-quatre tunnels qui l'agrémentent, tous creusés au prix des plus grands efforts, dans la roche de granit, elle accomplit d'innombrables et longs circuits autour des bras des fjords pour éviter beaucoup d'autres tunnels encore. Pourtant cette voie témoigne qu'au nord-est de Bergen, existe une série de vallons ou de cuvettes montagneuses dans lesquels se sont constitués de petits centres agricoles et on ne saurait trop louer le charme de ce voyage : le fjord et la montagne semblent se pourchasser l'un l'autre, comme s'ils se disputaient les faveurs du touriste, et l'eau, toujours présente, alors même qu'on ne la voit plus, ne ménage ses surprises joyeuses que pour mieux attester que dans la Norvège occidentale, le fjord et l'homme sont des amis inséparables ; ils ne se quittent un instant que pour se donner la joie de se retrouver.

Sur le bord de ce lac, à 1.500 mètres du petit village[1], est

1. Vossevangen mérite vraiment le nom de village, au sens que nous attachons à

située la ferme de Björne Forgersen Kvale, fils de Forger Andersön Kvale. Celui-ci eut douze enfants ; huit arrivèrent à l'âge adulte, cinq fils et trois filles. Par malheur, il mourut avant d'avoir pu élever sa nombreuse famille et laissa à sa veuve la charge de plusieurs enfants encore en bas âge. Heureusement, il y avait dans le ménage une aisance qui dépassait sensiblement le taux ordinaire des ressources des petits patrimoines norvégiens, et qui provenait des expropriations avantageuses dont plusieurs parcelles du gaard avaient été l'objet, lors de la construction de la voie ferrée.

Björne, en sa qualité de fils aîné, resta sur la ferme avec sa mère, pour l'aider à élever les jeunes frères et sœurs. Dix ans passèrent ainsi, pendant lesquels chacun se tira d'affaire ; Björne ne touchait aucun salaire pour la collaboration de son travail. Puis, la mère vivant encore, il se porta acheteur à très bas prix du gaard familial et on procéda au partage du patrimoine entre les huit enfants.

Voici le texte littéral du contrat de vente conclu entre Björne Kvale et sa mère :

SKJÖDE (Titre de propriété).

Je soussignée Inger Björne datter Kvale, qui, en vertu de l'approbation de l'autorité départementale, en date du 23 janvier 1867, suis établie depuis la mort de mon mari Forger Andersön Kvale, sur ce domaine indivis, vends et transfère, par le présent document, à mon fils le plus âgé Björne Forgersen Kvale, les droits sur ce brug, tels qu'ils existaient au profit de mon mari susnommé, suivant l'acte du 2 mars 1842, et tels qu'ils m'appartiennent actuellement : ledit brug est soumis à une redevance fiscale de 3 speciedaler, 3 ört et 6 skilling et est mentionné dans le gaard Kvale Guldfjœrdings, sous le numéro courant 82 des registres de la circonscription judiciaire de Vangen. Je transmets aussi à mon fils aîné mes droits sur l'étendue du pâturage d'été (stöl), indiqué dans l'acte du 22 novembre 1865 (Nº matricule 113, nombre courant 225 de la juridiction de Vangen, Gaard Ygre) ; cette étendue montagneuse est, d'après l'ancienne évaluation non revisée, soumise à une taxe foncière de 1 ort, 6 skilling.

Le tout est transmis moyennant un prix de 500 speciedaler ; en outre, j'aurai, durant ma vie, droit de recevoir du gaard, à titre de soutien de vie,

---

ce mot : on y trouve en effet une route le long de laquelle sont bâties des maisons qui se touchent, une église, un presbytère, une école populaire supérieure, etc.

(*föderaad*), diverses prestations, évaluées dans l'ensemble, à raison de la taxe d'enregistrement, à 200 speciedaler.

Le prix d'achat, 500 speciedaler, est acquitté actuellement par l'acheteur qui fait abandon de ses droits héréditaires dans la succession, droits évalués à cette même somme.

Le föderaad consistera en :

1º Un droit à l'étable et au pâturage pour 2 vaches et 3 moutons, lesdits bestiaux devant être bien soignés et traités, et conduits aux prairies pendant l'été ;

2º Deux tonneaux de la meilleure avoine que l'on récolte sur la propriété et deux tonneaux de pommes de terre ;

3º L'usage libre du hangar à foin et à feuilles, et aussi, à mon choix, de trois pommiers ; le droit à un terrain bien situé pour y construire une petite habitation pour moi-même, si je jugeais bon de le faire ;

4º Le droit d'habiter en commun avec le preneur, et de jouir en commun avec lui et gratuitement de toutes les commodités dont il jouit ; le chauffage gratuit, l'usage du cheval pour les voyages d'aller et retour au moulin et pour le transport aller et retour de mes marchandises achetées ou vendues à Ervanger ; enfin des soins vigilants et attentifs pendant tous mes jours de santé ou de maladie.

Ce föderaad est une charge réelle sur le brug Kvale et le grèvera aussi longtemps que je vivrai.

Si, contre toute attente, l'acheteur, ou éventuellement ses enfants, venaient à vendre le brug, je réserve à mes enfants dans l'ordre où le droit d'odel leur appartient le droit de reprendre ladite propriété avec ses pâturages d'été (*stöl*), moyennant un prix qui ne pourra dépasser 1.600 speciedaler (6.400 kr.).

En foi de quoi, les deux parties ont signé avec les deux témoins.

      Kvale, 13 juillet 1876.

    Signature des témoins.
      X.   X.

                Inger Björne datter Kvale.
                  B. Kvale.

Ainsi Björne Kvale obtenait à un prix moins élevé encore que de coutume le gaard de son père, parce qu'on trouvait juste de le récompenser des longues années de travail pendant lesquelles il n'avait reçu aucune rémunération ; au surplus, il n'éprouva aucune difficulté à se libérer de sa dette, car le partage attribua à chacun des huit enfants une somme de 700 speciedaler (2.800 kr.). De même, les autres enfants, nantis d'un pécule d'une si exceptionnelle importance, purent rapidement trouver un établissement avantageux. Le second fils devint charpentier-menuisier à Vossevangen, où le troisième fils est également établi constructeur de maisons; le quatrième fils, après avoir exercé quelque temps le métier de charpentier, put acheter un gaard avec la triple contribution de ses économies personnelles, de sa part dans l'héritage paternel et de la petite dot de sa femme. Enfin le cinquième fils est maréchal.

Quant aux trois filles, l'une est morte, et les deux autres sont mariées à des gaardbruger dont l'un a même été nommé à la fonction très honorable de Lensmand.

Björne Kvale est aujourd'hui âgé de soixante ans; veuf depuis plusieurs années, il vit sur son domaine avec ses quatre enfants, un fils âgé de vingt-six ans et trois filles, un peu moins âgées, dont la plus jeune va entrer dans sa dix-neuvième année. Lui aussi, avec sa bonne figure de campagnard intelligent et capable, avec sa grosse voix et sa démarche pesante, son allure indépendante et démocratique, représente fidèlement le type du *Bonde*, du paysan de race, et il faut croire que mon appréciation s'accorde ici avec celle de ses concitoyens, puisque, deux heures après que je me l'étais formée, j'ai eu la joie d'apprendre que ceux-ci l'avaient élu, pendant de longues années, membre du conseil communal, du conseil scolaire et de la commission des pauvres.

Aussi bien, le gaard qu'il exploite est dans la famille depuis plusieurs siècles; jusqu'en 1750, ce gaard était beaucoup plus étendu qu'il ne l'est actuellement; mais à cette époque, il fut divisé entre deux enfants, et, plus tard, il y eut encore subdivision entre plusieurs enfants.

Tel qu'il est aujourd'hui, il comprend 96 maals (9 hectares, 60 ares) d'indmark, dont l'étendue demeure fixe, car il serait difficile de pousser plus loin le défrichement : Björne ignore la superficie de l'*udmark*, il sait seulement qu'elle est considérable, car celui-ci s'étend sur deux montagnes, que sépare le lac.

Sur cette ferme, Bjorne élève 6 vaches, 2 ou 3 veaux qu'il garde pour remplacer les vaches, 15 à 16 moutons, 1 porc,

4 ou 5 poules. Le nombre des bestiaux est sensiblement moindre que dans les fermes déjà visitées, parce que la culture des céréales tient ici une plus grande place. Voici, au surplus, le détail des travaux agricoles, sur le gaard Kvale :

Au printemps, c'est-à-dire dans les derniers jours d'avril ou les premiers jours de mai, on transporte les fumiers, on les épand et on laboure ; aussitôt les semailles achevées, les hommes réparent les murs secs pendant que les femmes enlèvent avec un rateau les cailloux et les pierres qui se trouvent dans les champs cultivés. Le mois de juin n'est guère pénible et on pourrait presque dire qu'il est consacré à se reposer d'avance des labeurs prévus de la fenaison ; à la fin du mois, on conduit les bestiaux au sæter où ils restent sous la garde d'une des filles ou de la mère elle-même, afin de lui éviter les fatigues de la saison qui va s'ouvrir. Il paraît même que la fonction de sæterspige est une cure spécialement recommandée aux femmes arrivées à la fin d'une grossesse. On m'a certifié qu'un nombre très appréciable des habitants du pays de Voss sont ainsi nés au sæter. Cette retraite, en un moment où on a besoin des soins empressés de son entourage, peut paraître bizarre, mais comme il est entendu qu'un Norvégien est toujours capable de se tirer seul d'affaire, on estime que ce parti est encore le meilleur. Au surplus, la mère emmène volontiers avec elle un de ses enfants, lorsque celui-ci est encore trop jeune pour pouvoir s'associer aux travaux agricoles.

L'époque où les bestiaux montent au sæter marque le commencement de la fauchaison de l'herbe et de la fenaison : c'est la période du grand travail, et elle dure deux mois. Au commencement de septembre, on coupe le seigle, l'orge et l'avoine, que l'on fait sécher avec la même difficulté que l'herbe, sur les fils de fer, et ce travail qui dure peu de jours est à peine terminé que le moment est venu de procéder à la seconde coupe de l'herbe. A la fin de septembre, on arrache les pommes de terre : c'est aussi la saison où les bestiaux reviennent du sæter. Pour économiser leur provision de nourriture, Björne taille sur les bouleaux les pousses de l'année et en donne les feuilles aux animaux ; c'est le dernier travail avant l'hiver. Alors commence la période du repos : on répare les ouvrages de drainage et surtout on coupe le bois que l'on transporte, pendant que le sol est durci par la gelée. Les arbres ne fournissent guère que du bois à brûler, et Björne recueille juste la quantité de bois d'œuvre nécessaire à l'entretien de ses bâtiments et de ses ustensiles. Pendant les longues soirées, tous les membres de la famille réunis s'occupent ensemble de leur mieux : Björne répare les chaussures ou même en fait de neuves, pour lui-même et pour ses enfants, pendant que son fils, qui a suivi des cours spéciaux de menuiserie et d'ébénisterie, fabrique ou répare un meuble, et que les filles filent la laine de leurs moutons et tissent les solides et chaudes étoffes qui serviront ensuite à confectionner les vêtements. A Noël, les paysans échangent entre eux des visites et se réunissent en petits festins familiaux : lorsque la distance à franchir est grande, les visiteurs sont retenus à coucher. Les réjouissances durent ainsi jusqu'au 7 janvier, fête de saint Canut. On reprend alors la coupe du bois que l'on transporte de préférence pendant le mois de février, qui est le plus froid de l'hiver.

Tel est le cycle annuel des travaux sur la ferme Kvale. Remarquons que le travail de la fabrication du beurre est ici grandement diminué par la présence d'une beurrerie à laquelle Björne envoie son lait tous les jours, sauf pendant les mois d'été, que les animaux passent sur la montagne [1]. Au surplus, le beurre consommé à la maison est toujours un produit de fabrication domestique ; on retient, sur le lait remis à la beurrerie, la quantité nécessaire à sa fabrication. Depuis un an, cette beurrerie est exploitée par un particulier à son compte person-

---

1. On va au sæter une fois par semaine, ou une fois tous les quinze jours, suivant que le travail le permet. D'autres fermiers voisins, dont le sæter est un peu moins éloigné, continuent, même l'été, d'apporter leur lait tous les jours à la laiterie ; mais l'escarpement des lieux rend ce transport difficile et Björne aime mieux faire fabriquer directement le beurre et le fromage par celle de ses filles qui garde les bestiaux. — Dans certaines circonscriptions, il paraît que le transport quotidien du lait se fait au moyen de fils de fer tendus du sommet de la montagne à un point de l'indmark : des récipients de forme appropriée glissent avec une rapidité vertigineuse le long de ces fils qui mesurent souvent 300 ou 400 mètres de longueur.

nel; naguère il y avait une laiterie coopérative, mais elle a échoué, parce qu'elle était mal dirigée, et Björne aime mieux le mode actuel qui lui assure une rétribution fixe.

Enfin, puisque je parle du travail, je dois remarquer que Björne ne se livre pas à la pêche sur le lac; il possède pourtant une barque pour le service de la partie de l'udmark située de l'autre côté du lac; mais la truite n'est pas assez abondante pour qu'on la pêche autrement qu'à titre de distraction.

En tous cas, avec les ressources que lui fournit sa ferme, Björne réussit à mener avec ses quatre enfants une vie très confortable, et le lecteur doit se bien garder de généraliser pour toute la Norvège des fjords les impressions de malpropreté que lui a laissées notre visite aux deux fermes du Masfjord et du Sognefjord. Nous arrivons à l'improviste dans la maison de Björne et cependant chaque pièce est tenue avec une propreté parfaite. Au rez-de-chaussée, on nous fait entrer dans une vaste salle à manger dont une grande table entourée de chaises occupe le milieu; le parquet en est ciré et très bien entretenu. La famille y prend ses repas pendant l'hiver; l'été, comme le travail agricole occupe tout le monde, on habite de préférence une petite salle dont l'entretien est plus facile. De même, il y a deux cuisines, une pour l'hiver et l'autre pour l'été : la première possède un fourneau se chauffant au bois. A côté de cette cuisine, une petite pièce sert de garde-manger; des morceaux de lard y sont suspendus entre les piles de galettes de *flatbröd*.

A une extrémité du chalet se trouvent le petit salon et la chambre du père. Au premier étage, les trois sœurs habitent une même chambre et, suivant la mode norvégienne, deux d'entre elles couchent dans le même lit. Au cours de notre visite, le père nous fait remarquer qu'il a fabriqué seul un des lits et une chaise. Son fils est mieux encore au courant des finesses de la menuiserie et de l'ébénisterie, si l'on en juge non seulement par le grand établi qu'il s'est fait avec du bois coupé sur la ferme, mais surtout par l'élégante commode qui orne sa chambre et dont la partie supérieure forme un secrétaire très habilement aménagé : ce meuble a été son œuvre d'un hiver.

Enfin une grande pièce sert de garde-robes : sur les murs sont piqués les nombreux patères qui supportent les robes et les jupons des filles et les vêtements des hommes ; toutes ces étoffes n'ont pas été fabriquées à la maison, mais beaucoup l'ont été et notamment celle des trois robes bleues dont l'aspect soyeux et le tissu plus fin indiquent une qualité très supérieure à celle des autres.

Un coffre contient des étoffes en pièces, fabriquées aussi à la maison ; elles sont à grain très serré, épaisses, dures et fort lourdes. Il est inutile d'ajouter que toutes ces étoffes ont été fabriquées avec la seule laine des moutons de la propriété. Au surplus, les filles de Björne ne se contentent pas de filer et de tisser ; elles brodent aussi avec finesse et manient le crochet avec habileté. Leur père est tout fier, en nous montrant leurs travaux, de nous faire remarquer que ses filles « travaillent aussi bien que les filles du Hardanger », dont les touristes connaissent la réputation.

La nourriture a suivi au foyer de Björne les mêmes progrès que l'ameublement et le vêtement. Aussitôt le lever, qui est très matinal en été et dont le moment varie entre 6 et 8 heures en hiver, suivant la besogne [1], on prend une tasse de café ; cette consommation de café est un effet des laiteries centrifuges : comme on désire porter à la laiterie une assez grande quantité de lait, on tend à substituer au lait le café dans la consommation familiale. A 8 heures, le petit déjeuner se compose d'une soupe de poisson ou de lard, et de flatbröd avec du beurre.

A midi, on prend le deuxième repas où l'on mange une bouillie de farine de seigle et d'avoine (gröte) et du flatbröd avec du beurre ; l'été, ce repas est suivi de la sieste.

A 4 h. 1/2, on sert de la soupe au poisson ou au lard et de la viande ; Björne tue pour sa propre consommation dix à douze moutons par an. La viande de ces animaux est salée, séchée et fumée ; sa conservation ne laisse rien à désirer, mais il est permis de trouver qu'elle gagnerait beaucoup à ressembler moins à du parchemin.

Enfin, vers 9 heures, on mange une bouillie assaisonnée de

petit-lait. Le coucher a lieu d'ordinaire entre 10 h. et 10 h. 1/2, en toute saison.

Avant d'apprécier la signification de ce « mode d'existence » plus confortable, il faut se souvenir que la famille Kvale se trouve dans une condition particulière : elle ne comprend actuellement que cinq personnes, toutes en état de travailler et n'ayant aucune charge familiale. Aucun enfant ne touche de salaire, mais seulement un peu d'argent de poche; les conditions de la production sont donc exceptionnellement favorables, et pourtant Björne déclare « qu'il joint juste les deux bouts de son budget » et *ne fait à peu près aucune économie*. En effet, le total de ses ventes est peu élevé : environ 60 kr. de bois, une vache pour 120 kr., 45 kr. de beurre, 40 kr. de fromage, 10 kr. de pommes de terre, quelques kroner d'œufs, de groseilles ordinaires et de groseilles à maquereau. Le total s'élève à 335 kr. environ, y compris le prix du lait envoyé à la laiterie, et comme la propriété évaluée pour l'impôt à 13.000 kr. paie 120 kr. pour impôts divers et 18 kr. pour l'assurance contre l'incendie, il reste à peine un excédent après qu'on a soldé les divers achats de café, de thé, de pétrole, de sel et de seigle qui sont indispensables.

Aussi Björne déclare que, lorsqu'il transmettra son gaard à son fils, il lui demandera un prix inférieur encore à celui qu'il a payé lui-même, « car l'argent ne vient plus guère depuis plusieurs années ». Le fils contractera alors un petit emprunt pour désintéresser ses sœurs, « qui auront le devoir de se montrer accommodantes ».

Au moment de son mariage, chacune des filles recevra de son père une *modeste* somme d'argent, ne fût-ce que pour reconnaître le gain retiré de son travail pendant les années où elle aura été pour lui une aide précieuse, mais cette libéralité sera, avec leur *petite* part héréditaire, le seul bien que les filles recevront du patrimoine paternel : j'ai déjà dit qu'aucun salaire ne leur était alloué et leur père pense même que « ce serait de leur part une preuve de mauvais cœur que de demander une rémunération annuelle pour leurs services ».

En revanche, Björne donne à ses enfants une éducation soignée : nous avons déjà constaté leur habileté aux travaux manuels, et leur bonne tenue extérieure induit à penser que leur père ne dit rien qui ne soit exact lorsqu'il affirme que leur style épistolaire, leurs connaissances en géographie et en arithmétique sont satisfaisants. Ces bons résultats sont dus en partie à la *folkehöiskole*, établie à Voss même, que trois enfants ont fréquentée pendant un hiver et à laquelle la troisième fille ira bientôt. Cette école d'ailleurs ne se borne pas à cultiver l'esprit de ses élèves, elle se donne aussi pour mission de fortifier leurs sentiments religieux et moraux, et Björne constate sur ses propres enfants son succès dans cette double tâche.

Cette école supérieure du peuple n'est pas la seule que les enfants Kvale aient fréquentée depuis l'école primaire : le fils Kvale a suivi à deux reprises l'enseignement de l'école *ambulante* du *sluid* (travail du bois). Le cours de cette école ambulante dure six semaines ; le professeur logeait dans la maison de Björne et donnait ses leçons dans la salle même où Björne nous reçoit. Pendant la durée de ce cours, Kvale recevait de la commune une indemnité hebdomadaire de trois kroner, pour location de sa salle et le professeur, qui touche un salaire annuel du Herred, payait lui-même à Kvale une rémunération pour sa nourriture.

De même, les filles ont suivi pendant trois ou quatre semaines le cours d'une maîtresse ambulante chargée d'enseigner la coupe des vêtements ; une autre maîtresse ambulante leur a enseigné pendant quinze jours le travail de la vannerie ; ce cours avait lieu dans une ferme voisine. Enfin une fille a suivi récemment, pendant huit jours, un cours pour la préparation et la cuisson des fruits, donné aussi par une maîtresse de passage.

Cette culture de la capacité professionnelle et intellectuelle est encore favorisée par les réunions fréquentes que tiennent ensemble les jeunes gens des deux sexes du pays de Voss. Ceux-ci possèdent un bâtiment spécial, qui rappelle les *Young people's buildings* des pays anglo-saxons. L'argent nécessaire à l'acquisition du terrain et à la construction de l'édifice a été demandé aux cotisations personnelles des jeunes gens eux-mêmes, aux souscriptions bénévoles, enfin à un festival qui, pendant deux jours, attira les habitants des environs; un emprunt fait à la banque a fourni le supplément. Les réunions ont lieu tous les dimanches; les discussions politiques ou sociales alternent avec le chant et la musique. On joue en effet beaucoup de violon au pays de Voss et les amateurs de musique sont nombreux; le soir, on danse jusqu'à 10 ou 11 heures. De temps à autre, la réunion dominicale est complétée par une conférence; le public est alors spécialement nombreux, car *les Norvégiens sont particulièrement friands de conférences.*

Quoique, suivant la mode norvégienne, ces réunions de la jeunesse soient également ouvertes aux deux sexes, on ne remarque pas qu'elles aient des effets nuisibles au maintien des bonnes mœurs; aussi bien la moralité est-elle bonne dans le pays de Voss. Le nombre des naissances illégitimes est extrêmement peu élevé et la fidélité conjugale est toujours respectée. Björne ne connaît aucun exemple de divorce dans la circonscription; en fouillant ses souvenirs, il se rappelle seulement qu'un homme se sépara d'avec sa femme pour cause de mésintelligence et partit pour l'Amérique, mais les deux conjoints se considérèrent toujours comme mariés, « puisque le mariage est envisagé par tous comme une union indissoluble ».

La violence, le défaut d'équilibre et de contrôle de soi-même dans les circonstances graves où l'individu rencontre un obstacle à la satisfaction de sa passion ou conçoit du ressentiment contre une autre personne, voilà bien plutôt le défaut de la formation morale norvégienne. Le paysan porte toujours à sa ceinture le couteau-poignard dont la lame est engagée dans un fourreau; or, le paysan de Voss a la réputation d'être spécialement enclin à faire usage de cet instrument pour régler ses querelles. Le couteau complète et appuie l'œuvre des poings, après un défi régulièrement notifié à l'adversaire. L'enquête de police qui suit la rencontre aboutit très rarement, car « le meurtrier s'éclipse, le blessé demeure introuvable et personne n'a jamais rien vu ». Il ne m'a pas été possible de discerner les raisons qui développent en ce lieu plus qu'en un autre cette propension à la violence, qui est d'ailleurs commune à tous les Norvégiens[1].

Au surplus, le lecteur agira sagement en n'attachant pas plus d'importance qu'il ne convient à ces exploits du couteau, d'abord parce qu'ils sont, après tout, même au pays de Voss, très exceptionnels, et que rien ne serait plus faux que de se représenter la Norvège comme un pays où la violence musculaire règne en maîtresse; en second lieu, parce qu'une saine observation sociale démontre que ces excès et ces intempérances, pour très condamnables qu'ils soient en eux-mêmes, ne compromettent jamais gravement la prospérité sociale d'un peuple qui a su garder la pureté des mœurs et la vigueur des institutions familiales. L'histoire atteste que le caractère amolli et efféminé des hommes est plus redoutable que leur sentiment, même exagéré et brutal, de l'indépendance, et un coup de couteau donné par un homme, honnête dans ses mœurs, mais violent, est un mal social moins grave et plus facilement guérissable que les débordements de la luxure de jeunes gens réputés plus civilisés.

Quel est, au point de vue de la pureté des mœurs, chez les jeunes gens des deux sexes, le bilan moral de la Norvège? La présence au foyer de Björne de quatre enfants adultes m'a naturellement incité à lui poser de nombreuses interrogations sur ce sujet.

Avant de formuler la réponse, il est indispensable de se rappeler qu'en Norvège les relations entre les garçons et les filles, entre les jeunes hommes et les jeunes filles *ne ressemblent en rien à ce qu'elles sont en France, ni à ce que nous considérons comme désirable et bon.* A l'école primaire, comme aux écoles

---

1. Cf. Hugues Le Roux, *Notes sur la Norvège*, Paris, Calmann Levy, 1895, p. 122. — Ce publiciste remarque d'ailleurs que les enfants qui vont à l'école, les jeunes filles elles-mêmes, les étudiantes portent le couteau-poignard en évidence autour de leur taille. Cet instrument est devenu comme un emblème des idées nouvelles, pour cette bourgeoisie norvégienne que l'on confond à l'étranger avec le peuple norvégien et qui est en réalité un produit de la vie urbaine, et spécialement de Kristiania et de son Université.

secondaires ou à l'Université de Kristiania, filles et garçons suivent les mêmes cours et s'assoient sur les mêmes bancs, et ce système mixte n'est qu'une initiation à cette libre fréquentation des deux sexes que l'on retrouve partout en Norvège, dans les sports et au théâtre, dans la rue et dans les salons, à la ville et dans les fjords, en tous lieux et en toutes circonstances.

Voici d'abord un trait que j'emprunte à dessein à un voyageur français de beaucoup d'expérience :

« Le jeu des *ski* — longs patins de bois sur lesquels monte toute la jeunesse de la Norvège occidentale — a été une occasion de prouver au reste du monde quelles libertés la pureté norvégienne permet à ceux de sa race. La société pour le développement des exercices physiques a fait construire dans la campagne de petites cabanes qui, dans une course à travers les champs et les bois, peuvent servir d'abri à deux patineurs. Ces maisonnettes rudimentaires ne sont qu'une courte allée qui va de la porte à un foyer. A droite et à gauche, une couche en aiguilles de sapin. Or il n'est pas rare de voir des jeunes gens de Kristiania, un garçon et une fille, s'en aller de compagnie sur les ski, à travers la neige. Ils patinent tout le jour ; le soir, ils couchent dans les abris. Le lendemain, ils rentrent à la ville où ils prolongent leur excursion. Il n'est pas nécessaire que ces jeunes gens soient fiancés.

« On dit : — « Ce sont des amis. »

« Honni soit qui mal y pense. Il est entendu qu'ici les âmes sont fortes et que rien ne peut les émouvoir. Le vertige d'un exercice au grand air, l'enivrement d'une circulation trop rapide, ne sont pas plus un danger que le jeu des passions[1]. »

---

1. Hugues Le Roux, *op. cit.*, p. 180. Il faudrait citer tout entier, dans cet ouvrage, le chapitre intitulé : « *La Femme et L'amour*. ». Je me borne à lui emprunter encore quelques passages :

« L'usage est qu'on aille souper après le théâtre. K. H... me montre une jeune fille de quinze ans qui soupe avec des jeunes gens. Il me dit : — C'est ma belle-sœur. — Avec qui est-elle ? avec son fiancé ? — Non, avec un camarade. — Cette jeune fille était venue seule au théâtre comme toutes ses amies. A 1 heure du matin, je la rencontrai à nouveau dans la Karl Johans Gade. Elle rentrait seule chez elle. Le lendemain, j'en dis un mot à K. H... Il m'a affirmé avec assurance : — Il n'y a pas d'inconvénient à ce qu'une jolie fille comme ma belle-sœur se promène seule dans les rues de Kristiania, à 1 heure du matin.

« J'ai déjà recueilli de la bouche d'une demoiselle de Bergen dont la sœur est mariée

A Bergen, pendant la belle saison, on voit souvent, le samedi, cinq ou six jeunes gens partir avec un nombre égal de jeunes filles pour une excursion dans la montagne ; on fait une longue marche, et, la nuit, tout le monde couche à demi habillé, sur de la paille, dans une grange dont les garçons occupent un côté, pendant que leurs compagnes s'établissent dans l'autre. Le dimanche soir, la bande joyeuse rentre en ville, et personne n'estime que de pareilles promenades puissent être dangereuses. De même, tout le monde trouve naturel qu'une jeune fille aille seule canoter au large avec un jeune homme.

Je pourrais multiplier à l'infini les traits de ce genre ; je crois qu'il suffira de renvoyer le lecteur à ce qu'il sait de plus caractérisé sur la liberté des relations entre jeunes gens et jeunes filles dans les pays anglo-saxons et de lui demander de fixer un instant sa pensée sur les deux anecdotes que voici et dont je puis garantir l'absolue authenticité.

La première m'a été rapportée par un Anglais qui habite la Norvège depuis douze années et y a épousé récemment une Norvégienne. Il y a quelques années, cet Anglais, que nous appellerons Robertson, devint le fiancé d'une jeune fille employée dans un magasin de Kristiania. De passage à Stockholm, Robertson écrivit à sa fiancée, qu'il n'avait pas vue depuis quelques mois, de venir le rejoindre. La jeune fille s'empressa d'écrire à sa tante pour lui demander la permission de s'absenter de Kristiania pendant quelques jours ; comme la réponse tardait à venir, elle partit sans l'attendre. Les deux fiancés passèrent ainsi plusieurs jours ensemble à l'hôtel et la tante ne

à Kristiania cette réponse surprenante : — Quand je viens à Kristiania pour les vacances, je n'habite pas chez ma sœur. Je descends à l'hôtel. On est plus libre pour s'amuser.

« On me cite une jeune femme qui avait de merveilleuses épaules. Elle les montrait à son entrée dans le monde. Elle s'est aperçue que des regards d'hommes se fixaient sur elle. Elle a été si offensée que maintenant elle ne sort plus qu'en robe montante.

« — Il ne faut point, dit-elle, exciter le désir, à cause des conséquences qu'il a. Avec lui, une royauté d'un moment se paye de longues servitudes.

« Dans le même sentiment, beaucoup de jeunes femmes ont abandonné le corset.

« — Nous voulons plaire, disent-elles, à ceux qui aiment la liberté et la force. Ceux qui aiment les tailles de guêpe peuvent rester garçons. »

trouva rien à reprendre dans la conduite de sa nièce, qu'elle approuva au contraire.

L'année suivante, Robertson tomba malade à Kristiania, atteint d'une crise de neurasthénie aiguë, qui entraînait un état général de prostration de l'organisme. Sa fiancée vint le soigner à l'hôtel où il était logé et, pendant deux mois, elle ne le quitta ni le jour, ni la nuit, couchant dans la même chambre que son ami. Cette manière d'agir n'éveilla aucun soupçon, et lorsque, plus tard, les deux fiancés se marièrent, les pensionnaires et le propriétaire de l'hôtel se cotisèrent pour offrir un très joli cadeau aux époux.

Un jeune homme, étudiant à Kristiania où il habitait avec sa sœur, recevait souvent la visite d'un camarade qui demeurait aussi dans cette ville.

L'hiver, le froid est très vif, le soir, à Kristiania, et la demeure de l'ami était située à quelque distance; aussi, il arrivait parfois que celui-ci restait chez son ami et comme le lit de l'étudiant était plus petit que celui de sa sœur, le visiteur partageait sans façon le lit de la sœur de son camarade; une disposition des couvertures formait seulement une mince — un Français ne manquerait pas d'ajouter : et fragile — cloison entre les deux dormeurs. Or le prêtre catholique, à qui incombait la direction spirituelle de la jeune fille, et qui, je puis le certifier, est tout autre chose qu'un naïf, eut la plus grande difficulté à lui faire comprendre que cette manière d'agir était incompatible avec les délicatesses de la chasteté ; la pénitente affirma avec énergie et sincérité qu'elle ne faisait aucun mal, qu'aucune pensée mauvaise ne traversait son esprit, et elle ne pouvait comprendre le caractère répréhensible de sa conduite. L'excellent prêtre à qui je dois ce récit, et dont l'esprit avisé n'a pu certainement être pris en défaut en cette matière, ne mettait pas en doute la parfaite honnêteté de la jeune fille.

Tels sont les faits que je devais au préalable mettre sous les yeux de ceux qui désirent porter un jugement exact sur la moralité des jeunes gens norvégiens. Une première conclusion s'impose, à savoir que de pareils actes attestent, à l'évidence, une

grande pureté de mœurs, un degré d'innocence qu'aucun pays
de l'Europe occidentale ne connaît plus, et même probablement
n'a jamais connu. On peut, tant que l'on voudra, critiquer une
semblable conduite, en remarquant qu'elle est imprudente et
dangereuse, et que nécessairement elle doit aboutir à des accidents ; cette critique peut être fondée et même j'en montrerai
plus loin la justesse. Mais du moins ne peut-on nier, semble-t-il,
qu'un pays où ces faits se produisent est un pays où les jeunes
hommes professent un admirable respect pour la femme et où
l'on a vraiment dompté le démon de la luxure.

Cela posé, trois questions demeurent encore : on peut se
demander pourquoi les relations entre les jeunes gens et les
jeunes filles jouissent d'une telle liberté en Norvège ; comment
il se fait qu'elles puissent être établies sur ce pied sans exposer
les intéressés aux pires catastrophes ; enfin quel est le degré
réel du risque couru, puisqu'il paraît impossible que de pareilles
imprudences n'aboutissent parfois à des accidents.

Sur le premier point, une brève réponse sera suffisante,
après ce que l'on sait du caractère norvégien. Puisque le gaard
norvégien oblige la jeune fille aussi bien que ses frères à
chercher au dehors un établissement personnel et à ne compter, pour le succès de cette recherche, que sur son énergie et
sa capacité, il était naturel que les familles employassent,
pour la culture de cette énergie et de cette capacité, les
mêmes procédés que ceux qu'elles adoptent pour l'éducation
des garçons ; dès lors, une éducation commune, des goûts
communs d'indépendance et d'autonomie, une aptitude égale
à exercer sur soi-même une discipline réelle et une maîtrise
effective devaient nécessairement aboutir à un régime très
libéral de relations entre les jeunes gens des deux sexes.

Cette aptitude à se gouverner soi-même, jointe à une formation morale profonde et à une foi religieuse assez vive pour
diriger vraiment la conduite, est aussi la meilleure garantie
que les Norvégiens puissent avoir de la correction morale de
relations aussi libéralement admises par les usages. La séduction est extrêmement rare, en ce pays, et on pourrait même dire

qu'elle y est inconnue; elle suppose, en effet, chez le séducteur, un esprit de duplicité, de mensonge et d'exploitation d'autrui, et, à des degrés divers, chez la victime, une naïveté puérile jointe à l'oubli des sentiments de dignité et de respectabilité; or, le tempérament moral norvégien, formé d'après la méthode que l'on sait, échappe aisément à ce double défaut. Enfin on doit signaler, après Fréderic Le **Play**, l'heureuse influence que la fraîcheur du climat exerce sur les sens pour en modérer les appétits [1].

Faut-il conclure que jamais aucun accident ne survient et que toujours la vaillance morale du Norvégien triomphe des forces cachées et mauvaises dont sa témérité semble parfois se faire le complice?

Une pareille conclusion serait très inexacte; souvent on a eu jadis, et on a encore parfois aujourd'hui, l'occasion de constater combien il est dangereux, en cette matière, de jouer avec le feu. Il y a trente ans, il arrivait fréquemment dans les fermes que les domestiques des deux sexes n'eussent qu'une seule chambre à coucher; de même, dans beaucoup de districts ruraux, il était d'usage que, le samedi soir, les jeunes gens se réunissent pour « faire ensemble des sorties amoureuses pendant la nuit ». Même en Norvège, de semblables pratiques risquaient de dégénérer en désordre, et on voyait trop souvent une relation, qui avait commencé par n'être qu'un jeu innocent ou un flirt, aboutir à un commerce illicite.

Il y avait d'autant plus de raisons de redouter le passage de l'un à l'autre qu'un intermédiaire naturel et pleinement légitime en soi-même s'offrait encore pour le faciliter : je veux parler des fiançailles. Les mœurs norvégiennes ne seraient pas cohérentes avec elles-mêmes, si elles ne laissaient aux fiancés une grande liberté de se fréquenter. Or il arrivait souvent que l'on

---

1. J'avoue n'être pas très rassuré sur la valeur réelle de cette influence, qui est encore très mal connue des physiologistes. Il est certain que les climats chauds excitent les sens, mais il est certain aussi qu'on relève de nombreux exemples de dépravation morale sous des climats froids, et d'ailleurs la Norvège occidentale est sous un climat humide et tempéré. A Saint-Pétersbourg, le froid est très vif, et cependant la démoralisation y est encore beaucoup plus grande que le froid.

prolongeait beaucoup la durée des fiançailles, et il y a lieu de croire qu'on les prolongeait à l'excès, puisque, s'il faut ajouter foi à une statistique rapportée par M. Broch, on avait calculé que sur « 100 couples, 13 avaient des enfants dans les trois premiers mois du mariage, 12 dans les trois mois suivants, et 8 dans les deux autres, de sorte que 33 p. 100 avaient des enfants dans les huit premiers mois qui suivaient le mariage[1] ».

Sans doute, pour apprécier ces faits, il importe de tenir compte des circonstances, et une observation méthodique ne peut considérer comme une manifestation du libertinage des relations établies entre deux fiancés sincères, qui ont vraiment la volonté réciproque de s'épouser et que l'indépendance de leur caractère et l'enseignement même de leur foi religieuse ont habitués à considérer le mariage comme une affaire qui ne concerne que les deux époux[2]; mais ces pratiques n'en étaient pas moins gravement répréhensibles.

Depuis trente années, *de grands progrès ont été réalisés;* sur les gaards, les domestiques des deux sexes ne couchent plus dans la même chambre, les excursions du samedi soir ont à peu près disparu et l'abrègement de la durée des fiançailles a diminué beaucoup le nombre des naissances légitimes précoces; pourtant il reste encore à effacer quelques vestiges de l'ancien état de choses et on doit espérer que les Norvégiens sauront se rappeler que le particularisme et la robuste formation morale ne peuvent jamais soustraire l'activité de l'homme à l'action des forces mauvaises, trop bien servies parfois par l'enchaînement des circonstances, ni le dispenser des précautions de la prudence élémentaire.

---

1. Broch, *op. cit.,* p. 320. — Ce témoignage semble d'autant plus digne de confiance qu'il se trouve dans un ouvrage spécialement écrit par un savant de haute compétence pour servir de rapport à l'Exposition universelle de 1878.

2. Je me permets de rappeler à ceux qui l'auraient oublié que la théologie de l'Église catholique admet aussi que, dans le sacrement de mariage, les époux sont réciproquement ministres du sacrement au regard de leur conjoint : la présence du curé de la paroisse n'est exigée que par le Concile de Trente, lequel n'a pas d'ailleurs été publié dans tous les pays, notamment dans les pays anglo-saxons, et pourrait, au surplus, être toujours modifié sur ce point par une autre décision papale ou conciliaire. On sait du reste que l'Église n'exige nulle part le consentement des parents.

En Norvège, la loi appuie énergiquement les mœurs pour assurer le respect de la femme. Lorsqu'un enfant naît hors mariage, la mère doit en indiquer le père au moment de la déclaration de naissance faite au prêtre de la religion à laquelle elle se rattache. Le ministre écrit au père, en se référant à la loi, qui oblige le père d'un enfant naturel à concourir à son entretien jusqu'à la quinzième année. L'individu nommé par la mère a un délai d'un mois pour protester; s'il proteste, avis en est donné à la mère, et, s'il y a lieu, l'affaire est dévolue aux tribunaux. Si le père ne proteste pas, une difficulté peut surgir sur le montant de l'allocation annuelle qu'il doit fournir : à défaut d'entente directe entre les parties, ce montant serait fixé par le préfet. L'autorité publique s'entremet aussi, si cela est nécessaire, pour assurer le paiement régulier de la somme convenue; le préfet a même le droit, sur la demande de la mère, de faire placer le père dans une maison de travail, pendant tout le temps nécessaire, pour qu'il gagne l'allocation requise par l'entretien de l'enfant[1]. Voilà certes une législation dont la salutaire rigueur contraste fâcheusement pour nous avec la scandaleuse défense de l'art. 340 de notre Code civil, qui prohibe toute recherche de la paternité.

La loi norvégienne assure aussi, et à plus forte raison, une indemnité à la jeune fille victime d'une rupture *dolosive* des fiançailles.

Une étude sur la nature et le caractère des relations entre les jeunes gens des deux sexes ne serait pas complète, si elle n'aboutissait à l'exposé des moyens employés pour la conclu_sion des fiançailles et des épousailles : en un pays où l'institution familiale est si robuste et si saine, un pareil exposé ne peut manquer d'être instructif. Aussi bien, ce qui est déjà connu autorise à l'abréger.

La grande liberté dont jouissent, en Norvège, toutes les

1. La loi pénale punit aussi l'homme qui a eu des enfants avec trois filles différentes, et qui se refuse à en épouser aucune.

jeunes filles, aussi bien dans les milieux urbains que dans les fjords, permet de ne s'engager dans les liens des fiançailles qu'en connaissance de cause. Lorsqu'un jeune paysan conçoit un projet de mariage, il en informe la jeune fille qu'il a choisie. D'ordinaire, cette ouverture est faite sans que le jeune homme ait consulté ses parents; ceux-ci estiment qu'ils n'ont point à s'immiscer dans le mariage de leur fils, et considèrent même toute intervention comme illégitime et blâmable. Si la jeune fille acquiesce au projet, il se forme entre les deux jeunes gens une sorte de demi-engagement qu'ils tiennent secret pendant un délai qui dure rarement moins d'un an et atteint parfois deux années et même davantage. Ainsi ils prennent à loisir le temps de se connaître et de réfléchir : « dans la solitude du gaard, les deux époux n'ont pas d'autre société à attendre que la leur même : il faut qu'ils se conviennent au point de se suffire entièrement l'un à l'autre ». Cette nécessité concourt aussi à écarter du projet de mariage que l'on médite toutes considérations étrangères au bonheur réel des époux, et notamment à ne donner que très peu d'importance aux considérations de l'intérêt pécuniaire.

Sans doute, les fils aînés des gaardbruger épousent souvent une jeune fille dotée d'un petit pécule, et cet apport, toujours très précieux, leur est parfois indispensable, pour éviter des emprunts onéreux dont le gaard, avec son faible rendement, ne pourrait sans danger supporter la charge. Mais, comme il est entendu que l'apport de cette dot, toujours très modeste, n'a d'autre service à rendre que d'assurer le travail et l'exploitation du gaard et que, d'autre part, à côté des aînés, la très nombreuse phalange des cadets est toujours prête à rechercher des jeunes filles, dont la capacité et l'énergie constituent tout le patrimoine, on ne constate ici aucun symptôme, *même le plus atténué*, du mal si grave de « la chasse aux dots » qui, en France spécialement, désorganise la famille par le malthusianisme et abâtardit la race[1].

---

[1]. Au surplus, il n'est pas rare que le fils aîné lui-même épouse une jeune fille qui ne lui apporte aucune dot. Björne me déclare « que le paysan cherche plus une

Si, après l'épreuve du temps, les deux parties persistent dans leur projet d'union, elles transforment l'engagement imprécis qui les lie en un lien plus solennel et plus sérieux; mais avant de prendre une décision définitive, la jeune fille d'ordinaire sollicite l'avis de ses parents. A l'occasion de la solennité des fiançailles, le jeune homme offre un anneau à la fiancée et on se réunit en une fête de famille[1].

Ces fiançailles officielles et publiques durent un an au moins, ordinairement deux, et parfois elles se prolongent pendant quatre années. Elles confèrent naturellement aux deux jeunes gens le droit à une liberté plus grande encore dans leurs relations : ainsi, il est admis que les fiancés peuvent aller ensemble faire des excursions dans la montagne. J'ai déjà signalé le danger qui peut résulter de cette longue durée des fiançailles[2]; pourtant il n'en faut pas méconnaître les avantages et la stabilité des unions est ainsi mieux garantie. Dans un pays où la personnalité de l'individu a tant de relief, où l'originalité du caractère de chacun est si respectée, la fixité des foyers ne pourrait être assurée si, au préalable, les deux parties n'avaient réciproquement une connaissance complète du tempérament de leur futur conjoint. D'ailleurs, l'expérience démontre que les exemples de rupture de fiançailles sont nombreux et naturellement, à moins de circonstances aggravantes, cette rupture n'oblige à aucune indemnité : à tout moment, la liberté de retirer sa parole reste entière.

Lorsque les intéressés, satisfaits l'un de l'autre, estiment que les fiançailles ont duré assez pour qu'aucune surprise ne

femme qui sait ce qu'elle doit faire dans une ferme qu'une femme qui a de l'argent », et ce témoignage confirme celui de Nils qui trouvait aussi que cette manière d'agir était la plus sage, car « ceux qui épousent une femme pour sa dot l'aiment peu et leur amour s'évanouit tout à fait lorsque les affaires du ménage cessent d'être prospères ».

1. Autrefois, ces réjouissances étaient accompagnées d'une consommation excessive de boissons alcooliques : sous l'action des sociétés de tempérance et de la meilleure éducation populaire, cet excès a disparu et on se contente aujourd'hui de la bière de ménage, moins capiteuse et plus favorable au maintien de la concorde entre tous.

2. Les prêtres luthériens et aussi ceux des autres confessions religieuses signalent chaque année à leurs paroissiens le danger de la durée excessive des fiançailles.

soit à craindre, on procède au mariage qui est célébré, à l'é-
glise luthérienne, devant le prêtre, ou même au domicile de
l'un des époux, si la famille accepte de verser la petite indemnité due au ministre du culte pour son déplacement. Le mariage religieux est, par soi-même, valable devant la loi, et aucune formalité civile supplémentaire n'est requise, puisque le
prêtre luthérien est officier de l'état civil [1].

La solennité du mariage est accompagnée de réjouissances
auxquelles participent de nombreux parents et amis revêtus de
costumes de fête, spécialement du costume particulier à chaque district, si le fjord est un de ceux, comme le Hardangerfjord, où les paysans ont conservé le costume traditionnel.
L'usage demande que l'époux porte les vêtements qui lui ont
été offerts par l'épouse, et réciproquement la robe de la mariée
doit être un cadeau du fiancé : il est même désirable, autant
que faire se peut, que l'étoffe de la robe ait été tissée par la
mère de l'époux.

A ce point de notre étude, nous rejoignons l'exposé qui a
été donné des institutions familiales des paysans norvégiens; je
rappelle seulement que ceux-ci, plus sévères que leur religion, considèrent le mariage comme indissoluble, et toutes les
investigations auxquelles je me suis livré m'ont conduit à penser que la fidélité conjugale est toujours respectée par les habitants des fjords de l'Ouest. Même en cas de mésintelligence,
les époux conservent la vie commune et s'efforcent de rétablir
l'harmonie, *parce qu'ils savent* que le mariage est indissoluble.
On peut sur les gaards vérifier, par *a contrario*, la justesse de
cette parole profonde d'Auguste Comte : « La seule possibilité
du changement y provoque ».

Il est temps de revenir à Björne Kvale et à ses enfants que
nous n'avons quittés qu'en apparence, puisque ce sont eux qui
nous ont fourni une partie notable des renseignements qui
viennent d'être consignés. D'ailleurs leur exemple confirme ces

1. Depuis la loi du 16 juillet 1845, les dissidents peuvent se marier devant un
notaire ou même devant un ministre de la religion à laquelle ils se rattachent.

renseignements mêmes, puisque la vie morale est bonne au pays de Voss, et spécialement au foyer de Björne Kvale.

Cette vie morale est étroitement liée au sentiment religieux et à la foi chrétienne. Autrefois quand les enfants de Björne étaient jeunes, on récitait en commun et à haute voix les prières du matin et du soir. Lorsque ses enfants eurent grandi, le père prit l'habitude de laisser chacun faire seul sa double prière quotidienne. De même au commencement et à la fin du repas, chacun fait, en particulier, une prière silencieuse. De temps à autre, mais rarement, Björne lit à haute voix une méditation, et ses enfants chantent une hymne. Naguère, tous les membres de la famille se rendaient presque chaque dimanche à l'église, mais, comme le prêtre actuel est mauvais prédicateur, ce qui est spécialement grave dans une religion où le prêche est la partie essentielle du culte, Björne et ses enfants ont trouvé qu'on retirait plus d'édification religieuse de la lecture au foyer du commentaire d'un passage de l'Évangile. Björne ne remarque pas que les exercices religieux en famille soient moins fréquents, ni que la foi ait diminué depuis une génération. Sans doute, du temps de son grand-père, les actes religieux étaient plus nombreux, mais actuellement ils le sont autant que du temps de son père. Kvale attribue cet heureux maintien de la piété à l'influence de la Folkehöiskole, établie à Vossevangen, qui a concouru efficacement à entretenir la foi, « tandis que les associations de jeunes gens tendaient au contraire à favoriser l'indifférence ».

Telle est la vie de Björne Kvale et de ses quatre enfants : comme celle des paysans du Masfjord, elle repose essentiellement sur le *gaard,* sur la puissante attache d'une famille au domaine agricole. Le voisinage du chemin de fer ne la modifie guère, car Björne ne va pas une fois par an à Bergen ; seuls son fils aîné et sa première fille y sont allés, l'année dernière, pour la vente d'une vache. Lui-même ne profite guère des relations du voisinage pour rompre sa solitude : il n'existe à Voss ni café, ni club, ni lieu de réunion autre que celui de la société des jeunes gens.

De ces monographies, il convient de rapprocher une quatrième étude, faite sur une famille du Ryfylke, dans le Stavangerfjord, et dont le type social est manifestement semblable à celui qui vient d'être décrit. De retour à Bergen, prenons donc le bateau et descendons vers le sud; le voyage est un peu monotone, mais du moins exempt de mal de mer, puisqu'on y jouit de la protection constante du skjœrgaard. A Stavanger, un petit steamer nous emmènera dans le Stavangerfjord, large fjord circulaire sur lequel se ramifient d'innombrables fjords que morcellent à leur tour, à l'infini, les baies, les golfes et les « bras ». Nous pourrons, à notre aise, nous rendre compte de ce sectionnement à l'infini quand nous aurons quitté, à Jælse, le bateau à vapeur et que nous ferons en canot à rames la dernière partie de la route qui doit nous conduire au gaard du sieur Fürre.

Jælse est un promontoire à trois heures de navigation de Stavanger, lorsque l'on prend pour s'y rendre le service à peu près direct. Il importe de bien choisir l'heure de son départ, car, à d'autres heures, d'autres bateaux partent aussi de Stavanger et desservent Jælse; mais comme leur itinéraire à travers les baies, les îles et les fjords est multiplié par un coefficient de 5, ou de 6, la durée du trajet est multipliée par le même coefficient. Jælse rappelle en plus grand le promontoire de Sandnœs sur le Masfjord; comme le pays est un peu plus fertile et que le fjord est beaucoup plus étendu, le débarcadère est mieux aménagé et les comptoirs du *landhlandler* sont plus spacieux et plus propres. Aussi bien l'avancée de la terre cultivable est-elle beaucoup plus étendue et une ferme voisine possède un champ dont la superficie surpasse de beaucoup la superficie coutumière des parcelles cultivables des fjords; mais ce n'est là qu'une exception locale, et, à 500 mètres de distance, la roche à pic et flanquée de sapins se dresse de nouveau sur le bord de l'eau qu'elle enserre dans ses contours irréguliers. Comme le promontoire de Jælse est à l'intersection de plusieurs bras du fjord, il sert d'embranchement aux lignes de navigation : en hiver, le service n'est que bihebdomadaire, mais en été, un service quotidien relie Stavanger à Jælse et à Sand, lieu favori des touristes.

De Jælse au gaard OEkstra qu'habite Fürre nous eûmes deux heures de navigation en canot, sur lesquelles la voile put être utilisée pendant une heure et un quart. A mesure que la barque avançait, elle semblait s'enfoncer dans une anse dont le rivage paraissait être le point nécessaire de débarquement; puis, après quelques coups de rames, au détour d'une roche, on découvrait un nouveau fjord ou une nouvelle baie qui ménageaient à leur tour les mêmes surprises. Cet enchevêtrement des fjords, des « bras » et des anses est indéfini dans le Stavangerfjord dont la coupe circulaire ne rappelle que de loin l'entaille linéaire des fjords du Hardanger ou du Sogne. La roche granitique est aussi un peu moins abrupte, les pentes des *sommets* des collines sont moins voisines de la verticale ; aussi sont-elles tapissées de sapins et de bouleaux dont le feuillage sombre remplace les nudités polies des roches du Sogne. Mais la terre arable n'y gagne rien : les parois rocheuses viennent affleurer le bord de l'eau et leurs masses majestueuses défilent lentement sous nos yeux à mesure que le canot progresse. A des distances variables, on aperçoit l'habitation isolée d'un gaardbruger ou d'un husmand ; la maison est solitaire dans l'anfractuosité des rochers et on est même surpris de l'y voir, tant apparaissent menues la prairie ou la plantation de pommes de terre que l'on aperçoit.

Au fond d'une anse que coupe en deux sections presque égales l'éperon avancé d'une masse granitique, se trouve le gaard de Herr Johs. Fürre OExtra. L'impression qu'on éprouve au moment où l'on pose le pied sur le ponton est assez complexe : sur le premier plan, un tapis d'herbe fraîchement coupée et moelleuse, dont le vert printanier rappelle le *court* d'un tennis anglais très bien entretenu, encadre un petit chalet encore inachevé dont les tons clairs s'unissent aux teintes de l'herbe pour donner une impression de gaieté et de charme. Sur la droite, un chemin étroit dont les lacets permettent de gravir sans fatigue une pente très rapide conduit à une autre maison, placée sur un tertre qui domine la petite bande de terre arable située au niveau de l'eau. Sur la pente, les saillies des rochers alternent avec l'herbe et leurs masses affleurantes se détachent en plaques brunes sur le vert de la prairie. Le tout est cerné par les inévitables murailles de granit, derrière lesquelles, au second et au troisième plans, s'étagent d'autres collines granitiques plus élevées. Dans cette solitude totale, aucun bruit ne se fait entendre et une impression de tristesse envahit l'âme du visiteur à mesure qu'il arrête son regard sur cet amoncellement de rochers. Le fjord apparaît comme la seule porte de sortie de cette prison, qui semble construite pour des géants ; de ce côté seulement l'homme pourra communiquer avec l'homme et se rapprocher de ses semblables. Le gaard de Fürre, comme tous les gaards situés au fond des innombrables anses du Ryfylke, est au point terminus de la vie ; au delà la montagne inhabitée et inhabitable !

Le gaard de Fürre s'étend sur une longueur estimée approximativement à 7 kilomètres, et sur une largeur de 5 kilomètres environ ; de cette superficie une petite portion est exploitée et même accessible ; là-haut, sur les sommets des collines granitiques, poussent des bruyères et des arbres que l'on pourrait utiliser pour le chauffage et même partiellement pour en faire des planches, mais la roche est si escarpée que l'accès est presque impossible. En fait, *cette partie supérieure est totalement inutilisée ;* on n'y envoie même pas les animaux pendant l'été. Fürre considère que la seule manière d'en tirer parti serait d'établir un fil de fer long de 300 mètres et qui, reliant les sommets à la base, permettrait de faire descendre sans frais les produits divers (arbres, bruyères, feuilles), récoltés sur les hauteurs.

La partie cultivée, *indmark*, mesure seulement 5 hectares, répartis, cela va sans dire, en lopins de toutes formes situés à des niveaux différents et séparés entre eux par les éboulements des rochers. En dehors de la surface plane qui avoisine le ponton, on peut dire que le domaine de Fürre ne comprend guère que deux champs dont l'étendue mérite d'être notée; autour de cette partie cultivée, d'autres éboulements forment comme un demi-cercle assez vaste dont les pentes moins rapides favorisent une certaine végétation d'arbres et d'herbes. Fürre a divisé cette demi-circonférence en trois secteurs, séparés par des murs en pierres sèches, sur lesquels il met ses animaux au pâturage pendant l'été; aussi n'a-t-il pas besoin de les envoyer au *sæter* et fait-il ainsi l'économie de la *pige* qui devrait les garder pendant les trois mois de la saison d'été.

Voici les origines de propriété. Autrefois un individu qu'il est plus simple d'appeler A, puisque j'ignore son nom et surtout l'orthographe de ce nom, acheta le gaard d'un nommé B ; il eut beaucoup d'enfants. Pour des raisons inconnues, le gaard fut alors transmis, non au fils aîné de A, mais au troisième fils. Celui-ci épousa une demoiselle Holland dont il eut trois enfants; sa femme mourut et il se remaria ; de sa seconde femme naquirent aussi trois enfants.

. Le fils aîné reçut le gaard, se maria avec sa cousine et de son mariage naquirent deux enfants, un garçon et une fille. Celui-ci, arrivé à l'âge adulte, succéda à son père dans l'exploitation du gaard familial et mourut au bout d'un an ; sa sœur hérita de lui et épousa un nommé Peter Holland, dont elle eut six enfants, deux fils et quatre filles. A cette génération, le gaard fut divisé en deux exploitations, une pour chacun des deux fils ; la plus importante fut transmise au fils aîné Gudemund Pedersen Œxtra qui épousa aussi une cousine et n'eut qu'une fille. Celle-ci acquit à son tour le gaard au moment de son mariage avec Johannes Fürre, le propriétaire actuel. — Toutes ces transmissions furent réalisées en la forme de ventes donations, sur le modèle des contrats précédemment étudiés.

Johannes Fürre est lui-même le fils aîné d'un gaardbruger de la circonscription qui a huit enfants ; si sa femme ne lui avait pas apporté en dot un gaard plus grand et plus avantageux que celui qu'il devait acquérir de son père, il serait, suivant la coutume, demeuré sur le *brug* paternel. Néanmoins il n'a pas pour cela renoncé à toute pensée d'exercer sur ce bien son privilège d'aîné, « car, dit-il, j'ai déjà deux garçons et je pourrais transmettre le gaard d'OExtra à mon fils aîné et l'autre au cadet ». Son parti n'est pas encore pris, bien qu'il soit plus probable qu'il laissera un de ses frères prendre la succession du père. Ceux-ci, au surplus, non plus que leurs sœurs, ne semblent pas embarrassés de se tirer d'affaire. Le frère cadet de Fürre est ingénieur à New-York, attaché aux travaux de percement du tunnel sous l'Hudson, et on me montre un article qu'il vient d'écrire sur ce sujet dans un journal de Norvège. Deux sœurs ont passé les examens de sortie de la middleskole : l'une est institutrice chez le Lensmand, l'autre est à la maison où elle fait l'éducation des enfants plus jeunes qui se trouvent ainsi dispensés d'aller à l'école.

Le ménage Fürre est un jeune ménage : Johannes a vingt-six ans et sa femme vingt-trois ; leur union remonte à quatre années, pendant lesquelles deux enfants sont nés, deux garçons dont l'un a trois ans et l'autre est âgé de quinze mois. Le père et la mère de la femme Fürre habitent le petit chalet du bas. J'ai dit que celui-ci était en travail de construction : auparavant, il y avait une maisonnette moins coquette et moins confortable, qui avait déjà servi d'habitation aux parents d'une autre génération, après la transmission au fils aîné. Gudemund, dont la situation financière est bonne, a décidé de reconstruire, à la même place, un chalet mieux aménagé. La distance est petite qui sépare les deux habitations, celle du ménage Fürre et celle des beaux-parents ; à peu près quatre minutes suffisent pour la franchir en montant, mais de part et d'autre on estime qu'il est meilleur de maintenir l'autonomie de chaque foyer : l'indépendance de chacun est mieux sauvegardée.

Le dénombrement des animaux qui garnissent la ferme est facile : 9 vaches, 15 moutons, 2 chevaux et une dizaine de poules ; quelques brug du voisinage ont jusqu'à cinquante poules, mais c'est un maximum. Fürre cultive un peu d'orge, un peu d'avoine, une plus grande quantité de pommes de terre. Après ce qui a été dit dans les précédentes monographies, il n'y a rien de spécial à remarquer sur ces travaux agricoles : la nourriture et le soin des animaux en sont toujours la partie principale. Comme il n'y a pas de laiterie coopérative dans le voisinage, Fürre fait lui-même le beurre et le fromage qui entrent dans sa consommation personnelle et dont l'excédent est troqué ainsi que les œufs des poules contre du pain et divers articles d'épicerie ; mais pour lui comme pour les autres gaard-bruger, l'herbe, le foin restent l'élément capital de l'exploitation. Au moment de notre visite, il est occupé avec trois hommes à faucher l'herbe ; le travail est long et pénible, car l'inégalité du terrain oblige souvent à ne faire usage que de la petite faulx à manche court.

Comme le gaard de Fürre est situé sur une des branches du fjord de Stavanger, dont les rivages largement ouverts sur la mer offrent aux poissons des stations particulièrement recherchées, je ne manque pas de poser maintes questions sur la pêche dans ces parages. A certaines périodes de l'année, le hareng et la sardine — celle-ci n'est en réalité que du très petit hareng, — viennent en abondance dans les eaux qui avoisinent Stavanger et dans le Stavangerfjord. Pendant ces périodes, les gaardbruger, et surtout les journaliers et les husmænd, se livrent à la pêche sur *leur canot à rames* et si, d'ordinaire, ils vendent peu de poisson, du moins ils en recueillent une ample provision pour leurs besoins personnels. La sardine notamment vient en telle abondance entre le 15 juillet et l'automne que *les gaardbruger la considèrent comme un fléau*, puisque les journaliers aiment mieux aller à la pêche de la sardine que d'aller

travailler sur les gaards. Fürre pêche la sardine et en vend
même un peu, mais il ne pêche pas le hareng. En revanche, il
achète du poisson lorsqu'il va à Stavanger, et il nous montre des
bromes, des *al*, des *longe*, reliquat de son dernier achat, et dont
la chair desséchée est suspendue le long d'un hangar à foin.

Fürre pêche encore un peu de truite dans le ruisseau —
au printemps et à l'automne, ce ruisseau devient un gros torrent
— qui sautille en cascades sur les pentes de sa propriété. Ce
ruisseau est trop peu important pour que le saumon le remonte;
d'ailleurs Fürre consomme lui-même les truites qu'il capture. Il
paraît que d'autres gaardburger les vendent.

A cela se ramènent toutes les opérations de pêche du gaard
OExtra [1] ; considérées dans leur ensemble, ces opérations sont
trop peu importantes pour établir entre la ferme du sieur Fürre
et celles qui ont été précédemment observées une différence caractéristique; ce qui la différencie plutôt, c'est l'exploitation du
bois, et Fürre n'est pas éloigné de dire que la coupe et le sciage
du bois constituent presque le travail principal sur sa ferme.

En été, on coupe les arbres et on les laisse sécher sur place;
à l'automne, on sépare les branches des arbres abattus et on
enlève l'écorce. Puis on débite l'arbre en sections dont la longueur
est équivalente à quatre fois ou à cinq fois 64 centimètres; on
peut, à son gré, vendre la bille telle quelle ou lui donner un
supplément de façon en la débitant en planches. Ce travail de
sciage est exécuté mécaniquement par une petite scierie d'installation très rudimentaire, actionnée par une chute d'eau.

Les billes ou les planches sont vendues flottantes dans le
fjord à des marchands qui les transportent à Stavanger sur
une large barque à un mât (*yacht*). Là le bois est revendu
aux négociants qui centralisent les livraisons pour en former
ces cargaisons énormes que l'on expédie par steamer sur
les différents ports d'Angleterre ou de France. Suivant les
années et la grosseur des billes, Fürre reçoit entre 25 et 40 kr.
pour une douzaine; comme d'ordinaire il en vend au moins

---

1. Naguère on pêchait aussi un peu de maquereau que l'on vendait.

vingt-cinq douzaines, et que, l'année dernière, il en a vendu quarante douzaines, on peut apprécier l'importance de cette source de revenu.

Fürre paraît d'ailleurs exploiter ses bois en propriétaire prévoyant et il atteste que les autres propriétaires du voisinage en font autant. On doit penser, le Norvégien étant d'ordinaire peu économe, que cette prévoyance est ici aidée par le caractère familial que revêt la propriété foncière aux yeux des paysans des fjords; puisque le gaard est toujours destiné à rester pendant de longues générations dans la même famille, il est naturel que cette considération soit pour chaque détenteur successif un motif nouveau de l'administrer en bon père de famille.

Pour accomplir ces divers travaux, le gaardbruger a besoin de travailleurs auxiliaires; il a à son service deux domestiques de ferme, âgés de vingt et un et de quinze ans, et deux servantes; de plus, une « gamine » est occupée à surveiller le dernier *baby*. Ces auxiliaires permanents ne dispensent pas de recourir aux services des journaliers, lorsque le travail est particulièrement pressant; précisément le jour de notre arrivée, une journalière était avec la fermière occupée à ramasser le foin et à le retourner. Comme ses congénères des autres fjords, Fürre se plaint du prix élevé des gages et de la mauvaise qualité du travail fourni. Une servante gagne 50 kr. pour le semestre d'hiver et 90 pour celui d'été; on n'en trouverait pas au-dessous de 110 kr. pour l'année entière. Un domestique de ferme qui a suivi les cours d'une école d'agriculture, *agronomskole*, obtient un salaire de 250 kr. ; un autre, qui n'a pas la même instruction technique, gagne 150 kr. Malgré ce salaire élevé, les fermiers ne réussissent pas à retenir leurs domestiques, ni leurs servantes. Autrefois il arrivait souvent que le même domestique restât pendant de longues années, dix, quinze ou même vingt et vingt-cinq années; maintenant le changement est fréquent, les « aides » subissent l'attraction de la ville où ils trouvent un salaire plus élevé et, pensent-ils, moins de travail. Heureusement, cette hausse même des salaires tend à assurer un recrutement plus étendu de ces domestiques : les fils et les filles de gaardbruger se louent volontiers et *on les préfère*; ils sont moins exigeants pour leur nourriture et travaillent davantage.

Bien qu'il y ait sur la ferme un *stabbur*, Fürre loge ses domestiques dans sa maison même; il prend aussi son repas en commun avec eux [1]. Cette communauté de vie n'empêche pas que des relations purement économiques tendent à se substituer progressivement aux relations familiales qui unissaient naguère les gaardbruger à leurs auxiliaires salariés. Cette substitution est surtout apparente pendant les longues soirées d'hiver. Autrefois régnaient ce que Fürre appelle de bonnes coutumes patriarcales; « le soir, on sé réunissait dans une chambre, les femmes filaient, les hommes réparaient un seau, un instrument de culture; au besoin, l'un d'eux lisait quelques pages de la Bible; maintenant tout cela est bien changé! » On ne travaille plus quand la nuit vient, ce qui aboutit à réduire presque la journée de travail à six heures au mois de décembre.

Il paraît même que le mouvement socialiste, issu des villes norvégiennes, trouve un accueil assez bienveillant dans les campagnes du Ryfylke en faveur de la réclamation de la journée de huit heures; les gaardbruger sont opposés à cette mesure dont Fürre considérerait l'adoption comme un grand malheur, puisqu'elle rendrait impossible de compenser, par le travail des longues journées d'été, l'insuffisance des tâches hivernales[2].

Au surplus, comme la doctrine socialiste n'est encore représentée au Storthing que par cinq députés, rien ne permet de penser que le Parlement norvégien doive, même d'ici très longtemps, réglementer la durée de la journée des travailleurs agricoles; il faut seulement retenir de tous ces traits qu'il existe dans le Stavangerfjord et dans le Ryfylke deux couches sociales d'hommes dont les desiderata et les besoins sont différents et parfois même antagonistes, parce que leur condition économique est dissemblable. A côté et en dessous des gaardbruger, il y a ceux qui ne le sont pas : petits artisans, journaliers, vivant partiellement de la pêche, et surtout *husmænd*.

---

1. En hiver, chaque soir on mange de la sardine avec des pommes de terre.
2. L'hiver, les journaliers sont payés 1 kr. et nourris.

Le moment est venu de parler des husmænd : on les rencontre un peu partout dans la Norvège fjordienne, nous en avons trouvé sur les gaards du Masfjord et du Sognefjord, chez Bersvik et chez Nils, mais nulle part ils ne sont aussi nombreux que dans la région du Stavangerfjord; il est donc opportun de les observer ici.

Le contrat de *husmand* peut être défini un contrat par lequel le propriétaire d'un gaard concède à un individu, pour toute la durée de la vie de celui-ci et de sa femme, s'il est marié, la jouissance d'une parcelle de terre; moyennant certaines prestations en travail à fournir par le husmand.

Les origines de ce contrat sont obscures. Voici à leur sujet les renseignements que j'ai pu obtenir et qui, naturellement, ne peuvent être accueillis que sous bénéfice d'inventaire.

La période des Vikings, dont on fixe aujourd'hui le début au v⁰ siècle, et qui dura jusqu'au x⁰, contribua à développer l'esprit d'aventures et le désir de faire, en peu de temps, de fructueuses opérations. Lorsque cette période fut close, un grand nombre d'hommes cherchèrent, dans les transports maritimes et le commerce, la satisfaction de leurs goûts aventureux et de leur désir de fortune rapide. Précisément à la même époque, la conversion au christianisme amenait l'affranchissement progressif des esclaves; aussi les exploitants des gaards norvégiens ne trouvèrent plus en nombre suffisant les travailleurs manuels dont le concours leur était indispensable. Les petites gens qui ne possédaient pas de terres, semblaient avoir toute raison de préférer se livrer au commerce et à l'industrie des transports. La loi civile vint en aide aux gaardbruger, en défendant aux gens de modeste condition de faire le commerce entre Pâques et Saint-Michel (xii⁰ siècle).

Cette loi demeura inefficace, et les propriétaires du sol furent obligés de recourir à un autre moyen pour retenir auprès d'eux les ouvriers agricoles. Il semble que, dès le xiv⁰ siècle, l'usage s'introduisit de concéder la jouissance d'une terre, pour une durée de trois ans, moyennant certaines obligations de travail, et dès ce temps, ces occupants furent appelés husmæn ou hjeimmæn, c'est-à-dire individus possesseurs d'une maison, possesseurs d'un foyer. A partir du xvi° siècle, cette institution reçut une application extensive; elle atteignit son apogée au xviii°. Depuis cette époque, elle a sensiblement décliné, bien que les applications du « contrat de husmand » soient encore nombreuses, spécialement dans le Stavangerfjord et le Telemarken.

Sur le gaard du sieur Fürre on ne rencontre pas moins de 9 husmænd. Voici la traduction intégrale du contrat conclu par l'un d'eux avec le gaardbruger, le 14 avril 1904 :

Je, soussigné, Johannes Fürre ŒExtra donne par le présent à Hans Helgesen Lager une partie du pladsel Krosvig, pour en jouir en qualité de husmand.

(Ici est donnée la délimitation du pladsel.)

Le husmand aura droit au pacage (*beite*) sur le Lagstranden pour les moutons qu'il peut nourrir sur son pladsel, à l'exception de ceux qu'il nourrirait pour le compte d'autrui pendant l'hiver.

Il n'aura aucun droit de pacage pour une vache dans l'udmark du gaard.

Il pourra couper sur les bois du propriétaire le bois de chauffage nécessaire à sa consommation personnelle.

En compensation de l'usage du pladsel, du droit de pacage et d'affouage, le husmand s'engage aux prestatious suivantes :

1° A couper huit charretées (*less*) de seigle;

2° A couper dans l'indmark la quantité de foin pour laquelle on paie un salaire d'un demi-speciedaler; en plus, à deux jours de travail pour couper le foin dans l'indmark, et à quatre jours de travail pour couper le foin dans l'udmark;

3° A aider le propriétaire à la réfection des murs secs, au printemps.

Le tout aux jours choisis par le propriétaire.

Le husmand doit établir lui-même le mur autour de son pladsel.

Le présent contrat n'est pas conclu pour la vie, mais seulement pour l'année, le propriétaire ayant le droit de donner congé aux époques d'usage.

Cet acte sera enregistré [1] aux frais du propriétaire.

Signature des deux témoins.   Signature des parties.

X. X.   X. X.

Les obligations des husmænd sont plus ou moins étendues,

---

1. La taxe d'enregistrement est d'un krone.

suivant la superficie de la tenure et l'état de défrichement du pladsel concédé. Ainsi un autre husmand, dont le pladsel est plus avantageux, doit dix jours de travail par an pour faucher l'herbe, et le nombre de journées nécessaires pour scier une quantité de seigle égale à six voitures ; en revanche, ce husmand a le droit d'avoir autant de vaches et de moutons que sa provision de foin pour l'hiver lui permet d'en nourrir et de les envoyer l'été au pâturage avec les bestiaux du gaardbruger.

Un troisième husmand, dont le pladsel a une superficie plus étendue encore, doit vingt jours de travail et autant de journées qu'il est nécessaire pour couper une quantité de seigle égale à six voitures ; de plus, il doit encore couper la quantité de foin pour laquelle on payait autrefois un salaire d'un speciedaler (4 kr.).

Pour comprendre l'avantage mutuel que cet arrangement offre aux deux parties contractantes, il faut se rappeler la disposition des lieux, dans la Norvège fjordienne. Les terres cultivables n'occupent qu'une surface très réduite, comparativement à la superficie totale, et même elles ne se composent que de parcelles minuscules de quelques ares, séparées les unes des autres par des distances variables, et semées de-ci de-là, suivant les caprices des collines rocheuses et des éboulements. Le propriétaire ne peut donc songer à exploiter directement toutes les sections cultivables. Il établit sa demeure et ses bâtiments agricoles à l'endroit où les parcelles sont plus nombreuses et plus étendues ; mais que d'autres parcelles, en dehors de celles-ci, sont commercialement inaccessibles pour lui, et inutilisables ! Il faut renoncer à transporter au fenil le foin qu'on y pourrait récolter, après défrichement et culture. Il vaut mieux en concéder la jouissance à des journaliers, à des artisans, qui trouveront le moyen, après avoir défriché ce qui est susceptible de l'être, d'y élever quelques bestiaux ; ces modestes travailleurs, ainsi assurés de leur logement et du produit de quelques animaux, pourront aisément constituer un foyer stable et organique.

La combinaison du contrat de husmand est avantageuse pour les deux parties : au gaardbruger elle procure du travail qui ne lui coûte rien et un défrichement progressif de son gaard, là où la mise en culture est possible; au husmand elle assure à bon compte des ressources auxiliaires précieuses.

Jusqu'à une époque récente, le contrat était toujours conclu pour la durée de la vie du husmand et de sa femme; celui-ci avait d'ailleurs, à tout moment, le droit de déguerpir, sans être tenu à aucune prestation ultérieure, mais le gaardbruger ne pouvait l'expulser. A la mort du dernier survivant des deux époux, le gaardbruger et le représentant du husmand appréciaient, chacun de leur côté, s'ils avaient avantage à conclure un nouveau contrat dont les conditions pouvaient naturellement se trouver modifiées.

Fürre préfère, et d'autres gaardbruger partagent son avis, ne se lier que pour un an, parce que, dit-il, on n'est pas sûr de la qualité du travail du husmand, et on peut ainsi se séparer d'un husmand dont les services sont défectueux. Si les services sont satisfaisants, rien n'empêche de maintenir le terme indéfiniment, jusqu'à la mort du husmand et, en pratique, on constate que le décès de celui-ci reste en effet le terme usuel de sa jouissance.

Suivant les circonstances, le husmand s'installe sur un pladsel nouveau, non défriché, ou sur un pladsel déjà mis en culture : dans le premier cas, il construit à ses frais son chalet et aménage les parcelles les plus immédiatement cultivables; dans le second, il achète, s'il s'entend avec le précédent husmand, la maison de celui-ci, maison que le tenancier avait le droit d'enlever et dont il pouvait disposer à son gré. A défaut d'entente, le nouveau concessionnaire construit un autre chalet, sur le même emplacement. Au surplus, dans cette seconde hypothèse, le gaardbruger lui fait d'ordinaire payer au moyen d'un droit fixe d'entrée, acquitté une fois pour toutes (*fæstesummen*) et qui peut varier de 80 à 200 kr., l'avantage de trouver un pladsel déjà défriché et mis en culture[1].

Souvent un des enfants du husmand succède à la tenure de son

---

1. En cas de cession d'une terre, le droit aux redevances de travail dues par le husmand est cédé avec la terre même. Ainsi récemment le beau-frère de Fürre a acheté une partie de bois voisin : il achète en même temps le pladsel du husmand.

père et cette transmission, acceptée par le gaardbruger, qui était
la règle autrefois, est encore fréquente aujourd'hui. A défaut
d'une semblable succession, Fürre, lorsqu'un pladsel est vacant,
met une annonce dans les journaux, et choisit, entre les deman-
deurs, un jeune homme capable de fournir un bon travail.

Sous réserve de la petite redevance due au gaardbruger, le
husmand dispose de la totalité de son temps et de son travail;
aussi, en dehors de la culture de sa tenure et du soin de ses animaux, il se livre toujours à un travail accessoire, dont la nature
varie beaucoup suivant les circonstances et suivant ses aptitudes.
Les uns sont menuisiers ou charpentiers et trouvent dans la
construction des chalets un emploi rémunérateur; d'autres sont
forgerons, fabricants de faulx, cordonniers; presque tous se livrent aux travaux accessoires de la pêche et de la coupe du bois.

Pendant l'hiver, le husmand débite les arbres abattus et s'emploie soit chez son propre gaardbruger, soit ailleurs : ordinairement son salaire est aux pièces et consiste dans l'attribution
du tiers du prix de vente; lorsque la coupe est plus éloignée,
sa part pourrait être portée à la moitié. Dans le Stavangerfjord,
le poisson est aussi une ressource précieuse pour les husmænd;
pendant l'été, ils emploient à la pêche du maquereau et de la
sardine tout le temps que les travaux de la fenaison ne rem-
plissent pas. Cette industrie n'impose aucun déplacement, et on y
consacre le temps que l'on veut, deux, trois heures, ou plus à son
choix; il suffit en effet de sauter dans son canot, et, en trois coups
d'aviron, on est rendu sur le lieu de pêche, puisque ce lieu n'est
autre que le fjord[1]. D'ordinaire, sept ou huit hommes se réunissent ensemble et, montés sur deux canots, ils promènent de concert dans l'eau un grand filet, long de 25 mètres et mesurant
3 mètres de largeur; des plombs et des lièges convenablement
attachés maintiennent le filet dans la position verticale. J'ai vu
prendre ainsi une trentaine de maquereaux en une heure, et
cette provision parut suffisante à ces pêcheurs d'occasion, car

1. Chacun n'a le droit de pêche que dans la section comprise entre les perpendi-
culaires tirées sur le rivage, aux points où s'arrêtent les limites de chaque gaard ou
de chaque tenure.

ils s'employèrent aussitôt à étendre leurs filets, pour les sécher, et se séparèrent.

Lorsque le husmand a pu amasser quelques économies, il achète parfois un *filet en coin*, qui coûte 200 kr. Cet engin, fixé à demeure et solidement ancré au fond de l'eau, est un piège où le saumon, après avoir parcouru des couloirs successifs, finit par être emprisonné : il suffit de visiter le filet une fois chaque jour. Les saumons sont expédiés à Stavanger et de là en Angleterre : un saumon vaut de 15 à 60 kr., suivant la grosseur, malheureusement les captures sont trop rares et l'entretien du filet est assez coûteux. .

Moins aristocratique, la sardine est du moins plus fidèle aux longs rendez-vous annuels qu'elle donne aux journaliers et aux artisans du Stavangerfjord entre le mois de juillet et la fin de septembre; elle vient en grande abondance s'offrir à leur prise, et j'ai déjà dit qu'elle leur offre de telles séductions qu'elle fait presque le désespoir des gaardbruger, plus intéressés à l'avancement rapide de leurs travaux de culture et de fenaison. Mais les fabriques de conserves de sardines, à Stavanger, ont des intérêts opposés; elles se portent acheteurs de quantités indéfinies et la Science sociale a, depuis Le Play, signalé le penchant naturel de l'homme vers les travaux de simple récolte (cueillette, pêche, chasse) plutôt que vers les efforts pénibles et peu attrayants de la culture.

Appuyés sur les ressources variées de ces professions diverses, les husmænd jouissent souvent d'une situation pécuniaire égale à celle de beaucoup de petits gaardbruger; leur nourriture et leur vêtement ne sont pas de moindre qualité et ils bénéficient du double avantage d'être déchargés de tout impôt foncier et des dettes qui grèvent le fils aîné à la suite de l'achat du gaard paternel. Un des husmænd de Fürre élève cinq enfants dans une aisance relative et un autre, qui, il est vrai, est âgé de soixante-dix ans et n'a pas eu d'enfants, a pu économiser 3.000 kr. La hausse du taux des salaires a beaucoup profité à l'ascension et, en tous cas, à la vie plus large des individus de ce milieu social. Si le husmand est capable et prévoyant, il n'est pas rare

qu'il amasse une véritable petite fortune. Dans un des bras du
Ryfylke, nous avons aperçu une grande barque à un mât (yacht)
dont la voile toute blanche attira précisément notre regard ;
on nous dit que cette barque appartient à un husmand qui l'emploie au transport du bois à Stavanger ; avec ses économies ce
petit paysan a pu acheter un yacht et il retire de son commerce
un honnête profit.

. D'autres réussissent à acheter un gaard, *et à s'y maintenir ;*
au gaard d'Ynnesdal nous avons déjà rencontré un exemple d'un
succès pareil. Quoique les ventes de gaard soient très rares,
on doit dire pourtant que l'acquisition en est encore plus facile
que la conservation ; souvent l'acheteur n'a pas assez d'avances
pour payer comptant la totalité du prix ; il lui faut faire un
emprunt à la banque au taux de 5 1/2 p. 100. Avec une charge
si lourde, un gaardbruger a toute chance de ne pouvoir se tirer
d'affaire ; souvent il se débat pendant quelques années, puis
il est obligé d'abandonner, n'ayant pu à la fois payer des intérêts si élevés et amortir le capital.

Aussi la plupart des husmænd, même enrichis, préfèrent demeurer sur leur pladsel et y finir leurs jours ; à leur mort, leurs
héritiers, si aucun d'eux ne succède au défunt, en qualité de
husmand, enlèvent la maison et la vendent, à moins qu'ils
n'usent de leur droit d'en imposer l'achat au gaardbruger à
un prix fixé par experts.

Le nombre des husmænd a sensiblement diminué depuis
soixante ans ; la hausse des salaires des domestiques urbains et
agricoles, le développement des pêches et de la marine marchande norvégienne, l'extension du commerce dans les villes de
Stavanger, de Bergen et de Trondhjem, enfin et surtout les facilités toujours plus grandes de l'émigration aux États-Unis et
de l'acquisition d'un homestead fertile dans les prairies de
l'Ouest américain ont offert aux enfants des husmænd des débouchés avantageux[1]. Il n'y avait aucune raison pour que ces

---

1. Les fils des husmænd du Ryfylke, lorsqu'ils émigrent aux États-Unis, commencent d'ordinaire par s'engager comme matelots à bord des bateaux pêcheurs américains.

fils de petits artisans ne tirassent pas parti de ces débouchés, aussi bien que les fils cadets des gaardbruger, puisque leur situation était de tous points semblable. Cette diminution du nombre des husmænd doit être envisagée sans mélancolie et même avec joie : pourtant on la considère en Norvège, et à juste titre, semble-t-il, comme une perte pour l'agriculture, « attendu que ce mode de tenure semble plus propre qu'un autre à former de bons ouvriers intelligents, non seulement pour l'agriculture, mais aussi pour les autres branches d'activité [1] ».

Après ces explications sur la condition des husmænd, je n'aurai plus rien de nouveau à signaler sur le gaard OExtra, si je ne devais noter en terminant que, sous la réserve d'une exception unique [2], le ménage Fürre et celui des beaux-parents jouissent d'une aisance matérielle singulièrement plus grande que celle que j'ai pu constater chez aucun autre gaardbruger des fjords. L'habitation de Herr Fürre est des plus confortables. Au rez-de-chaussée, la disposition des quatre grandes pièces et leur ameublement attestent l'habitude de la vie aisée ; à côté de la cuisine où Herr Fürre et sa femme prennent leur repas en commun avec leurs domestiques, se trouve la chambre à coucher du ménage ; elle mesure environ 5 mètres sur 6 et j'y remarque une grande table, une autre table-bureau, surmontée d'une bibliothèque, une commode et, avec plusieurs chaises, un rocking-chair. De grands rideaux de mousseline blanche ornent les fenêtres ; à l'une d'elles, ils sont même gracieusement drapés à l'italienne. La salle à manger est coquettement meublée avec son armoire, sa suspension à pétrole, son secrétaire en noyer sculpté, son buffet qu'ornent des couteaux à fruit, posés en éventail sur un dressoir, et de petites cuillers en argent à manche russe, rangées sur un plateau ; dans un coin, un petit meuble ouvragé supporte les pipes. Une des

---

1. *La Norvège*, ouvrage officiel publié à l'occasion de l'Exposition universelle de Paris 1900. Kristiania, imprimerie centrale, 1900, p. 325. — En 1890, il y avait en Norvège 33.469 husmænd.

2. Voir *infra* la monographie du gaard Hegre, dans le Trondhjemfjord.

portes de la salle à manger ouvre sur le salon dont l'ameublement est à l'avenant, avec son lustre à pendeloques en cristal, son canapé, son rocking-chair, son secrétaire en marqueterie et son orgue sculpté et harmonieux, au-dessus duquel est suspendu une coquette lanterne destinée à éclairer la musique ; deux appliques avec pendeloques encadrent une glace originale, étroite et haute [1].

Au premier étage, les lits, munis d'épais matelas, ne réussissent pas à masquer la vaste dimension des appartements. Dans la chambre où nous recevons l'hospitalité, il n'y en a pas moins de trois avec leurs édredons en véritable *eiderdown*. Manifestement nous sommes très loin du mode d'existence rudimentaire du Masfjord avec lequel une propreté parfaite établit encore un contraste qu'un missionnaire social est porté à apprécier plus que tout le reste. Mme Fürre veut bien manifester à notre intention ses talents culinaires, qui vont jusqu'au plat sucré inclusivement.

Elle a reçu en effet une éducation soignée, au double point de vue intellectuel et pratique ; après un séjour à l'école supérieure départementale (*amtsskole*), elle est allée à l'école ménagère de Kristiania ; son mari a reçu également une bonne formation technique, grâce à un séjour de dix-huit mois à l'école d'agriculture.

Tout ceci n'empêche pas M. et Mme Fürre de se livrer à plein cœur au travail manuel en compagnie de leurs domestiques : au moment de notre arrivée, Fürre était en train de faucher l'herbe avec ses domestiques, et sa femme était occupée à la fenaison avec les servantes. Nous sommes donc ici en face d'un type intermédiaire entre le petit propriétaire et le grand propriétaire devenu un simple directeur surveillant du travail.

Il convient de signaler aussi que ce « mode d'existence » plus large coïncide avec une diminution des travaux domestiques de

---

1. L'habitation des beaux-parents est semblable : ils habitent un chalet gracieux à toit pointu recouvert de tuiles ; le perron d'accès est abrité par un toit formant véranda et supporté sur des colonnes en bois ; au rez-de-chaussée, l'ameublement du salon et de la salle à manger est très confortable.

fabrication; chaque semaine, quand on porte au *landhandler* de Jælse le beurre et les œufs, on échange ces produits contre du pain de froment ou de seigle; de même le filage et le tissage de la laine ont beaucoup moins d'importance et tendent à disparaître; les hauts salaires des domestiques rendent en effet ces travaux trop dispendieux.

Quant aux causes mêmes de cette plus grande aisance, il semble, autant que j'ai pu juger, qu'il les faut répartir en deux catégories et discerner celles qui sont communes au Ryfylke en général et celles qui sont particulières à la famille Fürre. Parmi les premières on doit mentionner l'abondance du poisson, spécialement de la sardine, du maquereau et du saumon, et l'exploitation du bois, soit pour le chauffage, soit pour la charpente et la menuiserie. Le poisson fournit à la population un supplément gratuit de nourriture [1] et aussi un moyen accessoire et parfois fort important de subsistance, puisque le voisinage de Stavanger permet l'écoulement facile et rapide. D'autre part, la coupe et la préparation du bois fournissent au pays un appoint sérieux de ressources.

A ces causes générales se sont ajoutées pour les parents et les grands-parents de Mme Fürre des causes spéciales d'enrichissement. La situation du ménage Fürre est, d'une manière très sensible, au-dessus de la condition moyenne de celle des gaardbruger de la région; dans la famille de Mme Fürre en effet, les enfants, pour des raisons qu'il ne m'a pas été possible de connaître [2], ont été peu nombreux depuis plusieurs générations; cette circonstance a naturellement contribué à l'accroissement du patrimoine qui bénéficiait à la fois, et d'une réduction des charges, et d'un partage en deux moitiés seulement, parfois même d'une transmission intégrale à l'héritier unique. Mais ces circonstances sont exceptionnelles et on peut prévoir que la génération actuelle reverra sur le gaard OExtra, comme

---

1. L'hiver, au repas du soir, la sardine est le plat de résistance sur lequel chacun exerce son appétit.

2. La plus apparente de ces causes semble être la succession de plusieurs mariages entre cousins, à un degré trop rapproché.

sur les gaards voisins, de nombreux enfants dont plusieurs iront chercher un domaine dans les prairies de l'Ouest américain pendant que l'aîné continuera, dans une aisance moindre, la forte tradition des ancêtres.

En ce qui concerne la vie morale et religieuse du ménage Fürre, je ne puis que renvoyer le lecteur aux observations déjà présentées : nous retrouvons le même sentiment fort et profond de l'indépendance, de la sérénité dans le calme d'une vie qui se sent maîtresse d'elle-même. Avant de quitter Herr Fürre, je lui demande s'il ne sent jamais le poids de l'isolement et le besoin de la société de l'homme ; il me répond que ce besoin lui est inconnu, et, au ton de sa réponse, on perçoit aisément qu'il trouve parfaitement bonne et agréable la solitude où il se trouve. Bien plus, sur une nouvelle question de ma part, il ajoute que plusieurs gaardbruger ont, pendant une partie de leur vie, suivi des professions qui les mettaient en contact journalier avec d'autres hommes et, pourtant, ils ont été heureux de retrouver la pleine et forte indépendance du gaard. Aux quatre saisons de l'année, Herr Fürre va à Stavanger pour ses affaires, mais il y va sans satisfaction spéciale, uniquement parce qu'un besoin précis et déterminé l'y appelle. De même, il n'a que très peu de relations avec ses voisins.

Les trois journaux hebdomadaires ou bi-hebdomadaires qu'il reçoit suffisent à le mettre au courant des nouvelles de l'extérieur, auxquelles il s'intéresse d'ailleurs beaucoup, car il a de nombreux parents et amis établis en Amérique, et à ce titre les événements de l'étranger l'intéressent autant que ceux de sa propre patrie [1].

Ne prenons pas congé de Herr Fürre sans saluer une fois encore la splendeur admirable de ces fjords norvégiens, pendant les belles journées du printemps et de l'été. Le soir qui précéda notre départ, Fürre, pour répondre à mes questions, nous conduisit sur un petit tertre ; pendant que nous écoutions

____

1. Voir *infra* le chapitre sur l'*Émigration*.

ses réponses, nous admirions les colorations étranges que prennent, à la chute du jour, les collines fjordiennes ; la couleur des eaux parfaitement calmes semblait indéfinissable et intermédiaire entre le vert et le bleu. Il est 11 heures et un quart, quand nous descendons du tertre, et nous écoutons avec recueillement Fürre nous décrire le spectacle féerique du fjord, lorsque, vers minuit, la lune se lève au-dessus de la montagne et éclaire les sapins en face, laissant dans l'ombre une large section du gaard. Aux accents du narrateur on sent que son âme est vraiment en communion avec l'âme de cette nature grandiose, où sa foi religieuse retrouve le Créateur. Mais aussi quelle solitude et quel isolement ! Un ménage tout seul en face du granit et de l'eau ! En quittant Fürre, il me semble que je comprends mieux la force d'expansion de cette race, qui a été capable de s'isoler, en simples ménages, dans la solitude silencieuse des fjords, et je me rappelle la parole d'Ibsen : « L'homme le plus puissant du monde est l'homme qui est le plus seul ».

II

LES RÉGIONS DES GAARDS AGGLOMÉRÉS

I. — LE NORDFJORD.

Si uniformes que soient, dans un pays, les conditions du lieu, il s'y rencontre toujours des circonscriptions, de superficies variables, où les éléments physiques subissent des modifications plus ou moins importantes : il arrive alors que les mêmes forces sociales que l'on a observées précédemment engendrent des institutions de travail et de propriété tout à fait dissemblables et même opposées : jusqu'au moment où il a pu saisir l'ensemble du phénomène, l'observateur social demeure fort embarrassé au milieu de contradictions dont il ne peut démêler l'origine.

J'ai éprouvé un embarras de ce genre au lendemain de ma visite au gaard OExtra; je venais de passer deux journées soit à attendre des moyens de transport, soit à me laisser véhiculer par les kariols ou les bacs à vapeur qui desservent les lacs, lorsque je me trouvai au village de Lofthus, dans le Hardangerfjord. Ce fjord est très célèbre auprès des touristes et, chose plus intéressante, les paysans qui l'habitent jouissent aussi d'une réputation spéciale auprès de leurs voisins de l'Ouest : « on les répute industrieux, progressifs, entreprenants, économes, propres, instruits et doués d'un esprit très fin »; je ne pouvais donc manquer de leur faire une visite sociale. Or, quel ne fut pas mon étonnement en constatant que *presque toutes les chaumières des paysans et presque tous les bâtiments de ferme avaient été récemment transportés d'une place à une autre.* Chaque fois qu'en me promenant avec un excellent Norvégien, qui avait résidé plus de vingt années aux États-Unis, et qui, grâce à ce séjour, pouvait converser directement avec moi en anglais, je montrais du doigt un chalet ou une grange, la réponse était toujours la même : « Oui, ce bâtiment-là a été déplacé récemment : il y a cinq ans, il était à cette place que vous apercevez là-bas » et mon compagnon, en parlant, désignait un endroit situé, suivant les circonstances, à 150, 250 ou 300 mètres. Je finis par conclure que, dans ce pays, on aurait avantage à poser les maisons sur des rouleaux et je me dis que la Providence ménageait vraiment de brutales surprises à un Français, à qui Le Play avait vanté naguère la fixité du *home* traditionnel de la famille Mélouga et à qui la *Science sociale* avait enseigné que la force sociale des Norvégiens et de leurs descendants, les Saxons, venait précisément de la fermeté avec laquelle ceux-là avaient su prendre possession du sol et s'y établir à demeure. Quand je quittai le Hardangerfjord, l'énigme demeurait insoluble. Heureusement le phénomène n'était pas spécial à ce fjord ; je le retrouvai à 300 kilomètres au nord, dans le Nordfjord, et cette fois je me promis bien de ne pas abandonner ce district sans avoir démêlé clairement les causes et la nature d'un fait social aussi déconcertant. J'ai donc poursuivi mon enquête avec persévérance, et, grâce au concours empressé de M. Mawinckle et de Mme Mawinckle, sa mère, j'ai pu constater une fois de plus la puissance de la méthode d'observation monographique.

Le Nordfjord est un fjord de 76 kilomètres de longueur, parallèle au Sognefjord, au nord duquel il se trouve. Sa largeur en certains endroits, la hauteur de ses montagnes, l'étendue de ses glaciers en font un des fjords les plus admirables, dans ce pays où les entailles fjordiennes rivalisent entre elles par la beauté de leurs sites.

Le village de Sandene Gloppen est situé au fond d'un des bras du Nordfjord. En cet endroit, l'embouchure d'une rivière torrentueuse qu'alimentent les puissants glaciers du voisinage et la neige des montagnes a constitué, sur la gauche, une sorte d'estuaire dont la superficie est bien réduite, si on le compare aux estuaires limoneux de nos grands fleuves, mais n'en surprend pas moins agréablement la vue, en ce pays où l'on est habitué à ne voir que des parcelles minuscules juchées sur les pentes. Sur cet estuaire se sont établis le village de Sandene et, sur la droite, une vingtaine de fermes dont les bâtiments d'habitation et de culture, éparpillés de-ci de-là, à peu de distance les uns des autres, ressemblent de loin à un petit hameau.

Une de ces fermes appartient à Jakob Fitje, gaardbruger et constructeur de barques; son geste plus souple, son allure plus dégagée, ses vêtements moins frustes, témoignent que le paysan est ici doublé d'un artisan.

Fitje appartient à une famille du voisinage : ses parents avaient sept enfants, quatre fils et trois filles. Le fils *aîné* acheta la ferme du père et mourut prématurément, laissant plusieurs enfants. La veuve a exploité comme elle a pu pendant plusieurs années et son fils *aîné* va, à son tour, prendre prochainement l'exploitation. Le deuxième fils a épousé une veuve qui était propriétaire du petit brug que possède actuellement Fitje; ce fils mourut bientôt sans laisser d'enfants; sa femme, veuve en deuxièmes noces, a vendu la ferme à son beau-frère Jakob Fitje. Enfin le quatrième fils est au Klondyke, où il est chercheur d'or. Après avoir laissé sa famille quatre années sans nouvelles, il s'est décidé à lui annoncer que sa situation était bonne ; il gagne normalement sa vie. L'aînée des filles est morte à l'âge de vingt ans ; la seconde a été emportée par le typhus; la troisième est mariée à un landhandler du Nordfjord qui jouit d'une agréable aisance.

Jakob a payé sa ferme 3.500 kr., prix plutôt avantageux, car sa belle-sœur, en considération du lien de parenté, a consenti à réduire *légèrement* ses prétentions. L'acheteur avait au préalable économisé 800 kr. sur ses gains de constructeur de barques, et sa femme, qui était fille unique, lui avait apporté en dot un peu plus que le supplément nécessaire, si bien qu'après avoir payé comptant le prix d'achat, il lui restait encore 300 kr. d'argent

liquide. Depuis cette acquisition, la situation de Fitje n'a cessé
d'être prospère ; il n'a eu garde d'abandonner son métier d'artisan qui lui rapporte plus que sa culture, et il a pu ainsi élever,
dans une aisance relative, quatre fils et deux filles. L'aîné de ses
enfants a dix-huit ans et le père s'est déchargé sur lui et sur
ses frères et sœurs du travail matériel de la culture. Ce fils aîné
succédera à son père dans l'exploitation agricole ; le second
fils va suivre l'école de menuiserie du voisinage ; « il est très
probable, nous dit le père, que plusieurs de nos enfants iront
aux États-Unis ».

La ferme de Fitje est petite, puisqu'elle ne mesure que 5 hectares (50 maals), *udmark compris ;* un peu plus de la moitié environ est cultivée. Sur cette ferme Jakob entretient 6 vaches,
12 moutons, 1 cheval, 3 porcs. Proportionnellement à l'étendue
de la ferme, cette quantité de bétail est plus élevée que celle
que nous avons trouvée ailleurs et pourtant Fitje récolte en outre
35 hectolitres d'avoine et 41 hectolitres de pommes de terre.
La terre de Nordfjord est en effet réputée pour sa fertilité naturelle que favorise encore la douceur du climat[1]. Aussi bien
cette région est le lieu d'élevage par excellence du cheval
norvégien, et dans toute la Norvège occidentale, les *Nord-
fjordhesten* sont renommés.

Par exception, Fitje n'élève pas de chevaux, parce que l'exiguïté
de la ferme ne le lui permet pas, et surtout, parce que son métier
de constructeur de canots lui fournit, et au delà, l'appoint nécessaire à la bonne conduite de ses affaires domestiques.

Si fertile que soit la terre de l'indmark, et malgré le concours
de l'herbe de l'udmark, les bestiaux de Fitje ne réussiraient pas
à trouver sur la ferme les 2.300 kr. de foin que leur propriétaire
estime nécessaires pour l'entretien d'une vache pendant une
année ; le sæter vient, pendant quatre mois pour les moutons,
pendant trois mois et demi pour les vaches, combler cette insuffisance. A ce propos, une particularité mérite d'être signalée :

1. Ce fjord n'a pas la grande longueur du Hardangerfjord ou du Sognefjord ; aussi
est-il mieux préparé à recevoir, par sa large embouchure, les eaux chaudes du Gulf-
Stream.

sur la montagne, les animaux ne sont plus ici sous la garde d'une femme, mais sous la garde d'un robuste gars norvégien à qui l'on paie un salaire de 70 kr. pour trois mois. Il paraît que des ours fréquentent parfois ces parages ou plutôt les fréquentaient naguère; depuis une quinzaine d'années, on n'en a pas vu, mais le souvenir de leurs exploits d'antan suffit à persuader aux paysans que la garde d'un homme est préférable.

En outre des ressources de sa culture et de son métier, Fitje se livre un peu à la pêche : suivant les saisons, il pêche du saumon, de la barbue, du maquereau, du hareng. Le hareng se pêche à l'automne et n'est pas considéré comme comestible en cette saison; aussi Fitje en vend-il une partie pour l'engrais, consacrant l'autre à la fumure de ses propres terres. Quant aux saumons et aux truites saumonées, le voisinage des hôtels de Sandene, fréquentés par de nombreux touristes, procure à Fitje une clientèle abondante pendant une partie de la saison. En hiver, le maquereau visite le fjord où il revient encore au commencement de l'été[1].

Enfin l'udmark fournit à Fitje du bois à brûler et une partie importante du bois de sapin que requiert la construction des canots.

Ainsi, on le voit, les ressources de Jakob Fitje sont multiples; si on voulait les évaluer en argent, on serait embarrassé, car, en dehors de la vente des barques, presque toutes aboutissent à

1. Naguère, jusque vers 1840 environ, il paraît que les gaardbruger formaient, à la fin de l'automne, des groupements en vue de la pêche. L'association ne durait que six semaines ou deux mois, juste le temps requis par l'opération de pêche en vue de laquelle elle était formée. Le nombre des associés ne dépassait jamais cinq ou six; le bateau était la propriété de l'un d'eux, chacun s'engageant à fournir deux hommes, dont l'un était d'ordinaire un des fils du gaard et l'autre un domestique de ferme. Le poisson était partagé proportionnellement, après un prélèvement en faveur du propriétaire de la barque. Diverses raisons ont amené la disparition de cette pratique : notamment les domestiques de ferme refuseraient aujourd'hui d'aller à la pêche pendant deux mois. — Cette note mérite de retenir spécialement l'attention de tous ceux qui s'intéressent à l'étude des origines de la formation particulariste : c'est le seul témoignage que j'aie pu recueillir, au cours de mon voyage, sur la participation ancienne des *paysans propriétaires* norvégiens à la pêche méthodique du poisson. Nous sommes loin de l'aménagement social supposé autrefois par Frédéric Le Play, mais il est clair aussi, pour celui qui a inspecté les lieux, que cet arrangement social répond beaucoup mieux aux exigences du travail. Ces associations temporaires, loin de collaborer au fractionnement de la communauté, auraient plutôt tendu à en assurer la conservation.

une consommation directe par les membres de la famille ; quand je demande à Fitje de m'énumérer les produits qu'il convertit en argent par la vente, il n'en trouve presque aucun qu'il puisse citer ; de la peau de bouleau, de l'écorce, un peu de poisson, une très petite quantité de beurre et de fromage, et c'est tout : le reste est employé dans la consommation domestique.

Aussi bien la vie est-elle relativement large et confortable ; l'habitation et le mobilier, le vêtement et la nourriture indiquent bien que nous sommes ici en face d'un artisan aisé. Ainsi, pour ne viser que la nourriture, la famille consomme chaque année la chair d'une vache, de 6 moutons, de 4 veaux et de 3 porcs[1], c'est-à-dire de tous les animaux que produit la ferme. Elle consomme également la presque totalité du beurre et du fromage.

En revanche, les achats et les dépenses en argent sont très réduits ; Fitje a tôt fait de les énumérer :

Cuir pour la semelle des souliers — le cuir des autres parties de la chaussure étant fourni par les animaux de la ferme — et divers articles de vêtement..	30 kr.
Salaires..	110 —
Café..	12 —
Sucre..	5 —
Orge..	40 —
Pétrole (60 litres)..	10 —
Sel (pour les membres de la famille et pour les animaux)..	3 —
Impôts[2]..	70 —
Faulx et divers articles de forge[3]..	7 —
	287 kr.

Deux chapitres de ce compte des dépenses méritent une obser-

---

1. Pour apprécier la quantité de viande que représentent ces animaux, il faut se rappeler que les animaux norvégiens sont de petite taille et, de plus, les veaux sont tués à l'âge de quatorze jours, afin d'économiser le lait dont la famille trouve un meilleur emploi en le consommant directement.

2. Fitje me fait remarquer que le montant de ses impôts n'est fixé à ce chiffre que parce que le nombre de ses enfants le classe dans la dernière catégorie des contribuables ; autrement la cote devrait être multipliée par deux et s'élèverait à 140 kr.

3. Fitje fabrique lui-même ses fourches, ses fers à cheval et presque toute la ferronnerie des voitures qu'il emploie sur sa ferme.

vation, celui du vêtement et celui des salaires. La laine des moutons de la ferme, filée et tissée au foyer, fournit l'étoffe des vêtements et comme Fitje a été autrefois tailleur, il coupe lui-même ses habits et ceux de ses fils. Dans une large pièce, au premier étage, sont suspendus à des patères fichés dans les quatre murs les très nombreux vêtements des membres de la famille : parmi ceux-ci, six jupons, un habillement d'enfant, un très bon paletot d'homme, une couverture de lit ont été entièrement confectionnés à la maison, les autres ont été achetés. Les moutons de la ferme ne sont pas assez nombreux, pour que leur laine suffise aux besoins de vêtement des deux parents et des six enfants; force est donc de se pourvoir partiellement au dehors.

En ce qui concerne les salaires, Fitje, imitant en cela tous les gaardbruger de Norvège, se plaint de leur taux élevé. Il emploie une domestique de ferme qu'il paie 40 kr. et à qui il donne en outre divers objets d'habillement dont il estime la valeur à 30 kr. [1]; avec la nourriture, on peut évaluer à 180 kr. environ le coût annuel de cette auxiliaire. « Le fait est, dit Fitje, qu'on ne trouve plus aujourd'hui de domestiques, et cela est dû à deux causes, d'une part à l'émigration aux États-Unis, d'autre part à l'ensemble des idées sociales du jour qui contribuent à accroître les exigences des serviteurs et à diminuer leur rendement en travail. Il faut donc toujours avoir une ferme de grandeur telle que la famille puisse l'exploiter elle-même, sans être obligée de recourir au travail salarié. »

Cette déclaration de Fitge mérite de retenir notre attention; elle confirme ce que d'autres constatations nous ont déjà enseigné et elle atteste qu'une étroite connexité existe non seulement entre le régime de propriété foncière et le travail, mais encore entre ce régime de propriété et certains détails, en apparence peu importants, de l'organisation du travail.

Au surplus, la ferme de Fitje est de telle dimension qu'elle ré-

---

1. On peut se demander comment il se fait que la dépense des salaires ne soit portée au budget que pour 110 kr., alors que nous trouvons ici pour une domestique une dépense de 70 kr. et que le salaire des gardiens du sœter est de 70 kr. L'explication est fort simple : le gardien du sœter surveille en même temps les animaux de plusieurs fermiers.

pond et audelà au desideratum qui vient d'être signalé : elle serait même trop petite pour pouvoir subvenir seule aux besoins d'une famille. Aussi Jakob se propose-t-il de la transmettre plus tard intégralement à son fils aîné, suivant la coutume norvégienne et il se gardera bien de la partager entre ses enfants. Lorsqu'il fera cette transmission, il ne se construira pas, pour lui-même, une petite habitation à côté ; cette coutume est inconnue dans le Nordfjord. Fitje explique cette abstention par le désir d'éviter le supplément d'impôts qu'entraîne la possession d'une deuxième maison d'habitation. Si cette explication était juste, on peut croire que dans aucun fjord de Norvège, le père, qui se retire, ne se résoudrait à faire la dépense d'une habitation séparée ; le désir de ne pas augmenter ses redevances est universel et commun à tous les contribuables. La vérité me paraît être que dans le Nordfjord, comme dans le Hardangerfjord, les conditions du lieu ont permis de place en place la constitution de nombreuses petites fermes voisines les unes des autres ; dans ces conditions, l'homme, mieux habitué aux relations de voisinage, n'a plus le même besoin, j'oserais presque dire farouche, de l'isolement et de la solitude ; on est mieux habitué à supporter les petites imperfections du caractère des autres et on est plus enclin à la sociabilité.

En sus du prix de vente, lequel, suivant le dessein de Fitje, ne devra pas dépasser 2.000 kr., celui-ci stipulera de son fils aîné les prestations suivantes : quelques kilogrammes de beurre, un peu de pommes de terre, l'entretien d'une vache et de trois ou quatre moutons, le vêtement, le droit à la table du ménage. « Au surplus, ajoute-t-il, comme dans cette circonscription, on s'entend toujours très bien avec sa belle-fille, cette réserve de prestations en nature et d'entretien de quelques animaux est de peu d'intérêt et, en fait, le lait de la vache et la laine des moutons sont confondus avec le lait et la laine des autres animaux. »

Les relations familiales sont excellentes parmi ces paysans du Nordfjord ; il n'en peut guère être autrement puisque l'état général de la moralité est aussi excellent et que le maintien des saines relations familiales est toujours assuré dans les milieux sociaux où la moralité est sauvegardée. Dans ce fjord comme dans tous les autres, le vol et le mensonge sont des délits inconnus et le prêtre de Gloppen me signalait comme un fait anormal la naissance de deux enfants naturels pendant l'année précédente.

La population de cette circonscription est spécialement pieuse et chrétienne, et l'intensité de sa foi religieuse lui a permis d'attirer l'année dernière au milieu d'elle, pour le service de la paroisse, un des prêtres luthériens les plus admirables par l'esprit de foi, la piété confiante et la générosité du cœur [1]. Chaque matin et chaque soir, Fitje lit, en présence de tous les membres de la famille, une prière qu'il trouve dans un livre *ad hoc* et on chante ensuite un verset ou une hymne. Le dimanche, lorsqu'il n'y a pas de service à l'église, le père de famille fait une lecture pieuse et celle-ci est suivie du chant d'un cantique. Aussi bien, Fitje déclare que le sentiment religieux est loin d'être en décroissance dans la région du Nordfjord : « On pourrait même dire que la foi augmente et que chacun porte plus d'intérêt aux choses de la religion ». Des journaux hebdomadaires favorisent et entretiennent cette influence religieuse; notamment les enfants de Fitje sont abonnés à deux journaux qui ne manquent jamais d'insérer dans chaque numéro un ou deux articles à tendances spécifiquement confessionnelles.

Nous sommes maintenant en possession de renseignements suffisants pour comprendre l'agencement de la vie familiale de Jakob Fitje et de ceux qui l'entourent; nous pouvons donc aborder l'étude de l'élément social qui est le signe caractéristique et distinctif de cette monographie, je veux dire la propriété foncière.

Lorsqu'on interroge Jakob Fitje sur sa culture et l'exploitation de sa ferme, une réponse revient fréquemment sur ses lèvres : « Je cultive de telle manière, parce que je ne peux pas faire encore ce que je voudrais faire, mais quand nous aurons procédé à l'*udskiftning*, j'obtiendrai un bien meilleur rendement. »

Pour comprendre cette phrase, il faut savoir que la ferme de

---

1. Voir *infra* le chapitre sur le *Culte*.

Fitje, dont la superficie, comme je l'ai dit, est égale à 5 hectares (50 maals), non compris le *teigebütte, se compose de cinquante-sept lopins différents, et dont la très grande majorité ne se touchent même pas les uns les autres.* Cette extraordinaire division de la propriété qui pourrait soutenir aisément la comparaison avec les exemples les plus célèbres de morcellement, relevés autrefois par Frédéric Le Play dans la région de la Champagne française, a pour origine des morcellements successifs pratiqués à des époques diverses, à la suite de ventes, de mariages ou de partages, ou parfois, mais assez rarement paraît-il, à la suite du partage d'un *teigebütte.*

Le brug de Jakob Fitje faisait, dans les temps reculés, partie d'un *gaard* unique; le plus ancien document y relatif que l'on possède, remonte à l'an 1600 et il atteste qu'à cette époque le gaard était divisé en trois brug. Un peu plus tard, une quatrième ferme fut constituée, et en 1700 une cinquième; pendant le cours du XIXe siècle, trois nouvelles exploitations furent aménagées par morcellement de l'une ou l'autre des anciennes. Or, à chaque morcellement, on n'attribuait pas au nouvel ayant droit un morceau d'un seul tenant, mais au contraire *on lui lotissait une parcelle prise sur chacune des parcelles dont se composait auparavant le brug morcelé.* Pour comprendre la raison de ce procédé étrange, qui ne pouvait manquer, par sa répétition même, d'aboutir à un enchevêtrement inextricable des parcelles, il suffit de se rappeler que la terre cultivée des fjords norvégiens est très inégalement fertile. D'un mètre à l'autre, pourrait-on dire, la qualité du sol varie sensiblement, suivant que les rochers affleurent plus ou moins, ou même saillissent, suivant l'inclinaison des couches granitiques dont les parois étanches peuvent transformer une section en un marécage ou en une tourbière, suivant, enfin, l'ancienneté du défrichement et la quantité de fumures incorporées. Dans ce pays, où la terre arable est en grande partie l'œuvre du travail même de l'homme, le rendement de la terre n'est pas proportionnel à la surface, et telle parcelle produit de l'herbe d'excellente qualité, alors que telle autre, qui lui est contiguë, n'en produit que de moins bonne ou qu'une troisième n'en produirait que de mauvaise. Dans ces conditions, il importe beaucoup à tout nouvel exploitant de s'assurer la possession des divers sols qui lui permettront une culture normale; il demande donc sa part des bonnes terres et comme son vendeur exige qu'il accepte une part des terres médiocres ou mauvaises, on aboutit au morcellement indéfini (*teigeblanding*), je dirais mieux à la pulvérisation, dont la ferme de Fitje nous fournit un exemple [1].

Il y a plus, un phénomène supplémentaire vient encore compliquer ce régime déjà complexe de propriété foncière. Nous savons que, dans toute ferme fjordienne, il existe un udmark, une portion non cultivée; or le bord de cet udmark qui avoisine l'indmark n'est guère moins susceptible de défrichement que ne l'étaient autrefois les parties proches de l'indmark qui ont été défrichées et mises en culture. Lorsqu'un brug est morcelé, le brug nouvellement constitué jouit d'un droit de pacage et d'affouage sur l'udmark, proportionné à l'importance respective des deux brug, importance que révèle d'une manière claire et palpable la nouvelle évaluation à laquelle il est procédé pour la collection de l'impôt foncier. Un jour vient où les deux propriétaires résolvent de mettre en culture telle portion de l'udmark; dans ce cas, au lieu de convenir que chacun procédera séparément au défrichement d'une parcelle égale, ils stipulent ensemble que la parcelle indivise sera cultivée en commun, c'est-à-dire que le travail, les fumures et les semences seront fournis, et la récolte sera recueillie, suivant une attribution *proportionnelle à l'importance respective des deux brug*. La parcelle exploitée suivant ce mode compliqué porte le nom de *teigebütte*.

Cette étrange méthode a la même cause que le morcellement constaté plus haut : la nécessité de tenir un compte exact de la très inégale fertilité des terres. Elle aboutit par une autre voie

---

1. Les partages sont d'ailleurs faits avec grand soin, ainsi que le témoigne la lecture d'un acte de partage que nous montre Fitje et qui remonte à 1736. Des bornes, formées d'une grosse pierre en granit flanquée de deux petites, marquent les limites ; ces bornes sont placées sur des morceaux de charbon de bois, afin qu'en cas de contestation on puisse plus aisément connaître avec certitude la ligne de bornage.

aux mêmes complications, ainsi que l'atteste le témoignage de Fitje dont le brug est titulaire d'un teigebütte, exploité en commun avec un autre propriétaire voisin.

Ces complications du teigeblanding et du teigebütte [1] apparaissent plus gênantes et plus intolérables à mesure que le temps s'écoule : en effet, l'épierrement et les fumures tendent naturellement à améliorer les parcelles moins bonnes et la culture prolongée atténue l'inégalité des valeurs culturales; aussi les arrière-descendants sont enclins à ne voir que les inconvénients d'un morcellement aussi contraire à une exploitation économique du sol. Un jour vient où, fatigués des ennuis de toute sorte que cette situation comporte, les différents propriétaires demandent qu'on procède à un nouveau lotissement des parcelles divisées et à un partage des parcelles indivises : cette double opération s'appelle *udskiftning*. Dans tous les districts ruraux où il y a lieu d'y recourir, elle excite au plus haut point l'intérêt du paysan, car elle est toujours délicate et souvent onéreuse, spécialement à raison des transports des chalets d'habitation et des bâtiments de culture qu'elle rend presque toujours inévitables. Depuis vingt-cinq années, cette question de l'udskiftning a tenu une telle place dans les préoccupations des habitants d'un grand nombre de districts ruraux que le gouvernement de Kristiania a dû intervenir tant en promulguant la loi organique du 13 mars 1882 qu'en inscrivant chaque année au budget national un crédit de 250.000 kr. pour pourvoir *à la délimitation, au bornage et au partage des propriétés*. La majeure partie de cette somme est affectée au traitement et aux frais de déplacement de 44 employés cadastraux et de leurs assistants : une portion, 50.000 kr., vient en aide aux intéressés

---

1. Les morcellements entraînent aussi des complications à l'égard des *bygselmænd* : on désigne sous ce nom des individus qui ont un droit de jouissance viager sur certaines parcelles de terre comme les husmænd, mais qui diffèrent de ceux-ci en ce que leur redevance consiste en argent au lieu de consister en travail. Fitje a deux bygselmænd dont l'un lui paie annuellement 4 kr., l'autre 3 kr. 20 öre; il a de plus droit au tiers de la redevance, 2 kr. 40, d'un troisième, et à une portion infinitésimale de la redevance d'un quatrième. J'ajoute en passant que Fitje n'aime pas les husmænd, ni les bygselmænd : il trouve que ce mode de tenure arrête le progrès de la culture et après l'udskiftning, il se promet de ne pas renouveler le contrat.

besogneux pour alléger les charges très lourdes qu'entraîne le déplacement des habitations.

Il m'a paru que la meilleure manière de mettre le lecteur au courant des complications de l'udskiftning était de reproduire ici en note le texte intégral de la loi de 1882; ce document montre le soin que le législateur norvégien a pris de prévoir tous les détails d'une opération qui est en effet, aux yeux du paysan, aussi importante que difficile[1].

1. *Loi du 13 mars 1882 sur le lotissement : Lov om Udskiftning.*

CHAP. 1. — Dans quels cas et par qui le partage peut être demandé.

ART. 1. — Les fonds ruraux peuvent être soumis à partage, lorsqu'ils sont réputés propriété commune.

ART. 2. — On dit qu'une terre est propriété commune : 1° lorsque le lot de chacun n'est pas déterminé séparément et que les différentes parcelles, soit ensemble, soit successivement, sont soumises à un usage commun; 2° lorsque les différents propriétaires ont chacun des pièces de terre qui leur appartiennent exclusivement, mais dont la situation est telle qu'on ne peut les cultiver ou les entourer de barrages sans une gène extrême. Le mode de propriété porte, dans le premier cas, le nom de *sameie* et dans le second, celui de *teigeblanding*.

Serait assimilée au teigeblanding la propriété d'un seul tenant, mais dont les limites sont tellement irrégulières que l'on rencontre les mêmes difficultés de culture ou de clôture.

ART. 3. — Le lotissement ne peut être exigé, quand on voit, d'après les circonstances locales, que cette opération est inutile, ou qu'il y a de trop grandes difficultés, ou qu'on ne pourra le faire, sans qu'il y ait en même temps un transport de maisons et bâtiments (*udflytning*) qui serait trop coûteux pour ceux à qui il incomberait.

. . . .

ART. 6. — Celui qui exploite une propriété sans en être propriétaire, ne peut exiger l'udskiftning; il ne peut davantage s'opposer au lotissement exigé par le propriétaire.

CHAP. II. — Lotissement amiable.

ART. 7. — Le lotissement peut se faire à l'amiable, si les propriétaires sont d'accord et que ceux qui exploitent ou ont un droit d'usage donnent leur consentement.

ART. 8. — On doit dresser un acte écrit et le lotissement ainsi fait ne peut être remplacé par un partage judiciaire, s'il est attesté par le bureau des lotissements, composé d'un président et de deux assistants, que ce *lotissement* est complet et conforme aux exigences des circonstances. Au surplus, ledit lotissement ne serait approuvé, lorsqu'il ne porte que sur la terre non cultivée (*udmark*), qu'autant qu'il n'empêche pas ultérieurement un partage convenable des terres cultivées (*indmark*).

Si le président du bureau des lotissements trouve que le partage est incomplet, il doit demander aux copartageants de modifier et de compléter leur acte. L'acte de partage est enregistré.

Les membres de cette commission sont choisis parmi les hommes compétents de la circonscription; ils sont nommés par le *foged* et reçoivent un salaire conformément à la loi.

ART. 9. — Si cette approbation du partage amiable par la commission des partages est contestée par un des copartageants, on peut demander un partage judiciaire im-

Cet *udskiftning*, après lequel Fitje soupire, on peut le voir réalisé dans le voisinage même de Sandene, à Gloppen; là aussi et par suite des mêmes causes, les fermes étaient morcelées en

médiatement, ou après un délai de deux ans, si on ne l'a pas demandé immédiatement.

Dans ce cas, le partage judiciaire doit respecter, autant que possible, le partage amiable.

ART. 10. — Serait encore considéré comme partage amiable celui qui serait fait par trois arbitres, nommés par les parties, et dont le choix aurait été approuvé par le *foged*.

CHAP. III. — Partage judiciaire.

ART. 11. — Le partage judiciaire est celui qui est l'œuvre d'une commission de partage, nommée par l'autorité publique.

En première instance, la commission comprend au moins deux membres, et en cas d'appel, la commission supérieure se compose de quatre membres, si le président n'est pas le même qu'en première instance, de cinq membres, si le président est le même; dans ce dernier cas, le président n'aurait pas voix délibérative.

ART. 12. — Le roi fixe le nombre des commissaires au lotissement dans la limite des crédits ouverts par le Storthing. Chaque commissaire peut se faire assister d'un auxiliaire, mais sous sa propre responsabilité; cet auxiliaire ne peut d'ailleurs présider le comité. Ces commissaires sont nommés par le roi ou par son délégué. Ils reçoivent un salaire et une indemnité de déplacement

ART. 13. — Dans chaque district où l'on veut procéder à un partage judiciaire, un comité doit être institué par le *foged*.

CHAP. IV. — Comment se fait le partage judiciaire.

ART. 16. — Celui qui demande le partage judiciaire doit s'adresser au commissaire du lotissement de son district, soit directement, soit par l'intermédiaire de l'*amt-mand*. La requête doit indiquer les immeubles en cause, les noms des propriétaires et des exploitants, les noms des voisins, l'étendue superficielle couverte par le lotissement à intervenir.

Le commissaire fait connaître les jour et heure auxquels il commencera les opérations de partage, ainsi que le lieu où il se tiendra. Chaque intéressé recevra notification de cet avis, au moins quatre semaines à l'avance.

S'il s'agit d'un partage de propriétés spécialement important, le roi peut ordonner que le lotissement soit annoncé sur les places publiques.

ART. 17. — Le demandeur peut toujours se désister, en payant les frais déjà exposés.

. . . .

ART. 21. — Le comité de partage doit commencer par la délimitation exacte de la superficie soumise au lotissement, puis déterminer l'étendue de chaque propriété, les droits respectifs et les droits en communauté, les servitudes qui grèvent les propriétés. Si les limites qui séparent la superficie soumise au lotissement d'avec les immeubles voisins sont irrégulières, le comité s'efforcera, par des échanges amiables, de les redresser; si cet échange amiable est impossible, le comité procédera à ce redressement d'autorité, suivant ce qu'il jugera convenable.

ART. 22. — La superficie soumise au lotissement doit être évaluée; pour la terre cultivée, on doit en principe dresser un plan d'arpentage, à moins qu'il ne s'agisse de très petites surfaces ou de très petites valeurs. Pour la terre non cultivée, l'arpentage et le plan sont facultatifs.

ART. 23. — Après ces opérations préliminaires, on dresse un plan provisoire de

d'innombrables parcelles enchevêtrées les unes au milieu des autres et par suite très difficilement exploitables; à peine quelques parcelles y étaient-elles plus étendues qu'à Sandene,

partage que l'on soumet aux intéressés. Si des changements sont demandés et que le comité de lotissement accède aux demandes, ce plan devient définitif.

Art. 24. — Au surplus, le comité pourrait toujours partager immédiatement une partie seulement de la superficie, relativement à laquelle l'accord existe entre les parties, lorsque ce lotissement partiel ne compromet pas le lotissement de l'ensemble.

. . . .

Chap. V. — A quelles terres s'étend le partage.

Art. 27. — On peut exiger le lotissement de la terre cult'vée, sans exiger les lotissements de la terre inculte, mais on ne peut exiger le lotissement de la terre inculte, lorsque la terre cultivée n'a pas été complètement partagée auparavant, à moins que le comité de partage n'ait la certitude absolue que ce partage de la terre inculte peut se faire sans nuire en quoi que ce soit au partage ultérieur et convenable de la terre cultivée.

Au surplus, le demandeur peut, à tout moment de la procédure, étendre sa demande et requérir le partage de la totalité.

Art. 28. — Si on a demandé le partage de la terre cultivée, celle-ci doit être partagée dans sa totalité, tant que les circonstances locales le permettent. On peut au contraire restreindre à une portion déterminée le partage de la terre inculte, lorsque aucun des intéressés ne s'y oppose et que ce partage partiel ne met pas obstacle à un partage ultérieur de la totalité.

Art. 29. — Si on a demandé seulement le partage de la terre cultivée ou d'une partie de la terre inculte, le comité de partage a toujours le droit d'étendre ses opérations à la portion de terres incultes qu'il juge utile pour qu'il puisse être procédé à un partage avantageux.

Art. 30. — Le comité de partage peut comprendre dans le lotissement une terre qui est située à l'intérieur de la section soumise au partage, quand même son propriétaire ne ferait pas partie de la communauté (*Fælleskab*).

Art. 31. — On doit s'efforcer de procéder au partage de toutes les sections; si la chose paraît impossible, on restreindra la communauté autant qu'on le pourra, soit en restreignant le plus possible l'étendue de la terre commune, sans causer de dommages aux copropriétaires, soit en diminuant le nombre des copropriétaires.

Lorsqu'une parcelle présente une utilité égale pour deux ayants droit, on détermine par la voie du sort le nom de celui à qui elle sera attribuée.

Art. 32. — Si aucune circonstance locale ne s'oppose au lotissement complet, mais que, à cause du transport des bâtiments, ce partage soit trop coûteux, celui-là peut exiger le partage intégral qui offre de prendre à sa charge les frais du transport.

Chap. VI. — Principes suivant lesquels doit se faire le partage.

Art. 33. — S'il y a *sameie*, le partage se fait proportionnellement à l'impôt foncier (*skatteskyld*) sans égard aux diminutions de valeur ou d'étendue qui auraient pu affecter les immeubles, par suite d'aliénation. Cette base du lotissement est adoptée pour autant que les droits respectifs des divers propriétaires ne sont pas déterminés d'une autre manière, et que l'un ou l'autre des copropriétaires ne peut démontrer l'existence à son profit d'un droit privatif sur une section du *sameie*.

Comme base du partage, on prend le montant de l'impôt foncier avant la loi du

parce que le terrain plus accidenté et plus montueux ne favorisait pas la constitution de fermes aussi petites. Il y a quelques années, on a procédé au lotissement et on a reconstitué des

17 décembre 1836; quand on ne trouve pas ce montant (*skyld*) et qu'on ne peut le calculer, on partage d'après l'impôt foncier établi au moment où a été fixée séparément la taxe foncière de la propriété dont s'agit.

Art. 34. — En cas de *teigehlanding*, on sépare sans égard au montant de l'impôt foncier, de manière que chaque ferme reçoive l'équivalent de ce qu'elle donne; toutefois, s'il y a accord de tous les ayants droit, on pourrait aussi prendre pour base le montant de l'impôt foncier.

Art. 35. — Si un ancien partage est suivi d'un nouveau, ou si un nouveau résoud un ancien, alors les conditions de propriété en vigueur avant le premier partage seraient le fondement du partage actuel.

Chap. VII. — Allotissement.

Art. 36. — Le lot qui est attribué à chaque propriétaire doit être d'un seul tenant, autant que la chose est possible. On ne doit surtout pas séparer, sans des circonstances tout à fait anormales, les parties de terre cultivées et les parties défrichables de la terre inculte qui sont attribuées au même propriétaire; si un propriétaire reçoit plusieurs parcelles séparées de terres cultivées ou de terres incultes, on doit indiquer explicitement la cause de cette attribution. .

. . . .

Art. 38. — Chaque lot doit être entouré de bornes durables et très visibles, comme des croix dans des rochers, ou des pierres servant de bornes; sur chacune des lignes il doit y avoir au moins trois de ces signes. Dans l'acte de partage, on doit décrire très exactement les lignes séparatives, avec indication de leur direction; on doit même indiquer aussi, autant que possible, la distance entre les différentes pierres ou marques, et, au besoin, on doit dresser un plan et y mentionner les bornes.

Art. 39. — Les chemins nécessaires doivent être ménagés et décrits; en même temps, on fixe la manière de les entretenir et d'en faire usage.

Art. 40. — On fixe également les droits respectifs à l'usage des eaux et moulins et des endroits où l'on peut placer une hutte, déposer des matériaux, pêcher, recueillir des herbes de mer, etc.; pour l'exercice de ces différents droits, on devra le plus possible éviter la constitution de servitudes.

Art. 41. — Si une partie de la terre lotie est susceptible d'être mise en culture après dessèchement, l'acte de partage déterminera l'emplacement des canaux d'écoulement des eaux et les moyens de les entretenir.

Art. 42. — L'acte de partage fixera aussi le mode d'établissement des clôtures, celles-ci devant, le plus possible, être en ligne droite.

Art. 43. — Si, par l'effet du lotissement, il y a échange de pièces de terre non défrichées ou moins amendées contre des pièces de terre défrichées ou mieux amendées, une soulte devra être fournie, et celle-ci pourra, suivant les circonstances, consister en argent, en terres, ou en toutes autres choses, telles que, assistance de travail, engrais, prêt gratuit d'une terre pendant un certain nombre d'années; pourtant, si l'on choisit l'un de ces trois derniers modes d'indemnité, une partie de la soulte devra être en argent.

Art. 44. — Si l'on échange un lot libre contre un lot grevé d'un droit d'usage, et que ce droit d'usage soit perpétuel, la compensation ne peut se faire qu'au moyen d'un lot plus grand, à moins que les circonstances ne s'y opposent absolument.

Art. 45. — Si, par l'effet des partages, un propriétaire donne plus de bois ou de

fermes d'un seul tenant. Les paysans impliqués dans l'opération se félicitent du changement, bien que des inconvénients temporaires assez graves soient la rançon de ce progrès. Je signalerai

tourbe qu'il ne reçoit, ce à quoi, d'ailleurs, il ne pourrait être contraint lorsque ce changement affecte gravement l'exploitation de sa ferme, le comité de lotissement décide de la manière la plus satisfaisante pour l'aménagement des intérêts de tous. En principe, l'indemnité compensatoire du prix des jeunes arbres doit être fournie en argent. Pourtant le comité pourrait aussi stipuler que l'ancien propriétaire aura le droit de les enlever plus tard, à l'époque où ils seront parvenus à leur croissance normale ou lorsque d'autres circonstances spéciales rendront leur coupe raisonnable.

Art. 46. — Si l'un des copartageants allègue avoir défriché tout ou partie de l'*udmark* qui était propriété commune, alors même que ce fait ne serait pas prouvé par titre, le comité de partage pourra attribuer cette parcelle à celui qui l'aura défrichée, les autres copropriétaires recevant une part égale de l'udmark, ou lui allouer une indemnité convenable, compensatoire des travaux de défrichement.

Art. 47. — Le comité de partage fixe le délai pendant lequel le partage arrêté devra être mis à exécution; si aucun délai n'a été fixé, chaque partie peut se pourvoir en justice pour obtenir l'exécution : en tous cas le délai doit être de trois mois au moins, à moins que toutes les parties ne soient d'accord pour abréger ce délai.

. . . .

Art. 49. — L'acte de partage doit prévoir, le cas échéant, l'irruption d'un torrent ou l'éboulement des rochers et la manière de répartir, entre les différents propriétaires, la charge des travaux qui pourraient être nécessaires.

Chap. VIII. — Comment il faut traiter ceux qui ont des droits sur les terres sans en être propriétaires.

Art. 50. — Les husmænd et autres usagers de terres non séparément imposables ne doivent pas être troublés, et on doit les laisser achever le temps de leur possession, pour autant qu'aucun inconvénient substantiel n'en résulte. Si une pièce de terre est ainsi devenue, en tout ou en partie, la propriété d'un autre, le husmand ou l'usager peut rester sous la dépendance de son ancien roi de terre (*Jorddrot*); dans ce cas, une indemnité est due au nouveau propriétaire, qui est ainsi privé de l'usage de sa terre. Si la parcelle de ce *husmand* ou de ce *fester* doit désormais appartenir à plusieurs, le comité de partage désigne celui d'entre les « rois de terre » dont le *husmand* ou le *fester* sera dépendant. Si la tenure du husmand ou du fester est diminuée, celui-ci a droit à une parcelle, à moins qu'il n'accepte de recevoir autre chose en compensation. Si on ne peut éviter le transport de la maison du husmand ou du fester, le comité de partage doit déterminer les mesures qu'il juge utiles pour que ledit transport soit fait de la manière la plus satisfaisante sous tous les rapports.

Art. 52. — En cas de nécessité, le comité de partage a le droit de transporter le droit d'usage d'une terre sur une autre terre, d'en restreindre l'étendue, de changer le mode d'usage et en général de régler les relations entre le propriétaire et l'usager; pourtant il doit toujours s'efforcer de diminuer le moins possible le droit de l'usager.

Art. 53. — En cas de difficulté trop grande, le comité de partage aurait le pouvoir de résoudre le droit d'usage, moyennant indemnité.

Chap. IX. — Transport (*udflytning*).

Art. 55. — Lorsque le comité de partage trouve qu'on ne peut effectuer le lotissement sans qu'il y ait transport des maisons et bâtiments, il a le droit d'ordonner ce transport.

plus loin ces inconvénients que j'ai surtout constatés en étudiant la vie des paysans de Lofthus, village du Hardanger-fjord; bornons-nous ici à constater que l'udskiftning peut ap-

Art. 56. — Lorsque les différents propriétaires tombent d'accord sur le nom de celui d'entre eux qui doit transporter ailleurs ses bâtiments, on se tient à cet arrangement, pour autant que celui-ci concorde avec le plan général de partage; à défaut d'entente, le comité de partage désigne celui qui doit se soumettre au transport. Pour cette désignation il prend surtout en considération l'étendue et la qualité des terres cultivées, l'importance et la qualité des bâtiments, la manière dont ils sont groupés au centre de l'exploitation, de manière à ne pas soumettre à l'obligation de transport le propriétaire qui réunit le mieux ces divers avantages. S'il y a égalité entre plusieurs, on ne soumet pas au partage le propriétaire pour lequel le transport serait le plus coûteux; enfin si, même sous ce rapport, il n'y a pas de différence appréciable, on tire au sort. Le comité de partage a le droit d'exiger que la reconstruction ne soit faite qu'à une certaine distance de la limite de la propriété voisine.

Art. 57. — Si l'on peut, de quelque manière, éviter le transport et économiser une dépense importante en se bornant à échanger des bâtiments accessoires et qui se trouvent construits sur l'udmark, le comité de partage a le droit d'imposer cet échange, si lesdits bâtiments ont le même aménagement et que l'échange ne puisse être considéré comme imposant une gêne très grave à l'exploitation d'aucune des deux fermes.

Art. 58. — Le comité de partage doit évaluer les frais de transport; pour cette évaluation, il peut se faire assister d'experts, aux frais des copartageants; la contribution de chacun consistera soit en argent, soit cumulativement en argent, en transport, en travail ou en matériaux. Si parmi les copartageants, il s'en trouve un qui ait déjà contribué précédemment à un autre transport, celui-là peut être exonéré de sa part contributoire, soit en totalité, soit en partie.

Art. 59. — Dans le cas de l'article 57, si les maisons ne sont pas d'égale valeur, le comité détermine le montant de la soulte à payer et décide si cette soulte doit être à la charge d'un seul ou si les autres doivent aussi y contribuer.

Art. 60. — Dans le cas où la contribution aux frais de transport ou aux indemnités pour échange de bâtiments accessoires entraînerait une charge qui pour une terre dont le *skyldmark* est de

moins de 25 öre, serait supérieure à	25 kroner
de 25 à 50......................	50 —
— 50 öre à 1 mark...............	100 —
— 1 mark à 2 marks...............	150 —
— 2 — 3......................	200 —
— 3 — 4......................	250 —
— 4 — 5......................	300 —

et ainsi de suite, en ajoutant 30 kroner pour chaque mark supplémentaire, le propriétaire a le droit de s'opposer au partage, à moins qu'un des autres copartageants ne prenne le supplément à sa charge ou qu'il n'y soit pourvu d'une autre manière.

Art. 61. — Le Trésor public peut, dans la mesure des crédits ouverts au budget, contribuer à ces frais de transport des bâtiments. Le montant de ce concours est calculé d'après l'étendue des terres et les ressources pécuniaires des copartageants.

porter des modifications assez graves dans le régime de la propriété et de l'exploitation agricole. Ainsi, la ferme de Johan Vereide qui comprend 11 hectares (110 maals) de terres cultivées (indmark) s'est trouvée accrue en superficie à la suite des

Les chapitres 10, 11 et 12 fixent les règles de procédure de première instance et d'appel.

Chap. XIII. — Règlement sur l'usage en commun.

Art. 85. — Si le partage du *sameie* est refusé, à raison des conditions du lieu, ou s'il n'est accordé que pour partie, le comité de partage peut, s'il le juge bon, et sans nuire à d'autres droits existants, édicter des prescriptions réglementaires relatives à l'usage du *sameie :* par exemple, si le *sameie* comprend des bois ou des tourbières, il peut déterminer quelle quantité de bois ou de tourbe, comment et en quel temps chaque propriétaire peut extraire du *sameie* et, lorsque le sameie embrasse une étendue de pacages, le comité peut fixer le nombre et la nature des animaux que chaque copropriétaire a le droit d'envoyer ; il peut ainsi diviser le pacage en différentes sections et fixer le nombre et l'espèce d'animaux qui pourront pâturer sur chacune.

Chap. XIV. — Résolution des droits d'usage et règlement à intervenir entre le propriétaire et l'usager.

Art. 89. — On a le droit d'exiger, soit au moment du partage, soit à tout autre moment, la résolution des droits d'usage suivants : pacage, droit de coupe de bois ou de récolte quelconque sur les produits d'un bois, droit de couper de l'herbe, droit de prendre de la tourbe, ou de la bruyère, de la terre-mère ou de la mousse·

Art. 90. — Le propriétaire a le droit d'exiger cette résolution, lorsqu'il est possible d'établir au profit de l'usager un droit de propriété sur une autre portion susceptible de lui procurer le même avantage, ou même de lui constituer sur une autre portion un droit d'usage équivalent.

Art. 91. — Lorsque semblable compensation n'est pas fournie, le propriétaire n'a le droit d'exiger semblable résolution que dans les cas suivants : 1° s'il s'agit d'un droit sur l'*indmark*, pourvu que le droit d'usage ne soit pas considéré comme indispensable pour l'usager, 2° s'il s'agit d'un droit sur l'*indmark* et que l'on croie cette résolution nécessaire ou très importante pour l'institution d'un usage rationnel de la terre ou l'établissement de clôtures, alors que le droit d'usage dont il s'agit n'est que de moindre importance pour l'usager. Le comité de partage évalue la compensation à fournir à l'usager, celui-ci ayant d'ailleurs toujours le droit d'exiger que l'indemnité soit fournie en argent.

Art. 92. — Lorsqu'on dénie au demandeur le droit de résolution, parce que les conditions ne sont pas réunies, le comité de partage a le droit, si quelqu'un le demande et que cette demande soit jugée équitable, de réglementer les relations entre le propriétaire et l'usager, afin de mieux sauvegarder le droit de chacun et d'éviter les contestations.

. . . .

Art. 95. — Lorsque l'usage d'une terre est partagé d'une manière permanente, entre plusieurs ayants droit, comme dans le cas où l'herbe appartient à l'un et les arbres à l'autre, sans qu'on sache lequel des deux est propriétaire du sol, on considère, pour l'exercice de ce droit de résolution, que la propriété appartient à celui dont le droit a le plus de valeur, l'autre étant seulement considéré comme usager.

(Les Chapitres 15, 16 et 17 sont sans intérêt.)

lotissements, parce que les terres cédées étaient meilleures que les parcelles reçues en échange. Malgré cette extension de superficie, Vereide récolte maintenant moins de foin et par suite peut entretenir moins d'animaux qu'il ne le faisait autrefois ; cet inconvénient qui ne disparaîtra pas avant d'assez longues années, — car en un tel pays, les amendements du sol requièrent toujours beaucoup de temps, — est considéré par Vereide comme assez grave et entraîne dans l'économie de son exploitation culturale un trouble sérieux.

Sur la vie agricole, familiale et morale de Johan Vereide, je n'ai rien de spécial à rapporter, sous peine de m'exposer à répéter ce qui a été dit à propos de Fitje ; la seule différence consiste en ce que Vereide, propriétaire d'une ferme beaucoup plus importante, vit exclusivement du travail agricole, sans exercer aucun métier principal, ni accessoire, et la pêche du poisson tient encore sensiblement moins de place dans ses ressources que dans celles de Fitje. Pourtant la personnalité de Johan Vereide mérite de nous retenir un instant parce qu'il a conclu récemment avec un de ses frères un contrat d'*arvefæste* qui va nous montrer un mode nouveau de tenure de la propriété foncière. Avant de rapporter les clauses textuelles de ce contrat dont j'ai pu prendre copie, on me permettra de dire quelques mots de la famille collatérale de Johannes Vereide ; si la présente étude avait des visées littéraires, il se peut que ces détails fussent jugés un hors-d'œuvre, mais comme la famille Vereide, si intéressant que soit son cas, n'est que l'échantillon ordinaire de beaucoup de familles norvégiennes, il me semble que je n'ai pas le droit de supprimer ce court aperçu qui peut aider le lecteur à mieux connaître la vie sociale du paysan des fjords scandinaves.

Johannes Vereide, comme je viens de le dire, exploite à Gloppen une ferme dont l'indmark mesure 11 hectares et sur laquelle, pour les raisons qui viennent aussi d'être indiquées, il ne peut élever présentement que 8 vaches, 2 chevaux, 35 moutons. En sa qualité de fils aîné, il a reçu cette ferme de son père pour un prix de 4.400 kr. ; sa valeur réelle était de 16.000 kr. au moins, dont la majeure partie était représentée par les bois de travail que l'on pouvait retirer des arbres de l'udmark. Le père, qui était lui-même un fils cadet — le grand-père avait trois enfants seulement — était devenu propriétaire de la ferme par mariage avec une fille unique. C'est dire qu'il jouissait d'une bonne aisance, puisqu'il n'avait même pas eu à débourser le prix modeste que le fils aîné verse normalement à son père ou à ses frères et sœurs. L'occasion s'offrit d'ailleurs pour lui d'utiliser ses ressources, car, à côté de Johannes, il eut dix autres enfants, dont les âges varient aujourd'hui entre quinze et trente et un ans, et sur lesquels voici des renseignements sommaires.

Le second fils, à qui son père avait fait donner, comme à tous ses frères, une instruction primaire supérieure à l'école départementale, est aujourd'hui professeur dans une école de sourds-muets à Trondhjem, où il prépare en même temps ses examens pour devenir prêtre. Le troisième, Kristen, au sortir de l'école primaire supérieure, prit un billet pour les États-Unis ; là il s'engagea comme matelot à bord d'un navire faisant le service du lac Michigan, pour un salaire de 15 dollars par mois ; au bout de quelques années, il alla à San-Francisco, où un nouvel engagement à bord d'un steamer le conduisit successivement au Japon, en Chine et aux Philippines. Enfin, après huit années d'absence, il revint en Norvège où nous allons le retrouver dans un instant.

Le quatrième fils quitta la Norvège à l'âge de dix-sept ans et demi, pour les États-Unis ; là, il alla chercher du travail dans une scierie du Wisconsin où il gagnait un dollar et quart par jour ; il y resta quelque temps et émigra au Dakota où il s'employa aux travaux de la culture et de la moisson. Pendant quelques années il fit ainsi la navette entre le Dakota et le Wisconsin, aidant à scier les blés dans l'un pendant l'été et à couper les arbres dans l'autre pendant l'hiver. Enfin, un jour vint où cette vie nomade le rebuta et il eut juste assez d'argent pour prendre un billet de passage pour le pays natal. Comme il avait reçu naguère une bonne instruction, il put en deux ans préparer l'examen d'instituteur qui ordinairement exige trois années; il est aujourd'hui instituteur et gagne 800 kr. pour 40 semaines d'écolage annuel.

Le cinquième fils est également instituteur et gagne un salaire à peu près semblable.

Le sixième est tailleur à Trondhjem; avec l'aide pécuniaire du second fils, il a pu faire face aux frais de l'apprentissage et sa situation est aujourd'hui satisfaisante.

Enfin le septième est jeune encore et est allé à l'école secondaire de Volden.

Quant aux filles, l'aînée est mariée à un gaardbruger et le ménage subvient dans des conditions normales à l'entretien de six jeunes enfants.

Les trois autres ne sont pas mariées et sont encore à la maison paternelle; le père est d'ailleurs mort l'année dernière; elles habitent donc seules avec leur mère.

De tous ces enfants, celui avec lequel j'ai pu converser le plus longuement est Kristen Vereide, puisque sa parfaite connaissance de l'anglais établissait entre nous deux un commerce facile. Lorsqu'il fut revenu des États-Unis, son père détacha du brug, en sa faveur, une parcelle de 12 maals environ, dont la valeur agricole est minime, mais à laquelle sa situation en bordure sur le fjord, le long d'un haut-fond en pente douce qu'aiment à fréquenter les truites, donne une valeur très appréciable. Depuis cinq ans, Kristen Vereide est établi là et il ne dissimule pas qu'il est très satisfait de cette existence sédentaire et confortable, après les années de vie nomade et un peu rude d'antan. Son occupation principale consiste à fabriquer des faulx; comme les procédés mécaniques de martelage n'ont pu encore égaler le martelage à la main, il trouve aisément le débit de toutes les faulx qu'il peut fabriquer. « Au surplus, me dit-il, dans cette région, tout homme qui veut travailler trouve facilement à s'employer. On a tort de mettre tant d'empressement à aller en ville, ou à émigrer en Amérique. Les salaires sont bons ici. Ainsi, voyez le husmand de mon frère : il est ouvrier maçon en pierres; il gagne 2 kr. par jour et on lui donne la nourriture en plus [1]. Dans les autres professions on trouve aussi des emplois avantageux, si l'on connaît bien son métier et que l'on soit laborieux. »

Comme Kristen vient de me dire qu'il est allé naguère aux États-Unis et n'y a que médiocrement réussi, je n'insiste pas pour lui faire remarquer que, onze années auparavant, j'ai pourtant rencontré dans le Minnesota quantité de Norvégiens en particulier, et de Scandinaves en général, qui se félicitaient de leur émigration dans l'Ouest américain, et qu'en Norvège même, on ne cesse d'entendre le récit des heureuses réussites de ceux qui sont allés là-bas rejoindre leurs frères, leurs sœurs ou leurs cousins. J'aime mieux profiter de la bonne volonté de Kristen pour lui demander de me traduire le contrat qu'il a conclu récemment avec son frère aîné, en vue de consolider son droit de jouissance sur une parcelle du gaard paternel. Le père en effet s'était contenté d'une concession informe, simple état de fait que ne consacrait aucun titre régulièrement établi; lorsque le frère aîné eut succédé au père dans l'exploitation de la ferme, Kristen voulut confirmer son droit et les deux frères signèrent ensemble l'acte que voici :

Arvefæstebrev, Acte d'Arvefæste.

Je, soussigné, Johannes A Vereide transmets par le présent à mon frère Kristen A Vereide, pour le temps de sa vie et de celle de son épouse, ainsi que pour le temps de la vie d'un de ses enfants et de la femme de celui-ci, la propriété de la parcelle Brynnesteinen, faisant partie de ma ferme Vereide, N° matricule..., et cela aux conditions suivantes :

1° Kristen A Vereide devra payer 550 kr. une fois pour toutes et 4 kr. chaque année; celui de ses enfants qui prendra la parcelle après lui jouira dans les mêmes conditions, pourvu qu'il paie 200 kr., une fois pour toutes, et 4 kr. chaque année. Les paiements de 550 et de 200 kr. seront faits au moment de l'entrée en possession, et le versement annuel de 4 kr. sera fait au 1er juin de chaque année;

---

1. Le contrat de ce husmand l'oblige à fournir sept jours de travail par an au propriétaire du gaard; de plus, il a payé en entrant 50 kr. Lui-même a bâti sur son husmandplads la petite maison qu'il habite. Pendant l'hiver, les hommes du Nordfjord peuvent aussi s'employer à bord des bateaux qui font la pêche du hareng ou de la morue : la « saison » dure cinq à six semaines et l'hiver comprend trois saisons. Le salaire est de 60 à 70 kr. pour chaque période, mais le travail est pénible.

2° Le tenancier est chargé de l'entretien des clôtures;

3° Le vendeur conserve le droit au chemin qui va de la ferme à la mer (le fjord) ainsi qu'au chemin qui descend du vallon, pour le transport des produits de sa ferme; en effectuant ledit transport, le fermier doit d'ailleurs veiller à ne pas endommager les arbres de l'acheteur;

4° L'usager aura le droit d'acheter à bon marché du bois sur la ferme pour son usage domestique et il aura libre accès à la mer, et le droit de pêcher et de chasser, ainsi que le droit de couper les herbes marines et varecks (*tang*)[1]. le tout au droit des limites de l'emplacement soumis à son droit d'usage;

5° L'usager aura le droit de pacage et de chasse sur la montagne;

6° Si l'usager désire entourer son *pladsel* de clôtures, il aura le droit d'en prendre les pieux et les traverses dans le bois du propriétaire; il aurait le même droit pour les grosses réparations à faire à ces clôtures, mais non pour les menues réparations d'entretien;

7° Si le preneur venait à quitter le *pladsel* à un moment quelconque, ou, en tous cas, à sa mort ou à celle de son fils, le fermier devra acheter la maison au prix fixé par les répartiteurs de l'impôt.

Vereide, le 23 novembre 1903.

Signature des deux témoins [2].   *Signature des deux parties.*

Tel est le contrat sur lequel s'appuie le droit de jouissance de Kristen; celui-ci se considère comme une sorte de petit husmand, seulement l'emplacement est si favorable à la pêche de la truite que la parcelle vaut beaucoup plus par son droit de pêche que par ses produits de culture. Au surplus, cette pêche n'exige aucun outillage coûteux, ni aucune habileté technique spéciale. Il suffit, pour s'y livrer, d'amarrer au bord du rivage l'extrémité d'une seine longue de 65 mètres environ et large de 70 centimètres; la seine elle-même est placée dans un canot que le pêcheur conduit au large et ramène ensuite à un autre point de la rive, en décrivant une demi-circonférence; deux hommes, placés à chaque extrémité du filet, le halent ensemble à terre; comme la seine est maintenue verticalement dans l'eau par des morceaux de liège, elle ramène les poissons qui se trouvent enserrés entre ses parois. Pendant la belle saison,

---

1. A l'entrée de l'hiver, on coupe le *tang* qui a poussé le long du rivage; on verse dessus de l'eau bouillante et on y ajoute une certaine quantité de farine d'orge ou d'avoine, puis on hache en menus morceaux : il paraît qu'on obtient ainsi une nourriture excellente pour les porcs.

2. En fait, ces deux témoins étaient le père et un autre frère.

Kristen Vereide se livre à cette pêche, à partir de 7 ou 8 heures du soir jusqu'à minuit ou 2 heures du matin : le travail est d'ailleurs peu fatigant, puisqu'il faut, entre chaque opération, donner au poisson le temps de revenir se poser sur la déclivité explorée par le filet.

Kristen Vereide ne se plaint pas de son sort : il a maintenant vingt-neuf ans et est encore célibataire; il est probable que si jamais je retourne à Gloppen je le retrouverai pêchant la truite et le hareng ou martelant ses faulx, et par-dessus le marché, élevant courageusement une nombreuse famille.

Il est temps maintenant de redescendre vers le sud et de
visiter enfin le fjord qui est un des grands favoris des nombreux touristes qui, chaque année, excursionnent en Norvège, le
Hardangerfjord. J'ai cru en devoir retarder l'étude jusqu'à ce
moment, parce que ce fjord est visité par un si grand nombre de
voyageurs, que l'observateur n'est jamais assuré de saisir dans
sa pureté le phénomène social, tel qu'il découle des éléments
du lieu et des mœurs de la population indigène qui l'habite.

Ce fjord mérite, en tous cas, d'être décrit à la suite du
Nordfjord, parce qu'il présente avec lui la même particularité
sociale, à savoir l'agglomération d'un certain nombre de très
petites fermes, 50, 60, 70 parfois, *contiguës les unes aux autres
et resserrées sur un même point*. De place en place, le long
du fjord, sous l'action de causes diverses, probablement des
chutes d'eau très abondantes qui ont raviné la roche et charrié
des détritus organiques et inorganiques, des plateaux légèrement inclinés et inégalement étendus se sont constitués entre
la colline et le fjord. Sur ces espaces, une population relativement dense s'est établie; ce n'est plus le gaard isolé, que nous
avons vu dans le Masfjord ou dans le Ryfylke, mais au contraire une suite de villages *souvent fort distants les uns des
autres,* à dont la verdure printanière et les chalets contrastent
gracieusement avec la nudité sauvage des montagnes rocheuses
qui les séparent.

Lofthus, avec ses vergers, sa ceinture de rochers et sa belle
chute d'eau est bien un des villages caractéristiques de ce fjord.
Sur un plan incliné dont la longueur est d'environ 3 kilomètres
et dont la largeur est de 1400 mètres environ, 80 petites
fermes se serrent les unes contre les autres. Le sol est relativement fertile, sauf dans les parties qui avoisinent la montagne et où naturellement les éboulements rocheux dominent.
Essayons, par la description monographique d'une ferme, de
nous rendre compte de la vie de cette population paysanne.

Il y a quelque soixante-dix ans, un sieur Jacobsen possédait
une ferme à Lofthus et avait neuf enfants : suivant l'usage invariable, il la vendit à son fils aîné qui eut lui-même quatre
enfants, un fils Henri et trois filles. Henri devait perpétuer la
souche séculaire sur le gaard familial; pour y mieux réussir, il
prit un jour un billet pour les États-Unis, afin de gagner là-
bas quelque argent et d'éteindre d'un seul coup la dette de
4.000 francs qui grevait le gaard et qu'il jugeait menaçante
   pour la prospérité future de l'exploitation. Mais, au Wisconsin,
il observa que ses trois oncles et ses trois tantes étaient tous
dans une excellente situation; chacun d'eux était propriétaire
d'un homestead fertile où le travail était largement rémunéré;
de plus, les mœurs américaines avec leur liberté, leur expansion, leur richesse, le séduisirent, si bien qu'il vint à penser
que le mieux était de rester « au pays des bonnes terres[1] ».

---

1. Voici la suite de son histoire, telle qu'il me l'a racontée lui-même, car il était
en visite auprès de ses sœurs au moment de mon passage. Lorsqu'il eut pris sa résolution de rester aux États-Unis, il alla à Saint-Paul, où il se plaça comme employé
(*clerk*) et, le soir, il suivait les cours du *business college*, pour développer ses connaissances commerciales. Après avoir débuté aux appointements nets et annuels de
200 dollars, il arriva au bout de quelques années à gagner 1.200 dollars, sans compter
les frais de nourriture, de logement et de blanchissage qui étaient à la charge de son
patron; il économisait donc la presque totalité de son salaire. Nanti de cette épargne, il acheta dans une petite ville du Wisconsin un fonds de commerce de nou-
veautés et de vêtements, gagna de l'argent et revendit le fonds au bout de dix-huit mois,
trouvant que ce travail sédentaire ne convenait ni à ses bronches, ni à ses goûts.
Il se plaça de nouveau comme employé, puis acheta à Saint-Paul une épicerie
qu'il installa luxueusement et la revendit. Il avait quarante-quatre ans et se maria,
sa femme et une amie de celle-ci montèrent ensemble un restaurant qu'elles exploitèrent avec profit de 1893 à 1897. A ce moment, le « boom » de l'Alaska agitait toutes
les cervelles; aussi H. Jacobsen partit avec sa femme pour les champs d'or; il en

Ainsi le gaard paternel échut à la troisième fille qui

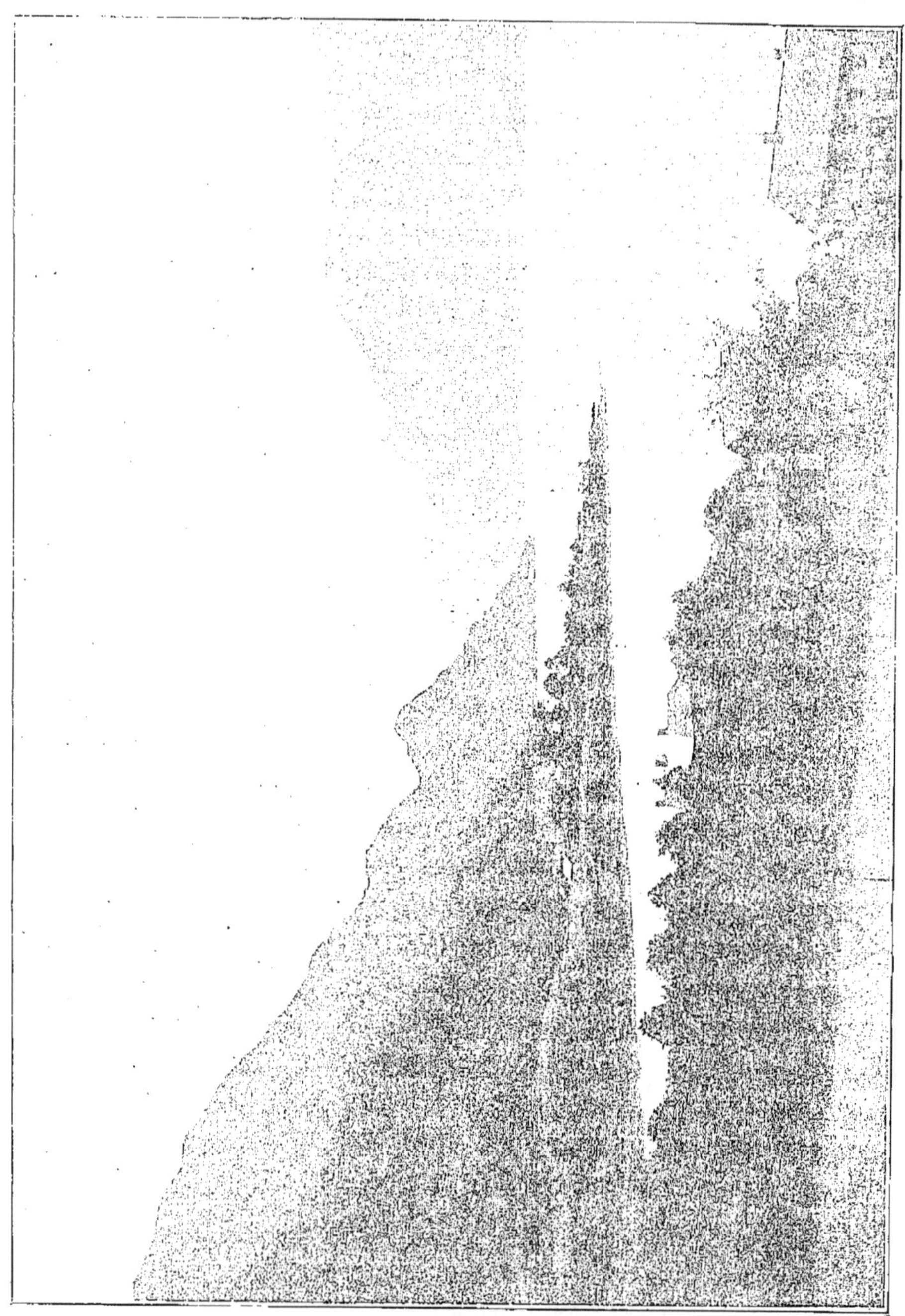

revint bientôt, racheta à Saint-Paul le restaurant qu'il exploitait auparavant et qu'il exploite encore aujourd'hui.

épousa le fils cadet d'un gaardbruger, nommé Petersen[1].

Quand on compare aujourd'hui la situation de Henri Jacobsen à celle des autres petits propriétaires de Lofthus, et notamment à celle de ses sœurs, on ne peut trouver que Jacobsen ait eu tort de rester aux États-Unis; ses ressources sont incomparablement plus étendues que celles des paysans de Lofthus. La plupart de ceux-ci sont grevés de lourdes dettes, lentement accumulées pendant une ou deux générations, et récemment accrues encore par le lotissement auquel il a été procédé, il y a quelques années.

Dans ce district, le morcellement des parcelles était arrivé à un degré tel que l'exploitation des terres était devenue très difficile et très coûteuse : la réunion de ces parcelles en un seul lot pour chaque propriétaire, ou en deux ou trois lots, a donc été un bienfait. Malheureusement ce lotissement a rendu nécessaire le transport d'un grand nombre de maisons, d'étables et de granges, et la charge supplémentaire de cette dépense est venue grever encore des gaards qui succombaient déjà sous le poids des hypothèques.

Ainsi Aakon A Aarhus, le mari de l'aînée des filles Jacobsen, est redevable d'une somme de 3.000 kr. qu'il a empruntée au moment où il a reconstruit sa maison, et l'amortissement de cette dette semble actuellement impossible. Sur sa ferme de 4 hectares, Aakon élève 4 vaches et 16 moutons, et le produit de ces animaux est naturellement très restreint : sans doute, comme tous les paysans du Hardanger, Aakon vend du fruit[2] et des pommes de terre, mais le chiffre de ces ventes est loin d'être élevé, tout en demeurant aléatoire. Ainsi l'année qui avait précédé ma visite, on avait vendu des pommes de terre pour 40 kr. des pommes pour 200 kr. et des cerises pour 40 kr. et en 1905, la vente des cerises devait rapporter davantage, mais ce produit même est encore très insuffisant.

1. Les deux autres filles ont épousé l'une un gaardbruger, l'autre un busmand dont le père avait amassé un petit patrimoine.

2. La vente du fruit (fraises, cerises, groseilles à maquereau, pommes, poires, prunes) est une spécialité du Hardangerfjord, et sur toute la côte occidentale de la Norvège, les vitrines des marchands de fruit vantent le Hardangerfrugt.

La situation d'Aakou est donc inquiétante : on sent, lorsqu'on

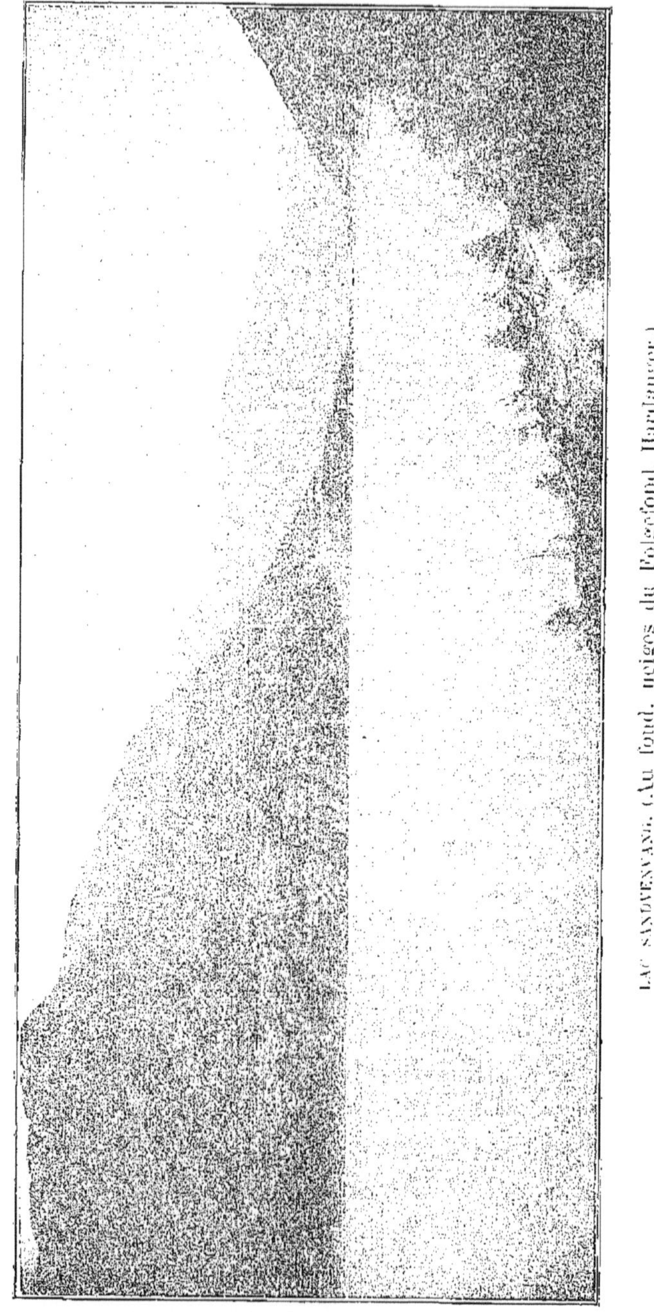

LAC SANDVENVAND. (Au fond, neiges du Folgefond. Hardanger.)

observe sa vie domestique, qu'il marche vers la gêne et une

situation rétrécie. Et pourtant les charges de ce ménage ont été
réduites au minimum, puisqu'il n'y a au foyer qu'une fille
unique.

La condition de son beau-frère Petersen n'est guère meilleure; avec ses quatre enfants et une dette hypothécaire dont
il faut payer l'intérêt à 5 1/2 p. 100. il se débat au milieu de
difficultés dont on n'aperçoit pas la fin.

LOFTHUS : CASCADES LE LONG DE LA ROUTE DE TÉLÉMARKEN (Hardanger).

Et autant que j'ai pu voir, la situation de la moyenne des
familles paysannes de Lofthus est semblable à celle de ces deux
familles.

Je ne puis voir une coïncidence bizarre, ni un effet du hasard
dans la similitude invariable des réponses qui m'étaient faites,
lorsque, apercevant sur la route une personne ou une habitation
dont l'aspect extérieur témoignait de ressources plus étendues, je demandais des renseignements sur la personne ren-
contrée ou sur le propriétaire du chalet; la réponse aboutissait immanquablement à cette phrase : « L'individu que vous

visez n'est pas un gaardbruger et il n'exploite aucune ferme ».

C'était le cas des deux enfants de ce tailleur qui est allé aux États-Unis, y a gagné de l'argent et en est revenu parce qu'il ne pouvait s'habituer à vivre loin de son pays natal; le cas encore de cette veuve qui habite avec ses deux enfants un gracieux chalet et dont le mari, après avoir fait fortune en Australie, vient de mourir accidentellement, et de ce célibataire

STRANDSFOS : CASCADE PRÈS DE LA BOITE DE TÉLÉMARKEN (Hardanger).

qui revient des États-Unis avec un petit pécule et ne s'est pas encore décidé à s'engager dans une direction déterminée. C'était enfin le cas de cette femme mieux vêtue que nous rencontrons causant avec les enfants du tailleur et dont on me dit qu'elle est *sæterspige* ; elle s'est mariée récemment, et « le jeune ménage a trouvé qu'il était plus avantageux d'aller de-ci de-là travailler comme journalier, chez les gaardbruger[1], que d'acheter un gaard ».

1. Un garçon de ferme gagne 100 kr. par an, et reçoit un habillement complet, deux paires de chaussures et une ou deux paires de bas. Un autre domestique de ferme gagne 60 à 70 kr. et on lui donne aussi divers vêtements.

Ces indices ne laissent pas que d'être graves, et le malaise profond qu'ils attestent semble avoir pour cause principale l'étendue trop restreinte des fermes. Il y a, à Lofthus, beaucoup de fermes de quatre ou cinq vaches, et ce n'est que très exceptionnellement qu'une ferme peut nourrir sept ou huit vaches; or, une exploitation agricole réduite à de si menues proportions permet difficilement d'élever une famille [1]. Sans doute la vente du fruit vient fournir un gros appoint, et il paraît qu'une ferme de huit vaches peut exceptionnellement rapporter 1.000 kr. au cours d'une année, par la seule vente de ses fruits, mais nous avons déjà indiqué que le rendement de ce produit agricole est, par sa nature, aléatoire.

La situation économique des paysans de Lofthus justifie donc des inquiétudes sérieuses; toutefois il est permis de penser qu'ils sauront résoudre la difficulté. Plus qu'aucun autre, en effet, le paysan du Hardanger, précisément à raison de la densité relative de la population concentrée en villages, a tiré parti des efforts d'éducation faits en Norvège, et l'esprit industrieux de tous, l'habileté des jeunes filles aux travaux de broderie ou de dentelle, sont justement réputés; comme, d'autre part, la formation morale reste bonne, ces paysans, en s'appuyant sur cette vigoureuse formation sociale norvégienne que j'ai maintes fois décrite, pourront sortir d'embarras. L'émigration aux États-Unis est et sera leur meilleure ressource, puisque le sol cultivable

---

1. L'exiguïté des exploitations agricoles a imposé des combinaisons spéciales pour la saison du sæter. Comme un certain nombre de fermes ne possèdent pas de cheval — animal dont le concours est indispensable pour le service des montées hebdomadaires au sæter — et que, de plus, une sæterspige ne trouverait pas d'occupation suffisante dans la surveillance et le soin de quatre ou cinq vaches, on adopte l'un ou l'autre des arrangements suivants : ou bien les petits fermiers louent leur vache, pour le temps du sæter, à un autre fermier, moyennant un prix dont le taux varie suivant le temps écoulé depuis que la vache a vêlé et la quantité de lait qu'elle donne, ou bien plusieurs s'associent ensemble pour payer une sæterspige qui maintient séparées les quantités de lait, de beurre et de fromage produites par les vaches d'un même fermier. Une sæterspige gagne 5 à 6 kr. par semaine.

Au retour du sæter, pour économiser le foin, les paysans du Lofthus coupent l'extrémité des branches des bouleaux et en donnent les feuilles et les petites tiges comme nourriture aux moutons et parfois aux vaches. Cette pratique est d'ailleurs fréquente en Norvège, et, dans certaines circonscriptions, on donne aussi aux animaux les feuilles de frêne.

n'est pas susceptible d'extension, et que la vente des produits de l'industrie domestique doit toujours rester très limitée. Il semble que le meilleur service à rendre à ces paysans serait de développer encore leur aptitude et leur penchant à émigrer à l'étranger ; la grande démocratie américaine est toujours là, prête à offrir des « occasions » aux capacités éminentes des émigrants d'élite [1].

1. A la suite de ces monographies, on pourrait en rapporter une autre, dressée dans le pays de Jæderen, au sud de Stavanger. Le Jæderen diffère beaucoup des autres fjords visités : plus de hautes collines gigantesques, mais un sol dont le niveau est à peine plus élevé que celui de la mer vers laquelle il incline en pente très douce et auquel on serait enclin à donner le nom de plateau, si l'emploi de ce terme n'était interdit, à raison de la multitude innombrable des mamelons, vallons minuscules, des bosses, des marécages, des tourbières, des tertres qui donnent à ce district un aspect étrange et sinistre. Des blocs erratiques, aux formes arrondies, attestent que ce pays fut autrefois recouvert par les eaux de la mer ; les masses granitiques sousjacentes empêchèrent seules un convenable nivellement.

Il n'y aurait, semble-t-il, aucun intérêt scientifique à donner ici les détails de la monographie, recueillie sur le gaard de Vik, dans les environs de Time. Je signale seulement que les paysans de ce gaard, divisé en huit brug, retirent un profit important, qui s'élève parfois à 1.200 ou 1.500 kr., de l'incinération des herbes marines et des varechs, rejetés en grande abondance sur les côtes par les vents du large : ces cendres sont recherchées par des industriels anglais ou norvégiens qui les utilisent pour la fabrication de l'iode.

<h1 style="text-align:center">III</h1>

<h2 style="text-align:center">LES RÉGIONS PLUS PARTICULIÈREMENT MODIFIÉES
PAR LES CONDITIONS MODERNES</h2>

LE TRONDHJEMFJORD.

Une étude sociale méthodique des fjords norvégiens doit nécessairement aboutir à Trondhjem. Trondhjem — *la demeure des forts* — fut en effet, dans le passé, la cité norvégienne par excellence, le centre de ce puissant mouvement d'expansion qui poussait toujours plus loin vers le Nord, l'Ouest ou le Sud les robustes gars norvégiens. Bâtie à l'embouchure de la rivière *Nid,* elle s'appelait jusqu'au milieu du xvie siècle *Nidaros* (embouchure de la rivière Nid) et ses origines se perdent dans la nuit des temps ; on sait seulement que, dès l'époque la plus reculée, elle fut le berceau de la Norvège, « la force et le cœur du pays ». C'est là que se réunissait le fameux Œrething, c'est là que les rois étaient élus et couronnés. Dès 996, Olaf Trygvasen construisit en cet endroit une demeure royale et une église qu'il dédia à saint Clément. Le roi saint Olaf, qui est regardé comme le véritable fondateur de la ville, restaura cette église en 1016 et poursuivit l'exécution des plans d'Olaf Trygvasen ; mais on peut dire que la mort même du saint apôtre de la Norvège contribua plus encore que sa vie à la splendeur de Trondhjem. Lorsque sa dépouille mortelle y eut été enterrée, de pieux pèlerins accoururent de toutes parts vénérer la sainte relique ; pour le mieux honorer, le roi Olaf Kyrre jeta les fondations de la magnifique cathédrale gothique qui, maintes fois brûlée et restaurée, atteste encore aujourd'hui le rayonnement de cette ville, la plus grande de toutes les villes septentrionales d'Europe et située par 63°30' de latitude N., *c'est-à-dire à la même latitude que la côte méridionale de l'Islande.* A côté de la cathédrale, quatorze autres églises et cinq monastères furent bientôt édifiés, et, en 1151, Trondhjem fut érigé en siège archiépiscopal métropolitain dont relevaient « les évêchés de Bergen, d'Osla, de Hamar et de Stavanger, dans la Norvège proprement dite, ceux de Ikaalholt et de Hole en Islande, celui de Garde au Groënland, celui des Orcades avec Hjaltland, celui des îles Fœrœer et enfin celui des îles Suderœer avec Man [1]. »

Telle fut, jusqu'au xvᵉ siècle, la cité de Nidaros, capitale digne d'une race particulariste ; dans ses rues, aucun général, « chargé d'ans et de gloire », ne défilait au milieu des ors des uniformes ou des pompes extérieures ; dans son enceinte aucun palais royal qui pût être comparé à ceux de Versailles ou de l'Escurial ; aucune cour n'éblouissait le monde de son luxe ; les liens moraux, plus que la dépendance administrative, groupaient ensemble les enfants de la plus grande Norvège que leur humeur voyageuse entraînait vers les rivages lointains pour « y gaigner terre » et y vivre dans l'indépendance et la fierté souveraines de l'homme, maître absolu sur son gaard après Dieu.

La constitution des grands États modernes, les guerres civiles intérieures, le mouvement de la Réforme amenèrent la déchéance de cette antique cité, qui resta pourtant toujours la capitale historique de la Norvège, la ville privilégiée où, même de nos jours, les rois doivent se faire couronner.

Il était nécessaire de rappeler brièvement ces souvenirs illustres, pour comprendre en quelles dispositions intellectuelles l'auteur de ce livre s'embarquait, le 20 août 1904, à l'embouchure du Nordfjord, sur le navire qui, vingt-quatre heures après, devait le déposer à Trondhjem. Il pensait devoir trouver, dans la région du Trondhjemfjord, le développement intensif et puissant des traits qu'il avait constatés dans les institutions sociales

---

1. Fallize, *op. cit.*, p. 141.

des fjords méridionaux, et, puisque ce fjord était « le cœur et la force de la Norvège », il savourait à l'avance les joies que ne pouvait manquer de lui procurer le beau spectacle du plein épanouissement de ces forces sociales. On va voir que, de ce côté, il n'éprouva que d'amères désillusions.

Le lieu physique est ici très différent des lieux que nous avons précédemment explorés. L'entaille profonde, coupée par une sorte de sabre de géant dans la roche à pic, est ici remplacée par un fjord circulaire, large et bien ouvert à l'air et à la lumière; plus de parois sombres et verticalement dressées, mais au contraire des pentes douces formant palier jusqu'au bord de la mer; en arrière de ces pentes et au second plan, des collines granitiques abruptes se dressent encore, mais leur hauteur absolue est beaucoup diminuée et leur hauteur apparente le paraît plus encore, puisque l'horizon visuel couvre un large espace. Souvent ces collines elles-mêmes cèdent la place à de larges vallées, aux pentes douces aussi, et dont les champs fertiles sont arrosés par des rivières qui ne se croient plus obligées de bondir sur les rochers, en frémissant. Après plusieurs semaines de séjour dans les fjords, on éprouve un vrai plaisir à revoir une *campagne* qui rappelle, par certains côtés, les campagnes de la Normandie ou du Sussex; ici on trouve des champs d'avoine, de larges prairies herbues, où paissent des vaches et des chevaux. Décidément, ce pays est différent des autres fjords, et l'homme n'est plus contraint d'aller disputer quelques brins d'herbe entre les rochers.

Sans doute, de temps à autre, la roche à pic reparaît jusque sur le bord du fjord, mais on dirait qu'elle éprouve quelque timidité à se permettre ces incursions et il me suffira, pour attester l'exactitude de cette observation, de dire que la voie ferrée qui relie Trondhjem à Levanger, petite ville de 1.800 habitants, située à 80 kilomètres au nord, ne traverse qu'un seul tunnel; nous sommes ici dans « la vallée où l'on rit[1] » et bien loin des cinquante-quatre tunnels de la ligne de Bergen à Voss[2].

1. « Leangen », nom d'une des stations de la ligne Trondhjem-Levanger.
2. A quelques kilomètres de Trondhjem, cette voie ferrée bifurque, et un de ses

Le premier fermier que j'eus l'occasion de visiter fut un certain Peer Myhr, propriétaire près de Levanger. L'aspect extérieur de la maison de Myhr diffère beaucoup de celui que présentaient jusqu'ici les chaumières des fjords : le chalet carré est remplacé par un vaste bâtiment rectangulaire, très long et relativement étroit; deux portes d'accès et deux escaliers desservent les appartements; à quelques mètres, un autre grand bâtiment sert à la fois de grange, de fenil, d'étable et de grenier pour le grain, bâtiment unique qui remplace les nombreuses petites bâtisses en planches auxquelles nous étions habitués.

La ferme de Myhr est grande, puisque l'indmark mesure 23 hectares et que l'udmark, qui est d'ailleurs très boisé, s'étend sur 15 hectares. Myhr, qui est le fils ainé d'un gaardbruger, n'exploite pourtant pas le gaard familial. Son père faisait médiocrement ses affaires, lorsque sa mère mourut; le veuf, pour avoir le droit de conserver le gaard, dut déposer dans une banque 2.400 kr., somme représentative de la part des deux fils — il n'y avait que deux enfants — dans le domaine familial. Il se maria en secondes noces et eut d'autres enfants de cette seconde union; entre temps, sa situation était devenue plus critique et l'obligation où il s'était trouvé de prélever sur sa ferme 2.400 kr., n'avait pas contribué à l'améliorer; un jour vint où il dut vendre son domaine pour en acheter un plus petit. Peer Myhr, en sa qualité de fils ainé, avait, pendant trois ans, le droit d'*odel* sur la ferme aliénée, mais il se trouvait dans l'impossibilité de l'exercer. Quelques années plus tard, il acheta, de concert avec son beau-frère et de la manière que je vais dire, la ferme qu'il exploite actuellement.

Cette ferme faisait encore, il y a quelque cinquante-cinq ans, partie d'un gaard qui avait une grande étendue. Ce gaard appartenait alors à un sieur Zacharias, qui mourut laissant une veuve et deux fils; celle-ci se remaria et, lorsque ses garçons

tronçons s'infléchit vers l'est, à travers la large vallée de Hell et rejoint Storlien, station frontière entre la Norvège et la Suède; cette ligne relie ainsi Trondhjem et Stockholm.

du premier lit furent en âge de s'établir pour leur compte, elle
leur constitua à chacun un domaine en morcelant le brug. De
son second mariage, elle eut quatre enfants, et, devenue veuve
derechef, elle transmit la portion restante de la ferme, qui
était d'ailleurs la plus étendue, à son fils aîné.

Ce fils s'enivra et ses affaires périclitèrent : ce fut l'occasion
pour Peer Myhr et son beau-frère d'acheter la ferme, en l'année 1869. Comme il arrive d'ordinaire en pareilles circonstances, le prix fut peu élevé, 21.200 kr. ; les terres avaient été
négligées, et comme il y avait sur la ferme une hypothèque
pour une somme de 12.000 kr., les deux beaux-frères n'eurent
ensemble à débourser immédiatement que 9.000 kr. Peer Myhr
put fournir les 4.500 kr. qui représentaient sa moitié, en réunissant aux 1.200 kr. dont il avait hérité de son père — et qui
s'étaient d'ailleurs quelque peu accrus, par l'effet de la capita-
lisation des intérêts pendant sa minorité, — la petite dot que
lui avait apportée sa femme, et surtout en empruntant à sa
belle-mère le supplément.[1].

Pendant sept années, les deux beaux-frères exploitèrent en
commun et vécurent ensemble. Comme ils étaient pauvres et
que leurs enfants étaient peu nombreux, il leur parut que cette
vie commune était plus économique et permettait de doubler
avec moins de danger le cap toujours périlleux que rencontre
sur sa route le fermier nouvellement établi qui n'a pu payer
comptant le prix intégral d'achat. Un jour vint où ils partagè-
rent entre eux les terres et les bâtiments, et, comme la maison
d'habitation est, ainsi que je l'ai dit, un rectangle très long et
étroit, ils n'eurent pas besoin de construire une seconde maison
pour le logement d'un ménage : ils se bornèrent à poser à
chaque étage un refend en bois qui isole suffisamment deux
familles entre lesquelles règne l'harmonie.

La situation économique de Myhr, sans être spécialement
inquiétante, ne paraît pas cependant aussi bonne qu'on pourrait
le souhaiter : si, d'une part, il a accru notoirement la super-

1. En fait, l'emprunt fut de 4.000 kr., parce qu'il fallait à Myhr un peu d'argent
disponible pour le fonds de roulement et la culture de la ferme.

ficie cultivée et défriché plus de la moitié de l'udmark [1], il n'a
en rien amorti la dette hypothécaire de 6.000 kr. qui grève
sa ferme [2]. Sans doute, il fait remarquer qu'au lieu d'amortir,
il a mieux aimé acheter récemment un petit bois, parce que la
ferme, par suite des progrès mêmes du défrichement, n'avait
plus assez de bois pour subvenir à ses besoins propres de
chauffage et d'entretien des bâtiments et des ustensiles. Mais
il ne faut pas oublier que les charges de famille ont été relativement réduites, puisque Myhr n'a eu que trois enfants, nombre
sensiblement inférieur à la moyenne des familles norvégiennes,
et, d'autre part, le fils aîné de Myhr, s'il succède à son père, devra
se constituer débiteur d'un prix qui, pour modeste qu'il sera, n'en
viendra pas moins accroître la charge de la dette hypothécaire.

· Aussi bien Myhr est-il fort peu assuré de transmettre à son
fils : « Lorsqu'il s'agit d'une terre qu'on a achetée, dit-il, on y
est moins attaché que si on l'avait reçue de son père. Si je
trouvais une bonne occasion, par exemple un prix de 20.000 kr.,
je vendrais volontiers, car je garderais une partie de la somme
pour moi, et je partagerais le reste également, entre nos trois
enfants, afin de leur fournir ainsi à chacun une chance de se
tirer d'affaire. Ou encore j'achèterais, avec le prix, une autre
ferme plus grande que j'améliorerais par mon travail, comme
je l'ai fait pour celle-ci. Au surplus, une autre considération
pourrait me déterminer à vendre : cette ferme est trop voisine
du bourg de Levanger; on est beaucoup plus exposé à contracter des habitudes d'ivresse, dans un pareil voisinage, que
lorsque le brug est complètement isolé. Ainsi, dans les environs
de Levanger, vous ne trouverez presque aucune ferme qui ait
pu rester plus de trois générations dans la même famille :
l'ivrognerie du *bruger* amène la ruine ».

Cette déclaration de Myhr mérite d'être retenue; en même

---

1. Pendant les sept années pendant lesquelles les deux beaux-frères exploitèrent
ensemble, 10 hectares d'udmark furent défrichés : postérieurement, Myhr a encore
défriché 5 hectares. Chaque année, cette substitution de l'herbe aux arbustes se
poursuit, autant que faire se peut.

2. Le taux de l'intérêt de cette dette est de 4 1/2 p. 100; il était autrefois de
5 p. 100.

temps qu'elle atteste une fois de plus la relation étroite qui existe entre la prospérité sociale et la pratique de la tempérance et de la sobriété, elle montre que Myhr envisage la terre sous un aspect très différent de celui sous lequel les paysans des autres fjords sont habitués à la considérer. La notion du foyer traditionnel et permanent à travers les générations, de la transmission à un fils héritier et continuateur des ancêtres a évidemment peu de prise sur son esprit; volontiers il « brocanterait » sur sa ferme, comme il brocante sur ses vaches, achetant les unes et revendant les autres; manifestement nous sommes ici en présence d'un type social différent.

Cette différence se manifeste en maints autres détails de la culture et de la vie. Comme l'*indmark* est beaucoup plus étendu que dans les domaines que nous avons étudiés précédemment, la culture du grain est aussi plus développée; ainsi l'orge couvre 2 hectares, l'avoine 3 hectares, les pommes de terre 50 ares et les navets 50 ares. La surface suffisamment plane des champs permet l'emploi des machines; Myhr ne manque pas d'en faire usage et celles-ci, à leur tour, réagissent sur la culture, en poussant le paysan à se spécialiser dans la production d'un petit nombre de denrées.

Le cheptel vif comprend 10 vaches laitières et 3 génisses, 3 chevaux ou juments et 1 poulain, 3 cochons, 10 moutons et 40 poules.

Le voisinage du chemin de fer qui relie le pays à l'entrepôt de Trondhjem facilite les achats et les ventes; aussi l'exploitation agricole n'est-elle plus essentiellement dirigée vers la consommation domestique de la famille. Le lait est porté à une laiterie coopérative, fondée il y a trente-cinq ans et qui fonctionne bien. On y fait une imitation de fromage de gruyère. Myhr fournit environ 5.000 litres de lait par an et de son aveu il doit être compté parmi les fermiers qui fournissent le moins; quelques-uns des sociétaires apportent jusqu'à 20.000 litres, ce qui atteste la présence dans la circonscription de fermes de grande étendue [1].

---

1. A propos de ces laiteries, remarquons que les Norvégiens résolvent ici d'une manière élégante le difficile problème du repos dominical : le dimanche, on ne porte

J'ai déjà dit que, dans cette circonscription, les bestiaux ne vont pas au sæter pendant l'été ; l'abondance de l'herbe rend en effet cet appoint inutile et la continuité de la marche de la *meieri* exige la présence continue des vaches dans les prés. Les husmænd sont à peu près les seuls exploitants qui envoient leurs bestiaux au sæter et parfois les bruger leur confient quelques vaches coupées de lait ou des moutons ; on leur paie alors une rétribution pour les soins de la garde.

En sus du lait, Myhr vend presque la totalité de l'avoine récoltée, ne prélevant sur elle que la quantité nécessaire à la fabrication du *flatbröd* ; il vend aussi chaque année un bœuf ou une vache, à moins que la viande de ces animaux ne soit réservée pour sa consommation domestique. Les veaux sont tués à huit jours et Myhr reçoit 6 à 7 kr. pour la chair, et environ 1 kr. 50 pour la peau.

Presque tous les autres produits, foin, orge, pommes de terre, cochons, moutons, sont consommés sur place, soit par la famille, soit par les animaux. Le système du domaine plein reste la base du travail et de la vie familiale. Ainsi, au foyer de Myhr, on file la laine des moutons de la ferme, et cette laine fournit la matière première de tous les vêtements de la famille, à l'exception des vêtements de grande fête, comme ceux de la confirmation, qui sont achetés au dehors.

Pourtant, si la nourriture des membres de la famille est exclusivement fournie par les produits du domaine, à l'exception de quelques kroner de café, de sucre et d'épicerie que la femme Myhr achète avec l'argent qu'elle retire de la vente des œufs, l'exploitation même de la ferme nécessite deux achats importants et nouveaux : du son et des résidus de farine, 100 kr. environ, pour la nourriture des vaches ; du guano et du phosphate, 100 kr. pour les prés et les champs.

Si l'on veut avoir le budget des dépenses de Myhr, il faut

pas le lait à la laiterie et, le lundi, chaque fermier fait lui-même, à domicile, le beurre réservé à sa propre consommation hebdomadaire. Ainsi tout le monde a pu se reposer la veille et la laiterie évite, le lundi, un encombrement qui troublerait le travail et imposerait le surmenage.

joindre à ces deux chapitres deux autres éléments, celui du salaire, 90 kr., d'une domestique de seize ans qui reçoit 65 kr. en argent et le reste en vêtements et chaussures[1], et surtout le chapitre des impôts qui se décompose ainsi :

Impôt foncier.	120 kr.
Impôt communal sur le revenu.	150 —
Impôt national sur le revenu.	20 —
Assurance contre l'incendie.	4 —
Impôt cultuel.	12 —
Total :	306 kr.

Ainsi les dépenses pécuniaires de Myhr ne sont que de peu inférieures aux recettes. Il faut tenir compte toutefois de l'amélioration générale de la ferme et sous cette forme ce gaardbruger a réalisé une économie qui, pour n'être pas très importante, ne doit cependant pas être négligée; il évalue son domaine à 16.000 kr. ou 17.000 kr. environ, ce qui représente une plus-value de 6.000 kr. Il est très probable que le fils aîné, actuellement âgé de trente ans[2], prendra la ferme paternelle; et le père estime que, dans ce cas, le prix pourrait être fixé à 9.000 kr. ou 10.000 kr. sur lesquels serait imputée, naturellement, la dette hypothécaire de 6.000 kr. Mais cette combinaison même ne laisse pas que d'éveiller des inquiétudes, car on se demande comment le fils réussirait mieux que son père à amortir une dette de 10.000 kr., alors que le père n'a pu amortir une dette de 6.000 kr. Il faut espérer qu'il trouvera, pour se marier, une jeune fille pouvant lui apporter une dot de quelque importance, autrement il ne semble pas que la famille Myhr puisse définitivement faire souche sur son domaine de Levanger.

---

1. Myhr emploie aussi pour garder les vaches un jeune garçon de quinze ans qui ne reçoit aucun salaire en argent. — Il y avait autrefois sur la ferme un husmand qui était redevable de quelques journées de travail; ses économies ont été assez grandes pour lui permettre d'acheter de Myhr son *pladsel*, composé de 16 maals de terre cultivée et 4 à 5 maals d'udmark. Le nombre des husmænd diminue progressivement dans la région de Trondhjem, à la satisfaction réciproque des gaardbruger qui estiment qu'il n'est pas bon de conserver un mode de tenure qui ne fournit qu'une culture rudimentaire et arriérée du sol, et des husmænd eux-mêmes qui, d'ordinaire, ne quittent leur condition que pour s'élever à une condition meilleure.

2. L'autre fils de Myhr est âgé de vingt-trois ans, et la fille de vingt ans.

Lorsqu'on se trouve en présence d'un type social nouveau et inattendu, on a le devoir de multiplier ses enquêtes et ses recherches. Il serait fastidieux de reproduire ici les résultats des enquêtes multiples poursuivies dans la région du Trondhjem-fjord. Voici seulement le résumé sommaire de deux autres monographies recueillies dans la vallée de Hell.

Je n'oublierai jamais la bonne figure de Ole Andersen Hegre : à voir son visage souriant, son regard intelligent, son menton rasé de frais, sa chevelure en ordre, son vêtement propre et confortable, on éprouve aussitôt l'impression qu'on se trouve en face d'un homme « qui a réussi », et à qui la vie a dû laisser d'agréables souvenirs ; et lorsque, après nous avoir tenus debout pendant une demi-heure dans son vestibule, il se décide à faire taire sa méfiance de paysan malin et à nous faire asseoir dans sa salle à manger, il nous suffit de jeter un regard sur les meubles, la bibliothèque et la nappe blanche qui recouvre la table ronde sur laquelle se trouvent encore les assiettes et les reliefs du repas, pour être assurés que cette première impression n'a pas été erronée.

Hegre, qui est aujourd'hui âgé de cinquante-huit ans, est le fils d'un cultivateur qui ne possédait personnellement aucun domaine et avait pris à bail une petite terre dans les environs : cinq sœurs, dont quatre se marièrent plus tard avec des gaard-bruger, faisaient avec Ole l'ornement du foyer paternel[1]. A vingt-deux ans, Ole demanda à son père de lui avancer l'argent nécessaire à l'achat d'un billet de passage et il partit pour l'Australie à la recherche de l'or ; de là, il passa en Nouvelle-Zélande, poursuivant toujours son excitant métier de chercheur d'or. Bientôt il entendit parler des diamants de l'Afrique du Sud ; sans tarder il s'embarqua pour ce pays où il se livra pendant quelques années à la chasse du précieux cristal. La chance lui sourit et il amassa une petite fortune. Un jour, il vint revoir « les vieux » et le pays natal. Il s'était embarqué avec l'intention formelle de s'en retourner ; ses parents et ses

1. La cinquième est demeurée dans le célibat et elle habite avec Ole qui a eu le malheur de perdre sa femme, il y a neuf ans.

sœurs le retinrent, il se laissa faire et resta ; son absence de Norvège avait duré seize années.

Puisque Ole Andersen Hegre restait en Norvège, il devait naturellement s'établir gaardbruger ; c'est ce qu'il fit en achetant en 1886, pour un prix de 12.000 kr., le gaard qu'il exploite encore aujourd'hui. L'indmark de ce gaard mesure 200 maals environ et l'udmark 400 ; il n'y a pas de sæter attaché à la ferme[1]. Les 200 maals de terre cultivée sont ainsi répartis : 30 en avoine, 12 en orge, 5 en pommes de terre, 7 en navets, et le reste en prairies artificielles ou naturelles. Les quantités respectives d'indmark et d'udmark sont restées à peu près constantes depuis dix-huit années ; Hegre évalue à 15 ou 20 maals au plus la superficie qu'il a défrichée pendant ce laps de temps. Sur cette ferme, il élève 20 vaches, 14 moutons, 3 chevaux, 3 porcs et 5 poules. Comme il arrive d'ordinaire, lorsque l'exploitant d'une terre est pourvu d'assez abondantes ressources extrinsèques, il est difficile de savoir quel profit réel Hegre a retiré de sa culture. D'une part, en effet, la ferme a été sensiblement améliorée, le bon état des bâtiments et des terres témoigne en faveur du fermier. Hegre estime que son domaine a aujourd'hui une valeur marchande de 25.000 kr. à 28.000 kr. et il ne le vendrait guère au-dessous de ce dernier prix à un étranger ; de plus, sa vie de paysan propriétaire est, dans son ensemble, confortable et large. Mais, d'autre part, il me répète avec insistance que « la culture est devenue une affaire très difficile dans ce pays (*farming has become a very poor business in this country*) ; vingt fois, il a pensé vendre et partir pour les États-Unis ou pour l'Afrique du Sud et il ne sait pourquoi il ne l'a pas fait ». Pourtant il est très probable qu'il transmettra son domaine à son fils aujourd'hui âgé de dix-sept ans[2] ; celui-ci est allé à l'école d'agriculture et, dans quelques années, le père pense lui vendre la

---

1. Comme à Levanger, les petits exploitants sont ici seuls à envoyer leur bestiaux au sæter ; ils gardent en même temps les animaux que les gaardbruger confient à leur surveillance ; Hegre a ainsi confié cinq de ses vaches à un de ses voisins qui les garde sur la montagne.

2. Hegre n'a que deux enfants : ce fils âgé de dix-sept ans et une fille âgée de quinze ans.

ferme à un prix qu'il a fixé d'ores et déjà à 15.000 ou 17.000 kr. environ, « pas davantage, afin que le fils puisse y vivre conve- . nablement ».

Avec ses 15 vaches laitières, Hegre arrive à une grosse production de lait et de beurre ; il calcule en effet qu'une bonne vache rapporte en moyenne 100 kr. par an, quel que soit l'emploi que l'on fasse de son lait[1]. Au surplus, il fabrique lui-même le beurre et le fromage et il a refusé de s'affilier à la laiterie coopérative ; il estime, qu'il gagne davantage par ce procédé et surtout que sa table est mieux approvisionnée. « Quand on porte le lait à la laiterie, on est naturellement enclin à n'en plus conserver pour soi ; en théorie on pourrait le faire, mais en pratique, on veut toujours fournir le plus possible, et on se prive soi-même. »

Les deux grosses dépenses de son budget sont les impôts et les salaires des domestiques. Les premiers s'élèvent à plus de 400 kr., dont 300 sous forme d'impôts communaux. Les garçons de ferme sont payés 350 kr. par an, et quelquefois davantage : les servantes reçoivent 120 kr., deux paires de chaussures et une brebis. La multiplicité des exodes aux Etats-Unis maintient ces hauts salaires, et derechef j'ai l'occasion de constater sur la ferme de Hegre que le même mouvement d'émigration contribue à la disparition des husmænd et des bygselmænd. Il y avait en effet sur cette terre un bygsélmand qui payait 12 kr. par an pour la jouissance viagère d'un pladsel. Par le défrichement progressif et la hausse générale des terres, ce pladsel a augmenté de valeur et aujourd'hui, ce loyer annuel est très inférieur à ce qu'il devrait être. Aussi à la mort du tenancier, Hegre ne renouvellera pas le contrat avec le fils du bygselmand. D'ailleurs, il est probable aussi que celui-ci ne sollicitera pas semblable renouvellement ; dans ce district, la plupart des fils de husmænd ou de bygselmænd achètent une ferme s'ils ont pu réaliser quelque économie, ou émigrent aux Etats-Unis, s'ils n'ont pas l'espoir d'un bon établissement en Norvège[2].

1. Prix du lait : 15 öre pour deux litres.
2. Dans le voisinage de la ferme de Ole Anderson Hegre, j'ai fait une autre enquête

Nous venons de voir un fermier qui, dans sa jeunesse, avait fait un séjour de seize années en Australie et dans l'Afrique du Sud et pour lequel cette longue pérégrination à travers le monde avait été en réalité la route qui conduit à la condition supérieure de propriétaire foncier. En voici un autre qui a suivi, avec des variantes, à peu près la même voie.

Gabriel Gord, aujourd'hui âgé de quarante ans, naquit d'un husmand des environs de Trondhjem ; au sortir de l'école primaire, il était resté quelques années avec son père ; puis, à vingt ans, était parti pour les Etats-Unis où il demeura deux ans ; à la fin de ce séjour, il s'engagea comme matelot à bord d'un navire de commerce anglais, navigua pendant douze ou treize années, pendant lesquelles il gagnait entre 40 et 80 kr. par mois. A bord des navires, il fit d'ailleurs un peu tous les métiers, depuis

dont je résume sommairement les traits principaux : Peder Lerbro est propriétaire d'une ferme de 150 maals, dont 100 environ sont cultivés. Son père était husmand et, ayant quelques économies, avait d'abord acheté une petite ferme; au bout de quelques années, comme ses affaires continuaient de prospérer, il vendit son domaine et en acheta un autre de plus grande étendue, celui-là même que Peder exploite actuellement. Cette ferme faisait autrefois partie d'un très grand domaine qui fut successivement morcelé pendant le cours du XVIIIe et du XIXe siècles; elle fut détachée en 1810 et achetée à cette époque par un individu de qui le père de Peder l'acheta plus tard. Pendant ce même temps, il paraît que le grand domaine principal dont cette ferme n'est qu'un tronçon, a aussi beaucoup changé de mains et celui qui l'exploite actuellement ne l'occupe que depuis trois ans. « Je ne connais pas de ferme dans le voisinage, me dit Peder Lerbro, qui soit restée dans la même famille pendant plusieurs générations; ces ventes multipliées sont dues à trois causes : l'ivrognerie de certains fermiers; plus souvent les difficultés économiques résultant de la baisse des produits agricoles et de la hausse des salaires; enfin il est fréquent aussi que le propriétaire vende lorsqu'il trouve une bonne occasion. » Peder Lerbro qui est âgé de trente ans n'est pas encore marié et ne semble pas pressé de le faire; il vit sur la ferme avec sa mère, un frère de sa mère qui est resté veuf sans enfants et une servante de ferme. Tandis que lui est fils unique, sa mère avait six frères et son père quatre; c'est dire que Peder Lerbro ne manque pas de cousins germains ; ses oncles et tantes se sont tous mariés dans le pays, mais parmi ses cousins un grand nombre sont aujourd'hui établis aux Etats-Unis. — On constate bien au foyer de Peder Lerbro la disparition progressive des travaux de fabrication domestique dans une société plus commercialisée et où la main-d'œuvre coûte plus cher. La mère de Peder Lerbro avait coutume autrefois de filer et de tisser; puis, comme il s'établit à Trondhjem une filature, elle commença de donner à filer la laine de ses moutons, se bornant à tisser l'étoffe; enfin depuis quelque temps, elle ne tisse plus qu'accidentellement et même on pourrait dire plus du tout; le prix des étoffes tissées à la mécanique est si bas qu'elle estime qu'il est beaucoup plus simple et aussi avantageux de vendre la laine et de se livrer à d'autres travaux.

celui de charpentier jusqu'à celui de chauffeur; entre temps, il passa six mois à l'école de marine de Bergen et obtint un diplôme de capitaine. Enfin il était officier en second, lorsque le désir de se constituer un foyer lui fit quitter la mer, il se maria et acheta à Trondhjem une maison d'habitation. Dans cette ville, il resta sept ans mécanicien dans une scierie, au salaire de 30 kr. par semaine; puis, il trouva que son métier était trop dur et « qu'il mènerait une vie plus agréable, plus tranquille et plus indépendante » s'il s'établissait cultivateur; il loua alors sa petite maison de ville et acheta, aux environs de Trondhjem, une ferme de 700 maals — dont l'udmark couvre la moitié — pour un prix de 19.000 kr.; comme ses économies ne s'élevaient qu'à 3.000 kr., il a dû emprunter à une banque 16.000 kr. pour lesquels il paie un intérêt annuel de 5 p. 100. On voit qu'il a fallu à Gord quelque audace pour se rendre acquéreur, d'autant plus que le domaine en question ne semble pas porter bonheur à ses possesseurs : en treize ans, il a changé six fois de propriétaire. Auparavant, il paraît que le domaine était resté longtemps dans la même famille, mais un jour vint où l'exploitant, soit par inconduite, soit par incapacité, tomba en déconfiture. Malgré ces précédents peu encourageants, Gord a confiance, car il a acheté bon marché; il sait qu'il y a six ans encore, ce domaine avait été vendu 27.000 kr.; il est vrai que, dans l'intervalle, l'état des terres mal cultivées est devenu plus mauvais.

J'avoue ne pas partager la confiance de Gord; bien qu'il compte exploiter sa ferme en vue de l'extension des ventes de grain, de pommes de terre, de foin et de lait, et que ce plan soit naturellement recommandé par le voisinage de la ville, on doit pourtant se demander si ces recettes seront un contre-poids suffisant à la charge très lourde des impôts, de la dette hypothécaire et des salaires [1].

Sans doute Gord bénéficie de ressources accessoires importantes, sans compter la vente ultérieure du bois, malheureusement sus-

---

1. Gord a trois domestiques de ferme : un homme qu'il paie 300 kr. et deux servantes dont l'une gagne 120 kr. et l'autre 50 kr.

pendue pour plusieurs années par la gestion imprévoyante de ses prédécesseurs. Ainsi il loue 200 kr. la force motrice d'une chute d'eau et comme il n'habite que la plus petite des deux maisons bâties sur la ferme, il loue l'autre à un bourgeois de Tromdhjem pour 300 kr. Mais la plus notable de ses ressources, la glace fournie par un des deux lacs qui se trouvent sur la propriété, et dont le prix normal est de 1.000 kr., est d'un rendement aléatoire; parfois l'hiver est trop doux et le lac ne gèle pas. Pour toutes ces raisons, il y a donc lieu de craindre que Gabriel Gord ne réussisse pas mieux que ses devanciers à transmettre à l'aîné de ses trois enfants le *gaard* qu'il vient d'acquérir [1].

Telle est la vie sociale dans la circonscription du Trondhjemfjord; après l'examen de ces nombreux échantillons, — et je répète que d'autres encore pourraient être analysés ici [2] — il me

---

1. Quelques jours après avoir fait visite à Gabriel Gord, j'appris qu'il appartenait à une famille dont le nom faisait le tour de la presse de la Norvège occidentale : le grand-père venait de mourir centenaire, laissant derrière lui 172 descendants. Le père de Gabriel Gord eut de deux mariages 18 enfants qui ne semblent pas d'ailleurs avoir vraiment prospéré dans la vie : deux sont morts phtisiques, deux filles se sont mariées à des pêcheurs, une autre fille a épousé un gaardbruger, un fils est charpentier, un autre a émigré aux États-Unis; deux filles encore jeunes sont servantes de ferme; les autres enfants sont célibataires ou encore trop jeunes pour quitter le foyer familial. Cette famille fournit, en quelque manière, la contre-épreuve du bienfait de l'émigration aux États-Unis : en la considérant, on ne peut s'empêcher de penser que la destinée de tous, même de ceux qui seraient restés en Norvège, eût été meilleure si quelques-uns avaient « traversé l'eau ».

2. En voici un dernier. Comme on m'avait répété de divers côtés que le paysan du Trondhjem ressemblait à celui des autres fjords, je me reprochais de n'avoir pu encore découvrir un type qui justifiât cette information. Enfin un jour, je tombai dans la vallée de Hell sur un petit épicier de campagne à qui j'exposai l'objet de mes recherches et qui me dit : « il n'y a pas de doute, puisque vous voulez voir le vrai paysan de cette vallée, il faut que vous alliez chez Z...; voilà une belle famille et qui représente bien la vieille race de ce pays; etc., etc.... » Je partis allègre pour visiter le gaard de Z. et en route le témoignage flatteur de l'épicier sur cette vieille famille fut hautement confirmé : évidemment Z. n'était pas seulement un paysan, c'était le Paysan type du pays. Voici l'information que je recueillis, sans parler de la réception plus que rafraîchissante qui nous fut faite à mon compagnon et à moi.

Z, aujourd'hui âgé de quarante-quatre ans, *est célibataire* et exploite, depuis dix années, un gaard d'une superficie de 600 maals, dont 150 sont en état de culture. Le père de Z. reçut la ferme dans des circonstances spéciales. Le grand-père était bygselbruger et n'avait à ce titre aucune propriété foncière à transmettre à son fils aîné; mais sa sœur, mariée au fils aîné d'un gaardbruger, n'eut pas d'enfants et, comme elle

semble qu'on est autorisé à conclure que cette vie sociale diffère sur un point important de celle qui a été observée dans les fjords situés au sud de Trondhjem. Alors que, dans ces fjords, la famille, fortement enracinée sur le sol, se maintient sur le même gaard pendant une série indéfinie de générations, au contraire, dans le

survécut à son mari, il advint que le domaine passa d'une famille dans une autre. Au bout de quelques années, la veuve transmit le gaard au fils ainé de son frère, c'est-à-dire au père de Z. Comme Z. avait quatre frères et quatre sœurs et que, bien que fils ainé, il paraissait peu empressé à contracter mariage — nous savons qu'il est encore célibataire, — son père trouva meilleur de partager le gaard dont l'exploitation risquait de devenir onéreuse si l'on était obligé de faire appel au concours de domestiques salariés ; il en vendit la moitié moyennant 16.000 kr. à un de ses gendres, le mari de sa fille ainée, qui, tout heureux d'acquérir un brug plus étendu, s'empressa de vendre à sa sœur le gaard paternel qu'il avait reçu en qualité de fils ainé : comme la maison d'habitation était grande et très longue, on n'eut pas besoin de construire une seconde maison d'habitation ; on se contenta de la partager en deux sections au moyen d'un refend, placé à chaque étage, et on divisa les terres.

Bien que la famille Z. passe, aux yeux des paysans du voisinage, pour le type excellent de la vieille famille paysanne, il est aisé de discerner en elle les signes non équivoques des transformations qu'elle subit dans son travail et dans sa vie domestique. Ainsi Z. vit avec ses deux parents et une de ses sœurs : à l'âge où il est arrivé, il n'est plus permis d'espérer que le domaine, au moins de ce côté, se transmettra à un descendant ; il est vrai que la sœur, qui possède l'autre moitié du gaard, a neuf enfants encore jeunes et sur ce nombre on peut espérer que l'un d'eux désirera succéder à son oncle. Néanmoins, ce mode de transmission est déjà peu normal, d'autant plus qu'aucune raison de santé n'explique la persistance de Z. à demeurer dans le célibat. D'autre part, on sent bien que l'exploitation agricole est organisée en vue de l'achat et de la vente, beaucoup plutôt qu'en vue de la satisfaction directe de tous les besoins. Ainsi Z. achète de la farine de seigle pour faire du pain, du guano et du phosphate (90 kr. environ) pour amender les terres, et surtout du son et des résidus de farine (90 kr.) pour la nourriture des animaux. De même, Z. ne montre plus la même fidélité à la fabrication domestique des vêtements ; sans doute, on file et on tisse la laine des moutons, mais on commence à trouver « qu'on n'a pas toujours le temps d'accomplir cette besogne » ; parfois on vend l'étoffe ainsi fabriquée et on préfère acheter des vêtements confectionnés : quand on adopte une semblable pratique, on n'est pas loin d'abandonner tout travail domestique de la laine, puisque les étoffes, risquent de se mal vendre sur le marché et de subir à leur désavantage la concurrence des étoffes des ateliers mécaniques.

Parmi les frères de Z., deux sont aux États-Unis : l'un vient de finir ses études et de passer ses examens pour devenir prêtre luthérien ; l'autre travaille chez un fermier dans le Minnesota et réalise quelques économies afin de devenir fermier à son tour. Le troisième frère est mort et on ne m'a pas dit quelle a été la destinée du quatrième. Quant aux filles, nous savons déjà que l'ainée est devenue propriétaire de la moitié de gaard paternel ; la seconde vit avec son frère et ne reçoit aucun salaire fixe ; les deux autres sont mariées, l'une à un gaardbruger, l'autre à un journalier. Au moment de leur mariage, leur père leur a donné une *petite* dot en argent.

A la fin de ces renseignements sur le gaard de Z. je signale que ce gaard nous fournit un exemple nouveau d'un phénomène déjà maintes fois signalé, la disparition

Trondhjemfjord, les préoccupations économiques et mercantiles passent au premier plan : le domaine plein évolue visiblement vers un régime d'achats et de ventes, et le gaard lui-même est facilement vendu, dès qu'on trouve l'occasion de « faire une bonne affaire ». Aussi bien c'est également le pays où les mœurs nationales se sont le moins conservées : coutumes anciennes, vêtements traditionnels, vieux langage y ont disparu plus qu'ailleurs. En revanche, le développement de l'instruction y a été plus grand qu'en aucune autre section de la Norwège ; les Folkebhöiskoler ont trouvé un terrain spécialement favorable à leur action progressive, et, il y a quelque vingt-cinq ans, avant que la grande ligne de chemin de fer Trondhjem-Kristiania eût donné aux grains et aux bois de l'OEstödal un marché qui a tant contribué à enrichir ce pays, le Trondhjemfjord était, parmi les districts ruraux, celui où les éditeurs de journaux *et de livres* trouvaient leur clientèle la plus assidue; à chaque époque de l'histoire, et même encore de nos jours, des hommes éminents, propulseurs incomparables des énergies, ont surgi dans ce district et ont poussé en avant leurs compatriotes, tantôt les dirigeant vers les expéditions maritimes ou commerciales, tantôt contribuant, sur place, à leur prospérité économique ou à leur développement intellectuel ou moral.

Tous ces faits sont importants à constater, car nous percevons qu'en territoire norvégien même, ce type social norvégien, si pro-

---

du husmand. Naguère, il y avait sur la ferme cinq husmænd dont quelques-uns avaient une tenure de quelque importance, puisque l'un d'eux devait quatre semaines et demie de travail et exploitait 30 maals de terre cultivée, avec le droit d'affouage et le droit de pacage pour ses bestiaux. A la mort du husmand, le contrat n'a pas été renouvelé; les enfants, voyant qu'on ne voulait pas leur vendre, ont préféré émigrer aux États-Unis. Les maisons ont été vendues à des acheteurs qui en ont emporté les matériaux.

Lorsque le propriétaire accepte de vendre le pladsel au husmand ou à un de ses enfants, cette vente favorise d'ordinaire la bonne exploitation du sol, ces petits acquéreurs étant presque toujours, comme on doit s'y attendre, une sélection de capables. Ainsi le fait se vérifie, sur la ferme même qu'exploite le beau-frère de Z. Tandis que l'étendue cultivée n'augmente pas, ni sur la ferme de Z, ni sur celle de son beau-frère, au contraire un ancien ouvrier de Trondhjem, qui a acheté de celui-ci 35 maals environ, ne cesse de pousser plus avant le défrichement et, chaque année, quelque parcelle de l'udmark est annexée à l'indmark.

fondément traditionnel et familial, est capable de subir une transformation qui le rapproche du type américain. Et cette constatation me paraît à son tour de capitale importance, parce qu'elle
nous fait connaître que deux types sociaux, que nous serions
naturellement enclins à considérer comme séparés par un fossé
quasi infranchissable, sont au contraire voisins l'un de l'autre.
Qui ne croirait, en effet, qu'une grande distance sépare ces familles norvégiennes dont j'ai décrit la vie domestique dans les
cent premières pages de cette étude des familles américaines
dont Michel Chevalier écrivait en 1835 : « L'Yankee n'est pas seulement travailleur, c'est un travailleur ambulant. Il n'a point de
racine dans le sol, il est étranger au culte de la terre natale et
de la maison paternelle... Le clocher de son village ne lui est
rien de plus qu'un autre clocher, et, en fait de clocher, le plus
beau, c'est le plus fraîchement peint en blanc ou en vert. L'Yankee vendra la maison de son père comme de vieux habits, de
vieux galons. Il est dans sa destinée de pionnier de ne s'attacher
à aucun lieu, à aucun édifice, à aucun objet [1] ».

Et pourtant, la méthode d'observation vient attester que cette
différence est beaucoup moins grande qu'elle ne le paraissait,
puisque d'une part les émigrants norvégiens sont considérés aux
États-Unis comme des citoyens de choix et y prospèrent, et que,
d'autre part, en Norvège, dans des conditions de lieu moins favorables au développement de la richesse, s'ébauche une transformation qui témoigne de l'affinité entre les deux types. Et cela ne
doit pas surprendre, car le Norvégien, s'il est fondamentalement
traditionaliste et attaché au culte du foyer, est aussi essentiellement un particulariste, un homme ayant le besoin et la capacité
de fonder sa vie personnelle sur l'indépendance et l'autonomie de
son activité ; le premier élément de son caractère se subordonne
au second, lorsque les conditions sociales exigent une option et
que la terre plus fertile favorise le développement de la richesse
et d'une vie sociale plus complète, plus mobile, mais aussi plus
propice à l'ascension des capables.

---

1. *Lettres sur l'Amérique du Nord.* Lettre du 31 juillet 1835.

Telle est précisément la condition du Trondhjemfjord : j'ai dit qu'en cette grande cuvette, de 120 kilomètres et plus de diamètre, aux parois doucement inclinées, les vallées fertiles alternent avec les coteaux boisés où croissent de vigoureux sapins ; il convient de ne pas oublier cette particularité, si l'on veut comprendre pourquoi les paysans du Trondhjemfjord diffèrent très sensiblement des paysans des fjords méridionaux.

TROISIÈME PARTIE

LA VIE COLLECTIVE

I

LES ASSOCIATIONS VOLONTAIRES DE BIEN PUBLIC

Quelle que soit l'importance de la vie privée et familiale dans toute société, il n'en est aucune chez laquelle cette vie soit capable de répondre à tous les besoins, et chez laquelle on n'observe, au moins, les linéaments d'un groupement plus étendu. Le gaard norvégien n'échappe pas à cette loi sociale : à vrai dire, ce gaard isolé, retiré dans sa solitude entre la montagne et l'eau, a permis ou même imposé la constitution d'une vie familiale si forte ou si exclusive, que ces groupements plus larges sont peu nombreux et ne sont doués que d'une activité restreinte ; pourtant ils existent, et il convient de les étudier sommairement ; on verra même que deux d'entre eux, le groupement scolaire et le groupement religieux, ont une grande importance.

Les associations *volontaires* de bien public sont peu nombreuses parmi les paysans des fjords : les conditions de la vie sociale ne les rendent que rarement utiles et, de plus, le tempérament des gaardbruger, naturellement attaché à l'action personnelle et autonome, les rend volontiers méfiants vis-à-vis des associations ; ils sont enclins à y voir une gêne et une restriction apportées à l'activité individuelle plutôt qu'un développement de cette activité même et un accroissement de son efficacité [1]. Pourtant il est des circonstances où l'utilité d'une association apparaît si manifeste que les paysans se décident à se grouper ensemble pour organiser un service profitable à tous; comme il convient, la nature et le but de ces groupements varient suivant les fjords et les genres de culture; les plus répandus sont les beurreries-fromageries coopératives et les banques rurales coopératives.

En principe, les paysans norvégiens préfèrent les laiteries dirigées par un entrepreneur particulier, à ses risques et sous sa responsabilité, aux laiteries coopératives; ils trouvent que celles-ci donnent d'ordinaire un rendement inférieur. Pourtant l'impossibilité fréquente, dans ce pays où les capitaux sont si peu abondants, de trouver un individu capable d'engager seul la dépense qu'entraînent la fondation et l'exploitation d'une laiterie a, dans un grand nombre de cas, imposé le mode coopératif; mais là même des procédés ingénieux s'efforcent parfois de restreindre le domaine de l'entente collective [2].

D'ailleurs les laiteries coopératives ne sont possibles que dans les régions où les fermes sont assez rapprochées pour les alimenter de leur lait; aussi un grand nombre de communes fjordiennes n'en peuvent posséder. Là même où elles existent, l'adduction du lait pendant l'été demeure chose difficile, puisque les vaches pâturent sur la montagne, au *sæter*; tantôt on se

---

1. On sait pourtant que les particularistes s'associent mieux et plus efficacement que les communautaires, mais il m'a paru qu'en Norvège, l'habitude de l'isolement et de la vie très séparée de chaque gaard suscite dans les esprits une sorte de méfiance à l'égard des associations.

2. Ainsi dans le Trondhjemfjord, dans la vallée de Hell, j'ai visité une laiterie qui fonctionnait comme il suit : il y a vingt ans, quarante gaardbruger se réunirent pour la construction et l'exploitation d'une laiterie; la société fonctionna pendant dix ans et donna des résultats plus que médiocres. Aussi les coopérateurs, tout en restant propriétaires du bâtiment et des machines, ont-ils loué la *meieri* à un locataire exploitant à ses risques, qui s'est engagé à leur acheter, au prix de 8 öre le litre, le lait que, de leur côté, ils se sont engagés à lui apporter; la société entretient les bâtiments et le locataire entretient les machines et les brocs. Cet arrangement donne satisfaction à tous, et l'exploitant vient d'acheter récemment un gaard de 12.000 kr. avec le produit de ses économies et le petit appoint de la dot de sa femme.

résout à fermer la laiterie pendant cette saison, tantôt on installe de longs fils de fer, dont une extrémité est attachée au rebord supérieur du plateau montagneux et de grands récipients, remplis de lait, glissent le long de ces fils et transportent chaque jour la provision que la sæterspige a recueillie.

Beaucoup plus nombreuses sont les banques coopératives et, si je puis m'en rapporter à une expérience personnelle, il m'a paru qu'un établissement de ce genre fonctionne à peu près dans chaque commune rurale. Le capital, souscrit par des habitants de la circonscription, est d'ordinaire très modeste, au début tout au moins. Ainsi, dans le Masfjord, un des fjords les plus pauvres que j'aie visités, il est vrai, la banque coopérative commença avec un capital de 2.000 kr., ce qui n'empêche pas son mouvement d'affaires d'atteindre annuellement le chiffre de 60.000 kr. Ces banques servent à la fois de caisse d'épargne pour les déposants et de banque de prêt pour les emprunteurs : d'ordinaire, on demande à ces derniers un intérêt de 5 ou 5 1/2 p. 100 et on sert aux premiers un intérêt de 4 ou 4 1/2 p. 100 ; la différence couvre les frais et les pertes qui peuvent résulter de l'insolvabilité des emprunteurs. Les actionnaires ne peuvent toucher un dividende supérieur à 4 p. 100, et l'excédent des bénéfices, s'il en existe, est employé à des entreprises d'utilité générale intéressant la commune.

Ces banques font peu de prêts hypothécaires, mais surtout des prêts à court terme sur crédit personnel, cautionnés par deux personnes solvables ; comme il est facile de connaître très exactement la situation financière de chacun, il est très rare que la caisse coopérative ne soit pas remboursée de ses avances. Voici la traduction littérale de la formule que la Banque de Klep fait signer à ses emprunteurs :

Billet de prêt (*Veksel-ôbligation*).

Couronnes...   le...   190 .

A trois mois de date je paierai contre le présent billet de prêt à la Banque privée de Klep, ou à son ordre,   couronnes,
valeur reçue.

Comme sécurité pour la Banque, j'ai décidé

de fournir caution et garantie. A partir de l'échéance, l'intérêt sera dû au taux courant à la Banque, au moment du renouvellement ou du dégagement.

Si le paiement n'a pas lieu au moment de l'échéance, la Banque aura l'option de m'intenter une action légale ou de faire un compromis auquel cas je donne à M^r..., ou à toute personne désignée par lui, pleins pouvoirs de s'aboucher avec la commission des compromis pour Klep, pour se faire autoriser à établir ce compromis avec la direction de ladite Banque et je m'engage conséquemment, sous peine de saisie, à payer la dette dans le délai de quatorze jours à partir de la date du compromis ainsi que les intérêts ci-dessus mentionnés, depuis le jour de l'échéance et, de plus, les frais de compromis (2 couronnes) et les frais accessoires. En cas de saisie-exécution du bien foncier pour dettes, j'abandonne mon droit légal d'affranchissement dudit bien.

En foi de quoi.

Comme caution et débiteur en son nom propre, un pour tous, tous pour un, le soussigné se soumet aux conditions ci-dessus auxquelles nous aurons recours en cas d'action légale.

En foi de quoi...

En marge :

Pour agir au nom de la Banque et s'aboucher avec la commission des compromis et conclure des compromis aux conditions mentionnées dans le billet de prêt, M...

Si dans les deux cas qui viennent d'être examinés, on ne cherche que la sauvegarde des intérêts matériels, d'autres associations se préoccupent des intérêts moraux. Comme exemple de ce dernier groupe d'associations, on doit citer les sociétés de jeunes gens, analogues aux *Young people's societies* des pays anglo-saxons où les jeunes hommes et les jeunes filles affiliés trouvent à la fois des moyens d'instruction, de sport et de distraction. Les réunions de ces associations qui ne peuvent être constituées que dans les fjords où l'agglomération est suffisante ont lieu chaque dimanche l'après-midi; suivant les circonstances, on y entend une allocution morale du pasteur [1], ou une conférence, ou des romances et des chants nationaux; parfois,

---

1. A Gloppen (Nordfjord), commune où la foi religieuse est très vive, une autre société confessionnelle de jeunes gens se réunit chaque premier dimanche du mois, de 5 heures à 8 heures du soir : on chante des hymnes et on entend un sermon. Cette société n'est d'aucune manière la rivale de la première, et un bon nombre de jeunes gens sont affiliés à l'une et à l'autre.

dans certaines communes, un dimanche sur deux, les membres
se forment en une sorte de comité d'études et l'un d'eux lit un
rapport sur un sujet qu'il a librement choisi. Souvent, au sein
de l'association, se constituent des comités divers de sport, de
musique ou de représentations scéniques. En outre, une bibliothèque abondamment pourvue met des livres de toute sorte à
la disposition de ceux qui désirent les emporter et les lire. La
cotisation est d'ordinaire très modique : ainsi, à Gloppen, elle
n'est que de 25 öre.

A l'occasion de fêtes spéciales, on organise des soirées dan-
santes. Les jeunes gens de Lofthus célèbrent de cette manière
la fête de saint Olaf : après avoir écouté un sermon et une conférence et lunché copieusement, ils dansent gaiement jusqu'à
2 heures du matin. En 1904, ils avaient même fait mieux encore :
afin d'accélérer l'amortissement de la dette contractée pour la
construction des salles diverses, nécessaires au fonctionnement
de leur association [1], ils avaient organisé une sorte de festival auquel ils avaient convoqué les jeunes gens et les jeunes filles des
alentours. Plus de 3.000 personnes répondirent à l'invitation.
Seulement ce fut un festival... à la mode norvégienne; outre
les chants et la musique — il n'y eut pas de danses, — « le clou »
en fut une série de quatre conférences données le premier jour
et de trois autres données le lendemain. J'ai pu savoir les
sujets de cinq de ces conférences; ils méritent d'être rapportés :
Le passé glorieux de la Norvège; La manière pour une femme de
bien tenir sa maison; La culture des arbres fruitiers et la
manière de les tailler; L'avantage d'un bon jardin potager et
d'une nourriture plus végétarienne; Le développement du christianisme[2]. *Comme les Norvégiens sont grands amateurs de confé-*

---

1. L'achat du terrain et la construction de l'édifice ont coûté 13.000 kr.; une
partie de cette somme a été obtenue par l'émission d'actions, de 50 kr. chacune; un
emprunt hypothécaire a fourni le reste.

2. Cette dernière conférence, donnée par le pasteur de Lofthus, a même soulevé de
vives polémiques, dont les journaux se sont fait l'écho. Le conférencier, homme
instruit et au courant des études bibliques modernes, avait eu la témérité de dire que
plusieurs chapitres de l'Ancien Testament n'étaient que des récits mythiques, des-
tinés à faire ressortir une vérité morale ou religieuse et qu'il fallait se garder de les

rences, celles-ci eurent beaucoup de succès ; le nombre des repas servis fut considérable, si bien que la société retira un bénéfice net de 400 kr. sur l'exploitation du restaurant temporaire qu'elle avait organisé.

Enfin il existe en Norvège une variété d'associations de bien public plus célèbres que toutes les autres et dont la réputation est grande auprès de ceux qui, tant en Europe qu'en Amérique, cherchent les moyens d'améliorer la condition des travailleurs manuels : je veux parler des diverses sociétés[1] qui se sont proposé de mettre fin aux ravages du fléau alcoolique.

Une loi de 1816 permettait à toute personne de fabriquer de l'eau-de-vie avec le produit de ses cultures : ces distilleries privées, s'unissant aux nombreux débits de boissons, empoisonnèrent si bien la population qu'aux environs de 1830-1840, la Norvège était un des pays où le fléau de l'alcoolisme sévissait le plus furieusement ; le fort tempérament de la race, peu portée par nature à la modération, trouvait dans l'alcool un excitant redoutable qui favorisait les pires excès. A cette époque, des hommes courageux et animés de l'esprit civique prirent l'initiative d'une propagande antialcoolique ; peu embarrassées par nos théories latines sur la liberté — théories dont nous reconnaîtrions en un instant la naïveté puérile si elles ne trouvaient un complice inavoué mais toujours actif dans nos défauts mêmes — ils obtinrent du Storthing une loi supprimant le droit de distillation privée, et des restrictions furent simultanément apportées à la vente et au débit des spiritueux.

Depuis soixante ans, cet heureux mouvement a acquis de nouvelles forces et les diverses sociétés de tempérance de France, de Belgique, d'Angleterre et d'autres pays encore nous ont habitués depuis longtemps à considérer comme un modèle les ligues antialcooliques norvégiennes et l'ingénieux système des *samlag*, sociétés philanthropiques à qui les villes concèdent le

prendre à la lettre. Cette affirmation suscita la véhémente protestation d'un pasteur du voisinage, qui soutint au contraire que la Bible ne contenait rien que de vrai.

1. La plus puissante est la Société d'abstinence totale qui compte 130.000 membres.

monopole du débit des spiritueux ; les *samlag* s'emploient de
diverses manières à décourager le consommateur et à restreindre
la quantité d'alcool vendue.

Enfin, par une nouvelle loi du 27 juillet 1894, le monopole des
samlag a été développé. En outre, tous les habitants, hommes
et femmes, âgés de plus de vingt-cinq ans, doivent désormais
décider par voie de referendum si, pendant les cinq années sub-
séquentes, la vente des spiritueux pourra avoir lieu dans la
ville. Il suit que, depuis cette loi, les samlag eux-mêmes ont été
supprimés dans un certain nombre de villes.

Les sociétés de tempérance constituent en Norvège un groupement puissant avec lequel les deux partis politiques doivent
compter et qu'ils ont intérêt à ménager ; parfois même les
ligues antialcooliques, trouvant insuffisants les engagements,
pourtant étendus, que prennent les candidats, fondent un parti
politique distinct qui n'a d'autre mission que de déclarer à l'alcool une guerre sans merci [1].

Cet admirable spectacle, donné par un peuple qui opère sur
lui-même une réforme profonde, est une leçon et un exemple
dont la portée dépasse la matière même, pour importante
qu'elle soit, qui en a été l'occasion ; on y saisit clairement le
mécanisme de toute réforme vraie : d'une part, l'action individuelle du citoyen se disciplinant soi-même, puis suscitant et
promouvant l'action législative ; d'autre part, l'intervention du
législateur suscitant à son tour, appuyant et rendant plus fé-
conds les efforts individuels. Nombreux, hélas ! sont les com-
partiments de l'activité sociale où nous pourrions profiter de
cette leçon et suivre cet exemple : en tous cas, nous devrions
commencer par supprimer le scandaleux privilège des bouil-
leurs de cru et par réglementer énergiquement les débits de
boissons.

___

1. Le mouvement antialcoolique norvégien et le système de Gothembourg sont
beaucoup trop connus pour qu'il soit utile de donner ici des détails plus étendus ;
je renvoie le lecteur que ces détails intéresseraient aux publications des sociétés
françaises de tempérance et notamment à une étude publiée dans *le Musée social*,
mai 1905, par MM. Arne Hammer et Charles Chauvin, et intitulée : *La lutte antialcoolique en Norvège.*

II

LA COMMUNE

A la suite des associations volontaires de bien public, il importe d'étudier les associations forcées, celles auxquelles il n'est loisible à personne de refuser son adhésion, parce qu'elles correspondent à des besoins que tous éprouvent et qu'elles organisent des services dont tous recueillent le bénéfice, directement ou indirectement.

La commune (*herred*) est le premier de ces groupements.

Une commune rurale norvégienne a une étendue considérable : on se fera une idée de cette étendue, si l'on sait que 525 communes rurales suffisent à couvrir le territoire. Dans la région des fjords, ces communes s'allongent démesurément, enserrées par la double muraille granitique. Au surplus, afin de mieux assurer la gestion et le contrôle immédiats des intérêts par ceux-là mêmes que ces intérêts concernent directement, *ce qui est le principe du droit administratif norvégien*, la commune rurale (*herred*) est le plus souvent formée de plusieurs subdivisions, appelées *sogn* (paroisses), constituant chacune une commune divisionnaire pour toutes les affaires d'un caractère plus spécialement local. Cette subdivision territoriale, jointe, comme on va le constater, à une subdivision des attributions, assure à la fois la liberté et une bonne gestion.

Le conseil communal est élu tous les trois ans, à la majorité[1],

---

1. Pourtant l'élection peut avoir lieu au suffrage proportionnel, lorsque la demande en est faite par un nombre d'électeurs fixé par la loi.

par les habitants, âgés de vingt-cinq ans au moins et payant soit à l'État, soit à la commune, des impôts sur le capital ou sur le revenu. Les domestiques perdent leur droit d'électorat, qui est aussi enlevé à tout individu qui a reçu un secours de la caisse des pauvres jusqu'au jour où cet assisté aura remboursé à la caisse les sommes qu'il en a reçues. Depuis l'année 1901, les femmes participent aux élections communales lorsqu'elles paient personnellement un impôt, et elles sont également éligibles[1].

Le conseil communal (*herredstyre*) choisit parmi ses membres le président (*ordfœrer*) et le comité exécutif (*formandskab*), chargé de délibérer sur les matières moins importantes et de veiller à l'exécution des mesures qu'il a votées lui-même ou que le herredstyre a votées.

Les herredstyre doivent, d'après la loi, se réunir quatre fois par an, mais en réalité ils se réunissent plus souvent ; ainsi, dans le herred du Masfjord, le conseil communal s'assemble habituellement huit ou neuf fois par an. Bersvik, qui a été trente ans membre du conseil communal, était obligé de partir aux premières heures du jour pour se rendre à Sandnœs où se réunissait le conseil. A 11 heures, la séance commençait ; elle durait toute la journée et se prolongeait souvent une partie de la nuit ; en tous cas, il n'était jamais possible à Bersvik de revenir coucher le soir chez lui[2].

Les pouvoirs du herredstyre sont très étendus, puisqu'il est en fait la seule autorité administrative dans la circonscription ; toutefois il ne gère pas lui-même les divers intérêts confiés à sa garde, il en confie au contraire la direction à des commissions spéciales dont les membres, *nommés en totalité ou en partie par lui, ne sont pas nécessairement choisis parmi les membres de l'assemblée communale. C'est là un trait caractéristique et*

---

1. Dans le herred de Lavik Brække, dont dépend le gaard Ynnesdal, 1 femme seulement a fait usage en 1901 de son droit d'électorat : quelques communes rurales comptent 1 ou 2 femmes parmi leurs conseillers municipaux. A Bergen, Kristiania, Stavanger, Trondhjem, Lavik, 6 femmes siègent au conseil communal, 7 à Kristanstand, 3 à Frederikshald, 4 à Hamar, etc.

2. Dans d'autres communes plus importantes, la réunion du herredstyre dure parfois trois jours consécutifs : un pareil déplacement entraine quelques frais et pourtant les membres du herredstyre ne reçoivent aucune indemnité.

bien significatif de l'administration municipale norvégienne; même dans les plus petites communes on rencontre un conseil d'assistance (*fattigstyre*)[1], un conseil des écoles (*skolestyre*), une commission des impôts (*ligningskommission*); ces conseils et cette commission n'ont pas seulement pour tâche, comme il arrive en France, de faire un rapport au conseil communal, investi seul du droit de délibération; ils ont au contraire un pouvoir propre et effectif de délibération et d'action; en réalité, l'assemblée communale ne se réserve que le contrôle plus éloigné et le droit de voter ou de refuser le crédit nécessaire.

Le herredstyre statue lui-même sur toutes les questions trop peu complexes pour rendre nécessaire la nomination d'un conseil : ainsi il délibère sur les voies de communication communales dont l'entretien incombe à la commune et il emploie pour cet entretien un procédé économique consistant à imposer à chaque propriétaire l'obligation de maintenir en bon état telle section déterminée de la route [2].

Il nomme les *skjömmænd*, fonctionnaires chargés de procéder, de concert avec l'employé cadastral nommé par l'État, au bornage, au partage et à l'évaluation des gaards; il dresse la liste sur laquelle le juge supérieur choisit les membres du jury criminel. Il désigne au choix du *sorenskriver* l'*overformynderne*, surveillant général des tutelles et des mineurs : ces surveillants

---

1. Dans la commune de Masfjord, sur une population de 2.300 habitants, il y avait, en 1904, 38 personnes assistées. Il paraît d'ailleurs que le plus souvent les pauvres endurent longtemps la misère avant de demander l'assistance de la caisse communale, car le Norvégien sait que ses compatriotes haïssent la pauvreté et mésestiment le pauvre qu'ils considèrent comme un incapable. — L'assistance est donnée soit à domicile sous la forme d'une allocation pécuniaire, soit au moyen du placement chez un gaardbruger qui, en échange des soins et de l'entretien, reçoit un prix convenu (voir *supra* p. 103). Ce mode est le seul possible lorsque l'assisté n'a plus d'habitation, ou qu'il reste seul après le départ de ses enfants qui s'en sont allés aux États-Unis. Jusqu'en 1894, il paraît que, dans la commune de Masfjord, on pratiquait encore un autre mode d'assistance vis-à-vis des indigents de cette catégorie : le fattigstyre obligeait les différents gaardbruger de la commune à loger et à nourrir un indigent pendant un nombre de jours, vingt ou vingt-cinq par exemple, proportionné à la fortune de chaque propriétaire. On ne pouvait être contraint de recevoir ainsi plus d'un pauvre par an. Ce procédé était économique et désagréable,

2. Il faut distinguer des chemins ruraux (*bygdeveien*) les routes postales (*postveien*) dont l'entretien incombe au département.

sont au nombre de deux et ne reçoivent pas de traitement, mais simplement une indemnité compensatoire de leurs frais de déplacement.

Sur toutes ces matières le vote du conseil municipal est définitif et n'est sujet à aucune approbation, bien qu'un relevé du procès-verbal des séances soit envoyé au préfet, *amtmand*. « Deux lois, votées en 1837 sur les conseils municipaux, fondées, comme la constitution du 17 mai 1814, sur le principe de l'autonomie populaire, établissent en effet l'indépendance complète des communes quant à la gestion de leurs affaires intérieures [1]. » Pourtant ce qui a été dit du libéralisme norvégien suffit à indiquer que cette autonomie communale est loin d'être absolue : ainsi en matière scolaire, en matière d'hygiène et de débits de boissons, on trouve le contrôle très précis de l'autorité supérieure et il se manifeste aussi en matière budgétaire.

L'administration des finances communales est la fonction la plus importante du herredstyre, celle par le moyen de laquelle il intervient efficacement, quoique indirectement, dans toutes les affaires de la commune. Il n'y a aucune observation spéciale à présenter sur la méthode suivie pour voter le budget communal, ou pour apurer les comptes de l'exercice clos; au contraire, il importe de donner quelques renseignements sur la nature des impôts.

Les contributions communales se ramènent essentiellement à deux impôts différents, l'impôt foncier et l'impôt sur le revenu. Le herredstyre décide librement quelles fractions respectives des revenus communaux seront fournies par la taxe foncière et par la taxe sur le revenu, et cette proportion, qui est en moyenne de 66,64 p. 100 à la charge de l'impôt sur le revenu, et de 33,36 p. 100 à la charge de l'impôt foncier, peut ainsi varier et en fait varie suivant les communes.

L'impôt foncier est payé suivant la valeur des gaards et cette valeur est elle-même évaluée par le cadastre. Quant à l'impôt sur le revenu, il est établi sur le revenu net, c'est-à-dire

---

1. *La Norvège,* Kristiania,, 1900, p. 197.

calculé après déduction des intérêts des dettes. En outre, on soustrait de ce revenu net une certaine somme, égale pour tous, que l'on estime nécessaire pour vivre, et cette déduction qui représente pour les petits propriétaires une proportion très forte de leur revenu total, est au contraire insignifiante au regard du revenu des contribuables plus fortunés. Le tarif plein est appliqué aux célibataires et aux personnes mariées sans enfants. Et ceux-ci forment la première classe; les autres contribuables sont répartis en sept classes, suivant qu'ils ont un enfant, ou deux enfants, ou trois enfants, etc.; toutefois, à partir de sept enfants, le classement s'arrête et tous les contribuables ayant sept enfants ou plus sont rangés dans la septième classe. Un père ou une mère à la charge de leur fils, ou une sœur infirme à la charge de son frère, sont assimilés à un enfant.

Le revenu de chacun est apprécié par la ligningskommission, nommée par le herredstyre; le contribuable n'est obligé à aucune déclaration, mais peut en faire une, s'il le désire. Lorsqu'un contribuable est mécontent de l'évaluation admise par la commission de location, il peut adresser une plainte et, si sa protestation reste sans effet, il peut faire appel devant une commission supérieure, également nommée par le herredstyre. Ce mode de répartition paraît fonctionner à la satisfaction générale et je n'ai entendu formuler aucun grief contre l'arbitraire des commissions, ni aucune accusation de partialité politique [1].

1. Il est attristant de penser qu'on n'a pu encore aboutir, dans notre pays, à une réforme que l'intérêt social commande manifestement; les adversaires de l'impôt sur le revenu ne manquent jamais d'alléguer que tous les revenus en France sont atteints, mais en vérité la question n'est pas là et on peut être surpris du crédit que cet argument trouve auprès de tant de personnes. La question n'est pas de savoir si tous les revenus seront ou non frappés, — ceci est à débattre, après qu'on aura calculé l'incidence, — elle est de savoir si un célibataire qui mène joyeuse vie avec ses 20.000 francs de rente ou un ménage qui n'a que deux enfants, paieront, à fortune égale, le même impôt — c'est-à-dire beaucoup moins, puisque les impôts de consommation sont très lourds en France — que telle famille voisine où les parents ont dû rogner leur superflu parce qu'ils ont six ou huit enfants. La question est très simple et, si l'on a le sens social, le sens des besoins réels de la collectivité, on n'hésitera guère à la résoudre suivant la manière que les Norvégiens ont adoptée. Il se peut que l'état de nos divi-

Si maintenant on additionne ensemble les deux taxes payées par le contribuable rural norvégien, il semble que le total est élevé et, d'une manière générale, il me paraît, autant que mon incompétence me permet de me prononcer, que le poids des impôts qui grèvent le contribuable norvégien est spécialement lourd. Ainsi, dans le Masfjord, Bersvik paie 177 kr. d'impôts, se répartissant ainsi : 90 kr. pour la taxe foncière, 82 kr. pour la taxe sur le revenu et 5 kr. pour une autre taxe sur le revenu perçue au profit de l'État. Nils Ynnesdal, qui dépend d'une autre commune, paie 170 kr. sur lesquels 75 kr. 49 représentent l'impôt foncier et 82 kr. représentent l'impôt sur le revenu. Si l'on se reporte à la valeur des biens fonciers que possèdent ces deux gaardbruger, on trouvera sans doute que ce taux est élevé [1].

Cette constatation ne doit pas surprendre : les différents services publics coûtent cher aux communes rurales de Norvège, spécialement à celles qui bordent les fjords; il n'en saurait être autrement, avec une population si clairsemée et des communications si difficiles. En tout cas, il est au moins une dépense que le Norvégien ne regrette pas : c'est celle du service scolaire; à elle seule elle équivaut à 30 p. 100 du total des dépenses [2], mais il sait que le meilleur emploi qu'on puisse

sions politiques interdise cette solution ; pour mon compte, je ne le crois pas ; si je me trompe cela prouve une fois de plus qu'un certain état de désorganisation sociale, et spécialement l'abus de la politique, mettent obstacle aux réformes les plus nécessaires.

1. Voir *supra* les autres exemples cités au cours des monographies.

2. Voici un tableau des dépenses des communes rurales pour l'année 1892 (*la Norvège*, p. 257) :

Justice et police	252.385 kr.
Affaires ecclésiastiques	641.881 —
Instruction publique	4.584.087 —
Assistance publique	4.458.571 —
Service sanitaire et médical	593.806 —
Moyens de communications et travaux publics	2.034.132 —
Services divers d'intérêt général	485.933 —
Intérêts d'emprunts	450.025 —
Paiement de contribution à la construction de chemins de fer	428.860 —
Frais d'administration	328.292 —
Autres dépenses	669.713 —
Total	14.927.685 kr.

faire de l'argent est de le consacrer à former des hommes instruits, moraux et capables d'énergie. Or l'école norvégienne
s'efforce et réussit en grande partie à former de tels hommes.
Cherchons à étudier ses moyens d'action et nous verrons ensuite
comment son œuvre est complétée et soutenue par l'église
luthérienne. En le faisant, nous terminerons l'étude de l'association communale, au sein de laquelle le groupement scolaire
et le groupement religieux tiennent une place spécialement
importante.

III

L'ÉCOLE

Au début de ces pages sur l'école norvégienne, je tiens à mettre le lecteur en face d'un fait aussi surprenant que certain : *la Norvège occupe un des premiers rangs en Europe au point de vue du développement de l'instruction.* Voilà certes une assertion déconcertante au premier abord, puisque les conditions du lieu semblent apporter, à la fois par la distance qui sépare les gaards et par l'exiguïté des ressources des habitants, un double et quasi infranchissable obstacle à la constitution d'un bon régime scolaire ; et pourtant ce fait est incontestable ; il est attesté par des témoignages précis et concordants et maintes fois des tableaux comparatifs dressés par des commissaires envoyés par les ministères de l'instruction publique des divers pays d'Europe, l'ont établi. « La Norvège, écrit Mgr Fallize, a d'excellents instituteurs, et malgré les distances énormes que doivent parcourir les enfants pour se rendre aux écoles communales, celles-ci sont fréquentées ; ce que l'école ne peut pas donner, les parents et surtout les mères y suppléent, dans les longues soirées de l'hiver. ... *Tout le monde sait lire et écrire.* Il n'y a pas en Norvège de hutte de *husmand* qui ne reçoive son journal[1]. »

Bien plus, ce développement de l'instruction n'est pas un fait récent, d'importation étrangère ; il est au contraire un fait au-

____

[1]. Fallize, *op. cit.*, p. 40.

tonome, un produit direct des institutions sociales du pays et la législation norvégienne, en la matière, a toujours été de pair avec les législations les plus progressives et souvent même en avance marquée sur elles. Dès 1739, une ordonnance royale cherchait à introduire l'obligation scolaire pour tous et établissait une école permanente pour chaque paroisse ; cette loi ne put d'ailleurs être appliquée, et deux ans plus tard, une autre ordonnance permit aux paroisses, sauf assentiment de l'autorité supérieure, de disposer l'écolage « à leur convenance, et en ayant égard à la situation du pays ».

L'école rurale fut définitivement organisée par la loi de 1827, laquelle stipule « qu'il y aura auprès de toutes les églises principales des campagnes une école permanente » et partout ailleurs des écoles ambulantes. Avant cette loi, l'école était entièrement sous la dépendance des pasteurs, qui s'en montraient d'ailleurs les soutiens les plus actifs ; la loi de 1827 s'est efforcée d'assurer à l'école une indépendance partielle vis-à-vis du clergé. La réforme était délicate et, comme en d'autres pays, elle eût pu devenir la source de luttes politiques et de difficultés graves ; la sagesse des prêtres épargna au pays les unes et les autres et ils surent rester les collaborateurs les plus zélés de « l'école du peuple ».

Grâce à leurs efforts et à la bonne volonté générale, la période subséquente réalisa de nouveaux progrès que la loi de 1860 vint consacrer et promouvoir encore en décidant qu'il y aurait au moins une école permanente dans chaque circonscription scolaire ; les programmes étaient étendus et, à côté de l'enseignement proprement religieux (Bible, religion luthérienne, histoire religieuse), on rendait obligatoire l'étude de plusieurs matières séculières ; enfin on fixait un minimum à la durée annuelle de l'écolage et on améliorait la condition matérielle des instituteurs de qui, en revanche, on exigeait une instruction professionnelle plus développée.

Depuis quarante-cinq ans, les progrès des institutions scolaires ont été plus rapides encore et, l'enseignement primaire étant définitivement assuré à tous, il a été possible de constituer au-dessus et à la suite de cet enseignement, d'autres écoles et d'autres cours dont les enfants des familles paysannes tirent le plus grand profit. Essayons d'analyser avec méthode l'ensemble de ce grand mécanisme et, comme il est naturel, parlons d'abord de l'école primaire, *folkeskole* (école du peuple).

I. — L'ÉCOLE PRIMAIRE

Une école primaire se compose essentiellement de trois éléments, un instituteur, des élèves et un groupement chargé de subvenir aux dépenses matérielles qu'entraine le fonctionnement de l'établissement. Dans chaque commune norvégienne, *herred*, l'école est soumise à une commission scolaire, *skolestyre*, composée du pasteur, du président du conseil communal ou d'un membre du *formandskab*, d'un instituteur ou d'une institutrice élus par leurs collègues de la circonscription, et d'autant de membres, hommes ou femmes, élus par le conseil communal, que ce dernier le juge convenable. Le skolestyre élit son président et celui-ci est ordinairement le pasteur.

Le skolestyre administre toutes les écoles du herred : il nomme les instituteurs, détermine le programme et le plan de l'enseignement, fixe l'horaire des classes et la durée de l'écolage annuel, vérifie les comptes et dresse, pour l'année suivante, le budget scolaire soumis au conseil communal. En toutes ces matières, la liberté du skolestyre et du herred est presque absolue. Comme les herred des fjords s'étendent sur une très grande longueur, il a paru bon d'assurer un contrôle plus immédiat de l'école par les gaardbruger les plus directement intéressés à son bon fonctionnement : aussi la circonscription scolaire est-elle toujours divisée en autant de districts, *kreis*, qu'il y a d'écoles distinctes, et à côté de chaque école fonctionne un comité d'inspection [1], *tilsynskomite*, composé d'un membre du

---

1. Peut être membre de ce comité d'inspection toute personne de l'un ou l'autre sexe, âgée de vingt ans au moins, pourvu qu'elle mène une vie chrétienne et appartienne à la religion luthérienne.

skolestyre, comme président, choisi par le conseil communal, et de deux autres membres élus par les parents et les contribuables, hommes ou femmes, du kreis. Ce comité a le devoir de surveiller constamment l'école et d'en assurer la fréquentation et le bon ordre : le skolestyre prend son avis avant de nommer les instituteurs.

Enfin, il existe encore un moyen d'assurer une participation plus directe des habitants d'un herred à la direction de leurs écoles : le skolestyre et le tilsynskomite ont, chacun en ce qui les concerne, le pouvoir de consulter les parents et les contribuables de leurs circonscriptions respectives sur toutes les questions intéressant le régime scolaire, et ce referendum, auquel les femmes participent naturellement, est même obligatoire sur l'application des peines corporelles, les modifications à apporter aux kreis scolaires et sur quelques autres matières encore.

Les instituteurs se recrutent parmi les fils des paysans jouissant d'une petite aisance et par là même capables de fournir à un fils plus intelligent ou plus studieux le supplément de ressources, d'ailleurs modeste, que requiert le séjour dans les écoles préparatoires spéciales, appelées en Norvège séminaires. Naguère, comme le traitement des instituteurs était des plus réduits, les fils des gaardbruger de l'ouest étaient à peu près seuls à postuler pour les emplois d'instituteur rural; ceux de l'est, pays plus riche, trouvaient le salaire trop faible. Mais depuis la loi de 1860, et spécialement depuis trente années, les choses ont changé, et comme le traitement a presque doublé, les fils des paysans de l'est rivalisent avec ceux des fjords dans la recherche de ces emplois, qui sont une des voies coutumières que suivent le plus volontiers les enfants des familles paysannes prospères.

Les séminaires se bornent à conférer à leurs étudiants les diplômes qui attestent la capacité professionnelle du titulaire. Aussi bien, d'après la loi de 1889, qui est la loi sur l'enseignement primaire actuellement en vigueur, ce diplôme est à deux degrés, suivant l'étendue du savoir du candidat; les porteurs du diplôme le plus difficile ont naturellement chance d'obtenir les postes les mieux rétribués.

Lorsque le jeune diplômé sort du séminaire, il lui appartient de chercher sous sa responsabilité et à ses risques un emploi. Il est informé des vacances par les annonces que publient dans les journaux les herred qui cherchent un instituteur : l'insertion indique le salaire offert et les revenus accessoires que peut procurer à l'instituteur le poste de chantre ou d'organiste à l'église. Le postulant envoie au skolestyre ses diplômes et des certificats attestant qu'il mène une vie chrétienne; s'il a déjà exercé semblable fonction dans un autre herred, il y joint une attestation écrite de sa capacité à bien enseigner et à maintenir le bon ordre parmi ses élèves[1].

Le skolestyre choisit librement, pourvu que l'instituteur qu'il élit ait les diplômes requis par la loi et soit âgé de vingt ans au moins. Le choix du skolestyre peut s'arrêter sur une femme aussi bien que sur un homme; comme toutes les écoles primaires sont mixtes en Norvège, le sexe des enfants à instruire ne détermine pas le sexe de l'instituteur. En pratique, la grande majorité des écoles primaires sont dirigées par un instituteur, parce qu'un homme est mieux qualifié pour exploiter en même temps la ferme qui est souvent annexée à l'école et qu'en tous cas un homme peut seul remplir la fonction de chantre à l'église; pourtant il n'est pas rare de rencontrer une école rurale dirigée par une institutrice et, dans ce cas, les élèves à instruire ou l'enseignement donné ressemblent si bien à ce qu'ils seraient sous la direction d'un homme, qu'on voit indifféremment une même école dirigée tour à tour par un homme ou par une femme, suivant que le skolestyre a pensé, sans égard au sexe du candidat, que telle personne déterminée était mieux qualifiée pour diriger utilement l'école[2]. Ainsi à Lofthus, une adjointe seconde l'instituteur dans la direction de l'école; elle s'occupe naturellement des plus petits, mais comme son col-

---

1. Ce dernier certificat lui est délivré par le président du skolestyre.

2. Ainsi d'après une statistique publiée en 1900, il y avait dans les écoles rurales, 3.925 instituteurs contre 1.225 institutrices.

lègue, elle a dans sa classe des enfants des deux sexes.

Autrefois, les salaires des maîtres d'écoles différaient beaucoup entre eux, suivant les communes; ces différences avaient l'inconvénient d'attirer vers les herred plus fortunés les meilleurs instituteurs et de ne laisser aux herred plus pauvres, dont les besoins scolaires étaient peut-être plus grands, que des maîtres d'écoles moins capables ou encore inexpérimentés. Grâce à des subventions du gouvernement central, on s'est efforcé d'arriver à une unification approximative des traitements des instituteurs. Ainsi dans le Masfjord, pays le plus pauvre parmi ceux que j'ai visités, le traitement est de 12 couronnes par semaine et il s'élève à 14 et à 16 dans d'autres circonscriptions[1].

Ce salaire hebdomadaire serait très insuffisant s'il représentait à lui seul la rémunération totale de l'instituteur; mais il faut y joindre une indemnité de nourriture de 5 à 6 couronnes par semaine et le revenu de la petite ferme qui est d'ordinaire jointe à l'habitation de l'instituteur et sur laquelle il entretient quelques vaches et récolte de l'avoine et des pommes de terre[2]. Enfin, toutes les fois que l'école a la bonne fortune d'être voisine d'une église, l'instituteur ne manque pas de remplir la fonction de chantre et, de ce chef, 926 instituteurs ruraux touchent un supplément de 277 kr. en moyenne. En additionnant ces diverses ressources accessoires, que peuvent accroître encore les leçons particulières que l'instituteur peut donner avec l'autorisation du skolestyre, on arrive à un salaire total qui varie de 700 à 1.000 kr. environ et qui est susceptible d'être accru lorsqu'une commune, appréciant les services d'un instituteur, lui accorde un supplément de traitement.

Enfin, lorsqu'un instituteur prend sa retraite, la loi de 1860 lui assure une pension annuelle de 500 kr.[3] et le plus souvent,

1. D'après une statistique relative à l'année de 1900, les parts respectives de l'État et des communes dans les dépenses des écoles rurales auraient été de 33 et de 67 p. 100.

2. La loi prescrit qu'un petit champ de terre labourable soit adjoint à l'habitation de l'instituteur et, grâce à d'anciennes dotations ou fondations, il est rare qu'il n'en soit pas ainsi.

3. Les salaires des instituteurs sont plus élevés dans les districts ruraux de l'Est.

les herred, lorsque l'instituteur s'est acquitté de sa fonction d'une manière satisfaisante, notamment lorsqu'il a concouru d'une manière active à l'évangélisation des enfants de son école, lui votent une allocation annuelle supplémentaire.

La condition matérielle de l'instituteur est donc bonne, et cela est juste, car il faut dire aussi que, dans l'ensemble, le recrutement des instituteurs et des institutrices est excellent. Leur instruction est suffisante pour leur fonction et surtout leur valeur morale et leur capacité comme éducateurs sont remarquables; la plupart mènent une vie parfaitement respectable et élèvent une nombreuse famille, et leur influence seconde efficacement l'action morale et religieuse du pasteur. Dans les districts ruraux des fjords norvégiens, l'école est demeurée très étrangère à ce que nous appelons l'esprit laïque, et la fonction de l'instituteur est considérée comme un demi-sacerdoce auxiliaire du sacerdoce presbytéral. A l'école, l'instituteur enseigne les dogmes de la foi luthérienne et commente la Bible, et il est si bien établi qu'un instituteur est essentiellement un homme imprégné des sentiments religieux et destiné à mener une vie exemplaire, qu'un paysan norvégien me disait un jour qu'il considérait comme une bénédiction du ciel la détermination qu'avait prise un de ses fils de devenir instituteur : « Quand on a un fils instituteur, disait-il, on peut le considérer comme préservé de bien des dangers. » Aussi c'est un honneur pour une famille paysanne d'avoir un fils instituteur.

Cet exemple mérite d'être médité par tous ceux que préoccupe, chez nous, la question, si importante dans une démocratie, du recrutement des instituteurs. Sans cesse on parle d'améliorer la situation des instituteurs, de hausser leur traitement et on croit par là trouver la solution du problème scolaire; certes ce souci est légitime, mais on commet une grave erreur si l'on pense qu'il suffira d'inscrire chaque année au budget de l'État quelques millions de plus pour résoudre un problème dont les complications financières ne sont que les moindres. La perspective d'avantages matériels ne suffit pas à transformer un esprit vulgaire et plat en un éducateur des intelligences et des volontés, et c'est pourtant de semblables éducateurs dont nous avons besoin. Pour qu'un homme possède en lui-même une réserve d'action morale capable d'entraîner vers le bien ceux qui l'approchent et sont soumis à son influence, il faut que sa moralité soit appuyée sur quelque chose de fort, de fécond et de puissant : je ne veux pas chercher ici si ce support de la moralité peut être autre que la foi chrétienne, je constate seulement que les instituteurs ruraux des fjords norvégiens cherchent et trouvent dans la foi chrétienne cet aliment et cet appui de leur mission éducative.

S'il faut à une école primaire un instituteur, il lui faut aussi des élèves et la remarque est autre chose qu'une banalité, dans ce lieu si spécial de la Norvège occidentale où les gaards sont très distants les uns des autres, où le granit, resserré entre les eaux, ne permet pas l'établissement de routes, ni même de sentiers. La difficulté paraît si grande qu'elle n'eût jamais été surmontée, sans l'ingénieuse combinaison des écoles ambulantes et surtout sans l'énergie des parents norvégiens très convaincus de la nécessité de procurer à leurs enfants le bienfait d'une bonne instruction primaire.

Jusqu'à une époque très récente, il n'y avait guère de bâtiments scolaires dans les districts ruraux des fjords, et spécialement dans le diocèse de Bergen, qui couvre à lui seul la plus grande partie des fjords que j'ai visités. La construction d'une maison d'école eût été en effet une dépense trop lourde pour ces paysans peu fortunés, et il semblait plus pratique, au lieu d'imposer à tous les enfants un dérangement quotidien, de transporter successivement la classe dans les différents gaards du district.

A tour de rôle, certains enfants se trouvaient ainsi avoir à fournir une course plus longue que celle qu'ils eussent fournie, s'ils eussent dû seulement se rendre à une école construite au centre du district scolaire, mais à d'autres jours cette course était aussi beaucoup moins longue et parfois même elle était totalement supprimée. J'ai vu fonctionner ce système de l'école ambulante, en plusieurs endroits, notamment au gaard d'Yn-

nesdal. Ce gaard, divisé aujourd'hui, comme je l'ai dit, en
quatre brug, forme à lui seul avec celui d'Urkeland, situé
à quelques kilomètres plus loin dans la montagne, un district
scolaire. L'école compte dix-sept élèves et dure trente semaines ; aussi pendant quinze semaines, elle se tient sur le gaard
d'Ynnesdal, employant successivement comme salle de classe
la plus grande pièce de chacun des quatre brug, et pendant
quinze autres semaines, elle se transporte sur le gaard d'Urkeland, dans les mêmes conditions ; à chaque moment, une moitié
seulement des écoliers est obligée de cheminer sur le sentier
rocailleux de la montagne.

Nils nous montre, relevé le long du mur, le large plateau,
long de 4 mètres environ, qui sert de table aux élèves, pendant les quatre semaines où l'école se tient chez lui. Le herred paie à chaque bruger 8 kr. par an pour le loyer de la salle
et une rétribution de 80 öre par jour, pour le logement et la
nourriture de l'instituteur. Autrefois chaque bruger, considérant comme son devoir de subvenir gratuitement à l'entretien
de l'instituteur, ne recevait de ce chef aucune indemnité, mais
afin d'assurer au maître d'école une nourriture un peu moins
grossière que celle des paysans du Masfjord, laquelle, nous le
savons par expérience, est loin d'être succulente, on a préféré
imposer à l'instituteur le paiement d'une pension dont l'autorité
scolaire lui restitue d'ailleurs le montant.

Ce système de l'école ambulante a ses avantages, mais il a
aussi de nombreux inconvénients que l'on aperçoit aisément :
l'impossibilité de posséder aucun matériel scolaire approprié
et confortable, la nécessité de faire parfois la classe dans une
maison où le bruit des autres enfants de la famille dissipe les
élèves, la gêne imposée aux gaardbruger eux-mêmes, pendant
le temps où ils reçoivent l'école sous leur toit ; enfin et surtout,
la difficulté de faire accepter à un instituteur habitué à de meilleures pratiques d'hygiène et de propreté un logement trop souvent inconfortable et une nourriture trop peu soigneusement
préparée. Aussi, depuis vingt années, le pouvoir central a-t-il
vigoureusement poussé, par les exhortations et par les subven-

tions, à la construction de bâtiments scolaires spéciaux ou du moins, à titre transitoire, a-t-il demandé qu'on prît à bail un local déjà existant : en comparant les statistiques, on se rend compte des améliorations réalisées sur ce point[1].

Cette transformation se fait progressivement suivant les ressources de chaque herred, et dans un même herred, de chaque kreis : ainsi, dans le Masfjord, divisé en 8 kreis scolaires, plusieurs de ceux-ci n'ont pas encore de bâtiment scolaire (*skolehus*). En effet, si, pour la construction d'une école, l'État, le département et le herred donnent chacun une subvention, une partie importante de la dépense, 20 ou 25 p. 100 environ, incombe aux bruger du kreis intéressé : au gaard d'Ynnesdal, où depuis quelque temps des négociations sont engagées en vue de la construction d'une école, Nils calcule qu'une dépense personnelle de 100 kr. incombera à chacun des quatre bruger de ce gaard[2].

Parfois, cette construction de bâtiments scolaires devient plus coûteuse encore; pour un même district et un même groupe d'élèves il faut construire, non pas une école, mais deux. En effet, les élèves d'une même école habitent souvent à de grandes distances les uns des autres; on bâtit l'école en un point qui représente approximativement le centre du cercle formé par les différents brug du kreis. Mais cette solution n'est pas toujours possible; elle ne l'est pas toutes les fois que ce point central se trouverait être la montagne déserte et inhabitable, ou même la paroi abrupte du fjord; nous savons qu'on ne bâtit

1.	1890	1895	1900
Écoles tenues dans un bâtiment appartenant à l'administration scolaire	3.244	3.748	4.862
Écoles tenues dans un local loué à demeure	2.222	1.826	1.643
Écoles tenues alternativement dans les fermes	739	549	212

Comme je l'ai dit, la plupart des écoles ambulantes se trouvent dans le diocèse de Bergen.

2. Le coût total de la construction de cette école est évalué à 2.000 kr.

pas une maison où l'on veut, dans la Norvège occidentale, et que la nature limite parcimonieusement les emplacements possibles. Dans ce cas, on est obligé de construire deux bâtiments scolaires pour une même école : autrement on favoriserait trop les enfants de certains brug, pendant que les enfants des autres brug seraient astreints, pendant toute la durée de la période scolaire, à un transport dont ceux qui ont gravi les montagnes norvégiennes sous la pluie et le vent ne contesteront certes pas le caractère extrêmement pénible et fatigant [1].

La durée de la période scolaire varie beaucoup suivant les districts et, dans un même district, suivant le nombre d'élèves : celui-ci peut en effet ne pas être constant. La loi prescrit une durée minimum de douze semaines, qui peut cependant être réduite à neuf, lorsque le nombre des élèves ne dépasse pas douze. A condition d'observer cette prescription légale du minimum, le skolestyre fixe librement le temps de la période scolaire ; comme le désir de l'instruction est très répandu en Norvège, les commissions scolaires prolongent cette durée aussi longtemps que le permettent les ressources du herred et l'endurance des enfants à supporter les fatigues du sentier ou du transport en canot [2].

On a remarqué que le salaire de l'instituteur était hebdomadaire et non pas mensuel ou annuel ; cette particularité mérite l'attention, car nous saisissons ici le mécanisme ingénieux au moyen duquel les herred plus pauvres, ou à habitations plus

1. Telle sera précisément la solution qu'on sera contraint d'adopter dans le kreis d'Ynnesdal Urkeland : une école sera construite sur le gaard d'Ynnesdal et une autre le sera sur le gaard d'Urkeland.

2. Dans les villes, les écoles primaires et secondaires chôment seulement pendant les vacances qui sont ainsi réparties : trois semaines à Noël, deux semaines à Pâques, une semaine à la Pentecôte, et six ou sept semaines en juillet-août, suivant la décision du skolestyre. Les écoles qui chôment six semaines à cette époque arrêtent leurs vacances le 17 août, les autres le 24 août, mais en revanche celles-ci renoncent à une journée de congé mensuel. Les classes des écoles primaires durent de 8 heures du matin à midi et de 1 heure à 6 heures, de manière que l'instituteur travaille 8 heures par jour et que l'élève ait 30 heures de classes par semaine. Les écoles secondaires adoptent un autre système et fonctionnent de 8 heures du matin à 2 heures.

clairsemées, réussissent néanmoins à s'assurer des instituteurs dans des conditions adéquates à leurs ressources et aux possibilités du lieu. Un même instituteur peut desservir successivement plusieurs districts scolaires et il y a des raisons sérieuses de proportionner un peu la durée de la période scolaire au nombre des élèves d'une classe. Grâce à cet aménagement, un instituteur parvient à s'assurer un traitement convenable sans imposer à aucun district une charge excessive. Ainsi le maître d'école du kreis Ynnesdal Urkeland, après les trente semaines d'école qu'il doit aux élèves de ce district, va faire la classe pendant six autres semaines aux élèves du cours supérieur d'Haugeland et dans ce dernier district un autre instituteur vient faire six semaines d'école aux élèves du cours élémentaire : l'école d'Haugeland reste ainsi ouverte pendant douze semaines.

L'organisation scolaire a une grande souplesse et cette flexibilité permet aux instituteurs de proportionner leur travail scolaire aux autres exigences de leur situation familiale. A Lofthus, dans le Hardangerfjord, l'instituteur est le fils aîné d'un gaardbruger du pays qui cultive sa ferme et tient son école en même temps. Il y a quelques années, lorsque ses enfants étaient jeunes, il louait des domestiques pour l'aider à la culture de la terre et au soin des animaux; maintenant ses enfants l'assistent dans son exploitation et au moment de mon passage, un de ses fils dirigeait la fenaison avec lui, pendant qu'une de ses filles gardait les animaux au *sæter*[1].

Cette division des élèves en deux séries est habituelle dans les écoles rurales, car les difficultés et la longueur des communications ont naturellement conduit à rendre plus intense le travail des élèves pendant la période scolaire et à concentrer

---

1. Voici un autre témoignage de la souplesse de ce régime : le prédécesseur de cet instituteur, à Lofthus, était pauvre et n'avait d'autre ressource que son salaire et un petit traitement qu'il recevait de l'église. Il tomba malade, et la commission scolaire, pour ne pas le priver de son salaire, lui permit de se faire remplacer par un suppléant *qu'il chercha lui-même et qu'il choisit sous sa responsabilité.* Au bout de quatre années de ce régime, le titulaire mourut et d'ailleurs son remplaçant ne parut pas assez capable pour mériter sa succession.

l'activité de l'instituteur sur un nombre d'élèves plus restreint et de même degré. Au surplus, il est évident que, pour un grand nombre d'enfants des campagnes, cet enseignement primaire collectif serait tout à fait insuffisant s'il n'était développé et soutenu par l'enseignement privé de la famille; ce dernier ne fait pas défaut et la mère de famille, ou une sœur aînée ou un frère, instituteur lui-même, et moins occupé pendant ses vacances, complètent l'œuvre de l'école; nous verrons plus loin qu'il existe encore un autre moyen de combler les lacunes de l'enseignement primaire.

L'école primaire reçoit les enfants depuis l'âge de sept ans jusqu'à l'âge de quinze ans; de huit à quatorze ans, l'instruction est obligatoire et tout enfant de cet âge est inscrit d'office à l'école primaire de son district, à moins qu'il ne soit assuré de recevoir d'autre façon une instruction conforme au programme. Cette mesure se concilie d'ailleurs avec la pleine liberté laissée aux parents d'instruire leurs enfants dans leur foi religieuse : ainsi, bien que la religion luthérienne soit la religion officielle, l'État reconnaît aux catholiques le droit de fonder et d'organiser, comme ils l'entendent, des écoles à leur convenance et ces écoles sont soumises au seul contrôle de l'évêque catholique qui fixe le programme, inspecte les classes, institue le jury d'examen chargé de délivrer aux maîtres et aux maîtresses le brevet constatant leur capacité pédagogique. Bien plus, la loi affranchit les catholiques de toute contribution pour l'entretien des écoles communales, lesquelles sont toutes luthériennes [1].

L'école primaire est gratuite pour tous; les parents, à moins qu'ils ne soient indigents, doivent seulement payer les fournitures scolaires.

Les garçons et les filles se coudoient dans les mêmes classes et suivent les mêmes cours; le mélange des deux sexes, pratiqué en Norvège dans toutes les écoles publiques, tant primaires que secondaires ou supérieures et dans les *folkehöis-koler*, est considéré comme avantageux : il civilise les garçons

---

1. En revanche, les catholiques supportent seuls les frais de leurs écoles. Mgr Fallize, *op. cit.*, p. 65.

en modérant la brutalité de leur langue ou de leurs poings et il met un frein au « papotage » des filles dont il habitue l'esprit à des pensées plus viriles et à des préoccupations plus sérieuses [1].

Le programme des matières enseignées ressemble nécessairement au programme des écoles primaires de tous les pays : j'ai déjà signalé que l'enseignement de la Bible, de l'histoire sainte et des dogmes principaux de la foi luthérienne y tient une place importante; l'école primaire a donc, au moins dans les campagnes, un caractère nettement confessionnel et on écarterait comme indigne un instituteur qui n'adhérerait pas sincèrement aux articles de la *Confession d'Augsbourg*. Il faut aussi remarquer que l'enseignement de la menuiserie est donné aux jeunes garçons dans toutes les écoles dont la période scolaire est assez longue pour le permettre : le travail du bois ne doit en effet être ignoré d'aucun Norvégien et même dans les écoles secondaires urbaines, comme la *Cathedralskole* de Bergen, les garçons apprennent les rudiments de la menuiserie et de la sculpture du bois.

Plus intéressante à étudier en détail, si on pouvait le faire, est la méthode suivie par les instituteurs norvégiens pour maintenir le bon ordre dans leurs classes; malheureusement mon séjour dans les fjords de Norvège a coïncidé avec les vacances scolaires et en toute hypothèse, les études de ce genre sont spécialement délicates. J'ai pu seulement recueillir que l'instituteur norvégien ne fait guère appel au principe d'autorité, mais s'adresse surtout à l'intelligence et à la dignité morale de ses élèves. *Très réfractaire à toute discipline imposée du dehors*, le jeune Norvégien n'obéit que lorsqu'il comprend l'utilité et la justesse de l'ordre qu'il reçoit ou plutôt, comme me l'expliquait un jour très finement un instituteur, il n'obéit que lorsqu'il a si bien compris la raison et le sens de ce qu'on lui ordonne qu'il a pu

_____

1. Quand donc en France commencera-t-on à étudier la question du système scolaire mixte? Dans certains milieux, il est entendu que le souvenir de Cempuis et de M. Robin suffit à éliminer la question : c'est une méthode un peu fruste de clore un débat. On n'a pas l'air de soupçonner que le mouvement féministe doit, par son développement même, aboutir aux écoles mixtes.

se répéter à soi-même une injonction semblable. Le maître
d'école doit donc avant tout se montrer respectueux des intelligences et des « autonomies » qu'il est chargé de conduire
vers la discipline morale librement acceptée et spontanément
obéie.

Les mauvaises notes, l'obligation de se tenir debout pendant
la classe, l'obligation de refaire le devoir mal fait, l'obligation
d'arriver une heure plus tôt imposée à ceux qui arrivent en
retard sont les punitions ordinaires; très exceptionnellement,
la punition corporelle [1] est pratiquée sur un enfant dont la
volonté rebelle résiste à toute discipline; mais lorsque cette
correction est jugée nécessaire, elle est administrée par le
maître d'école lui-même et en présence du président du tilsynskomite, et le maître veille à l'administrer sérieusement, car il
importe, me dit-on, que l'enfant ne puisse la recevoir en riant.

On ne fait aucun appel à l'émulation et les écoles norvégiennes ignorent le fléau des « compositions », des « croix » et
des « distributions de prix », combinaisons diverses dont nous
commençons heureusement à nous détacher en France et qui
ne surexcitent l'ardeur des élèves au travail qu'en décourageant
leurs camarades moins heureusement doués et en développant
chez les vainqueurs, parfois moins laborieux que les vaincus,
des sentiments plus dignes de blâme que d'éloges.

De même la surveillance des parents n'est pas mise à contribution : une fois par mois les notes leur sont communiquées et
le professeur, en les distribuant, veille à tenir compte bien
moins du résultat obtenu que de l'effort et de la bonne volonté
donnés.

Tel est le fonctionnement de l'école primaire norvégienne
dans les districts ruraux et là s'arrêtent les renseignements que
je puis fournir sur son compte. Pourtant, comme il n'est pas
défendu de jeter un regard sur les écoles primaires urbaines, ni
d'écouter les projets de réforme que méditent les hommes qui
dirigent le grand mouvement éducateur norvégien, j'ajouterai

---

1. Le martinet est l'instrument de cette punition exemplaire.

que deux importantes innovations sont là-bas l'objet de discussions ardentes. D'abord au point de vue physiologique, certains demandent que l'école primaire devienne un établissement fortement organisé de culture de la vigueur physique et d'élevage des corps humains. Ils font remarquer que l'école primaire est la première occasion pratique offerte à l'autorité publique de joindre son contrôle à la vigilance des parents, parfois endormie ou trop souvent impuissante, faute de ressources matérielles, et ils demandent que cette occasion ne soit pas perdue. Déjà plusieurs initiatives isolées se sont produites dans ce sens, et avec une hardiesse qui effraierait notre timidité, on a, dans quelques écoles, dressé, à l'entrée de chaque élève, ce qu'on pourrait appeler le casier physiologique de l'enfant, avec indication précise de la condition physiologique des parents, des tares congénitales de l'enfant, des maladies qu'il a eues, etc., etc. Pendant leur présence à l'école, les enfants sont soumis à des soins spéciaux, à une gymnastique et à des exercices appropriés, et ceux dont la présence est susceptible de contaminer les autres sont envoyés dans des établissements particuliers. Des pesées et des mensurations fréquentes permettent de constater les résultats obtenus et de suivre de très près la santé de chaque enfant. Il va sans dire que ce mouvement réformateur suscite les résistances très vives de nombreuses familles, surtout dans la bourgeoisie; on fait remarquer qu'une semblable réforme est en contradiction avec le droit familial de garder certains secrets et que le mariage de certains individus deviendrait plus tard impossible. Ces objections ne sont pas aussi péremptoires que le croient ceux qui les formulent : la théorie du secret familial a déjà, dans nos sociétés contemporaines, éprouvé tant de défaites et évacué tant de positions stratégiques qu'elle croyait imprenables qu'il faut être très circonspect avant d'admettre les arguments présentés en son nom, et on doit croire que les Norvégiens, peu embarrassés par notre conception latine et prudhomesque de la liberté, sauront trouver le point exact où peuvent se rencontrer le droit de l'enfant, le droit des parents et le droit de la collectivité; personne n'a le droit de

contaminer les autres, ni de se mettre par son fait ou par sa
négligence dans une situation telle qu'il ne puisse transmettre
plus tard qu'une vie diminuée aux enfants qu'il procréera.
La consécration de cette double obligation est fort délicate
en pratique, mais ceux qui abordent résolument ce difficile
et important problème méritent plus d'estime que ceux qui refu-
sent de le considérer ou se contentent de le déclarer insoluble.

A un autre point de vue, démocratique et social, d'autres
instituteurs souhaiteraient une réforme des folkeskoler; ils
voudraient que tous les enfants, quelle que fût la condition
sociale des parents, fissent ensemble leurs études primaires
dans les mêmes écoles publiques et ils demandent que la loi
prescrive cette obligation. On ne peut douter que ce souhait
ne soit pleinement conforme à la véritable pensée norvégienne;
dans les très petites villes de 1.800 à 2.000 habitants, comme
Molde par exemple, ce desideratum est pratiquement réalisé
par le libre choix de chacun et personne ne conteste les heureux
effets d'un contact également bienfaisant pour tous les enfants.
Mais dans les villes plus importantes, comme Stavanger, Trondhjem, Bergen ou Kristiania, la bourgeoisie se refuse nettement
à envoyer ses enfants dans les folkeskoler, et il ne semble pas
que cette résistance puisse être vaincue. Ces villes sont en effet
de grands ports de commerce et, par suite, ont vu se développer
dans leur sein des agglomérations désorganisées de débardeurs
et de journaliers; l'expérience qu'on voudrait imposer à la
bourgeoisie se présente donc dans les conditions les plus défavorables; aussi, encore une fois, il ne semble pas que ce vœu
des meilleurs enfants de la Norvège et des représentants de son
plus pur esprit égalitaire et démocratique puisse être exaucé
d'ici de très longues années.

L'école primaire, si bien organisée soit-elle, ne peut avoir
d'autre ambition que d'enseigner à ses élèves les rudiments
des connaissances usuelles[1]. Au-dessus d'elle, pour ceux qui

1. Les communes rurales peuvent établir, avec une subvention de l'État, des *écoles*

désirent et peuvent se procurer une culture plus développée, chaque département a ouvert une ou quelquefois deux écoles primaires supérieures, désignées sous le nom d'écoles départementales, *amtsskoler*. Pour éviter des répétitions inutiles, je ne dirai rien de ces amtsskoler dont le programme correspond à peu près à celui de nos écoles primaires supérieures [1] et dont le fonctionnement est assez semblable à celui que nous retrouverons, avec plus d'intérêt, quand nous parlerons des folkehöiskoler. Les amtsskoler sont entretenues par les départements [2] ; quelques-unes donnent l'enseignement en commun aux garçons et aux filles, d'autres ont des cours spéciaux pour les deux sexes. L'enseignement complet est donné soit en un an, soit en deux ans, suivant les départements ; en tous cas, les cours communs et ceux pour garçons seuls durent en général six à sept mois par an ; les cours spéciaux aux filles durent moins longtemps, trois à quatre mois. La plupart des écoles départementales sont ambulantes et passent d'une localité à une autre, après un séjour d'un an ou de deux ans en chaque endroit [3].

Les amtsskoler recrutent presque exclusivement leurs élèves parmi les enfants des familles paysannes de toute condition ; spécialement ceux qui se proposent de devenir plus tard instituteurs ne manquent guère de suivre leurs cours et elles sont pour eux une école préparatoire au « séminaire ».

II. — LES ÉCOLES SUPÉRIEURES.

La culture primaire supérieure dépasse les besoins de la majorité des enfants des familles paysannes ; au contraire, ceux-

de *continuation* facultatives pour les enfants et la jeunesse sortis des écoles primaires (quatorze à dix-huit ans). La durée des cours varie d'un an à six mois et l'enseignement est donné par le personnel de l'école primaire.

1. Aux filles on enseigne spécialement les travaux manuels et l'économie domestique ; aux garçons les travaux manuels et le dessin industriel. Certaines écoles départementales donnent l'enseignement de l'anglais.

2. Dans chaque département, il y a une direction scolaire préfectorale composée de trois membres élus par le conseil départemental.

3. Dans ces dernières années, un certain nombre de ces écoles sont devenues sédentaires.

ci désirent vivement connaître la technique et la pratique des métiers usuels dans les campagnes, l'agriculture et le soin des animaux, la menuiserie, l'ébénisterie et la sculpture sur bois pour les hommes, l'art de filer et de tisser la laine, la coupe, la couture, la broderie, la cuisine pour les femmes. L'apprentissage de l'art agricole est si long et si complexe que des écoles spéciales ont été fondées pour en donner un enseignement régulier et complet aux fils des paysans; les autres métiers accessoires sont enseignés au moyen de cours ambulants. De temps à autre, suivant une périodicité proportionnée au nombre des élèves, tous les trois ou quatre ans par exemple, un maître ou une maîtresse ambulants, rémunérés par le herred, viennent faire un cours de couture et de coupe, ou de menuiserie, ou d'autre chose encore. Ainsi, à Voss, les filles de Björne avaient suivi, un an avant mon passage, un cours de couture et de coupe des vêtements usuels qui avait duré quatre semaines; une d'elles avait suivi dans les mêmes conditions un cours de cuisson des fruits qui avait duré huit jours. Ces professeurs spécialisés ne s'adressent pas seulement aux garçons et aux filles sortis de l'école primaire; parfois ils viennent dans les écoles primaires mêmes développer et compléter l'enseignement de l'instituteur. Ainsi, à Lofthus, un professeur de charpente, de menuiserie et d'ébénisterie vient *chaque année* enseigner le travail du bois aux enfants âgés de onze à quatorze ans, et il reste pendant quatre ou cinq semaines : une femme, professeur de couture et de coupe, vient enseigner son art aux filles du même âge. Ces deux professeurs vont ainsi d'école en école tout le long de l'année scolaire.

Ces utiles initiatives des assemblées communales ont été encouragées par l'État, qui s'est plus spécialement préoccupé de rémunérer des cours nouveaux, enseignant des métiers moins communément répandus, et capables de procurer aux paysans, pendant les longues soirées d'hiver, une occupation agréable et un supplément de ressources. A Voss, les filles de Björne avaient suivi au printemps un cours gratuit de vannerie dont le professeur était rémunéré et envoyé par l'État. Les leçons furent données, dans une ferme voisine, pendant quinze jours consécutifs; les élèves arrivaient le matin et apportaient leur déjeuner; elles ne repartaient qu'à la fin de la journée. L'État rémunère aussi des cours ambulants de broderie, d'ébénisterie et des travaux de filigrane et, comme il est naturel, il dirige plus spécialement les professeurs vers les circonscriptions rurales les plus aptes à envoyer des élèves capables de profiter des leçons.

L'enseignement de l'agriculture, nécessairement plus développé et beaucoup plus long, est donné dans des écoles spéciales, *landbrugskoler*, entretenues par chaque département. J'ai visité celle de Sten, dans le département de Bergen. Cette école, où enseignent quatre professeurs à poste fixe, reçoit d'ordinaire 75 élèves en moyenne, tous pensionnaires et du sexe masculin et dont l'âge le plus habituel varie entre dix-huit et vingt-deux ans. La superficie de la ferme est de 50 hectares de terre cultivée et de 180 hectares de terre non cultivée, couverte en majeure partie de bouleaux et de sapins. 50 vaches, quelques moutons et 6 chevaux forment le cheptel vif de cette ferme-école qui s'efforce surtout de donner un enseignement pratique, directement utile à ceux qui suivent ses cours. L'école ne demande aucune rétribution à ses pensionnaires et on peut calculer qu'une somme de 200 kr. est suffisante pour défrayer les diverses dépenses de livres, d'habillement, de voyage et d'argent de poche que peut faire le jeune homme pendant les dix-huit mois qu'il passe à l'école.

Les cours commencent en octobre et on quitte l'école au mois d'avril de la seconde année suivante. Cet arrangement est avantageux, car la famille paysanne n'est privée que pendant un été du concours d'un de ses membres les plus utiles, et, d'autre part, le budget de la landbrugskole est sensiblement allégé, puisqu'on calcule que le travail des élèves pendant un été indemnise l'école des frais de leur nourriture et de leur logement pendant les deux hivers. Le nombre des élèves se trouve ainsi, pendant le semestre d'hiver, double de ce qu'il est pendant le semestre d'été, et comme, pendant ce dernier semestre, le travail manuel remplit toutes les journées, un effectif moitié moindre peut suffire à tous les travaux agricoles de la ferme.

En hiver, les cours techniques occupent toute la matinée ; l'après-midi, trois heures sont consacrées au travail manuel : soin des animaux, charpente, menuiserie, forge ; le reste du temps est libre et consacré, en fait, à la lecture d'ouvrages sur l'agriculture. Cette école semble donner un enseignement utile et fonctionne à la satisfaction des gaardbruger de la circonscription. Bien qu'elle relève du département, elle reçoit de l'État une grosse subvention qui couvre presque à elle seule la totalité de l'excédent de ses dépenses sur les recettes. Voici, en effet, comment s'établit le budget de ses ressources :

	kr.
Subvention de l'État....................	15.802,16
Vente des produits de la ferme :	
1° Lait, vaches, veaux [1].............	9.200 »
2° Légumes (pommes de terre, navets).	400 »
3° Arbres fruitiers et fraises.........	2.000 »
Vente des produits de la forge...........	1.400 »
Honoraires pour entretien d'une route voisine.................................	55,42
Eau fournie à un voisin................	100 »
Subvention du département.............	2.540 »
TOTAL...............	31.497,58

A la suite des landbrugskoler, il convient de faire une mention spéciale des écoles de sous-officiers. Avant d'expliquer le rôle de ces écoles et les raisons du classement qui en est fait ici, alors qu'il semblerait plus naturel d'en observer le fonctionnement en même temps que celui de l'armée, quelques observations préliminaires sont indispensables.

1. Pour les spécialistes que ces détails pourraient intéresser, je rapporte que cette ferme-école récolte sur 1 hectare de bonne terre 8.800 kilogrammes de foin, ou 220 hectolitres de pommes de terre, ou 50 hectolitres d'avoine. Au moment de mon passage, 10 août, 35 vaches laitières donnaient une production quotidienne de 180 à 185 litres de lait ; pour apprécier la valeur agricole de cette production laitière, il faudrait établir une comparaison avec les vaches de petite race, avec nos vaches bretonnes par exemple, puisque les vaches norvégiennes sont de petite dimension.

On sait quelles sont pour les armées de chaque pays l'importance et les difficultés d'un bon recrutement de sous-officiers. En ce qui concerne la Norvège, cette difficulté apparaissait si grande qu'il semblait impossible d'en trouver une heureuse solution. En effet, l'instruction des recrues ne dure que soixante-douze jours par an; on ne peut donc songer à entretenir à poste fixe un corps nombreux de sous-officiers; d'autre part, comment recruter des sous-officiers parmi des soldats dont la présence sous les drapeaux est si courte? Voici la solution élégante que les Norvégiens ont trouvée : ils ont ouvert en divers points du territoire une dizaine d'écoles de sous-officiers où les jeunes gens reçoivent un enseignement à la fois théorique et pratique qui dure trois ans pour l'infanterie et la cavalerie, quatre ans pour l'artillerie et le génie. Mais il est facile d'ouvrir une école et beaucoup moins de lui assurer un bon recrutement d'élèves et on se demande comment, dans un pays où le service militaire ne dure que cent quarante-quatre jours, on peut trouver des jeunes gens assez dévoués ou assez naïfs pour faire, pendant trois ou quatre ans, l'apprentissage du métier de sous-officier et être soumis ensuite à soixante-douze jours de service militaire. L'explication de ce prodige apparent est que les écoles de sous-officiers sont une excellente préparation pour un grand nombre de métiers usuels; on y apprend la chimie, la physique, la mécanique, l'arpentage et cet enseignement *pratique et simple* ouvre aux élèves un grand nombre de « possibilités » nouvelles et, en tous cas, leur procure une culture étendue et supérieure qui développe leurs facultés intellectuelles et leur habileté manuelle. Chose remarquable, ces écoles sont fréquentées surtout par des fils de paysans, et le nombre est grand des gaardbruger qui envoient un de leurs fils, quelquefois deux, à l'école des sous-officiers ; comme ces écoles sont gratuites et assurent à leurs élèves la nourriture et le logement, la dépense incombant aux familles est très réduite, et même il se peut que l'affaire se traduise en une économie d'argent, si le gaard trouve déjà dans les autres enfants plus de bras qu'il n'en peut utiliser.

Aussi ces écoles sont considérées comme une partie importante de l'éducation populaire nationale, et les observations que j'ai pu faire me conduisent à penser que cette manière de voir est pleinement justifiée. Ces écoles ont ensemble un effectif de 1.700 élèves soldats et si l'on calcule que la plupart des élèves restent trois ans, on trouve que 500 jeunes gens au moins sortent chaque année de ces écoles professionnelles supérieures ; pour une population aussi réduite que celle de la Norvège [1], ce chiffre est très élevé et, même en tenant compte de l'émigration, il n'en reste pas moins que chaque année un contingent nombreux retourne sur tous les points de la Norvège rurale faire sentir au milieu des gaards la bienfaisante influence de sa culture plus développée et de son habileté manuelle plus grande.

Si l'on veut présenter une relation à peu près complète des méthodes scolaires appliquées à la formation des paysans nor-végiens, on ne peut omettre de parler des *folkehöiskoler*, hautes écoles populaires. Tout le long de mon séjour dans les fjords, j'ai entendu citer ces écoles auxquelles les leaders du mouvement national norvégien attachent une grande importance et dont je vais essayer de parler avec équité, sans céder à l'enthousiasme un peu excessif des uns, ni aux critiques trop sévères et trop sèches des autres.

Le mouvement des folkehöiskoler est relativement récent en Norvège : il date de trente-cinq années et se rattache à ce qu'on appelle, dans les trois pays scandinaves, le Grundtvigianisme. Grundtvig (1783-1872) naquit en Danemark d'un pasteur luthérien ; pendant sa jeunesse, il s'attacha spécialement à l'étude de l'histoire nationale et de la mythologie scandinave : ses lectures exaltèrent sa nature mystique et enthousiaste, et il devint, ainsi, vers l'âge de quarante-cinq ans, cet homme étrange, dont le génie religieux et le patriotisme ardent ont exercé sur les paysans des trois pays scandinaves une influence certainement

---

1. On sait que la population totale de la Norvège atteint à peine 2.300.000 habitants.

considérable et incontestablement bienfaisante. Son tempérament était insuffisamment équilibré et il aimait trop souvent
à prendre l'attitude d'un prophète, voire d'un illuminé ou
d'un voyant; néanmoins, malgré ces défauts, ou peut-être grâce
à eux, il sut grouper autour de son idée et de son œuvre des
hommes vaillants et généreux, aimant le paysan d'un amour
ardent et désintéressé, et capables de travailler sans relâche à
son éducation morale, religieuse et patriotique. En **1832**, « ce
poète théologien et historien, brûlant d'amour pour les masses
rurales, songeait pour elles à un enseignement post-scolaire où
on *parlerait* au peuple et surtout aux jeunes gens, l'âge adulte,
selon sa pédagogie, conservant et recevant mieux les impressions
qu'on lui confie ». Peu soucieux d'*instruire*, de développer les
connaissances et l'esprit critique, Grundtvig voulait surtout
émouvoir les cœurs et faire vibrer les sentiments; aussi, alliant
à sa manière l'histoire, la mythologie scandinave et le christianisme, il alimentait à cette triple source son apostolat religieux
et patriotique, estimant que la poésie doit être le grand auxiliaire
de l'éducation des simples et des naïfs « dont la pensée reste
toujours enveloppée d'âme, mais non point d'obscurité ».

Un semblable programme n'est certes pas à l'abri de toute
critique et l'auteur de la présente étude, très éloigné de ce tempérament grundtvigien, pourrait en formuler de nombreuses ;
pourtant, l'observateur social ne peut oublier non plus que,
dans ce XIXe siècle, où un criticisme excessif, et en réalité très
peu scientifique, a attaqué tant d'institutions sociales et de sentiments profonds dont le maintien et le développement sont
nécessaires à la prospérité des sociétés, il a été bon que des
hommes s'attachassent à entretenir ces institutions et ces sentiments. On objecte que les milieux urbains, les ouvriers des
villes, plus éveillés et plus cultivés, sont toujours restés réfractaires au Grundtvigianisme et au mouvement des hautes écoles
populaires, mais cette objection n'aurait de valeur que si on
commençait par démontrer deux choses : que les méthodes à
suivre pour faire l'éducation intellectuelle et morale des paysans
doivent être les mêmes que celles qui conviennent aux ouvriers

urbains, et que les ouvriers urbains ont évolué dans la direction
socialement la meilleure ; or personne n'est en mesure de fournir
cette double démonstration. Au surplus, puisqu'on professe ici
une discipline entière à la méthode d'observation, la réponse du
fait semble péremptoire : le Danemark a spécialement subi l'influence du Grundtvigianisme et des folkehöiskoler [1] ; or, en ce
petit pays, vit et prospère une démocratie rurale progressive qui
a su, au milieu de conditions économiques difficiles, donner des
preuves singulières de capacité et de « retournement », et la
fermeté sereine avec laquelle ces paysans ont triomphé à la
Chambre basse de l'entêtement du vieux roi Christian montre
que ces ruraux un peu lourds ne sont pas de simples sujets,
mais de véritables citoyens.

Comme il est toujours vain d'étudier le mécanisme extérieur
d'une institution sociale, si on ne connaît l'esprit qui l'anime, ce
préambule était nécessaire pour que le lecteur pût comprendre
la nature et le genre d'influence que les folkehöiskoler norvégiennes cherchent à exercer sur les jeunes hommes et les jeunes
filles des districts ruraux ; mais il conduirait à une conclusion
erronée, si on pensait que ces hautes écoles populaires ne sont
que des filiales et des prolongements des établissements danois.
Les hautes écoles populaires norvégiennes sont un produit de
l'esprit spécifiquement norvégien ; faisant quelques emprunts
au Grundtvigianisme, surtout au point de vue religieux, elles
ont imité leurs aînées et profité de leur expérience ; mais elles
sont autonomes et indépendantes ; cette autonomie est d'autant
plus entière qu'en Norvège même, aucune de ces folkehöiskoler
n'est rattachée à une institution centrale : chacune, *fondée séparément par un particulier*, sous sa responsabilité propre et à ses
risques, est un organisme indépendant et la communauté de
méthode, de pensée et de but rapproche seule les différents
professeurs qui les dirigent.

1. Les premières de ces écoles y ont été fondées il y a soixante ans : il en existe
actuellement 60 fréquentées par 6.000 élèves et on estime à 1/10ᵉ de la population le
nombre d'hommes et de femmes qui ont reçu leur enseignement (*Revue internationale
de l'Enseignement*, 15 juin 1905. *L'Éducation des paysans en Danemark*, par
Edmond Rottach).

La Norvège possède treize folkehöiskoler [1], toutes établies à la campagne et réparties à peu près également entre les différents districts ruraux de l'ouest et de l'est, le Jæderen, le Télémarken, le pays de Voss, le Sognefjord, le Valders, le Söndmore, le pays de Trondhjem et les diverses circonscriptions qui s'échelonnent dans la grande vallée qui relie Trondhjem à Kristiania. Remarquons pourtant, surtout après les observations qui ont été présentées sur le Trondhjemfjord, que ce dernier district a plus spécialement profité des folkehöiskoler et favorisé leur développement; il n'y existe pas moins de trois de ces écoles et elles y ont agi avec une efficacité spéciale, parce que le pays plus riche leur assurait un recrutement d'élèves plus nombreux et mieux préparés à recevoir un supplément de culture intellectuelle.

J'ai visité l'école de Vossevangen, fondée en 1895 par M. Eskeland, dans le dessein de promouvoir la culture intellectuelle, morale et religieuse des paysans du pays de Voss et du Hardangerfjord. M. Eskeland, qui est originaire du Hardanger, était professeur dans un séminaire de l'OEsterdal, lorsqu'il résolut de se consacrer à l'éducation de ses compatriotes. Malheureusement la fondation d'une folkehöiskole, obligée par nécessité de recevoir comme pensionnaires les élèves qu'elle instruit, exige des capitaux et M. Eskeland n'en avait point; le département vint à son secours et souscrivit à son entreprise pour une somme de 20.000 kr.; puis à ce don vinrent s'ajouter une subvention annuelle de 3.000 kr., fournie également par le budget départemental et une autre subvention annuelle de 5.000 kr. décernée par l'État. Grâce à ces concours, M. Eskeland put acheter une ferme de 10 hectares [2], située à peu de distance du bourg de

---

1. Il est en réalité assez malaisé de fixer le nombre exact de ces folkehöiskoler, parce que quelques-unes d'entre elles ont acquis, grâce aux subventions de l'État et des départements, un caractère semi-officiel et qu'en sens inverse. quelques amtsskoler s'inspirent à ce point de l'esprit des folkehöiskoler qu'on peut les confondre avec elles. En réunissant ensemble les amtsskoler et les folkehöiskoler, on arrive à un total de 45 établissements qui, en 1898-1899, comptaient 101 maîtres et 56 maîtresses; à cette même date, l'effectif de leurs élèves comprenait 1.273 garçons et 942 filles.

2. Sur ces 10 hectares, 2 seulement sont cultivés et on n'entretient sur la ferme que 6 vaches et 1 cheval; ceci montre qu'une folkehöiskole n'est pas du tout une école d'agriculture.

Vossevangen et y construire les deux bâtiments indispensables pour abriter les salles de cours, le réfectoire et les dortoirs. L'aspect de l'ensemble est des plus simples, même fruste ; on n'a pas pour dessein de développer des goûts raffinés, ni de former des intellectuels, mais au contraire d'inspirer à des fils de paysans l'amour de leur gaard et du sol national [1].

« La folkehöiskole n'a pas pour but de préparer les élèves ni à une position spéciale dans la vie, ni à des examens ; ce qu'elle désire obtenir, c'est qu'une fois rentrés dans leurs foyers, les élèves ne s'y trouvent pas dépaysés dans la position qui leur est naturellement assignée. Les élèves sont pensionnaires et ne forment qu'une famille avec celle du directeur, et l'on attache beaucoup d'importance à cette existence en commun des maîtres et des élèves. »

Trois professeurs du sexe masculin reçoivent un traitement qui varie entre 1.600 et 2.000 kr. : tous trois sortent des séminaires et même l'un d'eux a pris ses grades de *candidat* en théologie à l'Université de Kristiania. Deux femmes enseignent l'histoire, la littérature, la couture, le tissage et la cuisine ; elles reçoivent un salaire de 600 et 700 kr. [2] : ce sont des filles de gaardbruger qui retournent prendre leur part des travaux agricoles sur les fermes de leurs parents, pendant la saison des vacances.

Le nombre des élèves oscille entre 90 et 100 : les jeunes filles représentent à peu près exactement un tiers de cet effectif. L'âge des élèves est variable, puisque les uns ont dix-neuf ou vingt ans seulement, tandis que d'autres frisent la trentaine, ou même parfois l'ont légèrement dépassée. Le programme complet des cours de l'école dure deux ans, c'est-à-dire, en réalité, deux semestres, car la rentrée a lieu en octobre et le départ en avril ; en fait, les deux tiers des élèves ne restent qu'une année, faute de ressources ou de temps.

---

1. En outre de la folkehöiskole, M. Eskeland utilise ces bâtiments pour une école ménagère dont les cours durent trois mois et pour laquelle les jeunes filles paient une taxe scolaire de 30 kr.

2. En outre de ces traitements, les professeurs reçoivent gratuitement la nourriture et le logement.

La redevance à payer par les élèves est de 20 kr. pour les cours de l'année et de 23 kr. par mois pour la nourriture et le logement; ce prix est, on le voit, des plus modestes, même en y ajoutant une dépense annuelle de 30 kr. pour les livres, de 10 kr. pour le tabac et le thé, de 10 kr. pour le blanchissage. Si le prix de pension était plus élevé, ces écoles ne seraient plus accessibles aux moins fortunés des fils de gaardbruger ou de husmænd, aux domestiques et aux servantes de ferme, c'est-à-dire à ceux-là même qu'il est le plus utile d'éduquer et d'instruire. D'ailleurs, sous ce rapport, ces écoles ont pleinement réalisé leur programme et on ne saurait méconnaître leur caractère véritablement démocratique. Au surplus, l'État et le département, non contents de subventionner ces institutions, accordent encore des bourses et des demi-bourses à des jeunes gens ou à des jeunes filles pauvres.

Vers 7 heures, les étudiants se lèvent ; les garçons font leur lit et les jeunes filles font leur lit et leur chambre[1] ; à 7 h. 1/2, on prend le premier repas ; à 8 heures, les classes commencent et durent jusqu'à midi. Le déjeuner, qui a lieu à cette heure, est suivi d'une longue récréation pendant laquelle les étudiants disposent librement de leur temps pour lire, écrire, se promener à Voss, ramer sur le lac, etc. A 3 heures, séance de travail manuel, couture et tissage pour les femmes, menuiserie pour les hommes, jusqu'à 5 heures ; cette séance est interrompue quelques instants par le café. De 5 à 6 heures, les élèves écoutent une conférence sur l'histoire ou la littérature ; de 6 à 7 heures, lecture de poésies et leçon de morale. A 7 heures, on prend le souper ; puis chacun va dans sa chambre ; la lecture et surtout la préparation des leçons du lendemain occupent la soirée. A minuit, au plus tard, tout le monde doit être couché. Les chambres dont je parle mériteraient aussi bien le nom de petits dortoirs, puisque quatre jeunes hommes ou quatre jeunes filles couchent dans une même pièce ; il n'y a d'ailleurs que deux

---

1. Chaque semaine, plusieurs jeunes filles sont, à tour de rôle, attachées au service général de la maison et à la cuisine; pendant ces jours, elles ne suivent les classes que de 8 à 10 heures et de 5 à 7 heures.

lits, puisque deux personnes couchent dans un même lit[1].

Au surplus, les bâtiments de l'école ne sont pas assez grands pour abriter pendant la nuit tous les élèves; tous prennent ensemble leur repas, mais une quarantaine d'étudiants, hommes ou femmes, doivent se loger dans les fermes voisines ou au village de Vossevangen.

Les matières enseignées sont : l'arithmétique, la géographie, l'histoire, la littérature, la religion et les sciences naturelles; on attache aussi une grande importance aux classes de travail manuel. « Nous poursuivons en effet, nous dit M. Eskeland, un triple but : réchauffer le sentiment patriotique et l'amour de la patrie norvégienne, raffermir la foi chrétienne et développer le sentiment religieux[2], enfin restaurer le travail manuel au foyer, afin de mieux remplir les longues soirées d'hiver et de rendre plus confortable et plus gai le foyer du paysan. Pour réaliser les deux premières missions que nous nous sommes données, nous ne nous contentons pas des leçons sur l'histoire nationale : un cours est peu de chose et il n'y a même pas de classe spéciale sur les matières religieuses; la patrie et la religion sont bien plutôt pour nous comme la trame commune de toutes nos leçons, de tous nos entretiens et de toutes nos conférences, et ces deux amours relient entre elles et vivifient toutes les parties de notre enseignement. ». Et avec quelle chaleur

---

1. Cette habitude de coucher à deux personnes dans un même lit est usuelle en Norvège et les bois du lit glissant les uns sur les autres permettent d'en réduire la dimension, et par suite l'encombrement, pendant le jour et de l'étendre pour la nuit. On m'a conté, à ce propos, une bonne histoire que je me reprocherais de ne pas rapporter. Un jour, l'abbé W., curé d'une paroisse catholique, reçut la visite d'une pauvre femme qui avait obtenu de la police l'autorisation de mettre en loterie un lit qu'elle était obligée de vendre. Elle insistait auprès de l'abbé pour qu'il prît un billet, lui exposant que ce lit serait spécialement commode pour un prêtre qui recevait souvent des visiteurs; « huit personnes peuvent y coucher ensemble! », lui disait-elle, et la brave femme fut très étonnée d'entendre l'abbé W. lui déclarer que les hôtes qu'il recevait avaient besoin d'un lit séparé: elle n'avait jamais entendu dire qu'un lit pût servir à une seule personne.

2. L'enseignement religieux des folkehöiskoler se rattache au Grundtvigianisme et repose sur le Symbole des Apôtres; en cela il diffère du luthéranisme qui s'appuie plus spécialement sur la Bible et le libre examen pour chacun. Grundtvig s'attacha pendant sa vie à restaurer parmi ses compatriotes la foi au Symbole des Apôtres dont la formule littérale avait été, prétendait-il, directement révélée par l'Esprit Saint aux Apôtres.

communicative, ce brave M. Eskeland nous parle de la famille norvégienne et du gaard norvégien, de ce gaard familial qui doit, « sous peine de déchéance et de honte pour les descendants », rester toujours la propriété d'un des enfants, « car pour moi, ajoute-t-il, en quelque endroit de la terre que je sois, je ressentirais une honte intolérable si je pensais que le gaard de mon père n'a pu rester aux mains de mon frère aîné et est devenu la propriété d'un étranger[1] ». Quel amour du sol norvégien! quel désir sincère et profond de concourir à la prospérité morale et matérielle de ceux qui l'habitent, désir bien servi par la clairvoyance du maître à discerner que la patrie ne peut être grande et forte que si les âmes sont plus généreuses, les volontés plus vaillantes, les consciences plus éclairées et plus délicates. M. Eskeland ne m'apparaît pas comme un savant, et je ne suis pas très sûr que ses connaissances historiques aient été soumises à une critique sévère, mais en l'entendant et en le voyant, on n'est pas étonné d'apprendre que son influence est salutaire sur les âmes simples, droites et religieuses des paysans du Hardanger et de Voss.

Voici quelques sentences morales que je relève dans le cahier d'un ancien élève de la folkehöiskole, de Time, dans le Jæderen; elles permettent d'apprécier la nature de cet enseignement moral et religieux :

« Si quelqu'un t'accuse, ne réponds pas, poursuis seulement ton chemin et on verra que tu as bien fait.

« Travaille; c'est dans le travail que nous progressons, dans le travail que nous conquérons notre honneur.

« Souviens-toi que vivre est quelque chose de grand.

« Confie-toi en Dieu, même si la tâche est difficile, même si tout le monde te quitte; tu peux éviter tous les rochers, si Notre-Seigneur est capitaine et si tu cherches à être honnête.

« Lève la tête, mon beau garçon, même si une ou deux espé-

---

1. M. Eskeland avait quatre frères et une sœur : le père exploitait un gaard d'une valeur de 10.000 kr. qu'il vendit tout garni 1.600 kr. à son fils aîné : chacun des autres enfants, parvenu à l'âge adulte, reçut du père 500 kr. et tous sont parvenus à une bonne situation.

rances te quittent, car aussitôt qu'une nouvelle espérance apparaît, ton œil reflète l'éclair d'en haut.

« La vérité n'a pas besoin de serment, comme la beauté n'a pas besoin d'ornement.

« Qu'est-ce que la vie? un jeu de forces différentes qui travaillent pour l'éternité.

« Vivre est grand; vivre pour un autre est plus grand; vivre éternellement est le plus grand.

« La plus grande chose que tu puisses obtenir sur cette terre, n'est pas d'être célèbre et grand, mais de devenir un homme.

« Aie toujours bon courage, quand tu suis des chemins que Dieu peut connaître, alors même qu'ils te mènent jusqu'au bout du monde.

« Lutte pour tout ce que tu aimes, meurs si c'est nécessaire; alors seulement la vie n'est pas si dure, ni la mort non plus.

« Obéir et apprendre, voilà l'honneur de la jeunesse.

« Cette terre est belle et nous voulons y demeurer; ici nous voulons construire et lutter; ici nous voulons bâtir avec foi et amour notre maison et notre église. Belle est la patrie dans laquelle toi et moi nous avons reçu des terres à cultiver.

« Chante, chante, merle gracieux; chaque matin, à l'aube, tu t'élèves vers les nues; puissent ainsi nos cœurs s'élever vers Dieu!

« Si tu souffres préjudice, ne te révolte pas, même si tu sens la brûlure de l'outrage; aie la fierté de ne pas répondre; crois seulement que ta vie et tes actes montreront ce que tu vaux. »

Comme je l'ai dit, la haute école populaire de Voss, semblable en cela à toutes les autres folkehöiskoler, est mixte : jeunes hommes et jeunes filles suivent les mêmes cours, et aux repas, les premiers font à chaque table vis-à-vis aux secondes. Ce rapprochement des deux sexes, à un âge où nous jugerions l'expérience spécialement dangereuse, est considéré comme exempt de tout inconvénient moral, et on le juge salutaire pour l'éducation des uns et des autres. M. Eskeland m'assure qu'aucun flirt ne s'établit entre jeunes gens et jeunes filles ; parfois un jeune homme ressent une légère inclination pour une de ses camarades, mais jamais cette préférence ne vient troubler la bonne marche de l'école, et depuis neuf années que l'école est fondée, on ne compte encore qu'un mariage entre anciens étudiants de l'école.

C'est un immense avantage social pour un peuple que de pouvoir maintenir ainsi entre les jeunes gens des deux sexes des relations normales et saines. Naguère Le Play signalait en cette matière l'heureuse influence d'un climat plus froid, propre à calmer les appétits des sens ; sans nier cette influence, je crois qu'il faut se garder de l'exagérer et je pense qu'il faut surtout attribuer le maintien de cette pureté des mœurs à trois causes : une formation morale profonde et fortement appuyée sur la foi chrétienne, un sentiment développé de la dignité humaine qui détourne le jeune homme du mensonge et de la vilenie et la jeune fille de la déchéance; enfin l'habitude, contractée de bonne heure à l'école primaire par les garçons et les filles, de se considérer comme des camarades associés aux mêmes tâches et partageant les mêmes goûts. La distance entre le jeune homme et la jeune fille est moins grande, et le premier, lorsqu'il converse avec la seconde, subit moins l'impression de la différence des sexes, puisqu'il trouve dans la jeune fille des dispositions intellectuelles et psychologiques très semblables à celles qu'il rencontrerait chez un autre garçon de ses amis.

Telles sont ces hautes écoles populaires : à leur sortie, les élèves ne subissent aucun examen, ne se présentent à aucun concours de classement, mais reçoivent simplement un certificat constatant leur conduite et leur formation morale. L'influence de ces écoles sur les paysans norvégiens est incontestablement salutaire. La séparation avec la Suède en 1905 a été conduite avec une fermeté calme et un sentiment élevé de dignité civique dont on ne trouverait pas facilement des exemples en d'autres pays, et, sans aller jusqu'à prétendre que cette éducation civique soit le fait des seules folkehöiskoler, il est pourtant permis d'affirmer qu'elles y ont contribué. D'autre part, les gaardbruger

constatent que leurs fils et leurs filles perfectionnent leur
conscience morale, développent l'énergie de leur volonté et
accroissent leur foi religieuse, au contact des maîtres de ces
écoles. Enfin à un troisième point de vue encore, celles-ci ont
rendu un précieux service : les transformations économiques
du XIXe siècle ont menacé d'un danger spécial le gaard norvégien, et la population rurale, qui, au début de ce siècle, représentait les 4/5 de la population, n'a plus représenté que les 2/3
et finalement la moitié *à peine*. Il était inévitable en effet que
les riches prairies de l'Ouest américain attirassent les fils de
cette forte race paysanne, habituée depuis plus de mille ans à
aller « gaigner » au dehors des terres que la rocheuse Norvège
ne peut leur donner, et, d'autre part, le développement de la
pêche, de l'industrie du bois et de la marine marchande entraînait loin du gaard des hommes séduits par de plus hauts
salaires. Simultanément le prix des denrées agricoles baissait et
ainsi diminuaient les ressources que la famille paysanne pouvait tirer du petit excédent de ses récoltes ; on commençait à
penser et à dire que la vie sur le gaard était décidément trop
rude, trop austère et trop fruste, et de nombreux insuccès avaient
jeté le découragement. Les hautes écoles populaires ont essayé
de se mettre en travers de ce courant qui mettait en danger la
patrie même, et avec le concours de forces économiques nouvelles et d'autres collaborateurs [1], elles y ont réussi. Elles ont

1. Un des moyens les plus actifs dont se servent les professeurs des folkehöïskoler
pour stimuler le sentiment national des paysans norvégiens est, à côté de l'étude de
d'histoire nationale, l'importance qu'ils attachent à la résurrection de l'ancienne
langue autochtone norvégienne, le *landsmaal*. L'histoire contemporaine atteste en
effet, en plusieurs pays d'Europe, qu'un lien subtil et très fort relie, chez un peuple,
le sentiment de son individualité nationale à l'usage de sa langue et il était inévitable que ceux qui, en Norvège, s'étaient donné pour mission de développer chez
les paysans la conscience de l'unité nationale, spécifiquement norvégienne, et débar-
rassée de l'alliage impur de tout élément danois ou suédois, fussent conduits à restaurer la vieille langue nationale. La tâche était malaisée, car, pendant les longs siècles où la Norvège avait été soumise au Danemark, les milieux cultivés avaient
plus ou moins adopté la langue danoise et peu à peu s'est formée une langue mixte,
intermédiaire entre le danois et le suédois et qui est ce qu'on appelle officiellement
la langue norvégienne actuelle, le *rigsmaal*, entendons par là la langue norvégienne
que parlent les urbains et les lettrés et qui, il y a vingt ans, était encore la seule en-
seignée dans toutes les écoles. Pourtant la vieille langue nationale ne disparaissait pas,

cultivé l'amour du gaard et célébré la noblesse, l'indépendance
et la dignité morale de cette vie passée dans l'isolement magnifique des fjords; en s'attachant à restaurer la pratique des

fidèlement conservée par les paysans au milieu desquels elle se modelait d'ailleurs en
de nombreux dialectes suivant les circonscriptions et les fjords.

Lorsqu'à la fin du XVIII⁰ siècle, la Norvège eut définitivement secoué le joug du
Danemark, on se préoccupa naturellement d'éliminer tout ce qui rappelait la dépendance ancienne et le mouvement en faveur du landsmaal commença. Il sembla longtemps avoir peu de chances de réussite; les urbains et les milieux plus cultivés se
contentaient de hausser les épaules en disant que cette langue grossière de paysans ne
pouvait prétendre exprimer toutes les nuances du sentiment et de la pensée scientifique et ils ajoutaient avec ironie qu'il aurait au moins fallu commencer par définir ce
qu'on entendait par le landsmaal, puisque le nombre des dialectes différents égalait celui
des districts ruraux.

Depuis vingt années, les perspectives d'avenir se sont modifiées : le « mouvement
landsmaal » a recruté de précieux et énergiques adhérents parmi les professeurs
des hautes écoles populaires, car il a paru à ceux-ci qu'un des meilleurs moyens pour
développer la culture intellectuelle et le sentiment d'indépendance des paysans était
de consacrer l'usage de leur langue traditionnelle. De fait, d'importantes étapes ont
été franchies : un professeur de Kristiania s'est employé à fixer, entre les différents
dialectes, la forme orthographique de chaque mot, et il a composé un dictionnaire
qui comprend 100.000 mots; des livres scolaires, adaptés à toutes les classes,
ont été imprimés et plusieurs écoles ne se servent plus que de ces livres. Les
cantiques et les hymnes ont été traduits en landsmaal, et dans plusieurs paroisses
rurales, les pasteurs luthériens commencent à employer cette langue dans leurs sermons; enfin le Storthing a voté une loi qui met les deux langues sur le pied d'égalité
dans les examens. Aux yeux des leaders du mouvement landsmaal, ces diverses mesures sont le gage certain de la victoire finale; mais leurs adversaires résistent avec
opiniâtreté, mus plus ou moins inconsciemment par le secret désir de n'être pas
troublés dans leurs habitudes et de n'être pas contraints d'apprendre une langue
nouvelle. Le landsmaal diffère en effet beaucoup du rigsmaal; la différence porte sur
trois points : a) les racines et les terminaisons; — b) la structure, le landsmaal inclinant
vers l'anglais, tandis que le rigsmaal incline vers l'allemand; — ainsi on a remarqué
que, dans certains districts des fjords de l'ouest, les enfants apprennent plus facilement l'anglais que le rigsmaal; — c) enfin la prononciation. Pourtant, il semble que
les partisans du landsmaal aient dans leur jeu des atouts précieux : d'une part, ils
allèguent que l'orthographe de la langue norvégienne actuelle est vacillante et
incertaine et, de fait, j'ai vu écrire sous mes yeux une même phrase de deux manières
fort différentes. D'autre part, ils font remarquer que cette langue hétérogène ne
peut rester dans son état actuel; tiraillée en sens divers par ses propres contradictions, elle est condamnée à faire quelques emprunts au landsmaal et néanmoins à évoluer vers le suédois. Cette dernière perspective, qui était déjà un puissant
argument en faveur du landsmaal avant les événements de 1905, produit, depuis ces
événements, une impression plus grande encore sur les esprits, et on commence à rencontrer des paysans, formés par des maîtres dévoués à la cause du landsmaal, qui
considèrent comme un acte de trahison et de lèse-patrie l'usage de la langue dano-
norvégienne. L'avenir décidera; on pourrait penser qu'en cette affaire comme dans
toutes les affaires politiques de la Norvège, les gaardbruger seront capables de faire
prévaloir leur volonté sur les urbains. Il y a pourtant ici une difficulté spéciale, parce

métiers usuels au foyer, elles ont donné un meilleur emploi aux longues veillées de l'hiver et en même temps rendu le foyer plus confortable, plus souriant et plus gai.

Quand une institution rend tous ces services, elle mérite une particulière estime, et les hautes écoles populaires les ont rendus, sans tomber dans le « bas-bleuisme », puisque 80 p. 100 de leurs élèves retournent vivre sur les gaards et que la plupart des autres sont des instituteurs déjà en fonction qui viennent à juste titre chercher là un supplément de formation pédagogique et morale..

En terminant ce chapitre sur l'école norvégienne, une observation générale paraît devoir être présentée sur la part prépondérante de la volonté humaine dans toutes les institutions sociales qui se proposent d'accroître la valeur de l'homme. Toutes ces écoles sont prospères, la culture intellectuelle et morale des enfants des paysans norvégiens est bonne, et pourtant combien étaient défavorables les conditions extérieures ! Il n'importe, ces hommes ont eu de bonnes écoles, parce qu'ils ont voulu les avoir. Et de fait, à tous les degrés, on saisit l'intervention énergique de la volonté. C'est elle qui fait accepter aux parents les lourdes charges pécuniaires que l'école primaire impose, comme c'est elle aussi qui pousse ces gars et ces fillettes de huit ou dix ans qui s'en vont l'hiver, matin et soir, en canot sur le fjord, ou escaladent la montagne, en suivant le sentier rocailleux sous la pluie fouettée en rafales par le vent. C'est elle encore qui pousse ce jeune homme ou cette jeune fille à se placer comme domestique de ferme afin d'amasser la somme nécessaire au paiement d'un séjour semestriel à la haute école populaire, ou qui permet au gaardbruger de prélever cette même somme sur son modeste budget, lorsqu'il lui semble convenable de procurer à l'un de ses enfants ce supplément d'éducation et de culture. Chacun a la passion de l'instruc-

que les paysans norvégiens ne vont guère s'établir définitivement dans les villes de leur pays ; ils émigrent à l'étranger, et, dès lors, les urbains forment une masse compacte qu'il est difficile d'entamer dans sa langue et ses usages.

tion et le désir ardent de développer ses connaissances[1].

Ainsi, la volonté suscite et fait prospérer des institutions utiles dans des conditions extérieures spécialement défavorables et, en revanche, l'observation sociale démontre tous les jours l'inutilité d'organismes sociaux savamment combinés et puissamment outillés; ils déclinent et disparaissent sans avoir produit aucun résultat utile, parce qu'ils sont *extérieurs* à l'homme. Pour en tirer parti, il fallait la capacité et le bon vouloir énergique et tenace; l'un et l'autre ont fait défaut.

De tout cela une double leçon se dégage, dont on peut faire son profit, en France et... ailleurs.

1. Un voyageur cite ce trait : « Je me vois d'ici un dimanche, en plein Télémarken, tandis que mon poney soufflait, donnant une leçon de français à l'aubergiste. En une minute, tous les buveurs s'étaient levés de table et ils étaient venus faire cercle autour de nous. On répétait les mots à la ronde avec une attention comique, une gravité qui écartait toute idée de divertissement; on profitait d'une occasion de s'instruire. Un des principaux libraires de Kristiania, qui parle le français sans aucun accent et avec une connaissance de l'argot parisien dont il est justement fier, m'a conté comment il avait conquis la langue. De sa vie il n'est venu en France, mais, tout enfant, il allait trouver des matelots français sur le port; il essayait de causer avec eux. Il leur servait d'interprète dans les questions de douane. Ces braves gens l'invitaient à manger à leur bord. » (Hugues Le Roux, *op. cit.*, p. 142.)

IV

LE CULTE

Déjà, à maintes reprises, au cours des pages précédentes, j'ai parlé des sentiments religieux des paysans des fjords norvégiens et j'ai noté les manifestations qui traduisent ces sentiments au foyer familial ; le moment est venu d'étudier avec quelques détails l'institution religieuse elle-même, dans ses ministres, ses rites et ses dogmes, et d'en constater l'action sur l'ensemble de la vie sociale même.

L'organisation ecclésiastique de la Norvège, uniquement rattachée à la religion luthérienne [1], est la suivante : le territoire est divisé en six diocèses à la tête desquels se trouve un évêque [2]. Chaque diocèse est divisé en un nombre variable de circonscriptions, que l'on pourrait comparer à nos archidoyennés ; le pasteur attaché au service de l'église principale de chaque circonscription porte le nom de *proost ;* enfin, au bas de la hiérarchie, le simple prêtre, le *prœst*, dessert une ou *plusieurs* églises. Comment se recrutent ces prêtres et de quel milieu social viennent-ils ?

Jusqu'à une date assez récente, ils se recrutaient presque exclusivement parmi les fils des prêtres eux-mêmes ; comme

1. La religion luthérienne est la religion officielle du peuple norvégien ; le nombre des dissidents, tout à fait infinitésimal dans les campagnes, est aussi très minime dans les villes. L'article 2 de la Constitution de la Norvège est ainsi conçu : « La religion évangélique luthérienne demeure la religion officielle de l'État. Les habitants qui la professent sont tenus d'y élever leurs enfants. Les Jésuites ne sont point tolérés. »

2. Le traitement de l'évêque de Kristiania est de 14.000 kr. et, de plus, il est logé dans le palais épiscopal ; l'évêque de Tromsö, le plus petit diocèse, reçoit 9.200 kr. et une indemnité de logement de 1.200 kr.

ceux-ci avaient souvent une nombreuse famille, il arrivait d'ordinaire qu'au moins un des fils manifestât le désir de suivre le même chemin que son père. Cet élément est encore aujourd'hui le plus important dans le recrutement du clergé norvégien; pourtant, depuis une quarantaine d'années, il n'est plus le seul. Comme l'instruction a été plus répandue et que le stage universitaire a été débarrassé de certaines formalités onéreuses, il est devenu possible à certains instituteurs, fils par conséquent de paysans, spécialement laborieux et intelligents, d'aspirer à la prêtrise. Ce second élément de recrutement s'est trouvé excellent; il a procuré au clergé luthérien des prêtres à la foi simple et ardente, dont le zèle a fait un utile contrepoids aux doutes, voire aux négations de quelques pasteurs plus instruits dont le criticisme allemand avait ébranlé ou ruiné la croyance [1].

Mais revenons au cas le plus ordinaire et supposons que le futur prêtre est le fils d'un pasteur. Jusqu'à dix-huit ans, il n'a été soumis à aucune préparation spéciale et on ne connaît là-bas rien qui soit comparable à nos petits séminaires; il s'est borné à suivre les classes de l'enseignement secondaire ordinaire, comme les enfants de la bourgeoisie urbaine. Lorsqu'il a atteint l'âge de dix-huit ans, il prépare, pendant une année, à l'Université de Kristiania, un examen appelé *philosophicum* et dont la philosophie et le latin forment surtout la matière. Cet examen est également exigé de ceux qui désirent se livrer à des études supérieures de lettres, de sciences, de droit ou de médecine, et ce n'est qu'après l'avoir subi avec succès — il est d'ailleurs assez facile — que les étudiants se répartissent entre les cinq sections que je viens de nommer [2].

Les étudiants en théologie suivent les cours de l'Université pendant cinq années [3]. A l'expiration de cette période, ils reçoivent le diplôme de docteur en théologie, *candidatus theologiæ*.

1. Il y a quelques années, sur les six sièges épiscopaux norvégiens, quatre étaient occupés par des fils de paysans.

2. Pourtant les futurs élèves en théologie commencent, pendant cette première année, à étudier le grec et l'hébreu.

3. Les études juridiques ne durent que quatre années.

Pendant six mois, le docteur en théologie étudie l'art de la prédication, la manière de faire le catéchisme et de diriger le chant; le voici prêt à recevoir l'ordination de l'évêque. Il a vingt-cinq ans.

A ce moment, ces nouveaux prêtres se répartissent en deux catégories : les uns, fermes dans leur foi, deviennent aussitôt « chapelains », c'est-à-dire deuxièmes desservants d'une paroisse ou même simples assistants d'un chapelain malade ou vieux qui leur donne un traitement de 600 kr., s'il les loge et les nourrit, ou un traitement de 1.200 kr., s'ils doivent subvenir eux-mêmes à leur entretien. Les autres, dont l'orthodoxie est moins certaine et qui sentent leur foi partiellement ébranlée par les études mêmes qu'ils ont faites[1], hésitent et attendent. Pour ne pas attendre dans l'oisiveté, ils utilisent leurs connaissances comme professeurs dans des écoles secondaires, privées ou publiques ; et là, le plus souvent, « au contact des faits réels et de la vie, voyant comment les fidèles *vivent* de leur foi religieuse et puisent en elle la force nécessaire pour rester honnêtes et bons au milieu des difficultés de l'existence », ils commencent à envisager sous un aspect différent le mystérieux problème de la croyance ; ils sentent leur foi se raffermir et trouvant que ces réalités vivantes sont plus fortes et plus dignes d'être écoutées que les objections de la critique rationaliste allemande, ils demandent à leur tour un poste de « chapelain ».

Un petit nombre, n'ayant pu retrouver pour leur foi religieuse un fondement rationnel capable de satisfaire leur esprit, préfèrent rester toute leur vie professeurs et ne pas assumer des responsabilités qui effraient leurs consciences.

J'ai dit que le prêtre nouvellement ordonné commence par être chapelain, c'est-à-dire vicaire ou mieux ministre en second d'une paroisse. Pour comprendre sa fonction et sa relation avec le *præst* qui est à la tête de cette paroisse, il est nécessaire de

---

1. Il paraît que c'est surtout la foi aux sacrements qui ne se trouve plus assez forte chez un certain nombre de jeunes docteurs en théologie. Je dois les détails rapportés en ces premières pages à un jeune et très distingué *candidatus theologiæ* de l'Université de Kristiania.

fournir quelques explications sur l'organisation d'une paroisse rurale norvégienne.

On sait que la population est très peu dense dans les fjords ; dès lors, il ne fallait pas songer à attacher un desservant à chaque église ; autrement on eût été contraint d'entretenir un nombre de prêtres tout à fait disproportionné aux besoins religieux des fidèles, et si on avait voulu éviter cet inconvénient en construisant un petit nombre d'églises, les paysans eussent eu à franchir de telles distances pour se rendre au service religieux que la plupart eussent dû s'en priver. On a tourné la difficulté en construisant plusieurs églises pour une même paroisse : il n'y a qu'une *paroisse* (*sogn*), mais cette paroisse est formée de la réunion de deux, trois ou quatre églises, desservies d'abord par un curé, qui porte le nom de *sognprœst*, et aussi, s'il y a lieu, par un ministre en second appelé chapelain. Il va sans dire que le vicaire ou chapelain n'habite pas avec son curé, mais réside au presbytère attenant à celle des églises qui est la plus importante parmi celles que ne dessert pas directement le curé.

Essayons de voir comment le sognprœst et son chapelain vont desservir les différentes églises de leur paroisse : la combinaison vaut la peine d'être rapportée. Je prendrai pour exemple la paroisse de Gloppen dont le sognprœst est M. Pryts, un des prêtres les plus éminents de l'Église luthérienne norvégienne. Cette paroisse comprend quatre églises, réparties de la manière indiquée sur la carte ci-après.

La première église est située à Gloppen et M. Pryts habite le presbytère, qui en est distant de 1.300 mètres environ ; la deuxième est située à Bredheim et auprès d'elle réside le chapelain ; la troisième est bâtie de l'autre côté du fjord, à Gimmestad, et la quatrième, construite à Bogstad, sur les bords du lac, n'est que difficilement accessible, du moins si l'on part de Gloppen, puisqu'il faut ou bien suivre la route jusqu'au lac et de là faire le reste du chemin en canot, ou bien traverser le fjord et de là escalader la montagne par un chemin très pénible.

Ceci expliqué, voici comment ces deux prêtres assurent le

service religieux dans ces quatre églises très inégalement importantes. Le cycle est de quatre dimanches : le premier dimanche, chacun dessert l'église attenante à son presbytère ; le deuxième, M. Pryts donne le service religieux à l'église de Bredheim et le chapelain fait de même à Gloppen [1] ; le troisième ressemble au premier, c'est-à-dire qu'aucun des deux prêtres ne se déplace. Enfin le quatrième dimanche, M. Pryts dessert l'église située de l'autre côté du fjord, tandis que son collègue

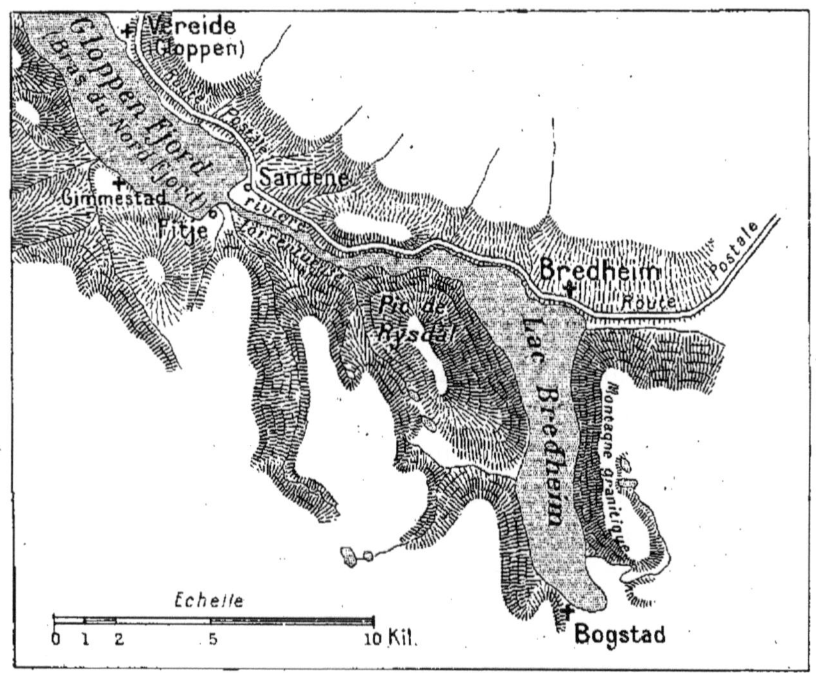

célèbre l'office à l'église située de l'autre côté du lac, à Bogstad. Ces deux dernières églises ne sont donc desservies qu'un dimanche toutes les quatre semaines, mais il faut ajouter *qu'elles le sont alternativement par l'un et l'autre prêtre,* car le mois suivant, ce serait au contraire M. Pryts qui se rendrait à l'église de Bogstad, tandis que son chapelain viendrait à Gimmestad donner le service religieux.

1. La distance qui sépare Gloppen de Bredheim est de 14 kilomètres, mais elle peut être franchie sur une bonne route carrossable. Souvent les deux prêtres se déplacent le samedi soir et vont coucher au presbytère de leur collègue.

J'ai demandé à M. Pryts quelle était la raison de cette alternance qui n'est pas exempte de complications pour les deux ministres qui s'y soumettent, et voici ce qu'il m'a répondu : « Nous faisons ces changements, parce que nous pensons qu'ils sont préférables, à la fois pour les prêtres et pour les fidèles. Souvent le caractère de tel prêtre plaira davantage à certains paroissiens, tandis que d'autres s'accommoderont mieux du tempérament de son collègue ; ainsi notre action religieuse a chance d'être plus efficace. A un autre point de vue encore, cette alternance nous paraît bonne. Tous les prêtres ne prêchent pas également bien, et si un ministre ne possède pas le don de la parole, ses paroissiens prendront plus facilement leur parti de cette insuffisance si, de temps à autre, ils entendent la parole plus éloquente de son collègue. Enfin et surtout cette pratique est plus respectueuse de la liberté et de l'indépendance des paroissiens ; quoique nous ne pratiquions pas comme vous la confession, pourtant il arrive souvent qu'une personne est amenée à nous confier des secrets de vie morale et à nous demander des conseils pour lesquels elle peut juger meilleur de s'adresser à tel ministre plutôt qu'à tel autre. »

Jusqu'à une loi très récente, la totalité du traitement des prêtres était à la charge du herred et le ministre du culte percevait en outre une rétribution des fidèles pour l'administration des sacrements et les enterrements. Cette rétribution, naturellement très modique, n'assurait qu'un casuel dérisoire à un grand nombre de desservants des paroisses rurales, tandis qu'elle enflait au contraire démesurément le salaire des curés de plusieurs paroisses urbaines, notamment à Kristiania et à Bergen. Une loi de 1897 est venue répartir plus équitablement les salaires entre les ministres du culte : elle a décidé que le traitement d'un prêtre à la campagne ne pouvait être inférieur à 2.400 kr., ni supérieur à 4.000[1]. Cette loi a ainsi accru le traitement de bon nombre de pasteurs des paroisses rurales ; lorsque le herred est trop pauvre pour supporter la charge sup-

_____

1. Dans les villes, le minimum du traitement d'un curé est fixé à 4.000 kr. et le maximum à 6.000 ; ces minima et maxima sont de 2.400 et de 4.000 kr. s'il s'agit d'un

plémentaire que lui imposerait cette élévation de salaire, l'État
en prend à son compte une partie. En revanche, le casuel est
supprimé et l'administration des sacrements est gratuite pour
tous.

Si l'on veut connaître la rémunération réelle du desservant
d'une église de campagne, il faut ajouter le revenu de la ferme
qui est toujours attenante au presbytère et que le prêtre exploite
le plus souvent lui-même ou qu'il donne parfois à loyer à un
paysan du voisinage. A la cure de Gloppen est ainsi attaché
un gaard dont le revenu net est évalué, au Staatskalender, à
1:000 kr., mais qui peut rapporter un peu plus au sognprœst qui le cultive directement et en tire une partie importante
de la nourriture de sa famille.

Il y a vingt ans, un des prédécesseurs de M. Pryts entretenait
40 vaches sur cette ferme. Mais ce ne serait plus possible aujourd'hui, car ce domaine a partagé le sort de beaucoup d'autres fermes curiales : il a été morcelé par des aliénations.
L'État, trouvant excessif le développement de la mainmorte
ecclésiastique dans un pays où la terre cultivable est si rare,
a résolu de ramener cette catégorie de biens fonciers à des
proportions plus modestes et mieux en rapport avec la fonction du prêtre; sur tout le territoire des aliénations importantes ont été consenties. On peut penser que cette résolution
a été judicieuse; sur la ferme curiale de Gloppen, M. Pryts,
récemment nommé, entretenait déjà, lors de mon passage,
8 vaches, 4 veaux et 2 chevaux, et il se proposait d'augmenter
le nombre des bêtes à corne; M. Pryts est le premier à estimer
que cela lui suffira : il n'est pas bon qu'un ministre du culte
devienne un paysan trop exclusivement occupé du rendement
de son exploitation [1].

vicaire. Il faut d'ailleurs ajouter à ces chiffres, si l'on veut connaître le salaire réel
des desservants des paroisses urbaines, une indemnité de logement qui peut aller
jusqu'à 1.200 kr. pour le sognprœst et à 800 pour le vicaire. Comme la loi nouvelle
ne reçoit son application que progressivement, afin de ménager les situations ac-
quises, il arrive que, dans certains quartiers de Kristiania ou de Bergen, les fidèles
ne paient aucune taxe à leur curé pour recevoir les sacrements, tandis que les taxes
sont maintenues dans les quartiers voisins.

1. A côté des biens immobiliers, un grand nombre d'églises possèdent un capital

Au sommet de la hiérarchie, se trouve l'évêque : présenté par un corps électoral composé des prêtres de la ville où il siège, des proost du diocèse et des professeurs de la section de théologie de l'Université de Kristiania, l'évêque est nommé par le roi et dépend immédiatement du gouvernement de Kristiania. *De concert avec le préfet des villes épiscopales*, il administre le diocèse et exerce un droit de surveillance sur les instituteurs et les écoles. Son pouvoir personnel est extrêmement restreint et limité aux affaires *purement* spirituelles; il n'a guère d'autre fonction que celle d'ordonner les prêtres et de visiter périodiquement les églises de son diocèse [1]. Il nomme les sacristains et les chantres, mais la nomination, la suspension et la révocation des prêtres de tous ordres appartient à l'État [2], c'est-à-dire aux ministres de Kristiania. Ce sont eux qui apprécient, suivant les circonstances, le degré d'orthodoxie de tel ou tel prêtre, candidat à un poste déterminé; ils s'acquittent sans malaise de cette étrange mission, puisqu'elle est conforme à l'esprit de la constitution norvégienne et que *le Storthing est, sur les matières de foi, le concile de l'Église luthérienne.*

Il ne rentre pas dans le plan de cette étude de rechercher par suite de quels griefs, fondés ou non, formulés contre l'Église romaine, le gouvernement danois fut naguère amené à suivre l'initiative séparatiste de Luther et à adhérer à la *Con-*

mobilier, composé d'obligations et de fonds d'État; le patrimoine entier est administré par un conseil d'église, *kirkelilsyn*, composé de trois membres, dont l'un est le curé même et les deux autres sont choisis par le *herredstyre.*

1. Ces visites ne risquent d'ailleurs pas d'imposer à l'évêque une fatigue excessive : dans les villes et les bourgs, elles ont lieu tous les trois ans et les églises rurales ne les reçoivent que beaucoup plus rarement encore.

2. Parfois la congrégation paroissiale adresse au gouvernement une pétition pour lui demander la nomination de tel prêtre qui lui agrée particulièrement; lorsque cette pétition est inspirée par des motifs de piété ou d'orthodoxie et qu'elle est appuyée par le proost et par l'évêque, elle a des chances sérieuses d'être accueillie à Kristiania. Il y a donc, si l'on veut, une certaine participation des paroissiens à la nomination de leur curé. — Le rôle de l'évêque est très effacé, il n'a aucun pouvoir officiel de nomination, ni de révocation. A Jælse, dans le Stavangerfjord, il y avait, au moment de mon passage, un prêtre indigne dont les actes avaient même rendu nécessaire l'ouverture d'une instruction judiciaire à Bergen; l'église était désertée par tous les paroissiens; pourtant l'évêque était désarmé et devait attendre les décisions du pouvoir civil.

fession d'Augsbourg; du moins, on doit signaler combien il est inexact de représenter comme essentiellement inspiré par le souci de la liberté des consciences le grand mouvement religieux du xvie siècle, puisque, dans tous les pays où il a prévalu, il a abouti à l'instauration d'un régime particulièrement oppressif, du moins en théorie, et qui apparaît à l'esprit moderne comme spécialement inadmissible. Heureusement, en Norvège comme en d'autres pays protestants, les hommes ont été meilleurs que leur régime politique, et lorsque l'ardeur de la grande bataille se fut calmée, une large tolérance s'est établie *entre luthériens* et on a admis des variations nombreuses de la croyance des pasteurs et des fidèles; mais encore fallait-il appartenir à l'Église luthérienne, ou tout au moins ne pas appartenir à l'Église catholique romaine, pour bénéficier de ce libéralisme. Depuis le milieu du xixe siècle, les catholiques eux-mêmes jouissent de la plus entière liberté; aussi bien n'y a-t-il pas en Norvège de mouvement sérieux en faveur du « désétablissement » et les esprits les plus éclairés, tout en reconnaissant que cette séparation de l'Église et de l'État est dans la logique du mouvement moderne, ne croient pas que le pays soit encore préparé à la recevoir. En fait, personne ne se sent opprimé dans sa conscience religieuse, et tout individu qui veut se séparer de l'Église officielle n'a qu'à faire une déclaration au curé de sa paroisse qui la transcrit sur le registre paroissial; à compter de ce jour, il cesse de payer les impôts relatifs à l'entretien de l'Église luthérienne.

Les inconvénients sérieux du régime actuel sont donc peu nombreux, bien qu'il faille reconnaître que les influences politiques se fassent parfois sentir dans la nomination des prêtres aux cures paroissiales; mais ces déviations du pouvoir gouvernemental sont rares. Ceux qui savent combien, en tout pays et en toute matière, il est difficile d'assurer d'une manière équitable le choix des hommes les mieux qualifiés, peuvent donc se contenter de dire que cet abus est de ceux qui se doivent supporter. Au demeurant, si on laisse de côté l'obligation théorique, le plus sérieux inconvénient du système norvégien actuel est qu'il

confère parfois aux ministres de Kristiania et au Storthing une
mission vraiment bizarre, j'oserai dire un peu ridicule; en ce
temps où la critique attaque si rudement le dogme luthérien,
ce n'est plus une sinécure d'apprécier l'orthodoxie des prêtres ou
des professeurs de la section théologique de l'Université de
Kristiania; des hommes politiques sont peu compétents pour
une pareille tâche, et ils devraient rester fidèles au principe
de la division du travail et de la spécialisation des métiers.

Telle est la situation matérielle des prêtres de l'église norvégienne; si nous passons à l'examen de leur condition morale
et de leur attitude religieuse, nous constatons que, sur ce
point aussi, l'institution fonctionne aussi bien que le permettent
les circonstances actuelles. Les institutions religieuses de tous
les pays traversent une crise dont il ne faut pas s'étonner, puisqu'elle est la résultante nécessaire du grand changement sur-
venu dans les institutions sociales et des progrès de la connaissance et de la critique. Pour des raisons que j'expliquerai plus
loin, les confessions protestantes souffrent plus que l'église
catholique des atteintes de cette critique rationnelle; dès lors,
on ne peut être surpris que l'église luthérienne de Norvège,
mise par l'Université de Kristiania en communication avec toutes
les négations du rationalisme allemand, participe à cette crise
universelle. Mais ce malaise n'est pas d'origine spécifiquement
norvégienne. Au point de vue moral, l'immense majorité des
prêtres norvégiens mènent une vie irréprochable et même
austère. Si, comme dans tous les groupements humains, il y
a quelques défaillances isolées, celles-ci ne doivent pas faire
oublier le nombre de ces foyers exemplaires où le père de
famille, curé d'une petite paroisse rurale, élève courageusement avec sa femme sept, neuf et même onze enfants. Quand
on n'a qu'un traitement de 2.400 ou de 4.000 kr. et que, par
sa fonction et son milieu social, on est tenu à garder un certain « decorum » extérieur, et obligé d'envoyer ses enfants aux
écoles secondaires des villes, ce n'est pas la misère en redingote,
mais c'est au moins la gêne. Et pourtant ces braves prêtres ac-

ceptent courageusement cette lourde et noble tâche, soutenus
par leur confiance en Dieu, « le Père infiniment bon de tous
les hommes ». Ils savent qu'ils participent ainsi aux mêmes
difficultés que les ouailles qu'ils sont chargés d'évangéliser et
le premier service qu'ils doivent à ces ouailles est celui de
l'exemple de l'austérité et de la pureté des mœurs.

Si maintenant on veut apprécier la nature et le degré de leur
foi religieuse, il semble qu'il faille les diviser en deux catégories,
suivant qu'ils ont atteint la quarantaine, ou au contraire appartiennent à une génération plus jeune. D'ordinaire, la foi
religieuse des premiers est grande et très sincère : sans doute,
suivant le principe même du libre examen, nombreux sont ceux
qui, même parmi eux, rejettent quelques articles parmi les moins
importants de la *Confession d'Augsbourg*, mais ils adhèrent aux
dogmes essentiels et se contentent de ne pas aborder dans les
sermons les points où ils se séparent de l'orthodoxie officielle.
Beaucoup plus délicate est la situation des seconds : ils ne se
bornent plus à rejeter les points secondaires, ils en viennent à
refuser leur adhésion même aux dogmes primordiaux, qu'ils
considèrent volontiers comme des symboles ; notamment leur
doctrine sacramentaire, qui ne tend à rien moins qu'à nier la
nature et l'efficacité des sacrements, est en contradiction formelle avec l'enseignement luthérien. Comme je l'ai dit plus
haut, il arrive souvent que le contact avec les âmes des
paysans, de ces hommes et de ces femmes à la foi simple et
confiante *qui vivent leur foi et la traduisent en actes de vertu*,
atténue la rigidité de ces objections rationnelles, et, sans dé-
loyauté, une sorte de transaction intervient entre la foi et la
raison ; mais un pareil arrangement n'est pas toujours possible
et il faut constater, chose grave, qu'il l'est d'autant moins que
le prêtre est plus instruit, que ses connaissances sont plus
étendues, que son analyse est plus méthodique et sa logique
plus sévère. Ces doutes et ces négations, après avoir gagné le
pasteur, risquent d'envahir une portion des fidèles. La doctrine
du curé ne peut pas ne pas se manifester dans ses entretiens, ses
sermons, ses conférences, voire dans les polémiques doctri-

nales qui prennent souvent les journaux pour organes; ainsi les âmes pieuses sont scandalisées et les jeunes gens, facilement portés à rejeter le dogme, trouvent un encouragement à leur conduite, dans l'attitude de celui-là même qui a pour mission de les évangéliser. Il y a là un trouble et un désordre, qu'il faut savoir supporter, parce qu'il paraît inévitable et que tous, croyants et incroyants, semblent devoir en porter ensemble la responsabilité, mais dont il ne faut pas méconnaître la gravité.

Il est difficile d'en prévoir l'issue, mais je serais étonné si cette issue était celle à laquelle sont arrivés les milieux urbains de Norvège, c'est-à-dire la perte de toute croyance religieuse et l'exclusion, pour ainsi parler, *totale et absolue* du sentiment religieux de la conscience humaine. Les villes norvégiennes, notamment Bergen et Kristiania, font, sous la direction d'Ibsen et surtout de Björnson, une expérience que les sociologues devront suivre avec attention, car elle est poursuivie avec loyauté et n'est pas viciée par une pensée secrète d'anticléricalisme agressif. Mais il est douteux que les paysans de Norvège suivent le même chemin. Ces hommes sont profondément religieux et dans la solitude des fjords, ils croient sentir l'union directe de leurs âmes avec l'essence divine. Sans doute, j'ai entendu dire que, dans quelques fjords, la foi déclinait, mais l'enquête *minutieuse* à laquelle je me suis livré sur ce point indique que l'état religieux de la Norvège occidentale — je ne parle que des paysans bien entendu — est bien près d'être stationnaire. Dans le Jæderen et le Stavangerfjord, il y avait un léger recul de la foi religieuse et il m'a paru en être de même dans le Masfjord, mais il n'y a ni recul, ni progrès dans le Hardangerfjord et le Sognefjord, et on constaterait plutôt un progrès dans le Nordfjord et le Trondhjemfjord. Il ne paraît pas probable que, dans l'avenir, le rationalisme contemporain ait plus de prise sur l'âme de ces paysans; au surplus, ce rationalisme semble lui-même moins en faveur dans certains milieux scientifiques, et il paraît assez vraisemblable que le XX⁰ siècle nous ménage une renaissance de l'esprit religieux et un renouvellement de la foi chrétienne.

En tout cas, ce problème social, s'il doit jamais être posé, ne

le sera que dans un avenir très éloigné. A l'époque actuelle,
je le répète, les paysans des fjords norvégiens ont l'esprit profondément religieux, et, s'il fallait ajouter quelques preuves à
celles que j'ai déjà fournies, en étudiant la vie familiale sur les
gaards, je signalerai deux faits véritablement très significatifs :
d'une part, la facilité avec laquelle surgissent sans cesse, de divers côtés, des missionnaires privés, petits commerçants ou cordonniers de campagne, fermiers, menuisiers ou maîtres d'école
qui s'en vont soudain, sans mandat et de leur propre mouvement, prêcher la pénitence à leurs frères et les conjurer de se
convertir [1]; d'autre part, l'abondance extraordinaire, *à laquelle
ne peut être comparée la générosité d'aucun autre groupement de
fidèles des pays chrétiens*, des dons et des collectes recueillis
parmi ces paysans en faveur des missions luthériennes à l'étranger. Ce sont de *pauvres* paysans, vivant dans une contrée infertile, qui entretiennent les missions luthériennes de Madagascar,
de Chine et d'autres pays encore ; un pareil fait atteste la singulière vitalité de la foi religieuse des fidèles.

On sait que le luthéranisme aime la simplicité des rites et des
cérémonies cultuelles et qu'il s'est attaché à en réduire le nom-

1. Il est difficile de porter un jugement sur ces prédicateurs laïques dont le caractère ne mérite pas toujours une égale estime, et qui brillent plus souvent par les
excentricités de leur fanatisme.que par le juste équilibre de leurs facultés intellectuelles. Ainsi, dans le Jæderen, un maître d'école s'était senti soudain « envahi par
l'Esprit » et avait quitté subitement sa femme, ses enfants et ses élèves pour aller
prêcher la pénitence dans les gaards. Un cordonnier déclarait aussi qu'on ne pouvait
être sauvé si on ne recevait le baptême de ses mains et cette cérémonie exigeait des
néophytes un véritable esprit d'abnégation, puisqu'ils s'en allaient par groupes de
six ou sept, au loin dans la mer, où le nouveau Baptiste les faisait plonger de manière
peu esthétique. Mais cet illuminé appartenait au Jæderen, pays de tout temps re-
nommé pour l'ardeur de son piétisme. A côté de ces exagérés, il y a parmi ces pré-
dicants beaucoup d'esprits généreux et sincèrement désireux de promouvoir la vertu
et l'énergie morale parmi leurs compatriotes. Il ne faut s'associer qu'avec réserve aux
critiques qu'on leur adresse et il y a lieu de se souvenir de cette remarque que me faisait
très finement un pieux pasteur luthérien : « Il y a toujours des gens qui n'aiment pas
à être convertis ; si un prêtre les invite à revenir au Christ, ils trouvent que sa parole
ne mérite pas confiance, puisque c'est son métier de parler ainsi ; si, au contraire,
c'est un cordonnier, un fermier qui les presse, ils s'écrient : « Cet homme ferait bien
mieux de s'occuper de ses propres affaires ! » La vérité est que plusieurs parmi ces
missionnaires laïques ont fait beaucoup de bien. »

bre ; suivant la maxime que « chaque fidèle, la Bible à la main, est pape pour soi-même », la religion devient essentiellement affaire personnelle et domaine réservé de chacun. Le prêtre, collateur de sacrements dont un seul est obligatoire, le baptême, et peut théologiquement être administré par toute personne, n'a d'autre fonction propre que de suggérer aux fidèles une interprétation plus complète des textes.

On procède au baptême aussitôt que possible, c'est-à-dire entre la troisième et la sixième semaines qui suivent la naissance. La confirmation, qui est administrée par le prêtre lui-même, sans intervention de l'évêque, est donnée aux enfants, à leur sortie de l'école primaire, entre quatorze et quinze ans. Pendant six mois à partir du mois d'avril, le « confirmand » suit un catéchisme préparatoire spécial que le desservant fait une fois la semaine au moins, si la chose est possible, plus rarement si la distance qui le sépare lui-même de l'église rend très difficiles des déplacements fréquents [1]. La confirmation est une cérémonie qui tient à peu près la place occupée chez nous par la première communion.

L'assistance au service dominical n'est pas imposée, sous peine de péché, par la religion luthérienne ; d'ailleurs un certain nombre d'églises rurales ne sont pas desservies régulièrement et l'office n'y est célébré qu'un dimanche sur trois ou sur quatre. Il est d'usage que chacun aille à l'église une fois par mois au moins et beaucoup s'y rendent plus souvent et même ne manquent aucun des services qui y sont donnés. La consécration du pain et du vin, la lecture des textes sacrés, le chant de quelques hymnes et un sermon assez étendu composent le service dominical. Les fidèles ont coutume de communier deux fois par an [2]. J'ai dit ailleurs comment on procède aux inhumations ;

---

1. Ainsi, au gaard d'Ynnesdal, les enfants se rendaient à Brække, chaque troisième samedi ; la classe durait toute la journée et les enfants couchaient à Brække, afin de pouvoir assister à l'office du lendemain.

2. Avant la nouvelle loi, on payait au desservant une rétribution, toutes les fois que l'on recevait un sacrement. Le taux de celle-ci variait beaucoup suivant les usages locaux. A Ynnesdal, Nils Klausen payait au ministre de Brække 60 öre pour le baptême et 3 öre pour la communion ; on versait cette obole en se faisant inscrire,

en ce qui concerne les mariages, la cérémonie religieuse est simple, mais les pensées exprimées dans les prières récitées sont fort belles et d'une grande élévation[1].

Le ministère sacerdotal du desservant luthérien n'est donc pas écrasant, et, tout le long de la semaine, le ministre peut se livrer à l'étude, à son apostolat religieux et aux soins de sa famille et de sa petite exploitation agricole; malheureusement l'État n'a garde d'oublier que le prêtre est un fonctionnaire et on retrouve ici un des effets les plus fâcheux de la confusion établie entre les deux domaines, temporel et spirituel. Non seulement le prêtre est membre de droit de la commission des pauvres et de la commission des écoles — et en cette dernière qualité, il est naturellement désigné, par son instruction même et par sa meilleure éducation, pour être le surveillant spécial des écoles et l'intermédiaire de toutes les requêtes adressées au gouvernement de Kristiania pour obtenir un concours pécuniaire, en vue de l'édification ou de la réparation d'une école, — mais aussi il est officier de l'état civil et remplit beaucoup d'autres fonctions encore. C'est lui qui dresse les actes de naissance, de mariage et de décès et reçoit les reconnaissances d'enfants naturels [2]; à la fin de l'année, il adresse au gouvernement de Kristiania un relevé statistique, minutieusement détaillé, des actes de l'état civil.

Par d'autres fonctions, le desservant est rattaché au service de l'hygiène, voire à l'administration de la guerre; ainsi, avant de procéder à la confirmation, il doit se faire remettre par chaque enfant un certificat de vaccination et, après la confirmation, il envoie aux bureaux militaires de Kristiania le relevé des noms des

car on devait se faire inscrire à l'avance pour la communion. Ce tarif est très minime et, dans d'autres paroisses, il était sensiblement plus élevé.

1. Les futurs époux ont le droit de demander que le prêtre vienne célébrer la cérémonie religieuse au domicile de l'un d'eux : parfois, en effet, le nombre des invités est grand et si l'église est éloignée, il serait peu agréable de les faire naviguer en canot, sous le vent et la pluie.

2. Les registres de l'état civil sont tenus en double exemplaire : un des registres reste déposé au domicile du chantre d'église. Les registres sont visés chaque année par le maire de la commune. — La législation norvégienne est d'ailleurs libérale; l'état civil des dissidents est constaté, de la même manière, par le pasteur du culte auquel ils se rattachent.

garçons de la paroisse, afin que ces noms soient inscrits sur les
listes de la conscription. On devine combien est fâcheux ce
cumul de fonctions purement administratives et de la fonction
presbytérale; une partie importante du temps que le prêtre
devrait consacrer à sa mission d'apostolat est ainsi divertie et cet
apostolat même se trouve entravé par le mauvais reflet que jette
sur lui cette multiplicité de tâches, exclusivement laïques; si
les dispositions religieuses n'étaient pas aussi bonnes qu'elles le
sont, on serait enclin à ne voir en lui qu'un fonctionnaire, pré-
posé à la fois par sa consigne à la distribution des sermons ou des
sacrements et à la stricte observation des règlements sanitaires
ou militaires. Les prêtres déplorent cet état de choses, mais ils
n'ont pu encore en obtenir la modification.

J'ai hâte d'arriver enfin à la partie essentielle de toute religion, à celui de ses éléments qui conditionne tous les autres,
aussi bien la mission du prêtre auprès des fidèles que la forme
et la signification des rites et des cérémonies, je veux dire le
dogme et les mystères. Comme je ne suis pas théologien, on me
permettra de céder ici la parole à M. Pryts, l'éminent prœster de
la paroisse de Gloppen [1], dont j'ai déjà mentionné le nom à plusieurs reprises. Malheureusement cette relation fidèle de l'exposé
que M. Pryts voulut bien me faire du dogme luthérien ne peut
traduire l'accent de foi profonde et d'amour confiant qui est naturel au pieux curé de Gloppen, toutes les fois qu'il aborde un
sujet religieux; pour mon compte, je n'oublierai jamais l'impression que m'a laissée la visite du 17 août 1904. Une fois encore, j'ai connu, j'oserais presque dire *j'ai senti et touché matériellement* la sérénité, la paix et la force qu'assure à des familles,
que tant de préoccupations justifiées pourraient troubler, la foi

---

1. M. Pryts n'occupait ce poste que depuis l'automne de 1903; auparavant, après
avoir été, pendant plusieurs années, missionnaire luthérien à Leith en Ecosse, il était
curé d'une des paroisses de Bergen. Malgré les avantages matériels et moraux de
cette fonction, M. Pryts a sollicité sa nomination à la direction d'une paroisse rurale, afin de retrouver la vie solitaire plus favorable à l'étude et à la réflexion et des
paroissiens dont la foi sincère pût répondre à la sienne. Son souhait a été pleinement réalisé : les habitants de Gloppen, très pieux et très traditionnalistes, ont signé
une pétition pour demander sa nomination et ils se félicitent du choix de ce prêtre
dont les sentiments correspondent si parfaitement aux leurs.

chrétienne *profonde. vivante, vécue, devenue partie intégrante de la vie quotidienne.*

M. Pryts a sept enfants [1] et reçoit un traitement de 4.000 kr. sans compter le revenu de la ferme curiale évalué à 1.000 kr.; les ressources sont donc à peine suffisantes, surtout lorsqu'il faut entretenir plusieurs fils à l'Université de Kristiania. Pourtant ces neuf personnes acceptent comme une chose naturelle et bonne cette obligation qui pèse sur chacun de peiner, de se priver, de mener une vie frugale et austère. « Personne n'a de souci, parce que chacun met sa confiance dans le Père qui est aux cieux » et dans sa propre capacité de travailler et de se tirer d'affaire. Ce sont de bons ouvriers dans la vigne du Seigneur; chacun accomplit bravement sa tâche, sans hâte, comme il convient au tempérament norvégien, mais aussi dans la quiétude et la paix joyeuse de l'esprit.

Après cette introduction nécessaire, écoutons parler M. Pryts.

« Il est naturellement malaisé de donner, même en un entretien de quelque durée, un résumé de la croyance luthérienne; pourtant il me semble que le dogme primordial, essentiel, auquel le protestantisme s'est spécialement attaché et que je dois mentionner le premier, est celui de la paternité divine. Oui, le protestantisme a raison d'affirmer que Dieu m'a sauvé, qu'il est mon père, qu'il m'aime d'une tendresse infinie et *qu'il veut que je sache que je suis son enfant.* Voilà la croyance fondamentale, et tous ceux qui y adhèrent seront sauvés dans le Christ.

« Il me semble, si vous me permettez d'exprimer mon idée

---

1. L'aîné des fils est lieutenant dans l'armée norvégienne; le deuxième vient de passer ses examens de *candidatus theologiæ* et se prépare à recevoir l'ordination; le troisième et le quatrième sont étudiants en droit à l'Université de Kristiania; le cinquième, plus jeune, suit dans un collège les classes de l'enseignement secondaire. Des deux filles l'une, très jeune, suit ses cours d'instruction auprès de ses parents; l'autre, déjà adulte, était récemment alors maîtresse dans une école privée lorsqu'une affection de la gorge l'a obligée d'abandonner son poste; elle va subir l'examen de *philosophicum* à l'Université de Kristiania et entrera ensuite *comme chef de bureau* dans un des ministères de cette ville. Le deuxième fils, avant de se consacrer au ministère ecclésiastique, désire passer quelque temps en France pour perfectionner sa connaissance de la langue, mais ce voyage ne lui sera possible que lorsqu'il aura économisé lui-même la somme équivalente à la dépense que ce séjour doit entraîner.

tout entière, que les protestants ont « *réalisé* » d'une manière que l'Église catholique ne connaît plus guère, cette grande pensée de l'amour immense de Dieu pour ses enfants. Chez vos coréligionnaires, on connaît aussi cet amour de Dieu pour les hommes, mais comme parmi eux, les personnes les plus pieuses embrassent la vie monastique, ou au moins le célibat avec tous ses dangers de vie égoïste et vide, elles mêlent à leur amour, parfois très tendre pour le Christ, je ne sais quoi d'enfantin, de puéril, d'arbitrairement austère qui en gâte la beauté. Pour nous, au contraire, nous pensons que c'est dans la vie ordinaire, au foyer de la famille, dans tous les actes du travail quotidien, en un mot dans toutes les œuvres grandes et profondes que le naturel déroulement des choses offre à chacun de nous l'occasion d'accomplir, que nous devons témoigner à Dieu que nous *connaissons* son amour infini pour nous et que nous sommes ses enfants, toujours confiants en sa bonté.

« C'est la connaissance de cet amour de Dieu pour nous qui établit, entre toutes les âmes qui ont pu s'élever jusqu'à lui, les liens mystérieux de cette église invisible à laquelle nous pouvons tous nous rattacher, à quelque église séparée que nous appartenions. *Ecclesia visibilis, ecclesia invisibilis*, la première plus large et plus étendue que l'autre, mais celle-ci la seule vraie. Au moment de la communion, je dis à mes paroissiens : « Vous allez participer au Repas du Seigneur ; combien d'entre vous ont véritablement la foi au Christ, je l'ignore ; mais ce que je sais, c'est que ceux-là seulement qui *sentent* que le Christ est leur Sauveur, qui le sentent dans leur cœur, qui éprouvent *vraiment et profondément* que Dieu est leur père, ceux-là seuls font partie de l'Église du Christ. »

« Et cette Église invisible est formée, à travers les différentes églises visibles, de toutes les âmes qui croient sincèrement cela, qui vivent de cet amour et en sont comme imprégnées. Il m'est doux de penser que le nombre de ces âmes est grand dans le monde, et qu'il y en a beaucoup, même dans cette France dont le gouvernement poursuit l'Église, et dans cette Allemagne dont les professeurs sont pourtant si attachés au criticisme rationaliste.

« Voilà notre croyance essentielle, celle à laquelle se rattachent toutes les autres. Au surplus, tous nos dogmes dérivent de l'interprétation directe de la Bible. Ainsi, quand je prêche à ma congrégation, je lui dis : « Lisez la Bible et si vous relevez dans mes paroles quelque assertion qui soit en contradiction avec elle, empressez-vous de me le signaler, afin que je rectifie aussitôt mon erreur. » C'est en ce sens que nous adhérons à la *Confession d'Augsbourg*, parce que nous croyons qu'elle n'affirme rien qui ne soit pleinement et clairement dans la Bible.

« En ce qui concerne la présence réelle, nous croyons qu'au moment même où le fidèle mange le pain et boit le vin, ce pain et ce vin qui restent tels sont en état d'union sacramentelle, *unio sacramentalis*, l'un avec le corps, l'autre avec le sang de Jésus-Christ. Nous prenons à la lettre les paroles du Christ à la Cène, sans toutefois aller aussi loin que l'Église catholique qui admet que le Pain et le Vin deviennent le Corps et le Sang mêmes du Christ.

« Ainsi nous restons en deçà de vous, mais nous allons plus loin que les calvinistes qui considèrent seulement l'eucharistie comme un symbole ; l'Église d'Angleterre se tient à peu près à mi-chemin entre les calvinistes et nous.

« Nous nous séparons aussi de l'Église catholique dans le jugement que nous portons sur les bonnes œuvres et les mérites personnels du fidèle. Tandis que vous, catholiques, vous croyez que les hommes sont sauvés par Jésus-Christ qui a donné la *satisfactio vicaria* et qu'ils peuvent *aussi* mériter par leurs *bona opera*, nous, nous croyons au contraire que nous sommes sauvés par la *satisfactio vicaria*, par les mérites de Jésus-Christ seulement, par la seule foi dans le Christ, non par nos bonnes œuvres. C'est le sens de cette parole de Luther que l'ignorance a si souvent mal interprétée : *pecca fortiter, sed crede fortius*. Nous croyons que les œuvres bonnes, les *bona opera*, sont le fruit de la croyance en Jésus-Christ et que la foi seule, non pas la nature propre de l'homme, permet de les accomplir. Ainsi un enfant est incapable de faire quoi que ce soit de bien ; il n'a en soi aucune volonté qui soit bonne : Dieu seul lui donne par le Christ le pouvoir de faire le bien qu'il peut faire.

« Vous entendez bien qu'en tout cela je ne veux pas dire que nous attachions moins d'importance que.vous aux *bona opera* et si quelqu'un vient me dire qu'il s'est converti au Christ, je lui réponds : « Mon ami, je m'en réjouis fort, seulement montrez-moi par vos bonnes œuvres que vous croyez vraiment au Christ »; mais notre doctrine sur les bonnes œuvres est différente et nous disons : Jésus-Christ m'a sauvé du châtiment, il m'a sauvé aussi de la puissance du péché, et *parce que* je crois en lui, je suis capable de faire le bien.

« Tels sont les principaux dogmes auxquels nous croyons et dont les autres ne sont que la conséquence et le développement. Vous me dites que ces dogmes sont battus en brèche et que spécialement on attaque la croyance aux sacrements. Cela est vrai : l'église norvégienne tend à devenir calviniste plutôt que luthérienne. On s'est beaucoup épris dans ce pays des ouvrages de Schleiermacher et de Ritschel, et, plus récemment, les livres de Harnack ont aggravé le mal; pourtant je garde une confiance sereine dans le bel avenir de cette église et des autres églises du Christ. Au xviiiᵉ siècle, la philosophie anglaise et les encyclopédistes français avaient attaqué la foi religieuse et ce fut un laïque [1], suscité par Dieu, qui, à la fin du xviiiᵉ siècle et au commencement du xixᵉ, contribua si efficacement à la restauration de la croyance en Norvège. A sa suite, nous eûmes dans ce pays deux générations de professeurs très pieux qui furent favorables à l'action religieuse. Depuis trente ans, le vent a tourné, le rationalisme et le naturalisme allemands nous font traverser une crise grave, mais, sans savoir comment cela arrivera, je suis très sûr que cette crise tournera au bien et aboutira à un nouveau développement de l'institution chrétienne. Il y a un siècle aussi, on croyait tout perdu, et pourtant l'orage a passé : il en sera de même cette fois, j'en ai la certitude absolue.

« En attendant cet heureux renouvellement, je ne prétends pas nier que la crise ne soit grave : à l'Université de Kristiania, les

---

1. Hans Nilsen Hauge : sa prédication dura de 1796 à 1804; en cette dernière année, il fut arrêté et maintenu en prison jusqu'en 1814, date de sa mort.

« jeunes » en prennent à leur aise avec nos dogmes et l'affaire de la chaire de dogme à cette Université[1] a justement ému la Norvège. En tout cas, je ne crois pas à l'union avec Rome, ni à l'expansion de l'Église catholique dans ce pays : *ut unum sint*, oui, c'est un admirable souhait, mais il ne peut se réaliser qu'au ciel. En ce monde, il y a toujours des forces séparatistes, et réussît-on à faire l'union complète, de nouvelles divisions apparaîtraient derechef... Et puis l'Église catholique est une immense organisation, puissante et centralisée, qui, sous prétexte de maintenir l'unité dans la foi, a perdu la notion de l'autonomie des

1. Cette affaire a, trop vivement ému l'opinion norvégienne pour que je ne la résume pas, au moins sommairement. La chaire de dogme, à la section théologique de l'Université de Kristiania, était occupée par le professeur Pedersen, qui mourut en 1902 ; deux candidats briguèrent sa succession, l'un M. Bugge, homme instruit, orthodoxe et dépourvu de système critique bien défini ; l'autre, M. Ording, très intelligent, plus jeune d'âge et de mentalité, mais imprégné de rationalisme, enseignant, notamment, que les sacrements ne sont qu'un symbole, et que Jésus-Christ ne peut avoir institué des rites magiques, comme le baptême, capables de produire mécaniquement la grâce.

Le conseil des professeurs, désireux de nommer le titulaire de la chaire de dogme, s'est réuni en comité de concours, après s'être adjoint des professeurs d'Upsal et de Copenhague ; ce comité a entendu les leçons d'épreuve données par les deux candidats et M. Ording a courageusement exposé ses doctrines nouvelles. Le comité de concours s'est séparé sans nommer personne, n'osant nommer ni M. Bugge dont la parole, ni la science n'ont paru assez brillantes, ni M. Ording, parce que ses doctrines paraissent dangereuses, ou, pour mieux dire, sont nettement en contradiction avec l'enseignement luthérien. Il va sans dire que M. Ording est vigoureusement soutenu par le parti des jeunes. Au moment de mo passage, un an s'était déjà écoulé depuis ces incidents et la vacance de la chaire de dogme durait toujours ; il y avait eu une interpellation au Storthing, sommant le gouvernement de nommer M. Ording, dont tout le monde reconnaît la haute valeur scientifique. Les partisans de celui-ci font d'ailleurs remarquer que M. Ording est ministre d'une paroisse à Kristiania, et ils allèguent ne pouvoir comprendre comment les lacunes de son orthodoxie peuvent l'empêcher d'être professeur, alors qu'elles ne l'empêchent pas d'être ministre.

Les plans les plus étranges sont proposés pour résoudre la difficulté : les uns demandent que la faculté de théologie soit divisée en deux sections : l'une, parfaitement orthodoxe et de tout repos, serait une sorte de séminaire pour la préparation des prêtres ; l'autre serait purement scientifique et ouverte à toutes les conclusions de la critique. D'autres demandent simplement la suppression de la chaire de dogme, puisqu'il est avéré que l'entente est impossible en cette matière et qu'il ne peut plus y avoir de dogmes dans le protestantisme. On suivrait l'exemple des Universités allemandes qui n'ont plus qu'une chaire d'histoire du dogme.

La situation est d'autant plus complexe que M. Ording est *stipendiat* de l'Université, ce qui lui donne le droit de faire des cours libres dans l'enceinte même des bâtiments universitaires ; certains voudraient qu'il ne fût autorisé à faire ces cours qu'à la condition de ne traiter aucun des points actuellement susceptibles de raviver la querelle.

Églises·nationales et du respect qu'elle lui doit, dans toutes les matières où cette unité de foi n'est pas en jeu. Nous sommes trop individualistes pour nous accommoder de ce régime autoritaire.

« Je crois donc que les choses resteront ce qu'elles sont, jusqu'au jour de la renaissance religieuse dont je vous parlais il y a quelques instants. Peut-être, dans un avenir encore lointain, on séparera l'Église·luthérienne de l'État ; il suffit de réfléchir pour s'apercevoir qu'une église ne devrait pas être officielle, et qu'il est absurde que le roi soit le chef de la hiérarchie ecclésiastique. Mais le temps n'est pas encore venu de procéder à cette grande réforme, et la liberté dont tout le monde jouit en Norvège atténue beaucoup le mal. Je puis parler comme je le veux même contre le gouvernement, personne ne peut sceller mes lèvres, tous mes confrères jouissent de la même liberté ; il est probable que de grandes difficultés surgiraient sous le régime de la séparation[1]. »

Ainsi parla M. le pasteur Pryts. En le quittant, je compris mieux pourquoi, dans un ouvrage récent, d'abord célèbre en Allemagne et que l'affaire Loisy a fait ensuite connaître aux chrétiens du monde entier, le Dr Harnark avait ramené à l'idée de la paternité divine, à la « doctrine du Dieu Père » la totalité du contenu du message divin apporté naguère par le Christ. Je sentais que l'amour de Dieu pour les hommes était un sujet sur lequel M. Pryts pouvait parler pendant plusieurs heures sans se répéter jamais, et avec un accent indicible de sérénité confiante et de joie mystique. Rarement j'avais rencontré une telle fermeté paisible dans la conviction qu'en fin de compte, quels que soient les événements, tout tourne au bien de l'institution chrétienne et de ceux qui connaissent cet amour du Père.

Quelques jours après avoir eu cet entretien avec M. le pasteur

---

1. Puisque j'ai eu l'honneur de m'asseoir à la table de M. Pryts, je puis rapporter le texte des deux invocations que le père de famille prononce, à haute voix, au commencement et à la fin des repas : .

« Au nom de Jésus, nous prenons notre place à cette table, pour manger et pour boire, suivant la parole de Dieu ; pour toi, Dieu, pour ta gloire et notre bénédiction, nous prenons notre nourriture, au nom de Jésus.

« Merci à Dieu, car il est bon, et sa miséricorde dure éternellement. »

Pryts, j'eus la bonne fortune de rencontrer un des prêtres les plus éminents du clergé catholique norvégien ; je ne manquai pas de l'interroger sur l'état religieux de la Norvège, et bien que mon indiscrétion le mît dans une situation un peu délicate, il voulut bien me faire bénéficier aussi de son expérience et de ses réflexions.

« Je veux d'abord, me dit-il, proclamer devant vous que je tiens la grande majorité des pasteurs de l'Église officielle pour des hommes vertueux et sincères ; je me permets de penser que leur connaissance de l'histoire de l'Église est incomplète, mais leur bonne foi n'est pas douteuse et la plupart donnent l'exemple d'une vie familiale très pure ; avec un traitement modeste, ils élèvent souvent une nombreuse famille et je dois même reconnaitre que leurs ressources matérielles sont relativement plus réduites que les nôtres, puisque nous sommes célibataires et que nous recevons un salaire de 1.300 kr.[1]

« Si maintenant nous considérons les fidèles, je suis persuadé que tous nos braves paysans sont catholiques sans le savoir. Comment en serait-il autrement? Peuvent-ils accepter vraiment cette sombre doctrine luthérienne, d'après laquelle l'homme est plongé dans le péché et le mal; la grâce du Christ vient seulement, comme un voile, cacher aux yeux de Dieu la laideur de l'homme, *car l'homme en soi est mauvais et reste tel.* Non, les paysans ne croient pas vraiment cela; seulement ce qu'ils en retiennent suffit à leur donner cette attitude triste et mélancolique que garde toujours le fidèle luthérien. Aussi l'Église luthérienne ne connait pas cette bonne allure joyeuse de votre curé de campagne français.

1. Ce traitement n'est d'ailleurs pas excessif, car il faut compter avec les nécessités d'une certaine représentation extérieure. « Nous n'aurions aucune action sur les Norvégiens, me disait l'abbé Reinold, si notre vêtement était en mauvais état et notre logement peu confortable. On nous mépriserait, on ne nous regarderait pas, car le Norvégien hait la pauvreté, spécialement dans l'habitation, et il n'est pas rare de voir des pauvres, qui ont une nourriture très modeste, avoir pourtant un petit salon où se tenir. » — Dans le même sens, Mᵍʳ Fallize écrit : « Il règne en Norvège un luxe effréné, et on n'a aucune considération pour tout ce qui sent la pauvreté. C'est à peu près comme aux États-Unis. Donc, pour ne pas être méprisés et par là voir leur ministère stérilisé, nos missionnaires doivent, pour tout ce qui se remarque, logement, ameublement, vêtement, voyages, etc., montrer en apparence une certaine aisance. »

« Le luthéranisme a été importé du dehors, par la force et l'habileté, au milieu de nos populations; nous possédons encore une lettre de 1536 dans laquelle le roi de Danemark recommande à l'évêque de Trondhjem de modifier aussi peu que possible les cérémonies extérieures catholiques, afin que les fidèles ne s'aperçoivent pas du changement de religion, et jusqu'au xviiiᵉ siècle, les évêchés norvégiens étaient presque exclusivement occupés par des Danois.

« Pourtant, il nous sera très difficile de ramener ces populations au catholicisme. Deux obstacles principaux nous arrêtent. D'abord la masse des préjugés conservés contre nous : il y a des paysans luthériens à qui on a dit et répété que nous adorions la sainte Vierge, que nous conservions comme reliques des plumes de l'ange de l'Annonciation, des marches de l'escalier de Jacob, une bouteille des ténèbres d'Égypte, etc. Sans doute ces sornettes commencent à disparaître et spécialement depuis trente années, ces préjugés ont beaucoup diminué, mais il en subsiste encore de nombreux vestiges.

« La seconde difficulté vient du tempérament indépendant du Norvégien; comme celui-ci n'est soumis par la religion luthérienne à aucune prescription rituelle, il ne comprend pas que nous lui imposions de faire maigre le vendredi, d'aller à la messe le dimanche, de se confesser une fois l'an. De même, quand il nous voit réciter plusieurs fois la même prière, son intelligence se rebelle : une seule fois lui paraît bonne et suffisante. Sans doute, tout cela peut à la longue être admis par lui, mais il en est aussi beaucoup que ces difficultés arrêtent sur le chemin de la conversion.

« Heureusement on peut espérer que l'Église modifiera tout ce qui, dans sa discipline, n'est plus en rapport avec les exigences de l'époque où nous vivons. Je sais que beaucoup protestent; pourtant il faut être de son temps; autrement on devrait dire qu'on ne peut saluer les Juifs, ni faire aucune affaire avec eux.

« Il faut de toute nécessité qu'on arrive à mieux discerner dans l'Église la partie humaine et la partie divine, la première toujours soumise à la grande loi du changement et de la vie. A mesure que cette distinction sera mieux faite, notre tâche deviendra plus facile et j'ai confiance qu'avec la grâce de Dieu et le temps, nous ramènerons ce pays à l'Église catholique[1]. »

Je laisse au lecteur le soin de tirer la conclusion et de choisir entre les affirmations opposées de ce prêtre catholique et de M. le pasteur Pryts. Il est incontestable que l'Église luthérienne norvégienne traverse en ce moment une crise grave, qui lui est d'ailleurs commune avec toutes les églises protestantes. Fondées essentiellement sur la lecture et l'interprétation de la Bible, qu'elles considèrent comme le recueil authentique des formules littérales employées par Dieu même et mystérieusement transmises par lui à l'écrivain sacré, ces églises ont été frappées dans leur constitution essentielle par les découvertes de l'exégèse contemporaine ; ces découvertes ont au contraire beaucoup moins ébranlé l'édifice de l'Église catholique, puisque celle-ci avait toujours mis au premier plan l'action de l'Esprit Saint opérant au milieu des fidèles hiérarchiquement organisés sous la direction du Pape et des évêques. Certes ce n'est pas un fait de minime importance que la conversion, survenue dans ces dernières années, d'un des ministres luthériens les plus instruits de Kristiania et de cinq pasteurs danois que leurs études ont aussi ramenés à l'Église catholique.

1. Au cours de la conversation, ce prêtre fut amené à me parler du clergé français, *dont il admire beaucoup l'esprit de foi, le caractère et la pureté de mœurs*. Comme les esprits sérieux aiment toujours mieux connaître la critique que les éloges, je rapporte seulement quelques phrases dont certains lecteurs croiront peut-être devoir tirer profit.

« Cette loi du changement des institutions humaines devrait être méditée davantage par les prêtres français : par exemple, pourquoi tiennent-ils tant à leur habit ecclésiastique? un vêtement n'est pas fait pour enchaîner celui qui veut agir et répandre la vérité chrétienne. Nous sommes prêtres comme eux et cependant nous ne portons pas la soutane...... De même ils semblent lier la dignité sacerdotale à une attitude et un ensemble de gestes où elle n'a rien à voir. A ce propos, je me rappelle qu'un jour, — cela remonte à quelques années — j'allais avec un prêtre français au-devant de Mgr Fallize qui arrivait de voyage; celui-ci, descendant du bateau d'un pas alerte, sauta prestement de la passerelle sur le quai. « Mais ce Monsieur n'est pas Mgr Fallize, » s'écria mon compagnon; l'excellent homme ne pouvait imaginer qu'un évêque pût faire de pareilles enjambées...

« Je crois surtout que c'est l'instruction qui manque le plus au clergé français. Jetez un coup d'œil sur la bibliothèque d'un prêtre français : combien elle diffère de

Pourtant, il semble que pendant longtemps encore ces conversions resteront isolées et il faut avoir le courage de dire que cette Église semble mal préparée à recevoir les âmes que le désarroi doctrinal du luthéranisme pourrait incliner vers elle. Aucun esprit réfléchi ne peut contester que la prédominance exclusive de l'élément latin dans l'Église catholique depuis trois siècles et demi a été un fait grave qui a privé cette Église de l'influence bienfaisante qu'auraient exercée sur elle des sociétés plus progressives et plus respectueuses de la liberté. L'illustre père Hecker, de sainte mémoire, avait aperçu toutes les conséquences de cette prédominance et il prévoyait qu'elle devait cesser, pour le plus grand bien de l'Église romaine, par la rentrée des éléments anglo-saxons[1]. L'avenir fera son œuvre et dira son secret : peut-être ce secret se laisse-t-il déjà partiellement deviner. En tout cas, on peut, sans être prophète, prédire que cet état futur de l'Église ne répondra guère aux souhaits des esprits qui oublient que rien ne peut arrêter la marche progressive de l'humanité, ni aux vœux de ceux qui, sous prétexte de penser librement, voudraient ramener nos sociétés vers un matérialisme grossier contre lequel proteste ce qu'il y a de plus profond et de plus vital dans la conscience humaine.

celle d'un prêtre allemand! Celui-ci est abonné à plusieurs revues périodiques sérieuses, qui le tiennent au courant des questions scientifiques de son temps. »

Les prêtres catholiques norvégiens ne voient pas sans inquiétude l'approche de la séparation de l'Église et de l'État en France. Comme ils sont largement tributaires de la *Propagation de la Foi* et que la France est le pays où l'on souscrit le plus généreusement pour cette œuvre, ils craignent que les catholiques de notre pays, obligés de subvenir aux dépenses de leur culte, ne soient portés à diminuer leurs aumônes en faveur des missions étrangères.

1. On sait déjà quelle salutaire influence ont exercée dans l'Église les vaillants évêques des États-Unis, les Gibbons, les Keane, les Spalding, les Ireland et tant d'autres. De même, ce n'est un mystère pour personne — quoiqu'on n'aime guère à le dire tout haut — que la théologie nouvelle qui s'élabore actuellement sous nos yeux dans le sein de l'Église catholique romaine et sous le contrôle du Pape et des évêques descend en droite ligne de la belle théorie de Newmann sur le « développement du dogme »; dans tous les pays catholiques, les éditions des œuvres de Newmann se multiplient et, à ce propos, je suis heureux de signaler la belle traduction récente de six sermons empruntée à la série d'Oxford et donnée par mon très savant collègue de la Faculté de Droit de l'Université de Paris, M. Saleilles : *La Foi et la Raison*, Paris, Lethielleux, 1905.

V

L'ÉTAT : LES SERVICES NATIONAUX

Le groupement communal ne suffit pas à assurer l'ensemble des services qui dépassent le champ d'action de la famille ; à son tour il se trouve trop étroit, et une association plus large, couvrant l'ensemble du territoire, est nécessaire, et peut seule assurer la satisfaction adéquate de certains besoins primordiaux. Il importe donc de donner au moins quelques renseignements sommaires sur la constitution et le fonctionnement de l'État norvégien [1].

L'article 1er de la Constitution norvégienne du 4 novembre 1814, en vigueur au moment de notre séjour en Norvège, était ainsi conçu :

« Le royaume de Norvège est un État libre, indépendant, indivisible et inaliénable, uni avec la Suède sous un seul roi. La forme du gouvernement est celle d'une monarchie limitée et héréditaire. »

L'article 3 disposait que « le pouvoir exécutif appartient au Roi » et 45 articles suivants, très développés, réglaient avec dili-

---

1. Je ne mentionne ici que pour mémoire la division du territoire norvégien en 18 départements, à la tête de chacun desquels est placé un préfet (*amtmand*), nommé par le roi. Le conseil départemental se compose des présidents des conseils municipaux du département et se réunit une fois par an, sous la présidence du préfet, qui n'a pas le droit de voter. Le département est en Norvège une division administrative dénuée de toute importance ; tout au plus en fait-on dépendre le service des aliénés et celui, plus important, des écoles supérieures départementales. Je signale seulement un trait significatif où se reconnaît l'esprit norvégien : *les villes ne font pas partie des circonscriptions départementales et elles ont leurs rouages administratifs séparés.*

gence tout ce qui concernait « le pouvoir exécutif, le roi et la famille royale ».

Ainsi, à ne lire que la constitution, — qui ne traitait qu'à l'article 49 « des droits civiques et du pouvoir législatif » — on aurait été induit à penser que le gouvernement norvégien était surtout un pouvoir royal contrôlé et limité par un parlement. Mais il suffisait d'un entretien de quelques instants avec un Norvégien pour s'apercevoir que le texte légal était ici, comme il arrive souvent, en contradiction avec le fait réel qu'il avait mission d'interpréter : l'affectation persévérante que mettaient tous les Norvégiens, sans exception, jusqu'aux événements de mai 1905, à ne jamais nommer le roi, « un Suédois qui réside à Stockholm », à ne mentionner que le Storthing et le gouvernement de Kristiania, indiquait clairement que la Norvège se considérait elle-même, comme une démocratie républicaine, réglant en toute indépendance ses propres affaires. Naguère, à une heure où il fallait ménager la Suède et même souscrire à certaines de ses exigences, on avait reconnu au roi des pouvoirs assez étendus, mais la *théorie* de ces pouvoirs était inoffensive ; en fait, tout le monde savait, et le roi le premier, que plusieurs articles de la Constitution étaient pratiquement tombés en désuétude.

Le Storthing de Kristiania est en réalité le centre directeur du gouvernement norvégien. Cette assemblée *unique* est élue tous les trois ans au scrutin à deux degrés[1] par les citoyens âgés de vingt-cinq ans, groupés assez arbitrairement en districts électoraux envoyant chacun un nombre déterminé de représentants. *Les districts ruraux sont absolument séparés des districts urbains,* et aucun paysan ne vote dans le même collège

---

1. Le mode d'élection est bizarre et les Norvégiens s'accordent à en demander la revision. Les électeurs nomment dans chaque district des mandataires, appelés *valgmænd,* dont le nombre est égal à 1 p. 100 du chiffre des électeurs primaires, s'il s'agit d'un district rural et à 2 p. 100, s'il s'agit d'un district urbain. Dans un délai qui est de huit jours, pour les districts urbains, et de quinze jours pour les districts ruraux, les valgmænd se réunissent pour élire le ou les députés. Ce délai est utilisé par les candidats qui multiplient les démarches auprès des valgmænd et le petit nombre de ceux-ci favorise certaines manœuvres que l'honnêteté norvégienne maintient dans la probité, mais qui néanmoins ne laissent pas d'être disgracieuses.

électoral qu'un habitant d'une ville ou d'un bourg important;
bien plus, suivant une disposition dont il faut apprécier la
saveur toute norvégienne, la constitution stipule implicitement
que le nombre des députés des districts ruraux doit être
double de celui des représentants des districts urbains et cette
disposition a toujours été exactement observée. Ainsi, depuis
quatre-vingts ans, le nombre des députés au Storthing a été
augmenté par des additions successives, mais à chaque addition,
il fallait que le nombre de sièges nouveaux créés fût égal à trois,
ou un multiple de trois, afin que fût toujours conservée la
proportion de deux sièges ruraux contre un siège urbain [1].
Ainsi s'affirme et se maintient la prédominance de l'élément
rural dans le Parlement. Le nombre des députés au Storthing
est actuellement de 117.

Comme je l'ai dit, le Storthing est une assemblée unique :
pourtant les auteurs de la Constitution étaient trop pénétrés
des doctrines constitutionnelles du XVIIIᵉ siècle pour ne pas
désirer les garanties d'une double assemblée législative; aussi
ils décidèrent que le Storthing, aussitôt son élection, choisirait
un quart de ses membres pour former une Chambre haute appelée Lagthing; le reste, c'est-à-dire les trois autres quarts, forment l'Odelsthing. Le procédé est simple et assez étrange, car le
mieux qui puisse arriver — et il paraît que les choses se passent ainsi — est que le Lagthing reproduise exactement l'opinion du Storthing et que les mêmes majorités et minorités se
forment dans le Lagthing et l'Odelsthing. Tantôt le Storthing
siège en séance plénière de tous ses membres, tantôt les deux
Chambres siègent séparément, suivant des distinctions qu'il
est sans intérêt de signaler ici.

Le pouvoir exécutif est aux mains du « conseil d'État », équivalent à notre conseil des ministres. Ce conseil se compose de
dix membres; trois résidaient à Stockholm auprès du roi et

1. Ainsi, en 1900, il parut légitime de donner un député de plus au district urbain
d'Haugesund, centre de pêche important, qui s'était beaucoup développé; mais le
Storthing n'admit cette modification que parce qu'il se trouva que deux districts
ruraux, celui de Söndre Trondhjem et celui de Tromsö pouvaient être considérés
comme méritant aussi un député de plus.

étaient ses conseillers pour toutes les affaires norvégiennes; les sept autres résidaient en permanence à Kristiania. Depuis 1884, le ministère est responsable devant le Parlement.

En réalité, même avant la rupture survenue au mois de mai 1905, le conseil d'État de Kristiania était le véritable chef du pouvoir exécutif; de lui venaient toutes les nominations et vers lui seul se reportait la pensée de tous les Norvégiens, lorsqu'une mesure administrative devait être prise [1].

1. Les limites de cette étude, déjà trop longue, ne me permettent pas d'exposer la conception gouvernementale qui préside au vote des lois et à l'organisation des services administratifs nationaux; aussi bien, un pareil exposé demanderait-il une connaissance de détails techniques que je n'ai pu acquérir. Toutefois, je puis signaler que ces lois et ces services s'inspirent d'une conception de la liberté individuelle très différente de celle qui est en honneur dans les pays latins, et même radicalement opposée. En France, pour rendre impossible le retour des excès d'autoritarisme que nous reprochons à juste titre à Louis XIV et à Napoléon Ier, nous avons professé qu'en dehors des actes notoirement mauvais dont le Code pénal fournit la liste, il fallait renoncer à apprécier la nature bonne ou mauvaise des actions dont le caractère peut être variable suivant les circonstances : « Le désir de juger, a-t-on dit, n'est qu'un piège tendu par l'autoritarisme à la liberté; toute appréciation est nécessairement arbitraire et favorise les excès de l'autorité; elle doit donc être prohibée. » Comment cette doctrine simpliste, assaisonnée d'une méfiance tenace contre les associations, a abouti à favoriser à la fois l'anarchie et la désorganisation sociale d'un côté, et l'omnipotence administrative de l'autre, c'est ce qu'il serait facile de démontrer à l'aide d'innombrables exemples empruntés à l'histoire des 115 dernières années; on sait, au surplus, qu'elle est tellement contraire aux exigences de la vie que ceux-là mêmes qui disent et croient la professer s'empressent de l'abandonner le cas échéant.

Les Norvégiens, comme leurs frères d'Angleterre et des États-Unis, professent une doctrine moins rudimentaire, plus menaçante pour la licence désorganisatrice, mais aussi plus propice à la liberté féconde et productrice de la prospérité sociale. Répudiant toute théorie à priori, *ils constatent* qu'il existe des manières d'agir qui produisent un bien social, d'autres qui engendrent la souffrance sociale; ils prohibent impitoyablement les secondes, laissant à leurs discussions stériles les amateurs de quintessence. Ainsi ils ne pensent pas que le droit de propriété individuelle soit si *sacré* qu'il autorise à fabriquer de l'eau-de-vie exempt d'impôts, ni le droit de l'art si *sacré* qu'il autorise la pornographie au théâtre, dans la gravure ou dans le roman, ni le droit de libre commerce si *sacré* qu'il autorise la libre ouverture des débits de boisson, ni le droit de disposer de son corps si « sacré » qu'il autorise la mauvaise conduite ou interdise la recherche de la paternité, etc., etc. A Bergen, un Français s'écriait devant moi : « On parle de la liberté norvégienne, en voilà une illusion! on ne peut même pas acheter ici un verre de fine champagne! On ferait mieux de dire que nous sommes ici à peu près comme en Russie : tout est réglementé et, si nous étions soumis à la domination du tzar, notre situation ne serait pas pire! » Et pendant qu'il parlait, je me rappelais l'aventure d'un autre Français qui, à la suite du coup d'État de 1852, avait émigré aux États-Unis pour échapper au joug du second Empire : quand il vit là-bas que les théâtres et les bars étaient

Parmi les divers services administratifs qui relèvent de ce conseil d'État, quelques-uns méritent une mention spéciale, parce qu'on aperçoit dans leur organisation l'influence caractéristique du tempérament norvégien.

Le prix que les Norvégiens attachent à la culture des forces physiques et à l'entretien de la santé les a conduits de bonne heure, et plus tôt que la plupart des pays d'Europe, à attacher un service central d'inspection médicale et d'hygiène au ministère de la justice. Ce service est muni de pouvoirs étendus, tant à l'égard des familles que des communes, parce qu'on ne veut pas que les calculs intéressés, l'ignorance ou la négligence des uns ou des autres compromettent la santé de ceux qui se portent bien.

Le territoire des campagnes [1] est divisé en districts médicaux — dont la circonscription ne correspond à aucun autre district administratif — dans chacun desquels se trouve un médecin de district, *distriktlæge*, nommé et rétribué par l'État [2]. Les distriktlæge ont la haute main sur les soins à donner aux malades et aux indigents, pris en charge par les pouvoirs publics, *et aussi sur toutes les maladies contagieuses ou épidémiques* [3] *contractées par une personne quelconque.* Dès que la maladie est contagieuse, que le malade soit pauvre ou dans l'aisance, le cas est considéré comme une affaire publique intéressant la

---

fermés le dimanche et que les mœurs ou les règlements interdisaient toutes sortes de choses qui lui paraissaient agréables et innocentes, il se hâta de revenir en France où il trouvait, *sous le régime napoléonien,* beaucoup plus de « liberté » que de l'autre côté de l'Atlantique!

1. Suivant l'invariable pratique norvégienne, les villes forment des districts séparés.

2. Le traitement du distriktlæge est de 1.500 kr. pendant les dix premières années; puis il est porté à 1.900 kr., et enfin à 2.400 kr. au bout de la quinzième année. En outre, l'État rembourse les frais de *transport* et la commune ou le département donnent une allocation fixe de 4 kr. pour frais d'hôtellerie; ceux-ci incombent à la commune si la visite est faite à un indigent, au département si la visite est faite à un aliéné ou à un malade atteint de maladie contagieuse. Dans la région des fjords, les districts médicaux couvrent une bande de terrain extrêmement longue et très étroite. Ainsi le distriktlæge de Lofthus (Hardengerfjord), M. Olsen, avait sous sa surveillance une longueur de 90 kilomètres, depuis Breifond, dans la vallée de Suldal, jusqu'à Eide et Ulwik.

3. Les maladies considérées comme contagieuses sont énumérées par la loi du 8 mai 1900.

collectivité. Aussi le médecin privé qui soigne le malade doit-il faire une déclaration au distriktlæge, lequel va visiter le malade pendant et après la maladie. Le distriktlæge a même le droit, s'il trouve que les conditions dans lesquelles le malade est soigné à domicile exposent à la contagion, d'ordonner son transfert dans un établissement spécial où les soins lui seront donnés, moitié aux frais de l'État, moitié aux frais de la commune.

Enfin, dans chaque *herred,* il existe une commission sanitaire, *sundhedskommission,* ayant pour président soit le distriktlæge, soit un autre médecin désigné par le directeur des services médicaux, *résidant à Kristiania.* Cette commission veille à l'état sanitaire de la commune et prend les mesures nécessaires, quand des maladies épidémiques se déclarent. Le roi et le ministre de la justice seuls peuvent invalider ses décisions.

Le second service national dont on constate le fonctionnement parmi les paysans norvégiens est celui que représente le *lensmand.* Cumulant à la fois les fonctions de nos notaires, huissiers, percepteurs et officiers de police, ce fonctionnaire est en rapport avec la plupart des départements ministériels de Kristiania, et sa compétence est universelle, si l'on excepte l'instruction publique et les affaires religieuses qui lui sont complètement soustraites.

Sa première fonction est une fonction de police, et il doit prendre les arrêtés nécessaires au maintien du bon ordre et de l'hygiène, dresser les procès-verbaux en cas de contravention ou de délit, procéder à l'arrestation des criminels. Il délivre aussi, en cas de décès, le permis d'inhumer qui doit être remis au curé. En matière civile, il est l'agent d'exécution des sentences rendues et procède aux saisies et aux ventes aux enchères; il donne l'authenticité aux contrats que les particuliers lui présentent. Il veille aux intérêts des mineurs, et, dans le mois qui suit le décès du père, il doit, avec le concours de deux témoins, dresser l'inventaire et l'état estimatif de tous les biens meubles et immeubles laissés par le défunt. Si le père n'a pas lui-même choisi le tuteur, il nomme le tuteur et assiste, avec le sorenskriver, à la réunion du conseil de famille. Enfin il perçoit les impôts pour le compte du département et de l'État, sous le contrôle du caissier départemental, *amtskasserer*.

Sa compétence universelle faisait de lui, au temps de la domination danoise [1], un agent très actif du pouvoir central et elle portait atteinte à l'autonomie communale ; mais cette autonomie est aujourd'hui sauvegardée, car le lensmand ne peut être choisi par le préfet que sur une liste de trois noms dressée par le *herredstyre* et celui-ci choisit toujours les candidats parmi les gaardbruger de la circonscription même qu'il s'agit d'administrer. Ainsi le lensmand n'est point un fonctionnaire, au sens exclusif que nous donnons à ce nom ; il n'y a dans cette fonction une carrière pour personne et le lensmand est simplement un paysan d'élite pouvant disposer d'une notable portion de son temps et prêt à la consacrer au soin des affaires publiques. Au surplus, sa rétribution est modeste ; elle va de 450 à 750 kr., suivant les districts [2], et pourtant tous s'accordent à reconnaître que les fonctions du lensmand sont très lourdes.

A côté du service de police et d'administration proprement dite, il en est un autre, celui de la justice, dont l'organisation, au moins dans ses parties supérieures, dépasse toujours dans les pays progressifs l'activité communale.

Au premier degré et dans les affaires qui ne présentent pas une importance exceptionnelle, un groupement local suffit à organiser un pouvoir capable de trancher, à la satisfaction de tous, les litiges qui peuvent s'élever entre les particuliers : c'est ainsi que les *affaires civiles* sont en principe portées devant une commission de conciliation, *forligelseskommission,* com-

---

1. L'institution des lensmænd est en effet très ancienne ; elle remonte au XIIIe siècle et elle a subi, au cours du temps, d'importantes modifications. Les textes actuellement en vigueur sont la loi du 15 juin 1878, complétée par une loi de 1879 sur les traitements et deux Ordonnances royales du 10 juillet 1880 et du 28 juin 1897.

2. Il faut joindre à cette somme les honoraires peu élevés dans les districts ruraux que le lensmand perçoit à l'occasion de ses fonctions notariales. Dans les districts suburbains, ces honoraires peuvent s'élever parfois jusqu'à 4.000 kr. ; aussi bien cette catégorie de lensmænd est-elle très différente et la plupart des informations données au texte ne s'appliquent pas à elle.

posée de deux ou, pour certaines affaires, de trois membres *élus parmi les habitants* ayant droit de suffrage dans la juridiction (*thinlag*)[1]. Le goût naturel du Norvégien pour le règlement direct et personnel de ses propres affaires et la méfiance avec laquelle il accueille toute intervention d'une autorité supérieure *donnent à ces commissions de conciliation un rôle très important en matière judiciaire, puisque onze litiges sur treize se terminent devant elles.* Souvent cette commission n'a d'autre tâche que de fournir aux parties l'occasion d'une explication réciproque et calme et d'enregistrer, en lui donnant force exécutoire, les termes de l'accord directement conclu par les parties elles-mêmes. A défaut d'entente directe entre les parties, la commission peut recevoir de celles-ci le pouvoir de statuer arbitralement et les plaideurs ne manquent guère de le lui donner, en ce cas.

L'appel est porté devant le *sorenskriver*, secondé par deux assesseurs ou *lagrettesmænd*, désignés parmi les contribuables.

Le sorenskriver est un personnage considérable : nommé par le gouvernement de Kristiania qui le choisit habituellement parmi les avocats d'expérience et de talent, ce magistrat jouit, auprès de tous les Norvégiens sans acception d'opinion politique, d'une très particulière considération que lui méritent également la distinction de ses manières, sa grande érudition et son intégrité parfaite. Parlant d'ordinaire deux langues étrangères, très versé dans la littérature latine, possédant une science juridique étendue, le sorenskriver est toujours un homme d'un esprit réfléchi et doué d'une capacité spéciale pour apprécier les hommes et les choses; ces qualités variées sont en effet requises de ceux qui ambitionnent ce poste élevé. Aussi bien, les Norvégiens regardent presque comme des oracles les décisions du sorenskriver et ils estiment qu'avec un tel magistrat les chances d'erreur sont toujours réduites au minimum. Son salaire est de 5.000 kr., somme modeste pour rémunérer des services si précieux, mais d'ordinaire le sorenskriver possède un patrimoine

---

1. Le territoire du thinlag coïncide d'ordinaire, mais pas nécessairement, avec celui du herred.

personnel de quelque importance; en outre, une maison d'habitation avec dépendances et un gaard attenant sont gratuitement mis à sa disposition par l'État et, sur ce domaine, il mène un train de maison à la fois rustique et seigneurial. Tel est ce magistrat d'élite qui ne ressemble à aucun de nos magistrats de l'ordre judiciaire; on ne peut le comparer qu'à un « *Justice* » supérieur de Grande-Bretagne et quelque grande que soit la réputation de celui-ci, on ne sait, en faisant la comparaison, quel est celui des deux qu'elle honore le plus.

De lui, comme de son collègue britannique, on peut dire, en prenant ces deux mots dans leur sens le plus élevé et le plus compréhensif, qu'il est vraiment un *gentleman* et un *juge* [1].

Chaque arrondissement judiciaire (*thinlag*) reçoit plusieurs fois par an la visite du sorenskriver qui se transporte sur les diverses sections de son ressort. Le nombre de ces visites varie suivant les besoins; il est rare qu'il descende au-dessous de quatre. Comme les procès qui ressortissent de la juridiction du sorenskriver ont d'ordinaire une certaine importance, on voit, les jours d'audience, arriver, en même temps que le magistrat, les différents avocats chargés de représenter les parties; tous se logent et se nourrissent comme ils peuvent et comme il n'y a point de village en Norvège, ceux-là du moins rendent grâce au tourisme qui leur assure un hôtel confortable en maints endroits où, sans son secours, ils n'eussent trouvé aucun asile capable de répondre à leurs besoins.

Les trois services nationaux qui viennent d'être étudiés concernent le bon aménagement de la vie sociale à l'intérieur des frontières; mais leur fonctionnement même et l'efficacité de leur action supposent que ces frontières sont respectées et que l'inté-

1. Un heureux hasard m'a permis d'assister à Sandene à une audience du sorenskriver de la région du Nordfjord. Ce magistrat avait été nommé à l'âge de cinquante-deux ans; il était auparavant avocat de talent et, se sentant un peu fatigué, avait jugé préférable d'abandonner le barreau. Ses six enfants avaient tous reçu une éducation très soignée, notamment ses deux filles avaient la réputation d'être d'excellentes musiciennes. Un de ses fils était avocat et avait recueilli la clientèle de son père. Ce magistrat était d'ailleurs toujours prêt à s'intéresser aux questions agricoles : lui-même avait une petite exploitation agricole sur le gaard attaché à sa fonction judiciaire.

grité du territoire n'est pas menacée. Or l'expérience de tous les peuples atteste que, pour assurer ce respect et éviter ces menaces, il faut une armée; aussi la pacifique Norvège, si éloignée qu'elle soit de toute pensée de conquête, doit-elle, comme les autres pays, avoir une armée. Il est intéressant de voir comment elle va réussir à concilier cette obligation avec les exigences non moins impérieuses de sa vie sociale et du tempérament particulariste de ses habitants.

La Constitution du 4 novembre 1814 décidait déjà que « l'obligation du service militaire serait générale et personnelle » : la loi de 1885 stipule que cette obligation porte sur tous les citoyens valides entre dix-huit et cinquante ans; les fonctionnaires ecclésiastiques et les pilotes sont seuls exemptés. Heureusement ces textes comminatoires ne visent que des possibilités d'appel en temps de guerre et le service effectif en temps de paix est au contraire très abrégé.

En effet, « l'instruction des recrues se fait, conformément au système des milices, non pas par un service de plusieurs années fait en caserne, *mais par des exercices répétés pendant plusieurs années de suite dans des camps de baraques ou de tentes situés dans les différents districts* ».

Au mois de mai qui suit le jour où ils ont eu vingt-deux ans révolus, les jeunes gens sont appelés pour la première fois sous les drapeaux; on les soumet alors à un régime intensif d'instruction et d'entraînement pendant 48 jours, à la suite desquels ils font, pendant 24 autres jours, des manœuvres avec les soldats des deux classes précédentes et avec ceux qui viennent d'entrer dans la réserve. Ce service de 72 jours représente la totalité de leur obligation pendant leur première année d'inscription dans les cadres de l'armée active; la seconde année, ils font 24 jours de service et autant la troisième; pendant les trois années suivantes, aucun service ne leur est demandé et la période pendant laquelle ils font partie de l'armée active est achevée. Ils sont alors versés dans la réserve où ils restent pendant six ans également; au cours de la première de ces six années, ils sont appelés dans le rang pour une période d'exercices et de manœuvres qui dure 24 jours ; là s'arrête définitivement leur obligation militaire en temps de paix [1].

Cette combinaison paraît ingénieuse : d'une part, ces périodes très courtes de service permettent de soumettre les soldats à un entraînement très intensif, et en même temps la charge militaire qui pèse sur chaque citoyen est réduite au minimum ; d'autre part, on procure aux officiers une occasion précieuse de faire manœuvrer sous leurs ordres des effectifs assez nombreux, puisque chaque année, pendant vingt-quatre jours, quatre classes se trouvent réunies en même temps dans les camps.

Les écoles de sous-officiers, recrutées comme je l'ai dit parmi les paysans les plus désireux de s'instruire et de se développer, fournissent à cette armée des cadres inférieurs excellents ; à leur sortie de ces écoles, un très petit nombre des élèves sont nommés sergents à poste fixe ; les autres, la grande majorité, retournent dans la vie civile et ils ne sont soumis au service militaire que pendant les trois périodes de manœuvres annuelles qui leur sont communes avec les hommes de leur classe.

Un procédé similaire, appliqué à un milieu social différent, assure le recrutement des officiers ; seuls les fils de la bourgeoisie urbaine et des familles adonnées aux carrières libérales aspirent au grade de lieutenant.

Il existe à Kristiania une École spéciale militaire, unique pour tout le royaume. Aucun concours n'est imposé aux jeunes gens qui désirent entrer dans cette École : il leur suffit de justifier, par les notes qu'ils ont obtenues à leur sortie du gymnasium, qu'ils ont fait de bonnes études secondaires. En réalité, la plupart des jeunes gens qui entrent à l'École spéciale militaire,

---

1. Les soldats incorporés dans les armes spéciales (artillerie, cavalerie, génie) sont soumis à des obligations militaires sensiblement plus lourdes : ainsi, pendant la première année, leur période d'instruction varie de soixante à quatre-vingt-dix jours au lieu de quarante-huit, et plus tard ils ont une période supplémentaire de manœuvres de vingt-quatre jours. — Au sujet de l'artillerie et de la cavalerie, il y a lieu de remarquer que la cavalerie et l'artillerie norvégiennes n'ont pas de chevaux propres : pendant les périodes d'instruction et de manœuvres, ces deux armes se procurent les chevaux qui leur sont nécessaires au moyen de contrats de louage conclus à l'avance avec des paysans et pour un certain nombre d'années.

sont de futurs étudiants de l'Université de Kristiania qui, ainsi qu'on peut le voir, passent un an à l'École militaire avant de suivre les cours de l'enseignement supérieur. Ils entrent à dix-huit ans, après avoir fait soixante-douze jours de service avec les recrues. Au bout d'un an, les élèves se répartissent en deux groupements, d'importance numérique très inégale : les uns, la très grande majorité, quittent l'École et sont nommés lieutenants en second ; ceux-là n'ont jamais eu l'intention d'embrasser la carrière militaire et ils vont à l'Université s'inscrire dans les diverses sections de lettres, de sciences, de droit, de médecine ou de théologie. Pendant les cinq années qui suivent leur sortie de l'École militaire, à l'exception de l'avant-dernière, ils sont appelés aux manœuvres annuelles. A vingt-quatre ans, ils sont versés dans la réserve, et, à vingt-cinq ans, ils sont libérés de tout service actif[1].

Les autres, la petite minorité des élèves de l'École qui désirent embrasser la carrière militaire, restent à l'École deux ans encore [2] et, à leur sortie, ils sont nommés lieutenants à poste fixe. Cette fonction, qui leur assure un salaire annuel de 1.440 kr., ne les soumet pas à un travail écrasant, puisque, chaque année, ils n'ont de soldats à commander que pendant soixante-douze jours ; quelques-uns sont nommés adjudants d'un capitaine ou professeurs dans une école de sous-officiers, et ces fonctions les occupent toute l'année, mais les autres resteraient oisifs s'ils n'utilisaient leurs loisirs à préparer les examens établis à l'eu-

---

1. On s'explique assez mal le choix des jeunes gens qui, ne voulant pas embrasser la carrière militaire, entrent néanmoins à l'École spéciale de Kristiania : autant que j'ai pu m'en rendre compte, « le prestige de l'uniforme » n'est pas sans influencer leur esprit ; en outre, à dix-huit ans, les exercices physiques sont salutaires pour les jeunes gens, et le sport est très apprécié à cet âge ; enfin, dans les carrières libérales, on ne peut guère débuter trop jeune et autant vaut avoir passé un an à l'École militaire. En tout cas, un grand nombre d'avocats, de médecins, de commerçants ont été élèves de l'École militaire de Kristiania ; le séjour à cette école est d'ailleurs très agréable, chaque élève gardant en ville son appartement particulier où il couche. On doit seulement se lever à 6 heures et les officiers font, au besoin, des rondes au domicile des futurs officiers, pour vérifier s'ils sont exactement rentrés chez eux à 9 heures du soir. Pendant la première année d'école, l'État alloue à chaque élève 80 kr. par mois, somme presque suffisante pour subvenir à son entretien.

2. Pendant ces deux années, ils ne reçoivent aucune indemnité de l'État.

trée des diverses écoles supérieures dont les diplômes sont pratiquement exigés de tous les officiers qui occupent les plus hauts grades.

Un lieutenant qui a passé successivement par les différentes écoles de perfectionnement, se trouve donc libre pendant deux cent quatre-vingt-dix jours par an ; aussi la plupart des lieutenants cherchent dans une profession accessoire l'emploi de leur temps et de leurs connaissances scientifiques : les uns sont professeurs de sciences ou de dessin dans un établissement privé d'enseignement secondaire ; d'autres sont ingénieurs dans un établissement industriel ou au service des villes, des départements ou de l'État, pour la construction des routes et des ponts [1].

A partir du grade de capitaine, les occupations militaires suffisent à employer toute l'activité de l'officier : en sus des périodes d'instruction des recrues et de manœuvres, le capitaine est toujours chargé de quelque travail, soit comme professeur à l'École spéciale militaire ou aux écoles de sous-officiers, soit dans les bureaux du recrutement, de la mobilisation ou de la comptabilité [2].

Tels sont les cadres de l'armée de la Norvège ; j'ajoute que, dans cet heureux pays, on ne considère pas que la présence dans les tribunaux militaires de magistrats de l'ordre judiciaire soit une atteinte à l'autorité des chefs. Les crimes et délits militaires sont jugés en première instance par les conseils de guerre et en appel *par la Cour suprême* avec adjonction de deux officiers supérieurs.

L'armée norvégienne comprend 80.000 hommes de toutes armes sous la direction supérieure de dix généraux ; ainsi organisée, cette armée semble en état d'assurer efficace-

---

1. Afin de proportionner le traitement au travail fourni, les lieutenants, nommés adjudants d'un capitaine ou professeurs dans une école militaire, reçoivent un traitement supplémentaire.

2. Le traitement des capitaines commence à 2.200 kr. et monte progressivement jusqu'à 3.400 kr. L'âge auquel on est nommé capitaine varie d'ailleurs beaucoup, suivant les brigades : ainsi dans la brigade de Kristiania, on n'est guère nommé qu'à quarante ans ; au contraire, dans les garnisons du Nord, on peut obtenir le troisième galon à vingt-six ans. — Le commandant reçoit 4.600 kr. et le général 6.400.

ment la défense du territoire, autant du moins que le permet à ce pays le chiffre restreint de sa population. On s'est efforcé de concilier les exigences de l'instruction militaire avec les exigences non moins dignes d'attention de la vie sociale. Un esprit imbu de la pure doctrine démocratique, telle que nous la concevons en France, trouverait peut-être que cette armée n'est pas suffisamment égalitaire, puisque les jeunes gens ayant passé par l'enseignement secondaire sont admis d'emblée à l'école des officiers et que le temps de service des soldats n'est pas égal pour tous. Mais avant d'accorder créance à cette critique, il faudrait savoir si cette égalité extérieure, tant souhaitée par certains esprits, est le résultat nécessaire du véritable esprit démocratique, ou si elle n'en est pas plutôt la contrefaçon. Les Norvégiens estiment qu'on doit combiner le principe de l'égalité avec le principe du meilleur aménagement des forces sociales. Or, celui-ci exige que la collectivité demande à chaque citoyen le service auquel sa condition et sa préparation antérieures l'ont rendu le plus apte.

Mieux fondée sans doute serait la critique que feraient ceux qui reprocheraient à l'armée norvégienne de ne donner à ses soldats qu'une préparation technique insuffisante; mais encore pourrait-on faire remarquer que les cadres sont excellents et que la robuste constitution physique et la valeur morale des soldats mêmes sont des appoints dont nous commençons, enfin, dans notre pays, à discerner toute l'importance. Personne en Norvège ne prêche la grève des réservistes, personne n'enseigne que la patrie n'a de droits que vis-à-vis de ceux à qui est assuré un certain minimum de vie normale et même confortable : au jour du danger, tout le monde ferait son devoir avec un enthousiasme et une énergie qui décupleraient la force de chacun. Même dans le métier des armes, on peut méditer avec fruit cette profonde parole de Henri de Tourville : « Le temps n'est plus où il faut faire des hommes de métier, il s'agit avant tout de faire métier d'hommes ».

Bien que le présent ouvrage ne soit rien moins qu'une étude

consacrée à une « question du jour », les événements survenus en Norvège, au mois de mai 1905, sont trop récents et trop notoires pour qu'il me soit permis de clore ce chapitre sur l'État norvégien sans consacrer quelques pages à l'examen de la situation internationale de la Norvège et de ses rapports avec la Suède.

Depuis le xvi⁰ siècle, la Norvège avait été sous la domination du Danemark. Divisée contre elle-même en plusieurs groupements hostiles par le particularisme des fjords, elle avait été une proie facile pour les habitants plus riches et plus agglomérés des campagnes danoises et, comme ces habitants appartenaient à une formation sociale très voisine de celle du paysan norvégien, la domination ne fut pas trop pesante pour les annexés, qui trouvaient d'ailleurs dans leur isolement, entre le fjord et le granit, la meilleure des garanties de leur indépendance.

En 1815, les Norvégiens réussirent à assurer pleinement leur indépendance politique, et la Constitution du 4 novembre 1814 stipulait dans son article 1ᵉʳ que « le royaume de Norvège est un État libre, indépendant, indivisible et inaliénable, uni avec la Suède, sous un seul roi ».

Cette union eût pu rester pacifique et durable si elle avait été vraiment l'union de deux égaux formant ensemble une association ; mais ni les circonstances historiques dans lesquelles elle avait été établie, ni les souvenirs du peuple suédois qui ne pouvait oublier son ancienne puissance, ni la supériorité de population et de richesse de la Suède sur son associé ne permettaient qu'il en fût ainsi, et, à chaque instant, des incidents, petits ou grands, vinrent rappeler à la Norvège qu'elle n'était pas tout à fait l'égale de l'État auquel elle s'était unie. A vrai dire, cette inégalité n'atteignait pas les Norvégiens dans leurs intérêts matériels, que favorisait au contraire cette union avec un voisin plus puissant, mais elle les humiliait et les blessait dans leur fierté nationale : c'en était assez pour ces hommes au caractère indépendant et peu habitués à ménager leurs deniers.

De leur côté, les Suédois étaient non moins irrités des limitations apportées à leur hégémonie, dans la péninsule scandinave.

Aussi, *dès la première année,* la mésintelligence régna-t-elle entre les deux associés que séparait encore la différence des mœurs et des aspirations sociales, et cette mésintelligence, parfois latente, souvent plus ostensible, ne put, à aucune période, faire place à l'union véritable des intelligences et des volontés. Je ne puis relater ici les incidents multiples qui furent à la fois l'aliment et la manifestation de ce désaccord. Il suffit de signaler que, dès 1824, le Storthing repoussait *à l'unanimité* treize amendements à la Constitution présentés par le roi pour renforcer le pouvoir personnel du monarque, et qu'à l'inverse, en 1836, un Storthing extraordinaire présenta sans succès une série de vœux relatifs au pavillon de la marine militaire, aux armoiries du royaume, à la procédure des affaires diplomatiques et à la représentation du royaume auprès des puissances étrangères. Or ces questions sont précisément celles à propos desquelles s'est produite la rupture de 1905, et on voit par là combien il serait inexact de se représenter cette rupture comme un coup de tête ou une révolution; elle n'est au contraire que l'achèvement d'un mouvement lent et persévérant qui se poursuivait en Norvège depuis plus de soixante-dix ans.

De tous les dissentiments qui, au cours du XIXe siècle, éclatèrent entre les deux associés, aucun ne fut plus vif que celui qui marqua les années 1883 et 1884 et dont il convient de résumer brièvement les causes et les phases. Ces événements historiques sont toujours présents à la mémoire des Norvégiens contemporains et on ne peut douter que le souvenir du succès remporté dans cette mémorable bataille n'ait été pour beaucoup dans la fermeté avec laquelle ils ont, en 1905, affronté une lutte nouvelle.

Depuis 1821, les Norvégiens demandaient que les ministres fussent admis à participer aux délibérations du Storthing et que, collectivement responsables devant le Parlement, ils fussent soumis à des votes exprimant la confiance ou la défiance du Parlement. En 1872, le Storthing se saisit de la question avec une nouvelle ardeur; le roi refusait toujours cette concession qui lui eût enlevé le droit, dont il usait largement, de gouverner avec des ministres conservateurs, alors que la majorité parlementaire était nettement radicale. Vainement le Storthing vota, trois fois de suite, une loi établissant cette responsabilité collective et individuelle, et demanda, en 1880, l'application de l'art. 79 de la Constitution, lequel décide qu'une loi est de plein droit obligatoire et n'a pas besoin de la sanction royale, lorsque trois Storthing, réunis après trois élections consécutives, l'auront adoptée sans changement.

Le roi prétendit que ce texte était inapplicable en l'espèce, parce qu'il s'agissait, non d'une loi ordinaire, mais d'un amendement à la Constitution, et, comme le ministère était du côté du roi contre le Storthing, il semblait que celui-ci n'eût aucun moyen de faire prévaloir sa volonté.

L'agitation fut extrême dans tout le pays et elle s'accrut encore, lorsqu'on apprit que le roi Oscar venait de consulter son conseil d'État *suédois* sur l'état des affaires norvégiennes. Les élections se firent sur cette question de la lutte à outrance contre l' « oppression suédoise » : elles donnèrent une formidable majorité au parti radical, 82 voix sur 114. Une tactique savante et l'utilisation du Rigsret allaient assurer enfin la victoire à cette majorité.

Un article de la Constitution décide que le Lagthing et la Cour suprême de justice, réunis en une assemblée unique, forment la Haute Cour devant laquelle l'Odelsthing peut envoyer les ministres, accusés de haute trahison. D'ordinaire, ainsi que je l'ai dit, les membres du Lagthing sont nommés de telle manière que l'opinion, au sein de cette assemblée, corresponde à peu près exactement à celle qui prévaut dans le Storthing même, si bien que les proportions numériques respectives de la majorité et de la minorité soient sensiblement identiques dans les deux sections du Parlement. En 1883, la majorité radicale inaugura une tactique nouvelle : comme il lui fallait s'assurer la majorité dans la Haute Cour et que les membres de la Cour suprême de justice, nommés par les ministères conservateurs, étaient conservateurs aussi, elle élut un Lagthing uniquement composé de membres radicaux.

Les conservateurs protestèrent, alléguant que leurs adversaires voulaient réunir non un tribunal pour juger, mais un comité politique pour servir des passions. Quoi qu'il en soit, le 24 avril

1883, après dix-huit séances de vives discussions, l'Odelsthing décida que tous les membres du conseil seraient mis en accusation pour avoir conseillé les décisions royales, refusant la sanction aux votes du Storthing.

La Haute Cour se réunit : elle comprenait 38 membres, dont 29 appartenaient au Lagthing et 9 à la Cour suprême de justice. Conformément à la loi, les accusés récusèrent 12 membres et se trouvèrent ainsi en présence de 26 juges, dont 17 étaient acquis à leurs adversaires. Le résultat ne pouvait être douteux : le Rigsret, après avoir siégé pendant plus de dix mois, condamna huit ministres à la perte de leurs droits politiques, deux autres à une amende de 8.000 kr. (mars 1884). Ainsi se termina cette mémorable bataille dont j'ai retrouvé le souvenir toujours vivant au cœur de tous les Norvégiens; le roi de Suède et Norvège céda et désormais il ne fut plus contesté que les ministres devaient être politiquement responsables devant le Parlement.

Cette victoire était due à l'opiniâtreté des districts ruraux; c'étaient eux qui, depuis plusieurs législatures, envoyaient au Storthing des députés radicaux; c'étaient eux surtout qui, en 1883, alors que les villes, désireuses d'éviter tout ce qui pouvait « arrêter les affaires » et troubler le commerce, avaient nommé des conservateurs, avaient élu une majorité radicale compacte, fortement disciplinée sous la direction des plus habiles tacticiens du parti.

Ce sont eux encore qui, dans le conflit récent, ont soutenu vaillamment, pour le seul honneur des principes, les députés des villes, plus directement intéressés dans la revendication de l'autonomie consulaire. Comme je l'ai dit, l'origine de la querelle remonte fort loin, et, à maintes reprises, le Storthing avait chargé le ministère d'ouvrir des négociations avec le gouvernement suédois, en vue de l'établissement d'une double représentation consulaire à l'étranger, l'une exclusivement norvégienne, l'autre exclusivement suédoise. A l'appui de cette réclamation, les Norvégiens alléguaient que, leur marine marchande et leur production agricole et forestière étant beaucoup plus importantes que celles de la Suède, il était illégitime que la protection de leurs intérêts économiques à l'étranger relevât d'un ministre des affaires étrangères qui, aux termes de la Constitution, *doit résider à Stockholm et ne peut être que Suédois*. Cette anomalie, disaient-ils, entraînait pour eux un préjudice grave, puisque les consuls ne prêtaient pas une attention suffisante, ni un appui assez constant aux intérêts norvégiens.

Cette fois, le principe de l'indépendance nationale et l'intérêt économique convergeaient ensemble; aussi la cause de l'autonomie consulaire rallia-t-elle facilement tous les suffrages des Norvégiens.

Pendant plusieurs années, le gouvernement suédois feignit de ne pas entendre la réclamation qui lui était adressée; plus tard il employa divers moyens dilatoires pour retarder l'ouverture des pourparlers. L'affaire, disait-il, n'était pas urgente et l'injustice dont on se plaignait était chimérique, puisque les consuls du royaume de Suède et Norvège à l'étranger étaient de nationalité norvégienne tout aussi bien que suédoise. En tout cas, le gouvernement suédois insistait sur la nécessité de recourir au seul moyen légal, l'entente préalable et amiable, puisqu'il s'agissait de modifier un des articles du pacte constitutionnel. Ces arguments ne convainquirent pas les requérants; ils savaient que leurs associés étaient préparés à un refus obstiné et comme il n'est dans leurs habitudes ni de formuler une demande à la légère, ni de l'abandonner par inconstance, après l'avoir formulée, la querelle s'envenima.

Lorsqu'il fut démontré que la voie de l'entente ne pouvait conduire à aucun résultat utile, ils résolurent d'employer l'action unilatérale. Une loi fut soumise au Storthing, établissant des consuls norvégiens à l'étranger et relevant directement du Conseil d'Etat (conseil des ministres) de Kristiania; cette loi fut votée dans les deux Chambres par l'*unanimité* des membres. Le ministère, *à l'unanimité*, demanda au roi de donner sa sanction à cette loi; le roi refusa et expédia au contraire une ordonnance de veto, conformément au texte de la Constitution. On connaît la suite des événements.

Aucun membre du cabinet ne voulut contresigner l'ordonnance royale et, le 26 mai 1905, tous les ministres norvégiens adressèrent au roi Oscar leur démission, dans une lettre collective dont voici le texte :

« Si Votre Majesté n'est pas disposée à agir conformément à la demande du gouvernement norvégien, qui la prie de sanctionner la loi adoptée par le Storthing concernant les consulats, nous prenons la liberté de lui proposer de nous relever immédiatement de nos fonctions de membres de son Conseil d'Etat, vu qu'aucun de nous ne consent à contresigner une résolution que nous considérons comme évidemment nuisible à l'Etat.

« Le refus de satisfaire à une demande formulée à l'unanimité par les membres du gouvernement au sujet d'une loi qui a été adoptée à l'unanimité par le Storthing et dont toute la nation norvégienne réclame la mise à exécution, ne peut pas, d'après notre opinion, être basé sur des motifs répondant aux intérêts de la Norvège. Il équivaudrait à une négation de la souveraineté de l'Etat et serait l'expression d'un pouvoir royal personnel en contradiction avec la Constitution et avec la façon dont elle est appliquée. »

Le roi, sachant qu'il lui serait impossible de trouver des successeurs aux ministres démissionnaires, refusa la démission qui lui était adressée; dès lors, la machine gouvernementale était arrêtée dans son fonctionnement, puisque les ministres étaient décidés à ne pas rester en fonctions.

Le Storthing vota alors (7 juin 1905), à l'unanimité et sans débat, la grave résolution dont la teneur suit :

« Attendu que tous les membres du conseil de gouvernement ont donné leur démission;

« Attendu que Sa Majesté le Roi s'est déclarée incapable de donner au pays un nouveau gouvernement;

« Attendu que par là même le pouvoir constitutionnel du roi n'est plus en vigueur,

« Le Storthing autorise jusqu'à nouvel ordre les membres démissionnaires du cabinet d'aujourd'hui à exercer en Norvège le pouvoir qui appartenait au roi, d'accord avec la Constitution norvégienne et les lois en vigueur, sauf les modifications qui rendent nécessaire la dissolution de l'union avec la Suède sous un même souverain, dissolution rendue nécessaire par le fait que le roi a cessé d'exercer ses fonctions comme roi de Norvège. »

Le ministre Michelsen ayant déclaré accepter, au nom du gouvernement démissionnaire, la tâche qui lui était confiée, l'assemblée vota à l'unanimité, moins les voix des cinq députés socialistes, une adresse au roi dont les termes honorent égale-

ment celui qui en est jugé digne et les hommes qui ont assez
d'empire sur eux-mêmes, en un pareil moment, pour être capables de les employer :

« Tous les membres du ministère s'étant aujourd'hui démis de leurs fonctions et le roi ayant déclaré officiellement qu'il ne peut pas procurer au pays
un nouveau gouvernement, le pouvoir royal de la Norvège a cessé de fonctionner.

« En qualité de représentant de la nation, le Storthing vient de charger
les membres du ministère démissionnaire d'exercer provisoirement, à titre de
gouvernement norvégien, le pouvoir conféré au roi par la Constitution et les
lois avec les modifications nécessitées par la dissolution de l'union avec la
Suède par le fait que le roi a cessé d'exercer ses fonctions de roi norvégien.

« La dissolution de l'union ne comporte pas d'amertume envers la nation
suédoise ni envers la dynastie, et, pour le reconnaître, le Storthing sollicite
le concours de Sa Majesté, pour qu'un prince de sa maison, en résignant son
droit de succession au trône suédois, soit autorisé à accepter l'élection comme
roi de Norvège.

« Le Storthing exprime l'espoir que la nouvelle élection royale préparera
pour la Norvège une ère de travail tranquille et de rapports sincèrement
cordiaux envers la nation suédoise et son roi, pour la personne de qui la
nation norvégienne conservera inalterablement ses sentiments de respect et
de dévouement. »

Deux jours après, le drapeau norvégien fut hissé solennelle-
ment, à la place du drapeau de l'Union, au-dessus de la citadelle
d'Akarshus, en présence de la garnison et des membres du
Storthing. Trente mille personnes assistèrent à la cérémonie et
poussèrent des vivats, après que les musiques eurent joué
l'hymne national. Le dimanche suivant, la proclamation du
Storthing dissolvant l'union fut lue dans toutes les églises de la
Norvège ; dans plusieurs églises, les prédicateurs insistèrent sur
les sentiments amicaux de la Norvège pour la Suède et pour son
roi ; en de nombreux endroits, des prières furent même dites
pour le bonheur du roi Oscar [1].

1. Ces sentiments correspondent si bien aux dispositions du peuple norvégien que
le président du Storthing, M. Berner, et le premier ministre, M. Michelsen, ne man-
quèrent pas de les manifester à nouveau à l'occasion du mariage en Angleterre du
prince Gustave-Adolphe, petit-fils du roi Oscar. Ils adressèrent, à cette occasion, deux
dépêches, l'une au roi Oscar, l'autre aux jeunes mariés. La première est ainsi conçue :
« Le peuple norvégien envoie à Votre Majesté, par notre intermédiaire, les félicita-
tions les plus sincères, à l'occasion de la cérémonie du mariage qui doit se célébrer
aujourd'hui et qui constitue un événement si joyeux et si important pour la maison,

Enfin, le 19 juin 1905, en réponse à une lettre du souverain suédois, dans laquelle celui-ci, envisageant seulement le litige au point de vue juridique et constitutionnel, demontrait la légalité de son attitude, le Storthing vota une adresse au roi Oscar et au Riksdag suédois. Après avoir constaté que « ce qui vient maintenant de s'accomplir est le résultat nécessaire des événements politiques unionels des derniers temps et ne peut être changé », l'assemblée formulait ainsi ses intentions et ses sentiments :

« Le Storthing a pris une décision qu'il était nécessaire de prendre pour remplir son devoir envers la patrie. En déclarant la dissolution de l'union entre les royaumes unis, le Storthing n'a pas eu l'intention de briser les liens d'amitié des deux peuples.

« Ce qui est arrivé et devait inévitablement arriver en Norvège n'est que la revendication nécessaire des droits constitutionnels de la Norvège. Le peuple norvégien n'a jamais voulu blesser l'honneur de la Suède.

« Lorsque Votre Majesté, en conseil des ministres, le 27 mai, déclara ne pouvoir sanctionner la décision du Storthing, relative à la création d'un service consulaire norvégien, l'état de choses constitutionnel en Norvège était si ébranlé que l'union ne pouvait être maintenue plus longtemps. Le Storthing de Norvège se trouvait dans la nécessité de procurer sans délai un gouvernement au pays.

« Toute autre issue était fermée, d'autant plus que le gouvernement suédois de Votre Majesté, à la date du 25 avril, avait expressément repoussé de nouvelles négociations. Il n'y avait pas d'autre alternative que d'obtenir la dissolution de l'union ou d'obtenir un accord relatif à de nouvelles formes unionelles.

« Le Storthing a déjà antérieurement exprimé l'idée que le peuple norvégien ne ressent ni amertume, ni malveillance contre Votre Majesté et le peuple suédois. Des opinions d'une tendance opposée qui, à de certaines occasions, auraient pu se manifester, ont dans ce cas été dues au mécontentement redevable à la situation de la Norvège dans l'union. Ces motifs d'amertume et de malveillance cessant par suite de la dissolution de l'union, leurs effets disparaîtront également.

« Une collaboration ayant duré quatre-vingt-dix ans sur le terrain des intérêts matériels et intellectuels a développé chez le peuple norvégien des sentiments d'amitié sincère et de sympathie pour le peuple suédois. La Norvège ne se trouvant plus dans une situation humiliante pour son indépendance, ces sentiments prendront un nouveau développement, affermiront et accroîtront l'entente réciproque entre les peuples.

de Votre Majesté. » — Voici le texte de la seconde : « Le peuple norvégien envoie, par l'intermédiaire des soussignés, les vœux les plus sincères à l'occasion de la cérémonie qui doit avoir lieu aujourd'hui. »

« Dans la confiance que le peuple suédois partage également cette opinion, le Storthing demande aux pouvoirs constitués de la Suède de prendre une décision, tout en reconnaissant la nouvelle situation de la Norvège, ainsi que son droit, comme Etat souverain, en ce qui concerne les négociations nécessaires à la liquidation finale des rapports unionels maintenant terminés.

« De son côté, le Storthing est disposé à satisfaire à tout désir juste et raisonnable qui pourrait, à cette occasion, être exprimé en vue d'assurer l'indépendance et l'intégrité des royaumes.

« Au point de vue du droit public, les deux peuples seront à l'avenir séparés.

« Mais le Storthing nourrit la pleine assurance que sous cet état de choses il se développera de bonnes et confiantes relations pour la sauvegarde d'intérêts communs.

« La liquidation imminente peut avoir lieu sans préjugés et sans amertume.

« Le Storthing a la conviction que ce qui s'est accompli sera pour le bonheur des peuples du Nord.

« C'est pour la cause du Nord que le Storthing adresse cet appel au peuple qui par sa magnanimité, ses sentiments chevaleresques, a conquis une place si grande parmi les nations et avec lequel le peuple norvégien désire de tout son cœur le maintien des bonnes relations. »

Au moment où j'écris ces lignes, cinq mois se sont écoulés depuis le jour où cette adresse a été votée et il ne semble pas qu'aucun événement ait contredit dans le passé, ni doive contredire dans l'avenir, les affirmations qu'elle contient, ou les sentiments qu'elle exprime. Dès le 2 juillet, un ancien président du Storthing, aujourd'hui retiré de la politique et par suite bien placé pour la juger, m'écrivait : « La rupture est complète, définitive, irrévocable. Tout le monde ici en tombe d'accord et tout le monde chez nous est satisfait de cette rupture. Les seigneurs de la Chambre haute en Suède ont paru un instant souhaiter l'emploi de moyens coercitifs, mais les Norvégiens n'ont jamais pris au sérieux ces menaces d'une minorité de leurs voisins. Ils savent que les seigneurs suédois ne possèdent pas le pouvoir et il leur a suffi de se rappeler le proverbe norvégien : « Les vaches qui n'ont pas de cornes ne sont pas très dangereuses ».

Ainsi la rupture est consommée : j'ai tenu à en rappeler les principaux incidents et à citer les textes, afin que le lecteur pût lui-même apprécier le calme majestueux avec lequel ces hommes expriment leur volonté et se déclarent prêts à tous les sacrifices pour la faire prévaloir. Ce ne sont ni des fanfarons, ni des sujets en révolte, heureux de trouver dans la violence actuelle de leur langage ou de leurs actes je ne sais quelle compensation aux humiliations anciennes; ces *citoyens* savent qu'ils n'ont pas été opprimés et ils n'ont de rancune contre personne; ils estiment seulement que l'union, désormais désavantageuse et humiliante pour eux, doit cesser; parce qu'ils le pensent, ils le disent fortement et simplement, et parce qu'on sait que derrière les paroles, il y a des *hommes* persévérants et courageux, le gouvernement suédois s'est incliné. Ces événements rappellent certaines scènes de l'histoire romaine[1] et aussi bien ces paysans des fjords ressemblent-ils à ceux du Latium au moins en ceci qu'ils ont, comme eux, fortement établi l'indépendance de leur vie familiale sur la possession et l'exploitation du sol. Mais ce beau spectacle ne doit pas seulement servir à réveiller nos souvenirs classiques, il doit aussi nous être une leçon. Les Norvégiens ne sont pas des chauvins; ils ne rêvent d'aucune conquête par les armes, et volontiers ils souscriraient à cette formule pacifiste : « Guerre à la guerre ». Mais ils ne mettraient pas leur nom au bas de cette autre : « Tout plutôt que la guerre »; et ils savent qu'il est des heures où il faut être prêt à aligner des poitrines en face des canons et des fusils « qui sèment la mort », si l'on veut obtenir le respect et en tous cas le mériter[2].

1. On devrait aussi établir un rapprochement avec la méthode suivie en Angleterre ou aux États-Unis par les *trade's unions* les plus fortement organisées, telles que celles des ouvriers mécaniciens, des mineurs de certains districts ou des ouvriers typographes.

2. On sait que les Norvégiens ont manifesté les mêmes sentiments de dignité, de maîtrise de soi-même et de respect des autres dans les divers actes qui ont accompagné l'élection et l'avènement du roi Haakon VII. Permettra-t-on, à ce propos, à un auteur, profondément attaché aux institutions républicaines, de remarquer que ce choix d'un gouvernement monarchique par une démocratie, si capable de se conduire soi-même, est une leçon que doivent méditer tous ceux qui, des deux côtés de l'Atlantique, sont soucieux du bon renom des institutions républicaines? Parmi les raisons qui ont poussé les Norvégiens à adopter une constitution monarchique, le désir de s'assurer un gouvernement moins coûteux *et* un gouvernement plus responsable et plus obligé, par sa fonction même, à s'intéresser efficacement au bien du pays, a tenu une grande place. Je n'ai pas à apprécier ici la valeur de ce double argument, *je constate seulement un fait* et je demande aux républicains de France et des États-Unis de faire en sorte que ces motifs ne puissent plus désormais arrêter les démocraties progressives de l'avenir.

QUATRIÈME PARTIE

LES RELATIONS SOCIALES
DE LA NORVÈGE AVEC L'ÉTRANGER

Si séparé que soit un peuple du reste de l'univers, si isolé qu'il soit dans ses montagnes, ses glaces ou ses îles, son isolement n'est jamais qu'une apparence, et de même que les physiciens modernes enseignent que chaque objet, considéré par nous, dans la vie pratique, comme distinct et isolé, est au contraire en relation constante avec l'ensemble de la nature, de même la vie de chaque nation est étroitement liée à celle de toutes les autres, et il existe entre leurs activités une interdépendance qui est aussi certaine que mystérieuse. Il convient d'étudier, en Norvège, les manifestations de cette étroite connexité.

Si l'on observe d'abord le courant qui vient du dehors et se déverse en Norvège, on constate une double pénétration, l'une subtile et immatérielle par les idées et les inventions mécaniques; l'autre, plus directement saisissable, par les touristes et les capitaux étrangers.

Les conditions sociales du lieu et du travail ne permettaient pas que le bateau à vapeur et la locomotive, le télégraphe, le téléphone et la télégraphie sans fil fussent inventés en Norvège, et voici que ces outils de la civilisation moderne viennent offrir aux habitants de ce pays des occasions d'expansion économique et de vie collective plus développée. On connaît l'usage que les Norvégiens ont su faire du bateau à vapeur; la puissance singulière de leur marine marchande et le développement de leurs pêcheries témoignent assez que l'occasion offerte n'a pas été négligée. Mais, pour rester plus spécialement dans les limites de cette étude, il faut surtout signaler l'action du progrès des moyens de communication : grâce aux bateaux à vapeur postaux, le paysan norvégien est tenu, deux fois par semaine, au courant de toutes les nouvelles qui intéressent son pays et le monde entier, et, si la nouvelle est spécialement grave ou digne d'être connue, — comme ce fut le cas au moment de la rupture avec la Suède — la télégraphe et le téléphone peuvent en quelques heures la divulguer jusque dans les recoins les plus retirés des fjords. Ainsi la vie nationale devient une réalité plus agissante et la conscience civique se développe.

De même, à un autre point de vue, nous avons constaté l'influence de la critique allemande, venant par l'Université de Kristiania modifier la croyance religieuse et, avec elle, la doctrine morale des pasteurs luthériens et de leurs fidèles.

Ce mode immatériel d'infiltration des forces externes n'est pas spécial à la Norvège et il se rencontre, sous des aspects divers, en tous pays du monde; aussi suffit-il de le signaler sommairement. Au contraire, je voudrais insister un peu sur le second mode de pénétration, celui dont les touristes, les capitaux et les industriels étrangers sont les agents.

Le tourisme a pris en Norvège, depuis trente-cinq années, une grande extension, et on ne saurait en être étonné quand on a contemplé le merveilleux spectacle de ces montagnes granitiques, aux reflets étranges, plongeant à pic dans l'eau si pure des fjords; de plus, l'abondance des truites et des saumons attire les Anglais versés dans l'art difficile de l' « angling ». Il ne semble pas que ce tourisme ait eu jusqu'ici des effets sociaux nocifs : les visiteurs qui débarquent en Norvège viennent y chercher le repos, l'air pur, la vue des beaux sites ou la distraction d'un sport favori, mais ils n'y viennent pas dans le dessein spécial de « s'amuser », suivant le sens compréhensif et assez fâcheux que donnent à ce mot les amateurs de casinos ou de plages mondaines; aussi leur présence est-elle inoffensive. Tout au plus doit-on-dire que le personnel des conducteurs de stolkjœrre, affecté au transport par terre de ces voyageurs, est victime de la désorganisation sociale qui sévit dans tous les pays parmi cette catégorie spéciale de journaliers habitués à « flâner » autour des gares, des paquebots et des hôtels; mais il ne faut pas oublier que ces voyageurs ont beaucoup contribué à améliorer, voire même à ouvrir les routes peu nombreuses que possède la Norvège fjordienne. D'autre part, ce tourisme procure un supplément de revenu à d'honnêtes servantes qui, pendant la saison, quittent pour quelques semaines le gaard paternel et reçoivent en outre un entraînement salutaire aux soins du ménage et aux exigences de la propreté parfaite.

Au surplus, cette action du tourisme est étroitement cantonnée dans les districts qu'il visite et la nature des lieux ne lui permet guère de « s'étaler » : obligé d'éviter les culs-de-sac et les impasses, il suit des directions linéaires et n'atteint sérieusement qu'un très petit nombre de fjords et d'anses. Que de fois, au cours de mes visites, me trouvant sur un gaard solitaire, à peu de distance de la route des touristes, je me suis répété la belle phrase de Henri de Tourville sur le paysan qui, pendant les dernières tourmentes de l'hiver finissant, sème avec confiance les germes des moissons futures, et ai-je pensé que du paysan norvégien aussi on peut dire : « qu'il voit passer le trouble sans en être troublé » !

Plus importante est l'immigration des capitaux et des industriels étrangers. La Norvège est loin d'être un pays riche et, de plus, les capitalistes peu nombreux qu'elle compte *ne sont pas doués d'initiative, ni de l'esprit d'entreprise*[1]. Cette double cause

---

1. On a eu récemment encore une preuve nouvelle de ce défaut d'initiative : on vient de découvrir, dans les montagnes situées au sud de Tromsö, d'importants gisements métallifères; trois compagnies anglaises se sont aussitôt formées pour les rechercher et les exploiter, et les capitalistes de Kristiania n'ont pas osé affronter les risques de ces opérations, qui promettent d'être fructueuses. — Je dois la plupart des renseignements contenus dans les deux pages qui suivent à M. Simpson, agent du Kelly's Directory pour toute la péninsule scandinave : sa profession même rendait sa communication particulièrement précieuse, et je l'en remercie.

explique pourquoi ce pays a naturellement tenté les capitaux et les industriels étrangers. Je n'ai rien à dire de l'immigration des capitaux, dans les hypothèses où ceux-ci viennent seuls, comme cela se produit dans les cas de souscription aux emprunts de l'État norvégien ou aux obligations de la Banque hypothécaire. Cet afflux de capitaux étrangers a été bienfaisant pour la Norvège, puisqu'il a permis d'exécuter des travaux publics ou privés qui eussent été trop onéreux, s'il eût fallu payer un taux élevé d'intérêts.

Mais souvent aussi les capitaux sont apportés par des individus qui les utilisent eux-mêmes et fondent des établissements industriels ou commerciaux ou des compagnies de navigation. Le nombre est grand en Norvège des scieries, des fabriques de pâte de bois ou de papier, des raffineries de pétrole, des filatures et des tissages de laine, des établissements de pêcherie de baleine, de construction métallurgique, spécialement de construction de navires, d'extraction de granit ou de minerai, dont la propriété ou tout au moins la direction appartient à des étrangers, et, d'autre part, il est constaté qu'une partie importante de la flotte marchande norvégienne, probablement un tiers, est entre les mains de capitalistes anglais[1]. Depuis quelques années, le drainage des profits que rapportent ces entreprises a ému l'opinion publique et on a, de diverses manières, découragé la constitution nouvelle de sociétés étrangères. Cette attitude semble peu judicieuse et pourrait, si elle était maintenue, préjudicier aux intérêts norvégiens. Il est normal que, pour toutes ces formes de l'activité industrielle, la Norvège fasse d'abord appel au concours du pays où les conditions du lieu ont donné à l'industrie un plus grand essor, et cela est si naturel que le gouvernement lui-même, pour la construction et l'exploitation de ses chemins de fer, a soin de s'assurer pareil concours : les locomotives, jusqu'à ces dernières années, venaient de Suisse, d'Allemagne ou d'Angleterre ; les rails sont tous de provenance an-

___

1. Cette combinaison a pour principal avantage de soustraire les armateurs à certaines règles un peu rigides du Board of Trade britannique et de leur procurer plus facilement des matelots se contentant d'un moindre salaire.

glaise; enfin, récemment, pour la construction de la ligne Bergen-
Kristiania, des ingénieurs anglais ont été chargés de diriger les
travaux. Tout cela est normal et ne doit effrayer personne,
puisque rien ici ne menace l'indépendance nationale. Si des
étrangers n'avaient pas fondé ces entreprises, les Norvégiens
n'eussent pas encaissé à leur place les bénéfices qu'ils retirent,
car ces entreprises n eussent été fondées par personne. Au
contraire, des salaires ont pu ainsi être gagnés par des ouvriers norvégiens et, de plus, il n'est pas rare de voir des entreprises fondées par des capitalistes étrangers passer ultérieurement entre les mains de capitalistes nationaux [1].

La Norvège n'est pas seulement un pays qui subit et reçoit l'action de l'étranger; plus encore, et même avec une puissance singulière dont l'histoire garde l'impérissable souvenir, elle agit
sur lui, en lui envoyant ce qu'elle a de meilleur et de plus précieux, je veux dire ses propres enfants. Certes ce n'est pas là
son seul article d'exportation et M. le ministre du commerce
norvégien m'en voudrait de ne pas mentionner l'exportation des
produits forestiers ou agricoles de son pays et l'immense commerce de poissons qu'alimentent ses pêcheries, mais quand on
étudie *la région des fjords de l'Ouest* — il faut bien que je le
répète sans cesse — on reste assez indifférent à ce mouvement
d'exportation. Les paysans des fjords ont à peine un excédent
de production sur leur consommation; ils n'exportent guère en
Angleterre, par l'intermédiaire des commerçants établis dans
les villes voisines, que de petites quantités de beurre ou de
fromages et quelques bestiaux. Au contraire, l'émigration des
individus est considérable, et comme cet exode est une des
pièces maîtresses de l'agencement de la vie familiale sur le
gaard, je voudrais joindre quelques observations à celles qui
ont été déjà présentées dans le cours de cette étude.

1. Tel est le cas notamment d'une des plus importantes fabriques de papier de
Norvège — elle exporte annuellement plus de 33.000 tonnes de papier, — d'un grand
atelier de construction mécanique à Kristiania, etc., etc.

On a vu comment l'émigration permet seule de pourvoir à l'établissement des enfants. L'aîné des fils succède au père sur le gaard, et comme tous les aînés des gaards sont dans les mêmes conditions, une fille ou peut-être deux filles doivent normalement se marier à quelque gaardbruger du voisinage. Il se peut aussi qu'un autre fils devienne instituteur ou trouve un emploi à la ville ou à bord d'un navire de commerce. Ces issues auxiliaires sont utilisées de manières différentes par les familles, davantage par celles-ci, moins par celles-là, suivant leurs ressources ou les circonstances. Mais, en définitive, la moyenne des familles se trouve en face d'une situation très nette : le gaard paternel ne peut être transmis qu'à un seul enfant; aucune autre exploitation agricole ne peut être fondée dans le voisinage ; donc il faut que plusieurs enfants quittent le pays.

Aussi bien est-ce là le trait le plus notoire et le plus anciennement connu des mœurs norvégiennes. « Chaque printemps, dit un historien, les Scandinaves sacrifiaient aux dieux pour qu'ils favorisassent les expéditions que la jeunesse allait entreprendre pendant l'été. Chaque père alors obligeait tous ses fils à abandonner la maison paternelle. Il n'y avait d'exception que pour celui qui devait être son héritier. Tous les autres étaient dans l'obligation d'aller s'assurer, par la force de leurs bras, un établissement en pays étranger ou, du moins, d'aller s'enrichir par le pillage [1]. »

Depuis plus de treize cents ans, la même force sociale pousse les Norvégiens hors de leur pays et les oblige à émigrer pour « gaigner terre ». Seulement le processus de l'émigration s'est modifié. Plus n'est besoin d'aller, en territoire vacant, affronter les difficultés sans nombre qui attendent le pionnier qui s'installe le premier dans un pays où aucun auxiliaire extérieur ne l'assiste, où il doit pourvoir seul et par ses propres moyens à

---

1. Le Bas, *Suède et Norvège*, dans l'*Univers pittoresque*. « Chez les Danois et les Scandinaves, dit César Cantu, les pères transmettaient leurs propriétés à leurs fils aînés. Les cadets, repoussés de la maison paternelle, cherchaient sur la mer leurs moyens d'existence et la liberté... D'après une coutume, tous les cinq ans, les enfants mâles furent obligés de s'exiler dans chaque famille, à l'exception de l'aîné. » (*Histoire universelle,* t. IX, p. 57 et 62.)

tous ses besoins de nourriture, de vêtement et d'habitation. De nos jours, d'innombrables lignes de paquebots s'offrent à l'envi pour le transporter sur les rivages d'un pays où la démocratie la plus progressive du monde, non contente de mettre à sa disposition toutes les ressources d'un territoire pourvu de l'outillage mécanique le plus puissant, lui offre encore la concession gratuite d'un homestead de 64 hectares dans les fertiles prairies de l'Ouest. Ainsi se trouve résolu sans difficulté le double et grave problème qui se pose à tout émigrant dont la bonne volonté et les muscles vigoureux forment le seul capital; l'État lui donne la terre, et les innombrables ateliers et usines de l'Est américain, spécialement les *packing-houses* de Chicago, lui offrent l'occasion de gros salaires. Il lui est donc possible d'économiser rapidement le petit pécule sans lequel la possession d'une terre est inutile.

On a décrit cent fois[1] les étapes successives que suit l'émigrant norvégien sur le continent américain et au bout desquelles, s'il reste tempérant et s'il est doué de quelque prévoyance, il devient propriétaire d'une *farm*. On a dit aussi combien la fertilité, le confortable et le bon aménagement de cette farm contrastent avec les petits terre-pleins infertiles et rocailleux des gaards de la Norvège fjordienne. Dans les États du nord-ouest américain, spécialement dans le Minnesota, le Wisconsin, l'Illinois et l'Iowa, d'immenses superficies sont habitées par des Norvégiens *établis en colonies ininterrompues*, et on peut apprécier ce qu'est pour la Norvège cet exutoire magnifique, quand on pense qu'en certaines années, en 1882, par exemple, 28.800 personnes, c'est-à-dire *1,50 p. 100 de la population*, s'embarquèrent ainsi, presque toutes à destination des États-Unis[2]. Il n'est point de paysan en Norvège qui n'ait

---

1. Personne ne l'a mieux fait que M. Paul de Rousiers dans son bel ouvrage *la Vie américaine*, Paris, Firmin-Didot, et dans un article paru dans la *Science sociale*, année 1894, t. XVIII, p. 185, *Les Scandinaves aux États-Unis*. Je me contente d'y renvoyer le lecteur, car il est inutile de traiter à nouveau un sujet qui l'a été déjà avec une méthode très sûre et grand talent.

2. Appliqué à la France, ce taux représenterait une émigration annuelle de 570.000 Français! — Il est vrai que l'année 1882 a été celle où l'émigration a atteint le chiffre

un ou plusieurs *proches* parents dans les Etats agricoles de l'Ouest américain et, en revanche, il n'est aucun émigrant norvégien qui ne se trouve là-bas au milieu de parents ou d'amis, en tous cas de compatriotes heureux d'employer ses bras ou de lui prêter quelque assistance.

Je les ai vus moi-même, il y a treize années, dans les prairies du Minnesota, ces robustes colons; on les trouvait surtout dans les sections non défrichées qu'une ligne de chemin de fer, récemment construite, commence à traverser; près de la gare, une petite épicerie, une église, une banque et une école sont les seuls indices de la présence de l'homme, et, quand on débarque, on aperçoit au loin, semées sur l'immense espace inculte et à de grandes distances les unes des autres, les petites maisons blanches et coquettes des *farmers :* un jardin avoisine l'habitation, et à l'entour les champs cultivés témoignent du travail accompli. L'isolement est le même que celui des *gaards* de la patrie ancienne : aussi bien l'aspect extérieur de la maison et le salon aux rideaux blancs rappellent la Norvège.

Mais à côté de ces ressemblances, que de différences dans les choses et dans la vie des hommes! L'humus profond de la prairie plane a remplacé les pentes abruptes du granit fjordien; plus n'est besoin de canot pour aller rejoindre l'étroit débarcadère du bateau à vapeur; le train est là, toujours prêt à emporter les grains pour lesquels l'agent des minoteries de Minneapolis ou des *elevators* de Chicago remet instantanément un récépissé (*check*) en bonne forme, constatant une vente ou un dépôt, au gré du farmer.

La ménagère ne file plus la laine de ses moutons, et ne confectionne plus les vêtements de la famille; toute l'activité est concentrée dans la production d'une abondante moisson de céréales, que l'on fauche en une semaine avec la moissonneuse-lieuse qui a heureusement remplacé la petite faulx norvégienne, à

le plus fort, mais cependant celle-ci s'est maintenue pendant très longtemps à un niveau très élevé puisque, pendant la période décennale 1881-1890, elle fut en moyenne de 18.069, ou 0,96 p. 100 par an. Depuis 1896, ces chiffres ont diminué et la moyenne annuelle varie entre 6.000 ou 7.000.

manche court. Ce n'est plus le domaine plein, mais le régime économique moderne des ventes et des achats, avec ses aléas inévitables. En dépit de ceux-ci, la moyenne des années laisse au farmer un large excédent de recettes, et tout dans la vie du farmer, nourriture, habitation, vêtement, emploi des loisirs, témoigne que le travail a procuré l'aisance et le confortable. L'orgue et les petits meubles de luxe, que je n'ai trouvés que deux fois[1] dans la demeure des paysans des fjords, se rencontrent communément là-bas, dans les *sitting-rooms* de la prairie. Cette farm bien aménagée, pourvue des meilleurs outils, est bien la propriété de celui qui l'exploite; tout au plus, si l'émigrant n'est établi que depuis peu d'années, une dette hypothécaire grève-t-elle encore le fonds, mais il suffira de quelques bonnes récoltes pour en achever l'amortissement. Aussi quand, aux veillées de l'hiver ou pendant les loisirs du dimanche, l'émigrant scandinave recueille ses souvenirs et parcourt à nouveau par la pensée le long chemin de son existence, il trouve que l'ensemble de sa vie a été bon; parfois, les soucis n'ont pas manqué et il a pu connaître l'angoisse de l'homme qui redoute la saisie, mais le bilan final est favorable : il ne regrette rien; au contraire, il se félicite de la détermination prise naguère de venir au pays des belles terres et de la liberté.

Pourtant il se peut qu'à certaines heures un nuage vienne assombrir l'horizon de notre émigrant : lorsque ses cheveux commencent à blanchir et qu'il jette un regard sur son chalet et ses champs fertiles, la tristesse l'envahit parfois à la pensée que cette *farm,* qu'il a constituée de son labeur, ne passera probablement à aucun de ses enfants : une seule génération familiale l'aura habitée, et son esprit se reporte avec amertume à ces gaards norvégiens où six, huit ou dix générations de la même famille fauchent les mêmes champs, où les souvenirs toujours vivants des ancêtres excitent les enfants au travail, à la tempérance, à l'acceptation simple et ferme du devoir et de la loi morale. Dans les prairies de l'Ouest américain, le fils aîné n'est

1. Et encore, dans un des deux cas, le propriétaire du gaard était-il allé faire fortune en Australie et au Cap.

plus là pour acheter à bas prix le domaine familial et fournir aux parents le *liveraad*, et ce n'est que par hasard, je dirais presque par raccroc, qu'un des enfants, on ne sait lequel, s'il n'a pu trouver ailleurs un établissement plus avantageux, pourrait venir s'établir sur la farm du père, à la mort de celui-ci!

Mais à quoi bon s'attarder sur ces regrets inutiles? Aucun doute n'est possible : la vie est meilleure dans la prairie améri-caine et le farmer *sait* qu'ici, l'homme, en possession de moyens d'action, naturels et artificiels, plus puissants, s'achemine vers une condition meilleure, vers une expansion de toutes ses éner-gies. Aussi bien les mêmes forces sociales qui agissent sur les goûts et le tempérament de ses enfants agissent-elles aussi sur lui ; avec la merveilleuse faculté d'adaptation qui caractérise les hommes de sa race, il abandonne les souhaits irréalisables et lui-même, se sentant encore vigoureux et prêt aux rudes travaux, il vend sa ferme à quelque émigrant enrichi d'une autre race, allemand de l'Allemagne du Sud ou bohème : vingt ans plus tôt, cet acheteur, redoutant la solitude, eût refusé de venir dans ces parages; mais aujourd'hui la campagne est peuplée, on n'est plus seul au milieu de la prairie non défrichée et l'Allemand se fixe volontiers dans ce pays où il est assuré de trouver des voisins. Le farmer scandinave, heureux du large profit que lui a procuré la plus-value de sa ferme, s'en va vers d'autres sections encore inhabitées recommencer la même fructueuse opération; il uti-lise l'aptitude de sa race à la vie solitaire et isolée et, pionnier d'avant-garde, il pousse toujours en avant le grand œuvre du défrichement. Par lui et avec lui l'humanité progresse, et de nouveaux territoires sont ouverts dans lesquels des hommes pourront chercher, dans la liberté, des ressources matérielles plus abondantes et une culture meilleure de leurs facultés in-tellectuelles et de leurs énergies morales.

Tels sont ces hommes, ces colons d'avant-poste; le gouverne-ment américain les accueille avec joie et, sur tout le territoire des États Unis, les Américains de race, les *native born Americans*, ceux qui représentent le véritable esprit de la nation, disent avec conviction, en parlant des Scandinaves : « Oui certes, voilà de beaux citoyens, de splendides citoyens *(these are fine citizens, these are splendid citizens!)* »

On se tromperait si l'on pensait que ces beaux résultats sont dus seulement à des éléments extérieurs favorables : ils sont le produit de la combinaison de ces éléments *et de la formation interne de ces émigrants.* A côté d'eux, débarquent dans les ports américains une multitude immense d'autres émigrants, venus de diverses contrées de la vieille Europe, d'Angleterre, d'Irlande, d'Italie, d'Allemagne, de Bohême, de Pologne, de Slavonie, etc. Or ces nouveaux venus ne montrent pas, tant s'en faut, les mêmes aptitudes à tirer parti des occasions — *opportunities* — qui leur sont offertes. Pour ne prendre qu'un exemple, les Irlandais qui, dans leur pays natal, se déclarent victimes de l'exploitation odieuse du *landlord* etpro clament par leurs agitations, par leur boycottage, voire par le crime, qu'un seul remède peut guérir leurs maux, à savoir la translation de la propriété foncière aux mains du paysan cultivateur, ces Irlandais, dis-je, se gardent bien, après leur arrivée sur le territoire américain, de se diriger vers les riches prairies de l'Ouest où ils pourraient à l'aise se tailler de larges domaines ; ils vont s'entasser dans les villes où ils entretiennent à la fois le bon ordre matériel et la corruption morale en leur triple métier favori de policemen [1], de débitants de boissons alcooliques ou de politiciens concussionnaires [2]. Les émigrants norvégiens se comportent autrement : ils vont aux États-Unis, non pour spéculer sur les vices des autres, mais pour constituer, dans la liberté et par le travail, l'indépendance de leur vie familiale. Ce sont des émigrants d'élite.

Un second caractère de cette émigration doit être signalé : l'émigrant norvégien quitte sa patrie, *définitivement*, sans esprit de retour. Il ne va pas au pays neuf avec le dessein arrêté de

---

1. Il faudrait encore réserver le cas où le policeman trafique de son pouvoir pour protéger les maisons louches : il y a quelques années, les scandales de la police newyorkaise ont démontré que cette déviation de pouvoir était possible.

2. On sait que le haut personnel de Tammany Hall se recrute parmi les Irlandais, qui lui fournissent aussi sa clientèle la plus fidèle.

mener pendant plusieurs années une vie de gueux et d'amasser ainsi rapidement le petit patrimoine qui lui permettra de revenir dans sa patrie pour y traîner pendant de longues années une vie chiche et oisive. Les Italiens adoptent cette tactique, et, s'il faut reconnaître qu'elle est en harmonie avec leur formation sociale, il faut dire aussi que la grande démocratie américaine ne se serait jamais constituée, si elle n'avait recruté que des émigrants de cette sorte. Le Norvégien a un autre idéal : pendant les premiers temps de son séjour aux États-Unis, il se montre juste assez économe pour épargner la somme nécessaire à son installation sur un homestead de l'Ouest et il continue ainsi jusqu'à ce qu'il ait libéré sa farm de toute dette ; mais à aucun moment il n'entend rogner sur les besoins légitimes d'un individu qui veut garder sa dignité d'homme ; il sait produire et il veut consommer. Sur ce point, comme sur beaucoup d'autres, il a d'avance le tempérament américain. Aussi bien il entre de plain-pied, sans effort et sans transformation, dans la société américaine. A peine, pendant les premières années qui suivent son arrivée, conserve-t-il la coupe de vêtements, le mode de nourriture, l'allure extérieure, le langage, qui lui étaient familiers dans son pays d'origine. Mais bientôt ces signes extérieurs de son extranéité disparaissent à leur tour, et celle-ci n'est plus attestée que par l'orthographe de son nom jusqu'au jour où l'ennui qu'il éprouve à entendre la prononciation défectueuse de ce nom par des lèvres américaines le détermine à demander à la législature de son État d'introduire dans cette orthographe la légère modification que requiert la langue de sa seconde patrie [1].

Enfin cette émigration présente un troisième caractère qu'explique, comme les deux autres, les monographies réunies dans ce volume : ces particularistes émigrent *isolément*. Tandis que les Italiens du Sud et les Slaves émigrent en cohortes familiales nombreuses où s'entassent pêle-mêle les vieillards, les adultes de

---

1. Chaque année, les volumes officiels de chaque État qui publient les lois promulguées pendant la session législative donnent, dans leurs dernières pages, la liste des noms étrangers ainsi modifiés ; cette liste est fort longue et intéressante à consulter.

:tous âges et les enfants, même des enfants à la mamelle qu'une des femmes porte sur son dos, dans un mouchoir sale de cotonnade usée, les Norvégiens émigrent presque tous entre vingt et trente-cinq ans et même la plupart entre vingt et vingt-cinq ans. Ainsi ce sont des hommes et des femmes, dans la belle période du travail et de la productivité ; ce ne sont ni des ratés, ni des épaves, mais simplement des adultes conscients qui ont *constaté* qu'il était meilleur pour eux d'aller au dehors chercher un établissement qui ne se peut trouver sur le sol natal ; ils se résolvent sans émoi à cet exode, parce que, dès l'enfance, ils ont été habitués à le trouver naturel et facile : depuis de longs siècles la race suit cette pratique et toujours elle continue de former des hommes capables de s'y adonner avec succès.

Après ces observations, le lecteur n'a plus qu'à se rappeler les nombreux exemples d'émigration et d'établissement au dehors que nous avons rencontrés au cours de notre voyage le long des fjords. Je me permets pourtant d'en joindre un nouveau parce qu'il montre sur le vif toute l'intensité de ce mouvement puissant et considérable dans l'histoire de l'humanité, qui est l'émigration scandinave.

Je me trouvais à Jælse, petit promontoire du Stavangerfjord, et au retour de ma visite au sieur Fürre, je devais attendre vingt-deux heures le bateau qui m'était nécessaire pour continuer ma route [1]. Un missionnaire social est toujours en quête de personnes disposées à « bavarder » un peu ; je me mis à la recherche d'un individu se trouvant dans cette heureuse disposition et capable de parler français ou anglais, ou subsidiairement — très subsidiairement — allemand. Ma bonne étoile guida mes pas vers un certain Ole Skjaveland, déchargeur de charbon à Stavanger, en villégiature ici pour quelques

1. Ce bateau devait, après m'avoir porté quelques kilomètres plus loin, me déposer à une station de *stolkjærre,* dont l'une devait me conduire à son tour à un petit lac desservi par un bac à vapeur ; de l'autre bord du lac, une nouvelle *stolkjærre* transporte les voyageurs jusqu'à Odda, sur le Hardangerfjord. Tout cela est fort compliqué, on le voit, et pourtant la distance à franchir n'est que de 160 kilomètres !

jours chez une belle-sœur. Voici l'histoire qu'il m'a contée :

« Mon père, Gudemund Ole, qui était tailleur de granit, eut quatorze enfants : six moururent en bas âge, quatre fils et quatre filles survécurent. L'aîné des fils, Rasmus Oleson, a quitté la Norvège il y a vingt et un ans en compagnie de son frère Peder ; tous deux s'engagèrent, comme matelots, à bord d'un navire en partance pour les États-Unis ; arrivés là-bas, ils s'enfuirent du bord et allèrent à New-York. Au bout de quelque temps, chacun reçut gratuitement un homestead de 160 acres dans le Minnesota. Mon frère aîné est encore dans le Minnesota ; seulement il n'exploite plus la même ferme que celle qu'il avait autrefois ; il a vendu son homestead et acheté ailleurs des terres à défricher. Marié une première fois, il a perdu sa femme qui l'a laissé sans enfants. Il s'est remarié et de son second mariage a eu trois enfants. Il est tout à fait dans l'aisance.

« Mon second frère est aussi dans une bonne situation ; comme son frère, il a vendu sa ferme du Minnesota et en a acheté une autre dans le Dakota du Sud, sur laquelle il est encore. Il a maintenant quatre enfants et a eu le malheur de perdre sa femme.

« Mon troisième frère Jakob a quitté Stavanger il y a seize ans, en qualité de matelot, à bord d'un navire marchand ; arrivé à Cardiff, il quitta subrepticement son capitaine et se loua à bord d'un autre navire anglais en partance pour l'Australie ; là il s'enfuit encore et se loua comme domestique dans une grande exploitation agricole ; il devint amoureux de la fille du fermier et l'épousa. Sa femme mourut à la naissance du premier enfant, lequel mourut lui-même quelque temps après. N'ayant plus aucun droit éventuel sur le patrimoine du beau-père, Jakob quitta l'Australie, en s'engageant comme matelot à bord d'un navire anglais qui le ramena en Angleterre. De ce pays, il gagna les États-Unis où il s'engagea à bord d'un navire de guerre de l'Union ; son salaire de début était de 25 dollars par mois ; bientôt il gagna 30 dollars et enfin 60 dollars par mois, pendant les deux dernières années. Pendant que son navire était à Baltimore, il fit la connaissance d'une jeune fille née aux États-Unis d'un père allemand ; il l'épousa et peu de temps après, son beau-père mourut. Joignant alors à ses économies (1.000 dollars environ) le produit du petit héritage paternel, il alla au Dakota du Sud et y acheta une ferme. Mais s'étant bientôt aperçu qu'il ne pourrait jamais s'habituer à cette vie nouvelle, il revendit sa ferme. Il est maintenant au Minnesota où il exerce je ne sais trop quel métier dans une maison qui appartient à un de ses oncles.

« Ma sœur aînée Johanna a quitté Stavanger il y a dix-neuf ans, en qualité de domestique d'un Norvégien qui s'en allait aux États-Unis avec sa femme et ses enfants. Au bout d'un an de séjour, elle épousa un ouvrier peintre en bâtiment, originaire de Bergen et dont le père dirigeait dans cette ville une petite entreprise de peinture. A la mort de celui-ci, le jeune ménage revint en Norvège et, pendant quelque temps, le fils voulut prendre la suite du commerce paternel. Mais, voyant que les affaires marchaient mal, au bout de cinq ans, il retourna à New-York, où il est encore, très satisfait de son sort et élevant facilement ses deux enfants.

« Ma seconde sœur Bertha partit pour les États-Unis il y a dix-huit ans, avec un billet de passage *que lui avait envoyé un de ses frères* : elle s'était engagée comme servante à Baltimore où elle épousa, au bout d'un an, un Norvégien, originaire du Stavangerfjord qui était matelot sur le même navire de guerre que mon frère Jakob ; son mari est toujours resté dans la marine de guerre fédérale ; il gagne maintenant 90 dollars par mois et il a sept ou huit enfants.

« Ma troisième sœur Martha s'embarqua il y a douze ans pour les États-Unis ; *ma quatrième sœur, partie un an auparavant, lui avait en effet envoyé un billet ;* mon père, qui était veuf depuis trois ans, venait de mourir et rien ne l'attachait plus à la Norvège. Elle aussi alla à Baltimore où elle épousa un Danois qui est matelot sur un navire de guerre et gagne 30 dollars par mois : elle n'a qu'un enfant.

« Enfin ma quatrième sœur Olava, maintenant âgée de trente et un ans, partit pour les États-Unis il y a treize ans *avec un billet que Bertha lui avait envoyé.* A Baltimore, elle épousa, au bout de six mois, un employé de banque, originaire de Kristiania et résidant à New-York; il paraît que son mari gagne plus de 120 dollars par mois; sa situation est excellente. Trois enfants sont nés de ce mariage, deux sont morts[1].

« Moi seul suis resté à Stavanger, et je l'ai souvent regretté, car, si j'avais émigré, j'aurais probablement évité toutes les sottises que j'ai faites. Mais je ne suis pas le seul coupable! J'ai eu le malheur de perdre ma mère à l'âge de dix ans et mon père quand je n'avais encore que treize ans et demi. Au surplus, je n'ai encore que vingt-six ans et rien ne dit qu'un jour ou l'autre je ne me déciderai pas aussi à traverser l'eau[2].

1. On remarquera la rapidité singulière avec laquelle ces jeunes filles trouvent un mari. Parfois un jeune homme et une jeune fille, qui se sont connus en Norvège, échangent leur parole avant le départ. Le jeune homme s'en va aux États-Unis : au bout de quelques années, lorsqu'il a fait quelques économies ou acquis un homestead, il écrit à sa fiancée de le rejoindre. Une dame de Bergen me dit que sa domestique vient de la quitter, il y a deux mois, dans ces conditions : elle vient de recevoir une lettre dans laquelle son ancienne servante lui écrit qu'elle est très satisfaite au Minnesota « où elle se trouve tout à fait en pays de connaissances ».

2. Je ne rapporte pas en détail l'histoire d'Ole Skjaveland lui-même dont la vie est un enchevêtrement invraisemblable d'aventures, de péripéties et de folies; en voici seulement le résumé sommaire. Comme je l'ai dit, il avait treize ans et demi lorsqu'il perdit son père; six mois après, sa dernière sœur, la seule qui restât au foyer, s'embarquait à son tour pour les États-Unis! Il s'engagea comme mousse à bord d'un navire marchand. Il fit ainsi deux ou trois fois le tour du monde sur plusieurs navires anglais. A dix-sept ans, il débarquait à Liverpool où son capitaine lui remettait une somme de 43 livres sterling 17 shellings, reliquat du compte de ses salaires. En un mois exactement, ces 1.100 francs étaient dépensés en beuveries et au jeu, si bien que Ole, 33 jours après son débarquement, partait à nouveau, faute de ressources, sur un autre navire. Il paya chèrement cette folie, car au cours de séjours précédents à Liverpool, il avait connu la fille d'un boucher de cette ville, qui avait quelque aisance et qui lui avait promis, s'il pouvait prendre son diplôme de pilote à l'école de marine, de lui acheter un schooner et de lui donner sa fille. C'eût été la fortune pour lui : les flots de bière et de whiskey emportèrent tout. Après quelques années de navigation, Ole est revenu au pays natal, à Stavanger, où dans son métier très instable de chargeur de charbon, il gagne *en moyenne* 16 à 18 kr. la semaine : parfois, en une semaine, il lui est arrivé de gagner 50 kr., même 60 kr. et on devine que ces sursauts dans son salaire ne sont pas favorables à sa sobriété. Il a aujourd'hui vingt-six ans, est marié et a eu trois enfants dont deux sont morts. En terminant le récit de ses aventures personnelles, Ole me fait une déclaration que je transcris littéralement : « Oui, voilà mon histoire; vous ne la trouvez pas banale, n'est-ce pas, et pourtant elle n'est rien auprès de celle de tant d'autres matelots de Stavanger que je pourrais nommer. Tout le monde sait dans la marine que, lorsqu'on rencontre sur un navire un matelot enragé et fou (*crazy and fool*), on dit: « C'est un Norvégien »; ça c'est la formule des étrangers, mais nous disons : « C'est un matelot de Stavanger ».

« Vous voyez, Monsieur, que nous sommes une famille où l'on émigre facilement aux États-Unis, et pourtant je ne vous ai dit qu'une partie de la réalité, car je n'en finirais pas si je vous parlais de mes oncles et de mes tantes, paternels ou maternels, et de mes cousins. Mon père avait trois frères et deux sœurs; deux de ces frères sont farmers au Minnesota et une des sœurs est aussi aux États-Unis.

« Ma mère avait quatre frères et trois sœurs; sur ce nombre, trois frères sont farmers aux États-Unis et deux sœurs ont épousé là-bas des farmers. Le quatrième frère, le seul qui n'ait pas émigré et qui est tailleur à Sandness, a cinq enfants aux États-Unis où ils font bien leur chemin, dans des professions diverses. Quant à la troisième sœur, elle a épousé un gaardbruger des environs et elle a deux fils en Amérique, l'un au Texas, l'autre au Canada. »

Mon interlocuteur, voyant que je restais abasourdi à la pensée de cet exode ininterrompu des membres d'une même famille, arrêta là son récit et le lecteur peut s'en réjouir avec moi, car la grand'mère paternelle d'Ole Skjaveland avait dix-sept frères et sœurs, et alors.....

Je n'ai pas l'intention de soutenir que chaque famille norvégienne puisse extraire de ses annales une page d'histoire semblable à celle-ci; pourtant d'autres exemples analogues[1] pourraient être cités et, en tous cas, aucune famille ne reste en dehors de ce grand mouvement d'émigration aux États-Unis.

---

1. En voici un autre qui se réfère à une famille dont la monographie est rapportée plus haut (voir p. 127 et suiv.). Une des tantes paternelles de Gudemund Pedersen Œxtra a eu dix enfants qui sont tous aujourd'hui aux États-Unis, notamment dans le Dakota et l'Iowa. Elle avait épousé un gaardbruger de Knuswig sur le Stavangerfjord. Le fils aîné reçut le gaard, dans des conditions difficiles : une dette hypothécaire assez élevée grevait le fonds et le domaine était en mauvais état. Peu de temps après, le deuxième et le troisième fils partirent pour les États-Unis; l'un d'eux revint en visite au « vieux pays » et en repartant, emmena avec lui deux autres enfants. L'un de ceux-ci revint à son tour visiter ses parents et cinq autres de ses frères et sœurs le suivirent sur le navire qui le ramenait au pays des champs à surface plane et à humus profond. L'aîné restait seul sur son gaard : ne pouvant y prospérer, il le vendit et en acheta un autre dans le voisinage. Il y vivait médiocrement, lorsque les gros profits réalisés par ses frères et leur vie plus facile le tentèrent à son tour : il revendit son gaard et partit pour les États-Unis avec ses deux parents.

Dans toutes les petites épiceries de village, on voit les affiches des Hamburg Amerika Linie, Cunard Line, Allan Line, etc., et s'il faut en croire une affirmation commune en Norvège, il y aurait aux États-Unis une population de sang norvégien dont le nombre serait très voisin de celui qui représente la population de la Norvège même.

Toutefois qu'on y prenne garde, — *et j'appelle toute l'attention du lecteur sur cette grave observation,* — ce grand mouvement d'expansion au dehors n'a été possible que parce que la race a gardé intacte, à côté d'une certaine formation sociale, une formation morale vigoureuse. On dit : Le gaard norvégien est inextensible et impartageable; donc il faut que plusieurs des membres de la génération nouvelle quittent la terre natale. Qu'on y réfléchisse, la conséquence n'est pas inéluctablement liée à la prémisse et elle n'en découle que parce qu'une autre force, la force morale, ajoute son action propre. Après tout, à y regarder de près, dans toutes les circonscriptions rurales anciennement cultivées — et c'est le cas de toute l'Europe occidentale — il n'y a plus de champs nouveaux à défricher pour les jeunes gens de la génération nouvelle, et même il serait facile de montrer que le fjord norvégien, avec son domaine plein et l'obstacle que met la nature du lieu au progrès des méthodes, a été tout au moins capable de continuer à nourrir une population de paysans aussi nombreuse qu'autrefois, alors qu'en d'autres pays le développement du machinisme et l'aménagement d'une production agricole, à gros rendement, en vue du marché, devaient au contraire éliminer des campagnes une portion notable des habitants. Ce problème de la population, que les Norvégiens résolvent par la vaillance et le respect de la loi morale, d'autres paysans, en d'autres pays, le résolvent par la limitation de la natalité. N'est-il pas vrai que, sur notre terre de France, le nombre est immense des paysans propriétaires qui ne veulent avoir qu'un seul enfant? Comme leurs émules de Norvège, ils trouvent que leur petit domaine ne doit pas être partagé, et ils obtiennent ce résultat socialement bienfaisant par des moyens grandement funestes à la prospérité sociale. Et pourtant, il ne manque pas

de sociologues à courte vue, volontairement ou inconsciemment
inclairvoyants, qui, visitant ces territoires, constatent avec joie
que le paysan français est à l'aise, que sa situation économique
est bonne, que son travail n'est pas écrasant, que son habitation
et sa nourriture sont confortables... Comment ne voit-on pas que
ce bien-être individuel est obtenu au détriment de la collectivité et que, par suite, il est condamné lui-même à disparaître,
puisque, dans la réalité vivante des choses, il est, en fin de
compte, impossible de séparer la prospérité individuelle de la
prospérité collective. Oui certes, ces paysans sont à l'aise,
comme le sont dans les grandes villes ces hommes d'affaires
ou de finances qui, refusant d'accepter les nobles charges de
la famille, préfèrent mener la vie... facile et égoïste du célibataire, ou ces jeunes mondains qui, alliant si facilement la bas-
sesse des sentiments à la noblesse, souvent frelatée, de leur
nom, ne souhaitent de se marier que parce que le mariage permet de « taper » une grosse dot. Mais, à ce jeu, la
race s'atrophie et l'énergie vitale diminue ; ce n'est pas en vain
que, dans un pays, une masse énorme de ménages préparent
à leur unique enfant ou à leurs deux enfants une vie sans
vaillance, sans labeur et sans responsabilité. Puissent seulement les Français reconnaître à l'avance le déroulement des
conséquences, afin d'éviter des déchéances qu'il serait puéril
de vouloir s'épargner, tant qu'on est décidé à entretenir
les causes qui les engendrent *inéluctablement!*

CINQUIÈME PARTIE

APERÇU HISTORIQUE

Les lieux intransformables jouissent d'un privilège très apprécié des amateurs d'études sociales, celui de conserver à peu près intactes, à travers le temps, les mœurs et les institutions des périodes les plus reculées de leur histoire. Puisque la Norvège est au premier chef un lieu intransformable, il n'est pas sans intérêt de jeter, en terminant, un regard rapide sur le passé de ce peuple ; on verra ainsi combien est justifiée l'affirmation fondamentale formulée naguère par Frédéric Le Play et suivant laquelle aucune étude historique ne peut être conduite scientifiquement, si elle n'est précédée de l'observation minutieuse et méthodique des institutions actuelles des sociétés humaines.

Déjà, vers l'an 330 avant l'ère chrétienne, Pitheas de Marseille fait allusion à certains pays septentrionaux, où « il y a un été continuel sans nuits et un hiver qui n'est qu'une longue nuit de six mois ». C'est là, semble-t-il, la première mention de la Norvège qui ait été relevée par les érudits contemporains ; plus tard, les Romains connurent certainement l'existence des habitants des fjords dont Tacite désignait le pays sous le nom de *Germania transmarina* et Pline sous le nom de *Nericum*.

« Le peuplement de la Norvège, dit un savant norvégien, a eu lieu par des familles isolées qui s'établissaient chacune à part et qui demeuraient dispersées dans les gaards, dont chacun appartenait à une seule famille[1]. » Le même auteur ajoute que

---

1. Broch, *op. cit.*, p. 205.

« l'usage d'établir des villages où les terres, censées appartenir
au village entier, furent cultivées par ou partagées entre les
familles qui demeuraient toutes ensemble, n'a jamais existé en
Norvège, tandis qu'il existait en Danemark et dans la partie méridionale de la Suède ».

Il semble qu'aux environs de l'ère chrétienne furent organisés
plusieurs groupements cohérents et stables de paysans, solidement établis sur le sol ; chaque groupement constituait une petite
république autonome et indépendante (*fylke*) où l'on jouissait
dans la plus large mesure de toutes les libertés populaires. Les
hommes libres, réunis dans les *thing*, tranchaient les diffé-
rends juridiques et votaient les lois. Au-dessous d'eux, et hors
la communauté, vivaient les serfs.

La plus notoire, sinon la plus ancienne, de ces sociétés politiques
« a dû se former dans les districts environnant le fjörd de
Trondhjem, où les tribus des Trœnder s'étaient de bonne heure
réunies pour les services de justice et de culte en une communauté de paysans, divisée en huit *fylke* dont chacun réglait ses
affaires dans ses *thing*. Il semble que la confédération des Trœnder n'ait eu pour ainsi dire que des relations paisibles avec le
monde extérieur ; elle ne devait prendre qu'une assez faible part
aux manifestations de force qui eurent lieu plus tard sous forme
d'expéditions de *vikings*[1] ».

Au vi^e siècle, s'ouvre la période des Vikings[2] qui durera jusqu'au xe siècle. Il serait très intéressant, au point de vue social,
de connaître exactement ce que furent ces expéditions et de savoir
dans quelle mesure précise se combinaient en elles l'élément
belliqueux ou pillard et l'élément pacifique des paysans à la recherche d'une « bonne terre ». Il est naturel que les populations
effrayées aient donné à ces bandes le nom de pirates, mais la
Science sociale ne peut guère ratifier cette dénomination ; elle ne
peut confondre avec les rafles et les « coups » rapides des pirates

1. *La Norvège*, *op. cit.*, Kristiania, 1900, p. 136.
2. La présence des Vikings n'est historiquement constatée sur les côtes d'Angleterre
qu'en 680, mais de récents travaux publiés par des savants norvégiens tendent à conclure que les Vikings durent apparaître en Irlande et en Ecosse dès le commencement
du vi^e siècle, ou même dès les dernières années du ve.

les exploits de ces hommes du Nord que l'on voit partout s'établir
fortement sur le sol et constituer des collectivités paysannes la-
borieuses, pacifiques et prospères.

En quelques siècles, ces hommes couvrent et dominent toute
l'Europe septentrionale ; en Allemagne, les rives de l'Elbe et du
Weser, de l'Oder et de la Vistule sont constamment le théâtre des
descentes et des entreprises des Vikings. On les trouve en Danemark, à l'embouchure du Rhin, en Normandie, en Irlande, sur
la côte orientale de l'Angleterre et de l'Écosse où ils fondent des
royaumes qui restent en rapport avec la mère-patrie. La France,
avec ses terres fertiles, tente naturellement ces fils de gaardbruger, avides de « gaigner terre » ; aussi ils multiplient les expéditions sur les rives de la Seine et de la Loire. La légende rapporte
que Charlemagne, debout à la fenêtre de son palais de Narbonne,
versa des larmes en pensant à leurs incursions ; en tous cas,
Charles le Chauve céda devant eux et lorsque, plus tard, le duc
de France monte sur le trône et fonde la dynastie des Capétiens,
c'est le sang normand, le sang des hommes du Nord, qui triomphe
en sa personne. Et pourtant ces exploits ne suffisent pas encore à
satisfaire l'activité conquérante de ces pionniers : ils s'établissent
en Laponie et en Finlande et peuplent les iles Fœroë, les Orcades,
les Hébrides, l'Islande, qui deviennent des colonies norvégiennes.
Le Groënland, récemment découvert par l'un d'eux et que ne
stérilisaient pas alors les glaces qui le rendent aujourd'hui
inhabitable, est aussitôt colonisé, et des paysans s'y établissent
pour y jouir de la souveraine indépendance du domaine agricole.
Ces collectivités sont à ce point prospères qu'elles essaiment à leur
tour vers le sud, où, quatre siècles avant Christophe Colomb,
elles découvrent l'Amérique et s'installent au Canada (Labrador),
auquel elles donnent le nom de Vinland [1], en souvenir de la végétation luxuriante des vignes.

Ainsi se poursuit, méthodique et irrésistible, ce mouvement

1. Le premier Norvégien qui aperçut le continent américain était un certain
Björne dont le père, Herpelf, avait mérité l'appellation caractéristique de Landnams-
mand, c'est-à-dire « homme ayant pris possession d'une terre jusque-là sans
maitre ».

d'expansion de la race norvégienne : il s'appuie en effet sur deux forces sociales incomparables, lorsqu'elles sont mises en œuvre par des hommes capables de les utiliser, la barque et le domaine, la barque qui transporte et aborde partout et fournit un asile sûr en cas de représailles [1], le domaine à transmission intégrale, qui garantit à la fois les ressources matérielles et l'indépendance.

Cet extraordinaire mouvement de prise de possession du sol, qui rappelle d'une certaine manière la conquête romaine, au temps de la république, se signale par un caractère nouveau, inconnu jusque-là de l'humanité : *il n'aboutit pas à la constitution d'un grand empire centralisé*. Aucun monarque ne trône au milieu d'une cour magnifique et, pour cette raison, les historiens, habitués à juger de la puissance d'un peuple d'après l'éclat et le développement de ses pouvoirs publics, ne s'aperçoivent pas de son importance. Mais ces hommes du Nord se soucient peu de constituer des pouvoirs publics « forts » ; au contraire, partout où ils s'établissent, ils instaurent de petites républiques démocratiques gouvernées par le *thing*; ainsi font-ils notamment au IXe siècle en Islande, où nous voyons les très nombreux émigrants qui, pendant deux générations, affluent vers cette île nouvellement découverte, établir un état républicain modelé sur les anciennes institutions de la mère-patrie.

Il semble qu'au IXe siècle, entre en scène un groupement nouveau, relevant d'un type social différent. A l'est du pays, dans les districts environnant le fjord de Kristiania, plusieurs tribus furent réunies à cette époque « sous la domination de la dynastie des Ynglinger, originaire du Vestfold et qui faisait remonter son origine aux anciens rois d'Upsal et au dieu Frey ».

L'un des rois de cette dynastie, Harald Haarfagre (à la blonde chevelure), traversant un jour la montagne, se dirigea vers le Trondhjem, « pays bien peuplé et admirablement organisé », qu'il réussit à assujettir. Harald dirigea ensuite une série d'expéditions contre les districts des fjords situés au sud de Trondhjem

---

1. Voici un proverbe norvégien, qui date des Vikings : « Celui qui est maître de la mer est maître de la terre ».

et brisa définitivement leur résistance à la grande bataille na-
vale de Hafrsfjord (872).

Cette contrainte, exercée sur le particularisme local des trente
Fylker qui se partageaient le territoire norvégien, aggravée
par la perception de taxes nouvelles, suscita un grand mécon-
tement et contribua à accroître encore le mouvement d'émigration et le nombre des expéditions guerrières; aussi bien l'œuvre
de Harald ne survécut guère à son fondateur. Bientôt l'autonomie locale reparut, et le territoire fut de nouveau réparti en
quatre grandes circonscriptions territoriales, sorte de républiques ayant leur thing et leur législation propres : le pays de
Frosta, le plus riche et le plus peuplé, qui s'étendait sur le
Trondhjem; le pays de Gulen, qui comprenait les six districts de
l'embouchure du Sognefjord et du Horland; le pays d'Eidsiva, qui
embrassait les districts méridionaux et ceux correspondant aujourd'hui au Télémarken; enfin le pays de Borgar qui renfermait
dans ses limites Kristiania et Frederikstad.

Ainsi toujours, dans les siècles suivants, la résistance tenace
du paysan, maître sur son gaard après Dieu, triompha des ten-
tatives faites dans le dessein d'établir un pouvoir centralisé;
l'issue définitive ne variait jamais, quel que fût le guerrier,
fût-il même cet étrange Olaf Trygvœssen qui, après une enfance
pleine d'aventures et de nombreux exploits de « pilleries » sur
les côtes d'Angleterre, entreprit soudain de convertir au Christ
Blanc toute la Norvège, depuis le Viken jusqu'au Finmarken, et
étendit même sa propagande infatigable et cruelle jusqu'aux
Hébrides, à l'Islande et au Groënland.

A ne juger les choses que par leur côté extérieur, le xii⁰ et
le xiii⁰ siècles marquent l'apogée de la prospérité norvégienne.

Les croisades ont offert à ces navigateurs entreprenants une
occasion précieuse de s'enrichir et on sait, depuis les documents
mis à jour par M. Riant, quelle part importante ils ont prise
à ces pieuses expéditions, à tel point que saint Louis ne crut
pouvoir mieux faire que de confier à un Norvégien la conduite
de la croisade qu'il entreprit en Égypte et en Palestine. A cette
époque, toute l'Europe septentrionale est soumise au rayonne-

ment de l'expansion norvégienne, parfois à son action directe, représentée par ses innombrables émigrants. Je n'en donnerai que deux preuves en rappelant que le siège archiépiscopal de Trondhjem devint le centre auquel furent rattachés de nombreux évêchés situés tant en Norvège même qu'au delà de la mer, dans les colonies norvégiennes, et qu'au xiiie siècle, la population irlandaise parlait couramment le norvégien ; aussi bien des rois norvégiens eurent pendant 300 ans leur résidence à Dublin et le siège archiépiscopal de cette grande métropole fut, à maintes reprises, occupé par des Norvégiens.

Toutefois, suivant une loi sociale maintes fois vérifiée dans l'histoire et dont les Romains fournissent l'exemple le plus illustre, il semble que la multiplication de ces moyens d'enrichissement par les croisades, le commerce et les transports ne fut pas sans danger pour la prospérité future de la race. Trop souvent la barque qui avait servi naguère à conduire vers les « bonnes terres » les fils des paysans à la recherche d'un domaine, était maintenant employée au transport des marchandises, et ce que l'on gagnait en richesse et en « brillant » extérieur n'était pas compensé par les pertes dont souffrait en réalité l'organisme social, atteint dans sa vie profonde et sa stabilité. J'ai dit comment, au xiie siècle, des lois s'efforcèrent de détourner du négoce les gens de modeste condition, en leur interdisant les opérations commerciales à certaines périodes de l'année ; ces restrictions légales, comme il fallait s'y attendre, demeurèrent inefficaces et on peut même penser qu'elles eurent pour principal effet de favoriser encore la prédominance commerciale des villes hanséatiques, auxquelles Magnus Lagabœter concéda des privilèges considérables. De nombreuses raisons sociales donnaient à la Hanse allemande une notable supériorité, en matière commerciale, sur les Norvégiens ; aussi voyons-nous, à partir du xive siècle, ceux-ci définitivement évincés de leur propre commerce par les Allemands.

Cette époque marque le commencement de la longue période de cinq siècles pendant laquelle la Norvège, dominée tour à tour par la Suède ou le Danemark, demeure confinée dans ses propres frontières continentales et disparait de la scène de l'histoire européenne, toute remplie des exploits des « grandes puissances ». Elle ne prend aucune part aux découvertes maritimes du xvᵉ siècle, ni aux fructueuses opérations industrielles ou commerciales du xviᵉ; au xviiᵉ et au xviiiᵉ siècles, alors que se constituent dans l'Amérique du Nord ces colonies d'exploitation agricole dont l'avenir devait être à la fois si glorieux pour ceux qui en avaient été les fondateurs et si utile au progrès de l'humanité, il semble que « les enfants du Nord » n'aient plus le même besoin de trouver de beaux domaines, ni la même aptitude à réussir dans cette recherche. Une œuvre gigantesque de défrichement et de colonisation agricole s'accomplit de l'autre côté de l'Atlantique, et eux, les défricheurs d'élite, les pionniers par excellence des contrées désertes et inhabitées, ne sont pas là!

En réalité, le besoin et l'aptitude n'ont point disparu, tout au plus peut-on dire que les événements *intérieurs* de la politique norvégienne en ont diminué pour un temps l'intensité et surtout que les conditions extérieures de la politique internationale, qui ont favorisé aux colonies la primauté et l'exclusivisme jaloux des grandes puissances, interdisaient à ces particularistes de se mêler à ce mouvement d'expansion. Les éléments intransformables du fjord norvégien ne permettaient pas que ce lieu devînt jamais le centre d'un État puissant.

En revanche, le xixᵉ siècle a prouvé de façon péremptoire que la race a toujours conservé son énergie : dès que l'émigration industrielle, isolée, a pu se faire en des territoires librement ouverts aux plus capables et aux mieux habitués à l'isolement, les hommes du Nord ont reconquis leur supériorité d'antan, et ils se sont retrouvés, au xixᵉ siècle, aussi capables que leurs ancêtres du viᵉ siècle de fonder, sur le domaine à transmission intégrale, la vie saine et robuste de leurs foyers en simples ménages.

A travers toutes les vicissitudes et la longue suite des siècles, le groupement compact des paysans propriétaires s'est en effet maintenu en Norvège, et, chose curieuse, le système féodal qui a réussi à s'implanter si fortement dans la plupart des pays de l'Europe occidentale *n'a jamais existé en Norvège*. « Les paysans ont de tout temps eu liberté pleine et entière pour acquérir le sol dans une partie quelconque du pays. Par suite, il n'y a jamais eu ici ni vilenage, ni glèbe, et les paysans norvégiens ont, dès le début du moyen âge, joui d'une liberté plus grande que ceux de n'importe quel autre pays d'Europe. » A plusieurs reprises, cette propriété paysanne s'est trouvée menacée par les rivalités entre les chefs, les guerres et les confiscations qui en étaient la suite, et même au xvi° siècle, la moitié des terres de tout le pays était devenue le monopole de quelques familles aristocratiques ; mais la famille paysanne réussit toujours, en fin de compte, à défendre son droit au domaine. En 1685, elle obtint du gouvernement danois une ordonnance qui limitait le droit du propriétaire à prélever une taxe d'entrée et des retenues périodiques sur les terres affermées, et qui décidait, en outre, que « tout propriétaire foncier exploitant plus d'une ferme payerait double taxe sur les fermes excédantes. Cette mesure contribua à restreindre largement l'intérêt qu'on pensait trouver à posséder plus de terre qu'on n'en pouvait faire valoir, et il s'ensuivit encore que les fermes furent de plus en plus vendues aux paysans. »

Ainsi se conservait cette réserve démocratique et laborieuse qui, de tout temps, a fait la force de la Norvège, et lorsque les circonstances *extérieures* sont devenues de nouveau favorables à son expansion, cette collectivité de paysans a pu montrer qu'elle n'avait rien perdu de l'antique vigueur de la race : le Dakota, l'Iowa et le Minnesota remplacent aujourd'hui les côtes d'Angleterre et d'Écosse, l'Islande et le Groënland, mais, à plus de dix siècles de distance, le processus de la marche progressive reste le même.

CONCLUSION

Au terme de cette longue étude, il est facile de porter un jugement d'ensemble sur la valeur et le caractère social de la collectivité qui a été soumise à notre observation monographique. Incontestablement, les paysans des fjords norvégiens se rattachent à ce que la Science sociale a appelé « la formation particulariste » ; les éléments spécifiques de cette formation se rencontrent indubitablement dans cette société dont le type social est nettement caractérisé.

Mais cette conclusion soulève en Science sociale une autre question : doit-on penser que les fjords de Norvège sont le premier laboratoire où s'est constituée la formation particulariste? La race anglo-saxonne, elle aussi, relève essentiellement de cette formation, et même, à chaque page de cette étude, le lecteur aura été frappé de constater quelle similitude rapproche, au point de les confondre en une seule catégorie sociale, deux sociétés dont on ignore communément les affinités : dans les fjords de Norvège, comme en Angleterre et comme aux États-Unis, nous trouvons la même aptitude fondamentale à la vie rurale, la même séparation de la famille en simples ménages, le même goût du *home* et de ses joies profondes, la même indépendance de la femme, la même énergie des jeunes gens, la même méfiance à l'égard des pouvoirs publics développés, la même confiance sereine dans l'efficacité de l'énergie individuelle. Sans doute, sur ce fonds commun, des plants spéciaux ont pu enfoncer leurs racines et même les y développer si largement· que le type social collectif ait été infléchi dans une direction particulière : notamment, l'industrialisme britannique et américain a exercé en Angleterre et aux États-Unis une influence modificatrice que la nature du lieu lui interdit à tout jamais d'exercer dans les fjords norvégiens, mais en dépit des éléments spéciaux à chaque société, la similitude est évidente, la parenté est manifeste : *elle crève les yeux* [1].

Cette constatation peut être interprétée de bien des manières différentes : elle peut conduire à penser ou que la race anglo-saxonne est sortie de la Norvège, ou que la race norvégienne est issue de la race anglo-saxonne, ou que l'une et l'autre sont sorties d'une troisième qui reste à déterminer. La deuxième solution s'élimine d'elle-même : aucun témoignage historique n'atteste qu'un mouvement d'émigration se soit produit des rivages d'Angleterre vers les fjords de Norvège et, au contraire, le mouvement inverse est garanti par d'innombrables témoignages. Restent les deux autres solutions. Jusqu'à ce jour, la Science sociale, à la suite de Le Play et de Henri de Tourville, s'est attachée à la première solution et n'a rien trouvé qui l'infirmât; il semble qu'elle doit persister· dans son attitude. Comment croire en effet que la race norvégienne et la race anglo-saxonne soient toutes deux les filles d'un ancêtre commun qui aurait disparu sans laisser aucuns vestiges d'institutions sociales si nouvelles, si notoirement différentes de celles que l'humanité avait connues et pratiquées jusqu'alors? Si les Goths, qui sont, à n'en pas douter, la branche de la famille germanique qui a donné le jour à la race norvégienne, ont été les initia-

---

1. Il serait intéressant de marquer, par de larges emprunts faits à la langue courante, à la littérature ou aux discours des hommes politiques de la Norvège, de la Grande-Bretagne et des États-Unis, la similitude des goûts, du caractère et des mœurs de ces trois peuples. Je n'en cite qu'un exemple, qui m'est revenu souvent à l'esprit en visitant les gaards des fjords. Un jour, Pitt s'écriait à la Chambre des communes : « La maison du citoyen anglais défie toutes les forces de l'État. Ce peut n'être qu'une masure; elle peut être délabrée, le toit peut s'être effondré, le vent peut y entrer, la pluie peut y entrer, mais le roi d'Angleterre ne peut pas y entrer »... Comme cette vigoureuse formule exprime bien la pensée d'un paysan norvégien !

teurs de la formation particulariste, comment se fait-il que cette formation ne soit devenue visible qu'en Norvège et qu'au contraire, tout ce que nous savons des Goths, de leurs mœurs et de leurs coutumes les rattache à la formation communautaire?

La troisième conclusion apparaît donc comme invraisemblable et impossible, et la première s'offre seule comme acceptable. Ainsi les fjords de la Norvège occidentale ont été le premier atelier où s'est élaborée la formation particulariste. Jusqu'à ce point, les conclusions anciennes de la Science sociale sont donc maintenues.

Ici une question complémentaire se pose : quel a été, dans les fjords de Norvège, l'élément social qui a engendré cette formation nouvelle? Le Play répondait autrefois : Le poisson et le fjord, par le moyen de la barque. Henri de Tourville fut, je crois, plus près de la vérité en signalant, à côté de l'influence de la pêche en petite barque, l'action des *terres cultivables étroites et disséminées*. Le moment est venu pour la Science sociale d'achever le mouvement évolutif commencé par Henri de Tourville; elle doit, semble-t-il, ne plus attacher d'importance sociale à la forme sous laquelle aurait été pratiquée la pêche du poisson dans les fjords, et se borner à dire : ce sont les terres cultivables étroites et disséminées qui ont dans les fjords de Norvège brisé le moule de la famille communautaire et contraint les émigrants à s'établir en simples ménages sur des domaines dont la nature du lieu imposait la transmission intégrale à un seul enfant. Sans doute l'abondance du poisson a été un élément social de *première importance*, mais en ce sens seulement qu'elle a permis l'établissement en des régions infertiles qui eussent autrement été inhabitables et il n'apparaît pas que le régime du travail de la pêche ait exercé directement une influence modificatrice sur le régime de la propriété et de la famille.

Si cette formule est exacte, comme je le crois, il n'y a pas lieu de se dissimuler qu'elle soulève à son tour, devant la Science sociale, deux questions nouvelles qu'il importe d'exposer succinctement.

La Science sociale, croyant jusqu'ici que le fjord norvégien la mettait en face de « pêcheurs côtiers » et non de paysans tout simplement, pensait que la formation particulariste, ébauchée en Norvège, s'était achevée et avait développé son caractère rural et agricole dans la plaine saxonne ; elle estimait que deux ateliers avaient concouru à la confection de ce type social nouveau, et elle pensait que c'était seulement, après un séjour prolongé dans le second, que la race avait acquis définitivement les caractères spécifiques qui la distinguent. J'ai la conviction qu'en l'état actuel de nos connaissances, au lendemain de la mission norvégienne de 1904, cette conclusion ne semble plus pouvoir être maintenue. Je ne vois plus, pour mon compte, quel supplément de formation la race norvégienne aurait pu recevoir dans la plaine saxonne qu'elle ne possédât déjà. Il est possible que des émigrants scandinaves soient descendus des fjords dans la plaine saxonne et, sur ces terres plus fertiles, aient constitué une collectivité plus riche et plus puissante, douée elle-même d'une force singulière d'expansion ; mais c'est là tout autre chose que le point actuellement débattu, et cela ne démontre pas que la société particulariste n'ait pu acquérir *dans le lieu même qui fut son berceau* le plein développement de ses *aptitudes essentielles*. En tout cas, le caractère rural de la race est, dans ce lieu, si accentué et si fermement dessiné qu'on ne voit guère comment il serait possible de le développer encore : si l'on veut n'envisager que l'aptitude à vivre en simple ménage et dans l'isolement d'un domaine agricole, il faut bien plutôt dire que le gaardbruger norvégien est de taille à donner des leçons à n'importe quelle autre race de l'univers et qu'il n'en est aucune qui soit capable de se mesurer avec lui.

De cette constatation même sort la question embarrassante et grave que voici : s'il est vrai que la formation particulariste s'est non seulement ébauchée, mais pleinement constituée dans les fjords de Norvège, sous l'action des *terres cultivables étroites et disséminées,* pourquoi cette formation n'est-elle apparue que là ? Au demeurant, le fjord norvégien n'est pas le seul endroit où une race communautaire se soit établie en un lieu où les terres cultivables étaient étroites et disséminées et, pour n'en citer que quelques exemples, la Science sociale connaît d'autres hypothèses où ce phénomène s'est manifesté ; la montagne d'Auvergne, le Pays basque[1], les montagnes de la Suisse sont, eux aussi, des lieux intransformables, où de menues parcelles cultivables se trouvent séparées par de larges espaces arides ; or les habitants de ces régions ne présentent aucun des caractères de la formation particulariste, ou ont à peine réussi à en ébaucher quelques-uns : ils se rattachent notoirement à la formation communautaire. Encore une fois, la question est aussi importante que difficile, et il ne semble pas que la Science sociale soit actuellement capable d'y répondre en pleine connaissance de cause. Voici, pour mon compte, la réponse que je proposerais.

Si le fjord norvégien a pu produire sur la race qui s'y est établie les effets spécifiques qui sont constatés, cela tient à l'aménagement spécial de ses terres cultivables combiné avec l'action de la barque, utilisée comme moyen de transport. Nulle part ailleurs, les terres cultivables n'ont été *à ce point étroites et disséminées* et la ressource accessoire du poisson a permis à la famille de constituer des foyers en des recoins perdus qui, faute de ce complément alimentaire, fussent demeurés inutilisés. Les gaards isolés ne se seraient pas constitués. D'autre part, il semble qu'on n'insiste jamais assez sur la puissance extraordinaire de ce moyen de transport simple et accessible à tous qu'est une barque. On dit : La Norvège occidentale n'a pas de routes, et cette formule fait impression sur des esprits habitués à s'attacher surtout aux transports par terre, mais il serait plus exact de dire que cette région est sillonnée en tous sens de routes incomparablement belles, sur lesquelles le frottement est ramené au minimum et sur lesquelles la nature fournit elle-même, la plupart du temps, le propulseur nécessaire. Sur ces routes liquides, l'homme, *habitué dès son enfance au maniement des canots,* peut se transporter aussi loin qu'il le souhaite, et il emploie avec d'au-

---

1. Voir, dans la *Science sociale,* septembre 1905, la très intéressante étude de M. G. Olphe-Galliard, sur « Le Paysan Basque du Labourd », notamment à la page 496,

tant plus d'empressement ce moyen de transport[1] qu'il y avait, à l'époque historique, à l'entour de la Norvège occidentale, des territoires complètement ou partiellement vacants, répartis, en quelque manière, sur une vaste demi-circonférence. Les rivages méridionaux de la Baltique et le Danemark, la plaine saxonne, la Hollande et la Normandie, l'Angleterre et l'Écosse, les Orcades et les Hébrides, l'Islande et le Groënland offraient à ces hommes du Nord des domaines fertiles à défricher et ceux-ci n'avaient garde de négliger de si belles occasions d'établissement au dehors. Au contraire, l'Auvergnat, l'habitant des montagnes suisses, le Basque, installés comme le Norvégien des fjords sur des domaines inextensibles, n'avaient à leur disposition aucun moyen de transport capable de les déposer là où des terres vacantes s'offraient à l'occupation; quand ils quittaient leurs rochers, ils trouvaient immédiatement au pied de la montagne un cercle de territoires occupés et anciennement exploités; il n'était pas nécessaire de briser le moule communautaire et il paraissait plus simple de le conserver, en recourant à des stratagèmes divers pour assurer la subsistance de chaque enfant[2].

Tel est, semble-t-il, l'état actuel de nos connaissances au regard du problème norvégien et de la grave question des origines de la formation particulariste. Si maintenant, abandonnant les questions purement spéculatives et scientifiques, on se demande quel jugement il faut porter sur la valeur sociale du peuple norvégien, il semble que la réponse ne peut être embarrassante. Aucun observateur attentif des lois qui prési-

1. Il faut bien voir que le paysan norvégien, bien qu'étranger à la pêche et à la navigation en haute mer, est néanmoins toujours disposé à prendre la mer et très apte à accomplir avec succès toutes les opérations de la navigation et du maniement des rames ou des voiles. — Pendant plusieurs années, le yacht américain qui a gagné l'*America cup* avait un équipage composé exclusivement de Norvégiens, les matelots américains ne se trouvant ni aussi expérimentés, ni aussi robustes.

2. Il est évident qu'il faudrait aussi tenir compte de la différence des formations sociales des peuples qui ont été les ancêtres des races ici visées. Ainsi, les Basques sont d'origine berbère; or, les Berbères étaient loin de ressembler parfaitement aux Goths, ancêtres des Norvégiens. Toutes ces questions historiques sont extrêmement complexes.

dent au fonctionnement des sociétés humaines, ne peut mettre en doute la souveraine importance du rôle social rempli naguère par les habitants des fjords de la Norvège occidentale : ce sont eux qui, en semant leurs émigrants sur tous les rivages de l'Europe septentrionale, ont fait germer dans le monde cette aptitude à la vie solitaire, en simple ménage, sur un domaine agricole, ce goût de la vie personnelle et indépendante, cette confiance en la puissance de l'énergie individuelle, ce respect pour tout être humain capable et moral, en dehors de toute considération extérieure de famille, de naissance, de richesse ou de luxe et certes la moisson a été trop belle pour que nous puissions être ingrats à l'égard des vaillants semeurs. Encore une fois, le lieu norvégien ne permettait pas que ce pays devint jamais la résidence d'une population nombreuse, capable d'organiser une force publique puissante, mais cette impossibilité, due aux éléments géologiques, ne diminue pas la valeur sociale du peuple, aux yeux de ceux qui savent s'élever à une appréciation exacte de la prospérité réelle. Lorsqu'un chef de famille réussit à donner à ses nombreux enfants une éducation telle qu'ils sont capables de constituer pour eux-mêmes un foyer distinct et prospère, on ne pense pas que son succès est moins grand que s'il avait réussi à les maintenir à son propre foyer et sous sa dépendance directe; au contraire, on estime que son œuvre n'est que plus belle et plus durable. Ainsi en est-il pour les États, et seule la conception étroite que certains historiens se sont faite de la prospérité nationale a pu voiler aux yeux de la plupart des hommes une vérité si évidente.

Le rôle du paysan norvégien dans le passé a donc été grand et, dans le présent, ce paysan poursuit son œuvre précieuse pour le progrès matériel et moral de l'humanité. Non seulement il défriche les terres incultes, mais encore, service plus important, il est dans le monde une affirmation vivante de la dignité et de la force des institutions familiales saines et robustes, de la supériorité de l'homme qui sait compter parmi ses meilleures joies les heures qu'il passe dans le calme d'un foyer organisé pour le développement des énergies et des capacités. On ne

sait que trop, en France, que les institutions familiales traversent dans toutes les sociétés de !l'Europe occidentale une
crise grave et, si quelque mal caché devait un jour menacer la
prospérité inouïe de la grande démocratie américaine, il n'aurait d'autre cause que la désorganisation de ces institutions,
gravement atteintes par le triple désordre de l'adultère, du
divorce et du malthusianisme ; d'autre part, toutes les études
sociales s'accordent à reconnaître une importance *capitale, souveraine, hors pair,* au maintien des bonnes mœurs privées et de
foyers stables et jouissant d'une prospérité *de bon aloi.* Aussi
est-il bon et salutaire que des hommes qui ne sont ni des
fourbes, ni des arriérés, ni des incapables, maintiennent dans sa
vigueur la grande institution du mariage fécond, indissoluble et
monogamique, afin que l'humanité, en un jour qui ne saurait
être lointain, réapprenne plus aisément le secret de la vie vraiment noble, grande et belle, en un mot de la seule vie digne
d'être vécue.

Peut-être estimera-t-on qu'en plusieurs pages de ce livre, j'ai
exagéré les mérites sociaux du paysan norvégien ; à ceux qui le
penseraient, je me contenterai de rappeler que les représentants
les plus authentiques du plus pur esprit américain, considéré
dans ses éléments les plus nobles, les plus puissants et les plus
généreux, disent en parlant des Norvégiens : « *these, indeed,
are fine citizens; they are splendid citizens!* Ceux-là, en vérité,
sont de beaux citoyens, de splendides citoyens ! » Ne semble-t-il
pas que la place laissée à la critique doit être petite après un
pareil éloge décerné par la démocratie qui s'est élevée au plus
haut degré de culture économique, intellectuelle et morale que
l'humanité ait pu atteindre jusqu'à nos jours ?

FIN

TABLE DES MATIÈRES

III. — LA VIE COLLECTIVE

IV. — LES RELATIONS SOCIALES DE LA NORVÈGE AVEC L'ÉTRANGER

V. — APERÇU HISTORIQUE

VI. — CONCLUSION

TYPOGRAPHIE FIRMIN-DIDOT ET Cⁱᵉ. — PARIS